사회복지의 사상과 역사

-서구복지국가와 한국-

박 광 준

양 서 원

머리 말

졸저 『사회복지의 사상과 역사 : 마녀재판에서 복지국가의 선택까지』가 출간된 지 10여 년이 지났다. 그 책은 사회복지발전이 사회・경제・정치적 요인과 더불어 사상적 요인 등이 서로 상호작용하면서 발전해 온 과정이라는 사실을 주로 영국을 중심으로 기술한 책이었고, 사회복지의 역사와 사상에 관한 전문적인 연구서의 성격을 띠고 있었는데, 그럼에도 불구하고 많은 대학에서 교재로 사용하였다고 한다. 그동안 13쇄가 발간되었다고 하니 꽤 많은 분들이 이 책을 읽으신 셈이다. 감사한 일이다.

원래 연구자로서의 첫 연구주제가 영국의 페비안사회주의였던 관계로 나는 사상사에 비교적 큰 관심을 가졌고, 자연스럽게 서구복지국가의 사회복지사상을 중심으로 연구를 행해 왔다. 그런데 13~4년 전부터 한국・중국・일본을 중심으로 한 동아시아사회정책을 새로운 연구주제로 삼으면서 '동아시아적인 것' 그리고 '한국적인 것'에 보다 깊은 관심을 가지게 되었다. 그러한 관심은 나부터가 사회복지역사연구를 서구 중심으로 행해 온 것에 대한 반성에서 나왔다. 그래서 한국의 사회복지역사를 정리하게 되었고 그것을 바탕으로 『한국사회복지역사론』이라는 연구서를 출간하게 되었다. 그러한 연구를 통하여 절감한 것은 한국의 사회복지역사를 살펴봄으로써 서구사회복지발전의 특징이 보다 경확해진다는 점, 그리고 한국의 사회복지역사는 서구복지국가의 역사의 고찰이 병행될 때 비로소 그 독자성이 명확해질 수 있다는 것이었다. 말하자면 사회복지역사와 사상은 비교적 관점에서 고찰할 때 가장 깊이 이해될 수 있다는 사실을 새삼 깨닫게 되었던 것이다.

이러한 연유로 사회복지학도를 위하여 서구복지국가의 발달뿐만 아니라 한국의 사회복지역사를 쉽게 그리고 깊이 이해할 수 있도록 하는 책을 구상하게 되었는데, 이 책은 그러한 구상의 결실이다. 사실 나는 깊이 있는 연구서가 교재용의 개론서보다 더 이해하기 쉽다고 느끼는 적이 많은데, 그것은 전문서가 표면적인 현상의 소개에 그치는 것이 아니라 그러한 현상을 가져오는 사회・경제・정치적 배경에 관한 깊은 학문적 통찰에 근거하기 때문에 그러하다고 본다. 깊이 있는 논의가 이해하기 어렵다는 것은 오히려 잘못된 인식이며, 내용이 쉽게 이해되지 않는다는 것은, 그 내용이 깊이 없는 것이거나 혹은 깊은 연구에 바탕을 두지 않은 경우라고 생각하고 있다.

사실 한국의 서점에 들릴 때마다 느끼는 것이지만, 개론서 혹은 교재용의 책이란 관련 내용의 요점을 정리한 것이라는 정도의 안이한 인식을 가진 저자가 적지 않은 풍토가 있다는 것, 누가 누구의 연구를 훔치는 것인지를 파악하기 어려운 정도로 이루어지는 표절 현상이 널리 퍼져 있다는 것, 출처를 알 수 없는 내용이 무분별하게 인용되어 결과적으로 비슷한 내용의 책들이 적지 않게 출간되고 있는데, 그것은 하루 빨리 청산해야 할 반학문적인 풍토라고 하지 않을 수 없다.

서양의 사회복지역사서가 독자에게 비교적 쉽게 이해되는 것은 서구의 역사저술가들이 기본적으로 그 사회의 경제사적인 이해의 바탕 위에서 사회복지역사를 저술하였기 때문이라고 생각된다. 단순한 제도의 소개가 아니라, 그러한 제도를 가져오게 하는 사회·경제적 기반을 분석하였기 때문에 이해가 쉬운 것이다. 그래서 이 책에서는 쉽게 이해할 수 있는 책을 만들되 사회복지발전의 배경과 원리를 이해할 수 있도록 깊이 있는 논의를 병행하는 것을 집필의 방침으로 삼았다.

이 책은 사회복지역사의 연구방법에 관한 부분, 서구복지국가의 발전 부분, 그리고 한국사회복지발전 부분의 세 부분으로 나누어져 있다. 연구방법의 부분과 서구복지국가발전 부분은 앞서 언급한 나의 저서 내용을 절반 정도의 수준으로 줄이면서 필요한 내용을 보충하고 삽입하는 형태로 채워졌다. 제도의 소개 부분은 되도록 과감하게 줄인 반면, 그 배경이나 사상에 관해서는 비교적 충실하게 살려 놓았다. 그리고 이미 일반화된 내용으로 알려져 있는 것은 그 출전을 생략하여 많은 참고문헌을 줄였다. 한편, 한국사회복지발전 부분은 『한국사회복지역사론』의 내용을 요약하는 형식으로 이루어졌다. 한국의 사회복지역사에 있어서도 경제사적인 지식의 바탕 위에서 기술하는 것의 중요성을 인식하여 사회복지제도의 사회적·경제적·정치적 배경의 설명에 비교적 많은 지면을 할애하였다.

이 책이 완성되기까지는 특히 양서원 편집부 관계자의 노고가 컸다. 수차례의 내용 수정이 이루어졌음에도 그때그때 적절하게 대응해 주셔서 이렇게 책으로 발간하게 됨에 특별히 감사를 표하고 싶다.

2013년 8월

교토에서 저자

차 례

01

사회복지역사 연구의 의의와 방법

제 1 편

사회복지의 개념과 가치 –역사적 관점

01

1. 사회복지의 개념과 구성요소

사회복지의 개념 사회복지의 역사와 사상을 서술하는 데 무엇보다도 먼저 해야 할 작업은 사회복지의 개념과 범위를 규정하는 일이다. 왜냐하면 그것을 어떻게 규정하느냐에 따라 사회복지의 사상과 역사 연구의 관점뿐만 아니라 그 연구의 범위가 달라질 수 있기 때문이다.

여기에서는 많은 연구자들이 나름대로의 관점에서 제시해 온 개념 정의들을 소개하지 않고, 먼저 저자가 규정한 개념을 제시하고자 한다. 그리고 이 개념 정의로부터 사회복지사상과 역사 연구 서술의 실마리를 찾고자 한다.

> 사회복지는 인간이 사회에 적응하지 못하는 문제를 해결하기 위한 조직적이고 사회적인 활동이다. 이러한 노력은 두 가지의 방법에 의하여 이루어진다. 하나는 개인을 변화시켜 사회에 적응할 수 있도록 하는 노력이다. 개인의 사회에 대한 생각이나 태도, 현재의 능력수준 등을 변화시켜서 사회에 적응할 수 있도록 원조하는 경우이다. 다른 하나는 사회 그 자체를 변화시켜서 개인이 적응할 수 있도록 하는 방법이다. 사회가 개인의 부적응 문제를 만들어 내는 모순을 가지고 있을 경우에는 사회 자체를 변화시키지 않으면 문제해결이 불가능하기 때문이다. 그러니까 사회복지란 인간이 사회에 적응하지 못하는 문제를 해결하기 위하여 개인과 사회 양자의 변화를 시도하여 부적응문제를 해결하고자 하는 사회적인 활동이다.

위의 개념 정의에는 사회복지의 사상과 역사를 서술하고자 할 때 반드시 고려해야 하는 사회복지의 세 가지 요소가 포함되어 있다. 첫 번째 요소는 사회복지가 그 대상으로 삼고자 하는 객체이다. 위의 정의에서는 인간의 사회에의 부적응문제로 규정되었다. 두 번째 요소는 그 문제를 해결하고자 하는 방법이다. 위의 정의에서는 인간을 변화시켜 사회에 적응시키는 방법과 사회를 변화시켜서 인간에게 적응시키는 방법, 양자의 방법에 의해서 인간의 부적응문제를 해결하고자 하는 것이 사회복지라고 규정되었다. 세 번째 요소는 그러한 방법을 적용하는 과정이 개별적이고 자의적인 것이 아니라 조직적이고 사회적인 활동의 형태로 이루어진다고 하는 것이다.

인간의 사회에의 부적응문제 사회복지가 해결하고자 하는 대상문제의 총칭이라고 할 수 있는 인간의 사회 부적응문제는 어떤 시대를 막론하고 존재해 왔다. 봉건사회의 경우는 그것이 신분의 속박, 만성적인 빈곤과 식량부족 문제가 될 수 있다. 그런데 이 부적응문제들은 소위 산업혁명으로 대표되는 거대한 사회변동으로 인하여 폭발적으로 확대되면서 문제의 성격 역시 변화하였다. 문제의 규모가 대규모화되었고 문제가 국지적인 현상에서 사회 전반에 영향을 미치는 문제가 되었으며, 또 일시적인 문제가 아니라 사회에 항시 존재하는 문제가 되었다는 뜻이다. 이러한 문제의 변화에 따라 사회복지 역시 그 범위가 확대되면서 사회제도화되었다. 따라서 인간 부적응문제의 폭발적 증가와 그에 따른 사회복지 개념의 확대를 설명하기 위해서는 반드시 산업혁명에 대한 이해가 필요하다. 이와 관련하여 티트무스(Titmuss, 1968)는 다음과 같이 말하고 있다.

> 사회복지는 19세기의 산업화에 대한 20세기의 산물이다. 즉, 사회복지는 사회의 비복지(非福祉 : diswelfare)에 대한 보상이라는 성격을 가진 것으로 다분히 그 비복지의 피해자들에 대해 사과하는(apologetic) 배경에서 성립한 것이다.

비복지란 사회구조상의 요인 혹은 급속한 사회변동이 원인이 되어 발생한 실업, 생산기술의 무용화, 조기퇴직, 직업상의 사고, 장애 혹은 질병, 환경오염, 생활환경의 악화 등으로 인하여 입는 불이익이나 피해이다. 그런데 여기에서 주목하여야 할 것은 이러한 비복지 현상이 사회 구성원 모두에게 같은 성격의 영향을 미치는 것이 아니고 특정 계층에는 이익을 주는 반면에 취약한 계층에게는 심각한 불이익을 준다는 사실이다. 따라서 이러한 사회변화를 옹호하는 집단들이 있는가 하면 그 폐해를 강조하는 집단이 있는 것이다.

조직적이고 사회적인 노력 사회복지의 특질은 인간의 부적응 문제를 해결하고자 하는 노력이 개별적이고 자의적인 차원에서 이루어지는 것이 아니라 조직적이고 사회적인 활동을 통하여 이루어진다는 점에 있다. 비조직적이고 비사회적인 형태로 이루어지는 단순한 시혜(dole) 행위는 사회복지활동으로 간주되지 않는다.

사회복지의 구성요소 중 하나가 조직적이고 사회적인 노력이라고 하는 것은 사회복지의 출발을 무엇으로 보느냐를 규정하는 데에 매우 중요한 고려사항이다. 그런데 사회복지는 매우 광범위한 활동이며 또 많은 차원을 가지고 있기 때문에 어떤 영역, 어떤 차원에서의 조직적이고 사회적인 활동이 특히 중요한가를 고려하지 않을 수 없다.

한국에 잘 소개되어 있는 길버트와 스펙트의 이론에 의하면 사회복지정책은 네 가지 차원을 가지고 있다. 즉, ① 사회복지의 대상, ② 사회복지급여의 형태, ③ 사회복지전달체계, 그리고 ④ 사회복지재정이 그것이다(Gilbert & Specht, 1974). 이것은 매우 간명한 설명인데, 사회복지 발달에서 어떤 차원을 중요하게 관찰해야 하는가에 대한 실마리를 제공해 주고 있다. 즉, 이 네 가지의 차원 중 어느 부분의 조직화가 사회복지발전에서 특히 중요한가라는 질문을 할 수 있다.

저자의 입장은 사회복지의 대상자를 보다 과학적으로 정하려고 하는 노력, 사회복지 대상자의 선정기준을 과학화하려는 노력이 있느냐 없느냐를 사회복지 발달의 무엇보다 중요한 요소로 간주한다는 것이다. 물론 나머지 세 가지의 차원 역시 매우 중요한 고려사항이기는 하지만, 급여의 형태는 비교적 단조롭고 행정조직의 경우는 타 영역의 활동과 구분하기가 쉽지 않으며, 재원의 확보 방법 역시 비교적 현대에 와서 다양해진 것으로 판단된다. 이 책에서 사회복지의 시작을 영국의 구빈법으로 보는 까닭은 구빈법이 그 대상자의 선정기준을 마련하고, 대상자를 속성에 따라 분류하여 그 각각에 맞는 대처방식을 처음으로 시행하였다고 평가하기 때문이다.

인간과 사회 양자의 변화를 통한 문제해결 사회복지의 개념 정의에서의 세 번째 구성요소인 인간과 사회 양자의 변화를 통한 문제해결은 사회복지의 사상과 역사를 연구하는 데에 무엇보다도 중요한 고려사항이다. 왜냐하면 이것은 사회복지역사의 시대구분의 중요한 근거를 제공하기 때문이다.

인간이 사회에 적응하지 못하는 원인은 다양하다. 흔히 그것은 개인적 원인에 의한 것과 사회적 원인에 의한 것으로 대별되기도 한다. 그런데 그 원인을 분류하는 것은 그에 맞는 대책을 강구하기 위한 것일 뿐 그것으로 개인을 비난하고자 함이 아니다. 도박이나 알코올중독에 의한 빈곤문제라고 하더라도 그 문제의 해결 책임이 국가에 있다는 것은 분명하다. 다만 개인적인 원인에 의한다면 그 개인을 변화시켜야 할 필요가 있기 때문에 그 원인을 분류하는 것이다. 더구나 모든 문제의 원인이 사회적인 데에 있다고 해도 좋을 만큼 사회문제의 근저에는 사회의 모순이 있다.

예를 들어, 사고로 인하여 갑자기 장애를 가지게 되었을 때, 사회구조와 제도가 장애인의 고용을 불가능하게 하고 있음에도 불구하고 그 장애인에게 장애인이 된 심리적 충격을 해소하기 위한 상담만을 행하는 것은 완전한 모습의 사회복지가 아니다. 생계수단인 고용을 확보하기 위해서 새로운 장애인고용촉진제도를 새로 만들거나 장애인의 고용차별을 가능하게 하는 기존의 제도나 법을 철폐하는 등 사회를 변화시키려는 노력이 병행될 때, 비로소 사회복지의 모습을 갖추게 된다.

사회복지 발달의 세 단계 현대 사회에서 당연시되는 이러한 양면적 노력은, 그러나 사회복지가 태동하던 시기부터 그러하였던 것은 결코 아니다. 사회복지 발달과정을 보면, 처음에는 사회에 적응하지 못하는 사람들을 전혀 보호하고자 하는 노력을 하지 않고 사회에서 배제하거나 억압 일변도로 대처하였다. 그러나 사회에 적응하지 못하는 사람의 수가 늘어나고 그것이 사회의 질서를 위협하게 될 정도가 되면 그들에게 생존유지에 필요한 최소한의 보호를 국가의 책임으로 행하게 된다. 다만 그 문제의 원인이 사회적인 데에 있다고는 전혀 생각하지 않았다. 이후 산업화의 영향이 점차 심각해지고 인간을 사회에 적응하지 못하게 만드는 대표적인 사회문제인 빈곤이나 실업이 발생하게 되면서, 이들 문제가 개인의 변화만을 통해서 해결하는 것은 불가능하고 따라서 사회의 구조적인 변화가 병행되어야 한다는 인식에 도달하게 된다.

이상의 과정을 보다 단순히 구분해 본다면, ① 사회에 적응하지 못하는 인간을 일방적으로 억압하던 시대, ② 사회의 변화는 구하지 않고 인간만의 변화를 구하며 최소한의 생존조건만을 마지못해 제공하던 시대를 거쳐서, ③ 비로소 인간과 사회 양면의 변화를 통하여 문제의 해결을 도모하는 시대로 발전해 온 것을 알 수 있다.

2. 사회복지의 제도적 범위와 사회보장과의 관계

사회복지의 제도적 범위 사회복지를 가장 좁은 범위로 정의한다면 일부의 빈곤계층 등 자립할 수 없는 사람들을 위한 공공부조제도 정도로 범위가 정해지지만 그와 같은 좁은 범위의 개념 규정은 거의 자취를 감추고 있다. 사회복지를 광의로 규정한다고 하더라도 사회복지의 제도적인 범위가 어디까지인가에 대해서는 학자들 간에 견해가 분분하고 또한 국가에 따라서도 달리 규정되기도 한다.

칸(A. Kahn)은 모든 국민을 대상으로 하는 사회복지의 영역을 다음과 같이 제시하고 있다.

① 소득보장
② 보건의료제도
③ 의무교육
④ 공적 주택정책
⑤ 고용대책
⑥ 대인복지서비스(personal social service)

이러한 범위 규정을 받아들인다면 위의 각각의 범주에 대하여 역사적인 고찰을 행해야 할 것이다. 그러나 사실 의무교육이나 적극적 고용정책을 모두 포함시켜서 같은 깊이로 고찰하기는 매우 어려운 일이다. 이 책에서는 가능한 한 그 연구의 범위를 넓게 잡으려 노력하였다. 예를 들면, 연소노동자를 보호하기 위한 법이었던 공장법(Factory Act)은 대체로 사회복지에서는 다루고 있지 않은 부분이다. 비록 공장법이 적극적 노동정책에 포함되는 것으로 노동정책과 보다 깊이 관련되지만, 역사적인 관점에서 볼 때 이 법은 사회개혁의 대전환기의 계기를 제공했다고 평가되고, 사회복지와 불가분의 관계에 있었다고 판단되기 때문에 이 책에서 비교적 자세히 언급하게 되었다.

사회보장과의 관계 사회복지의 범위를 규정하는 데에서 주의해야 할 것은 그것과 사회보장(Social Security)이라는 개념과의 관계를 어떻게 규정하는가 하는 것이다. 왜냐하면 사회보장은 오늘날 복지국가라고 부르는 국가체제의 가장 핵심적인 역할을 하는 것이고, 특히 사회복지의 역사 부분에서는 서로 겹쳐지는 분야가 있기 때문이다.

사회보장은 일반적으로 사회보험과 공공부조제도로 구성된다. 이 양자 중에 보다 일찍 발생된 것은 공공부조이며 이의 전형은 16세기 말에서 17세기 초에 걸쳐서 성립된 영국 구빈법이다. 또한 공공부조는 당연히 사회복지의 범위에 포함되어 있기 때문에 통상 사회복지의 역사라고 할 경우에는 이 영국 구빈법을 가장 먼저 다루는 것이다. 그렇다면 만약 사회보장의 역사를 기술하는 데에 이 구빈법을 그 출발점으로 삼아야 하는 것인가, 아니면 사회보장의 출발점은 사회복지의 출발점과는 다른 그 어떤 시점인가라는 문제가 제기될 수 있다.

사회보장은 다양한 사회보험과 공공부조가 하나의 시스템으로서 체계화되었다는 점에 그 특징이 있고 이 시스템화라는 것이 사회보장의 핵심적인 성격이라는 것이 저자의 입장이다. 다시 말하면, 사회적인 위험들을 정형화하고 그 다양한 위험들에 각기 대처하는 제도들이 하나의 종합적인 사회적 안전망(safety-net)의 성격을 가지고 시행되기 시작한 시점을 사회보장의 출발점으로 보아야 한다는 것이다.

사회복지와 사회보장의 제도적 범위에 대해서는 일반적인 합의가 이루어져 있지 않다. 이 책에서는 사회복지가 사회보장을 포함하는 넓은 개념으로 본다.

3. 사회복지의 가치

가치실현을 위한 노력 사회복지는 사회복지가 중요하다고 생각하는 가치가 사회에서 실현될 수 있도록 하기 위한 활동이다. 따라서 사회복지의 역사란 사회복지의 가치실현을 위한 활동의 역사이며, 사회복지사상이란 사회복지가 중요하다고 생각하는 가치를 옹호하는 생각, 그 가치를 사회적으로 어떻게 실현하는 것이 바람직한 것인가에 관한 생각이라고 할 수 있을 것이다.

클라크혼(C. Kluckhohn)은 가치란 행위의 다양한 방법, 수단, 목적 중에서 행위자가 선택하는 데 영향을 미치는 명시적인 혹은 암시적인 이념이라고 정의하고 있는데 아주 간결한 정의이다. 예를 들어, 대중버스를 만들 때 노약자 좌석을 별도로 표시하여 만들 것인가 아닌가는 정책적 선택의 문제이다. 만약 별도로 만드는 것을 선택하였다면 그것을 선택하게 한 것은 경로와 사회연대의 가치이다. 이렇듯 가치란 어떤 선택을 하도록 영향을 미치는 이념인 것이다.

사회복지는 근본적으로 사회와 인간에 관심을 가지고 있지만, 인간과 사회에 관심을 가지지 않은 활동이나 사회제도가 있을 수 없기 때문에 사회복지의 가치들은 다른 사회활동이나 제도들과 중첩되기도 한다. 따라서 사회복지의 가치가 모두 사회복지 '고유의 가치'인 것은 아니다. 예를 들어, 사회복지에서는 아무리 중증의 장애를 가지고 있다고 하더라도 교육적 기회가 제공된다면 발달한다고 하는 가치를 가지고 있기 때문에 그 기회를 제공한다. 소위 발달보장의 가치이다. 그런데 이것은 교육활동이나 교육제도가 가진 가치이기도 한 것이다.

사회복지활동의 차원도 매우 다양하기 때문에 사회복지의 가치 역시 사회복지정책의 기조를 결정하는 선택에 관한 것에서부터 사회사업실천활동에서의 원조방법의 선택에 관련되는 것까지 다양하다. 이 책에서는 인간의 존엄성과 사회적 공평, 그리고 사회적 효과라는 거시적 차원의 세 개의 가치만을 검토하는데, 또한 이들 가치로부터 실천활동에서의 많은 가치들이 파생된다.

인간의 존엄 사회복지의 가장 기본적인 가치는 곧 인간의 존엄이다. 인간의 존엄이라는 가치는 '인간은 누구라도 인간이다'라는 인식에서 출발한다. 인간은 신분이나 직업, 경제 상태나 신체적 조건, 경도된 사상, 출신지역이나 민족, 피부색, 성별, 연령 등을 이유로 차별하거나 차별받거나 인간성이 부정되어서는 안 된다는 가치이다.

그러나 이러한 당연한 이치가 실제로 사회에서 완전히 실현된 적은 없었다고 해도 과언이 아니고 또한 현재에도 그것은 마찬가지이다. 1537년 로마 교황 파울즈 3세는

"인도인이나 흑인, 아메리카 대륙의 토착민들도 인간이다"라는 칙령을 내린 바 있다. 이것은 당시의 세계에 그들을 인간으로 생각하지 않는 사회적 풍조가 있었음을 시사하고 있다. 또한 20세기에 들어서도 유태인과 장애인에 대한 대량학살이 나치에 의해 자행된 바 있다. 불치환자에게 안락사를 명하는 지령이라는 이름의 나치의 지령에 의해 1939년부터 수년 사이에 약 30만 명의 정신병자, 유전성질환자, 복지시설입소자 등이 집단으로 학살되었다.[1)]

사회복지의 측면에서 볼 때 인간의 존엄이라는 가치의 실현은 우선 인간다운 생활을 할 수 있을 정도의 생활수준을 유지하는 것에서 출발한다. 대부분의 현대국가는 나름대로 건강하고 문화적인 삶의 수준을 보장하는 것이 국가의 임무임을 헌법에 명시하고 있다. 역사적으로 볼 때 모든 국민이 그 이하에서 생활하는 것이 용인되지 않는 국민최저기준을 설정하고 그것을 적극적으로 보장해야 한다는 사상이 국민최저기준확보(National Minimum)의 사상이고 그것을 실현하는 방법이 주로 사회의 보장제도를 충실하게 만드는 것이었다. 사실 복지국가 성립의 역사는 국민최저수준 보장의 역사라고 해도 과언이 아니다.

그런데 헌법의 생존권보장의 규정은 흔히 말하는 추상적 규제이다. 따라서 생존권이 보장되기 위해서는 국민최저수준의 생활을 영위하지 못하는 국민이 자신의 삶의 수준을 향상시켜 주도록 국가에 요구하는 구체적인 권리, 즉 사회권으로서의 생존권이 보장되어야 한다. 빈곤자나 장애인이 자신의 생활보장을 국가에 요구하는 내용의 재판을 청구하는 현상은 사회권으로서의 생존권이 보장되어 가고 있음을 나타내 준다.

다만, 최저생활보장은 인간존엄성의 가치를 실현하기 위한 필요조건일 뿐 충분조건은 아니다. 인간존엄의 가치는 사회문화의 차원에서 편견과 차별이 없는 사회를 만들기 위한 노력이 병행될 때, 인간존엄의 완전한 실현이 비로소 가능한 것이다. 장

1) 소위 'T4 계획'으로 알려져 있는 이 계획은 제2차 세계대전 개시일인 1939년 9월 1일 실행에 옮겨졌는데, 그 내용은 정신장애인 등에 대한 집단살인명령이었다. 즉, 의사에 의해 치유 불능이라고 판명된 환자에 대하여 살인을 허가하고 시행하는 계획이었다. 살인의 방법은 주로 가스의 사용이었는데, 유태인을 학살한 현장인 가스실은 처음에 유태인을 죽이기 위해서가 아니라 독일 내의 장애인 등을 살해하기 위한 이 계획의 일환으로 건설되었다. 장애인 학살에 대한 자세한 내용은 박광준, '나치의 장애인안락사계획(T4 계획)과 그 실행', 1998년 부산시 장애인고용대책위원회 발표문(미출간)을 참고할 것.

애인과 관련된 정상화(normalization)의 실천은 그러한 노력의 하나이다.

인간의 존엄은 우선 인간이 주체적인 존재라는 사실과 둘째, 적극적인 자극과 기회 제공에 의해 반드시 바람직한 변화를 가져오는 존재라고 하는 두 가지의 사실을 인식한다. 따라서 인간은 비록 현재 자립하지 못하고 원조를 받고 있는 상태라고 하더라도 자신에게 영향을 주는 중요한 결정은 반드시 스스로 행할 수 있는 능력을 가지는 것으로 간주된다. 이에 의해 자기결정의 가치가 생성된다. 또한 후자의 인식에 의해 발달보장이라는 중요한 가치가 생성되는 것이다.

사회적 공평　공평(equity)은 사회복지의 핵심적 가치로서, 사회적 자원들이 사회성원들의 지불능력, 즉 경제적 능력 여하에 따라 배분되는 것이 아니라 필요한 정도에 따라서 배분되는 것이 보다 바람직하다는 가치이다. 이것은 개인이 가진 어떤 문제에 대한 해결은 모든 사회 구성원의 공동의 노력과 부담으로, 그것도 개개인의 능력에 상응하는 부담으로 대처되어야 한다는 사회적 연대감, 즉 같은 공동체의 구성원으로서의 우애와 협력의 의무에 기초하고 있는 것이다.

사회적 공평의 가치는 신변의 위협을 받고 있는 한 시민을 위하여 보다 많은 수의 경찰이 배치되는 경우를 예로 설명될 수 있다. 신변의 안전이라는 필요(need)에 대응하는 공적인 자원이 경찰이다. 그러나 평상시, 즉 모든 시민들의 안전에 대한 필요가 같을 경우의 경찰은 모든 시민들에게 같은 정도의 관심을 기울일 수가 있다. 그러나 이 경우에는 한 시민이 신변의 위협을 받고 있기 때문에 그 시민의 안전에 대한 필요와 욕구는 보통의 시민의 그것과는 사뭇 다르다. 따라서 그에게 많은 자원이 집중적으로 투입되는 것이고 그것이 정당성을 갖는 것이다.

사회복지제도는 소득재분배의 성격을 가지고 있다. 소득재분배 기능을 수행하는 제도는 주로 재정제도와 사회복지제도, 특히 사회보험과 공적부조로 구성되는 사회보장제도이다. 즉, 이러한 재분배적인 성격을 강하게 가진 제도를 국가가 강제로 적용할 수 있는 것은 공평의 가치에 대한 합의가 있기 때문이다.

재분배는 고소득자로부터 저소득자에게로의 수직적인 재분배뿐만 아니라 수평적 재분배를 포함하는데, 건강한 사람이 병약한 사람을 위해 보다 많은 부담을 하는 것,

부양가족이 적은 자가 많은 자보다 더 많은 부담을 하는 것이 그것이다. 한 저명한 역사가가 "사회복지는 부자에게서 돈을 빼앗아 가난한 자에게 나누어주는 로빈 훗과 같은 활동이 아니다"라고 한 것은, 사회복지의 중요한 기반이 소득격차를 초월하여 국민적 연대 내지 공동체의식에 기초하고 있다는 사실을 잘 일깨워 주고 있는 것이다.

사회적 효과 사회적 효과란 사회복지가 소비가 아니고 하나의 투자이며, 장기적으로 사회통합을 이룸으로써 사회비용(social cost)을 줄이는 작용을 하기 때문에 사회복지자원의 투입은 경제적 효율보다는 사회적 효과(social effectiveness)를 염두에 두고 이루어져야 한다는 가치이다.

사회복지제도 및 관련 제도들은 대부분 외부효과를 가지고 있다. 외부효과(externality)란 과수원이 만들어지면 과수원 외부의 양봉업자가 이득을 보는 그러한 효과이다. 결핵환자를 무료로 치료해 주는 것은 주위의 많은 사람들을 결핵전염의 위험으로부터 보호하는 외부효과를 가진다. 과밀주거는 근친상간의 폐해를 가져오기도 하므로 과밀주거를 해소하는 것은 주거환경을 개선한다는 본래의 목적뿐만 아니라 근친상간 문제를 예방하는 효과도 있다. 사회복지역사를 통해서 볼 때 주거환경개선운동은 항시 전염병의 퇴치라는 목적과 결부되어 있었다.

빈곤문제를 해소하고 소득격차를 줄이며, 모든 국민이 보건의료, 주거 등의 분야에서 국민최저기준 이상에서 생활하게 되면 많은 사회비용을 줄일 수 있다는 것이 사회복지의 기본적인 생각이다. 다만 이것은 사회복지가 장기적인 투자라는 관점에서 이루어지는 것이므로 그것을 단기간에 증명하기가 어렵다. 어떤 것이 옳다고 확신하고 주장하면서도 그것이 왜 옳은지 객관적으로 증명할 수 없는 경우 그것은 이데올로기라고 불린다. 경제적 효율을 추구하는 단기적인 관점에서 보면 사회복지는 효과가 불확실한 소비로 비추어질 수 있다. 일부의 경제학자들로부터 사회복지학자들이 이데올로기적 주장, 규범적인 논의를 일삼는 무리로 비판받기도 하는 것은 사회복지가 이러한 사회적 효과의 가치를 실현하고자 노력하기 때문이다.

예를 들어, 어린이집에서 식기를 선택하는 데에 스테인리스 식판을 선택하게 하는 것은 경제적 효율이라는 가치이다. 그것은 값도 싸고 깨질 염려가 없다는 이점이 있다. 반면 사회복지는 도기의 몇 개 그릇을 선택하려는 경향이 있다. 사회복지실천가는 스테인리스 식판이 깨지지 않기 때문에 아이들이 식판을 함부로 사용하게 된다는 단점을 인식하고, 보다 평화적으로 행동하고 보다 식사예절을 잘 지키도록 하는 것이 앞으로의 사회를 위해 좋은 효과를 가진다고 믿는다. 거친 행동이 가져오는 사회비용을 줄일 수 있다고 생각하기 때문이다.

사회복지사상과 역사의 연구방법

02

1. 사회복지사상과 역사 연구의 기본적 시각

사회복지사상의 개념 사상이란 판단과 추리의 결과로서 생긴 일정한 견해이다. 그러므로 앞 장에서 정의한 사회복지 개념을 사상이라는 용어와 합성해 본다면, 사회복지의 가치들이 사회적으로 실현되어야 하고, 인간의 사회에의 부적응문제는 사회적으로 해결되어야 하며, 그 해결을 위해서는 개인뿐만 아니라 사회 역시 변화시키지 않으면 안 된다는 생각이 곧 사회복지사상이다. 이러한 사상에 의하여 사회복지는 발전해 왔다.

사회복지는 살아 움직이는 것이기 때문에 국가에 따라 그리고 역사적 단계에 따라 그 모습이 달라진다. 그러나 어떠한 시대에도 사회복지의 가치들이 사회의 다른 집단들이 강조하는 가치들과 항시 대립하였고 어떤 경우에는 사회복지의 가치가 사회를 파멸로 나아가게 하는 위험한 사상이라고 비판받던 시대도 있었다. 그러나 사회복지를 둘러싼 대립하는 사상이 모두 사회복지발전의 원동력이었음을 인식하는 것이 중요하다. 근시안적으로 본다면 사회복지를 배격하는 사상이 사회복지제도를 후퇴하게 만든다고 볼 수도 있지만 그러한 후퇴는 일시적일 뿐 사회복지에 반하는 사상이 또한 사회복지사상을 강화하고 나아가 사회복지제도가 발전하게 하는 동인이 되는 것이다. 따라서 사회복지사상과 역사를 기술하는 데에 사회복지의 가치를 배격하는 사상 역시 연구 대상으로 삼지 않을 수 없다. 예를 들면, 맬더스(Thomas Malthus)의 사상은 빈민의 생존권, 식량수급권리를 부정하는 극도의 반복지적 사상이지만 이 책의 제5장에서 소개하는 이유는 이 때문이다.

사회복지의 사상과 사회복지제도 발전과의 관계 사상은 사회적 경험을 통하여 구체화된다. 사회복지제도를 포함하여 모든 사회제도들, 그리고 사회경제적 상황들이 사회복지사상을 만들어 낸다. 그러나 또한 사회복지제도 그 자체가 사회복지사상에 영향을 주고 사회변화를 주도하는 경우도 있다.

지금까지 사회복지가 왜 발달하는가를 설명하는 기존의 이론들은 사회복지제도를 종속변수로만 간주하는 경향이 있어 왔다. 그러나 사회복지제도의 생성과 발달을 이해하기 위해서는 사회와 사회복지제도의 상호작용, 사회사상, 사회경제적 상황, 사회복지제도의 상호작용을 인식해야 한다.[1] 또한 사회사상이라는 것은 의도된 정책에 의하여 크게 영향을 받는다는 사실도 인식할 필요가 있다. 예를 들어 나치는 자신들의 장애인 배제정책을 관철하기 위하여 교육적인 접근을 통하여 사회의 왜곡된 장애인사상을 형성하려고 하였다. 수학 교과서 『국민정치교육에 공헌하는 수학』이라는 책에는 다음과 같은 예가 나와 있다. "만약 정신병자수용시설의 건설비가 600만 마르크이고, 공영주택 한 채의 건설비가 1만 5천 마르크라고 한다면, 정신병자수용시설을 하나 신축하는 비용으로 몇 채의 주택을 건설할 수 있는가?"라는 예제가 그것이다(박광준, 1998).

사회복지제도는 물론 사회경제적 상황에 의하여 많은 영향을 받아서 형성되는 것이지만 사회복지역사를 보면 사회복지에 관하여 어떤 명확한 생각을 가진 사상가가 사회복지제도개혁에 직접 관여할 때, 사회복지제도의 변화에 직접적인 영향을 준다는 사실을 확인할 수 있다. 벤담(Jeremy Bentham)과 그 제자들이 구빈법과 공장법에 대하여 미친 영향이 그 대표적인 예이다. 어떤 경우는 정책결정자가 특정의 사상에 심취되어 그 사상을 실현하려고 함으로써 사회복지제도에 큰 영향을 주기도 한다. 영국의 대처(Margaret Thatcher)는 수상이 된 이후 하이예크(F. Hayek)의 사상에 심취하여 마치 입시생처럼 공부하여 그 사상을 사회적으로 실현하려고 함으로써 복지국가에 큰 변화를 가져오게 하였다. 따라서 사회복지사상은 그것 자체로서의 학문적 가치를 가지는 것이지만 사회복지역사를 이해하기 위해서도 반드시 고찰되어야 하는 것이다.

---

1) 이 점에 관해서 다음과 같은 지적은 중요하다(윤찬영, 1990 : 174). "사회복지제도를 종속변수로만 간주한다면 사회복지제도의 발달을 논하는 것의 의미가 반감될 것이다. 사회복지제도의 발달과 그 발달요인과의 관계를 역점적으로 파악해야 한다."

사회복지 발달이란 무엇인가 흔히 사회복지의 역사 연구는 사회복지 발달사 연구로 표현되고 있다. 그러나 진작 발달이라는 것이 무엇을 의미하는가를 생각할 때에는 두 가지의 문제를 해명하지 않으면 안 된다. 첫째는 발달 내지 발전이 무엇을 의미하는가에 대한 정의를 내리는 것이다. 둘째는 과연 역사가 발전하는가 아닌가라는 보다 근본적인 문제에 대한 저술가 나름대로의 역사관이 명시되어야 한다.

사회복지가 발전한다는 인식을 명확하게 제시하고 역사를 기술한 예는 사회복지의 역사를 진화과정으로 파악한 로마니쉰(J. M. Romanyshyn)에게서 찾을 수 있다. 즉, 그에 의하면 사회복지는 자선의 성격으로부터 보다 넓은 적극적인 의미로 변천하는데, 그 내용을 보면, 첫째, 잔여적 개념에서 제도적 개념으로, 둘째, 자선의 사상으로부터 시민의 권리라는 사상으로, 셋째, 빈민에 대한 특별한 프로그램에서 전체 인구의 보편적 욕구에 대한 관심으로, 넷째, 가능한 최저한의 급여와 서비스로부터 최대한의 적절한 급여 및 서비스로, 다섯째, 개인의 치료로부터 사회의 개혁으로, 여섯째, 민간의 후원으로부터 정부의 후원으로, 일곱째, 빈민을 위한 복지라는 개념으로부터 복지사회라는 개념으로의 점진적 진화과정으로 파악할 수 있다는 것이다(전남진, 1987 : 50에서 재인용).

두 번째의 문제, 즉 역사가 발전하는가의 문제는 보다 근본적인 것이다. 철학에서 두 가지의 쟁점 중의 하나는 세계가 어떻게 존재하고 있는가, 어떻게 성립되어서 어떻게 발전, 운동, 변화, 소멸해 가는가에 관한 것이다. 사물을 고정하여 불변의 것으로 인식하는 것과 사물을 운동, 변화, 발전하는 것으로 인식하는 것의 두 가지가 대립한다. 전자는 형이상학적 사고, 후자는 변증법적 사고로 불린다. 저자는 모든 사회적 현상에 대하여 과학적으로 그것을 인식하기 위한 기초는 변증법적 세계관이라고 판단하고 있다. 그리스 철학자 헤라클레이토스(Heracleitos)는 어떤 사람도 동일한 강에 두 번 들어갈 수 없다고 하였다. 강물이 항상 흐르고 있기 때문이며 사람 역시 미미하지만 항시 변화하기 때문이라는 것이다. 이러한 사고는 사회복지 발달을 이해하는 데에서도 가장 기본적인 인식이다.

사회복지역사에 관한 사실들 사회복지의 역사를 고찰하는 과정에서 우리는 헤아

릴 수 없을 만큼 많은 역사적 사실들에 직면하는데, 그 많은 사실들 중에서 어떤 사실들만을 선택하여 기술할 것인가를 결정하지 않을 수 없다. 많은 사상, 사상가, 역사적 사실들 중에서 어떤 것이 중요하다고 판단하고 평가하여 그것을 중심으로 연구할 것인가는 연구자의 입장에 따라 다르다.

저명한 역사가 카(E. H. Carr)는 역사 연구에서 기초적인 역사적 사실을 중시해야 하는 것은 기본이지만 역사적 사실의 기술 그 자체가 역사 연구의 핵심은 아니라는 것을 다음과 같이 비유하고 있다. 즉, "역사가가 사실을 기술하는 것은 건축물에 비유하여 말한다면 좋은 건축자재를 쓴다는 것이지 훌륭한 건축물이라는 것을 의미하는 것은 아니다." 그러므로 어떤 역사책에 역사적 사실만이 기록되어 있다는 것을 이유로 그 책을 찬양하는 것은 어떤 건축물이 좋은 재료를 사용하였기 때문에 훌륭한 건축물이라고 찬양하는 것과 같다. 그렇다면 역시 좋은 역사책이란 역사가의 판단에 의해 보다 더 중요한 것으로 판단되는 사실들만을 골라서 기록한 것이 될 것이다.

어떤 사실이 보다 더 중요한가 하는 문제는 전적으로 역사를 기술하는 연구자의 가치관에 좌우된다. 역사 연구에는 연구자의 가치와 철학이 개입되고 관점과 입장이 중시되지 않을 수 없다. 이 책에는 사회복지역사 관련 서적들에서 흔히 다루어지는 역사적 사실이나 제도들이 언급되지 않기도 하고 또한 사회복지역사 부분에서는 거의 다루어지지 않는 사실들이 중요하게 다루어지는 경우도 있다. 그렇게 된 이유는 다름이 아니라 많은 사실들 중에서 저자 자신이 보다 더 중요하다고 평가하는 사실들만을 골라서 언급하였기 때문이다.

2. 사회복지사상과 역사 연구의 의의와 방법

1) 사회복지사상과 역사 연구의 의의

사회과학이 연구대상으로 삼는 사회현상은 자연현상과는 달리 역사적인 존재이다. 사회복지가 해결하고자 하는 사회문제가 시대에 따라 확대되어 왔기 때문에 사회복지의 개념과 영역도 확대되어 왔으며, 또한 앞으로도 사회변화와 사회문제의 성격변화에 대응하면서 계속 변화 발전해 갈 것이다. 이미 사회복지가 인간과 사회, 양자의 변화를 통하여 인간의 부적응문제를 해결하고자 하는 조직적인 활동이라고 하는 개념 정의를 제시하였는데, 그것 역시 현대적인 의미에서 그렇다는 뜻일 뿐 과거에도 사회복지가 그런 개념이었다는 것이 아니고 미래에도 그러할 것이라는 의미 역시 아니다.

따라서 사회복지의 본질, 사회복지의 개념, 사회에서 사회복지가 차지하는 역할과 비중 등을 정확하게 파악하기 위해서는 사회복지가 발전해 온 과정을 깊이 연구하고 이해하지 않으면 안 된다. 현대에 행해지고 있는 다양한 사회복지사업을 분류하거나 다른 국가의 그것과 비교하거나 하는 것으로는 사회복지의 본질이 결코 명백해질 수 없다. 예를 들어, 교육제도의 본질은 학교의 종류를 기준으로 초등학교, 중학교, 고등학교, 대학교 등으로 분류하고 각각의 기관들이 어떤 교육서비스를 제공하는가 하는 것에 초점을 두고 연구함으로써 파악할 수 있는 것이 아니다. 사회복지역사를 연구하는 목적이 사회복지에 관련된 역사적 사실들에 관한 지식을 얻는 것에 머무르지 않고 사회복지 그 자체의 개념이나 기능을 정확하게 파악하는 것에 있다는 것은 이러한 연유에서이다.

2) 사회복지제도 발달론과 산업화론

사회복지제도 발달론 사회복지제도를 만들어 내고 발전하게 하는 요인이 무엇인가를 설명하려는 시도가 소위 사회복지제도 발달론이다. 김상균은 사회복지 발달을 설명하는 이론을 사회양심이론, 합리이론, 티크놀로지론, 시민권론, 사회정의론 등으로 분류하고 있다(김상균, 1987). 이러한 설명들은 사회복지 발달의 요인들을 각각 사회적 양심의 성장, 합리성의 증대, 테크놀로지의 발전, 시민권의 신장, 그리고 사회정의로 간주하고 있는 것이 된다.

이러한 설명들은 단지 부분적으로만 사회복지 발달을 설명할 수 있다. 사회복지의 역사 기술의 범위는 이 책의 경우에도 6세기라는 긴 시간을 다루고 있기 때문에 그 모든 시대를 망라하여 사회복지 발달을 설명할 수 있는 이론은 있을 수 없다. 데인

(Thane, 1982)은 이타주의의 증대, 시민권의 성장, 국가주의의 요인을 사회복지발전의 요인으로 보고 있는데 그것은 주로 19세기 후반에서 20세기 중반까지의 사회복지 발달을 그 범위로 하였기 때문이다. 즉, 위의 세 가지 요소는 이 기간 중의 사회복지발전을 설명하는 요인이 될 수 있을 뿐 모든 시대의 사회복지 발달을 설명할 수 있는 것은 아니다. 마찬가지로 투표권의 확대와 사회주의사상의 보급이라는 핵심적 요인과 가부장적 인도주의, 사회복지의 사회안정기능에 대한 인식, 대규모 빈곤조사의 결과 발표라는 세 개의 부차적인 요인을 들고 있는 연구자의 경우(George, 1968 : 13)도 19세기 말에서 20세기 초의 세기전환기라는 좁은 시대의 사회복지발전을 설명할 수 있는 것이었다.

산업화론과 그 한계 산업화가 사회복지제도의 발전을 가져왔다는 견해, 즉 산업화론은 아무도 부정할 수 없는 설명이다. 산업화라는 것은 가장 넓은 범위에서 사회복지 발달을 가능하게 한 요인임에 틀림없다. 어떤 연구들은 두 국가 이상의 비교 연구에서 왜 비슷한 산업화를 거치면서 서로 다른 사회복지발전의 길을 걸었는가에 초점을 두고 분석하는 경우가 있다.

예를 들어, 웨더번(Wedderburn)은 다음과 같은 문제의식에서 산업화보다는 국가의 성격이나 정치적인 요인이 사회복지발전을 가져오는 보다 결정적인 요인이 되었음을 주장한 바 있다 : 미국에서는 유럽식의 사회복지가 존재하지 않는다는 점에 착안하여 미국에서도 18세기 말 19세기 초에 급속한 산업화의 영향으로 인하여 영국과 같은 산업화의 폐해를 경험하였음에도 불구하고 영국은 그러한 문제를 해결하기 위하여 적극적으로 노력한 반면 미국은 그렇게 하지 않았던 이유가 무엇인가? 이러한 문제의식이 있다면 정치적인 요인이 강조되지 않을 수 없게 되는 것이다. 그러나 결국 두 나라는 어떤 형태로든 사회복지제도의 변화를 가져왔기 때문에 산업화가 사회복지제도 발전의 동인이 되었다는 사실 자체는 부정할 수 없다. 적어도 산업혁명이 시작된 18세기부터 복지국가가 성립되는 20세기 중반의 기간 동안 사회복지발전을 설명할 수 있는 가장 중요한 요인은 산업화인 것으로 보인다.

그러나 유사한 산업화를 거치면 유사한 과정을 거쳐서 복지제도가 만들어지며, 복지국가란 결국 산업화의 마지막 단계의 국가이다라고 지나치게 단순하게 설명하는 것은 물론 무리가 있다. 사실 비교 연구를 통하여 보면 비슷한 산업화를 경험하여도 전혀 다른 형태의 사회복지발전 양상을 보이는 경우가 있다. 그 이유는 사회복지가 경제적 조건을 기반으로 하지만, 그 위에 정치적인 전통과 상황, 사회문화의 영향을 강하게 받으면서 발전하기 때문이다. 따라서 산업화가 사회복지제도의 변화의 요인이기는 하지만 제도의 내용까지를 결정하는 요소가 아니라는 사실을 인식해야 한다.

3) 본서의 시대구분과 그 근거

사회복지의 사상과 역사를 기술하는 데 두엇보다도 중요한 것은 수세기간에 걸친 연구범위 속에 포함되어 있는 수많은 사상, 사건, 역사적 사실들을 어떻게 그리고 어느 정도로 시대를 구분하여 그 변화과정을 명백히 할 것인가를 밝히는 일이다. 더구나 그 시대구분이 자의적이어서는 안 되기 때문에 그 근거를 명시하지 않으면 안 된다.

그런데 역시 시대구분은 연구자의 역사관이나 입장의 반영이다. 시대구분에서 가장 중요하면서도 미묘한 부분은 아마도 사회복지의 시작을 어느 시기로 볼 것이며 그 근거는 무엇인가라는 문제가 될 것이다.

본 서는 시대구분을 ① 사회복지 이전의 시대, ② 사회복지의 시작(인간을 변화시켜서 사회에 적응시키는 단계), ③ 대전환의 단계, ④ 사회개혁의 시대와 복지국가로 나누고 있다. 이 중에서 '사회복지 이전의 시대'에 대해서는 보다 상세히 언급한다.

연구의 출발점을 제공하는 중요한 기준은 무엇보다도 사회복지의 시작을 무엇으로 볼 것인가 하는 문제이다. 그 기준이 제시되어 어떤 역사적인 사실이 사회복지의 시작으로 평가된다면, 그러한 사실이 만들어지기 전까지의 시기가 사회복지 이전의 시대로 되는 것은 자명해진다. 이 책에서는 제4장에서 검토하게 되는 엘리자베스 구빈법을 사회복지의 시작으로 간주한다. 그 근거는 두 가지이다. 하나는 구빈법이 역사상 처음으로 빈곤구제에 대한 국가의 책임을 명시하였다는 점이다. 국가에 의해 빈곤의 구제가 이루어진 경우는 이 이전에도 있었으나 빈곤구제의 책임이 국가에 있음이 명시된 것은 이것이 처음이었기 때문이다. 두 번째의 근거는 구빈법이 빈곤구제의 대상자를 선정하기 위한 선정기준을 가지고 있었기 때문이다. 물론 초기에는 이 선정기준이 애매하고 자의적인 면을 가지고 있었으나 이것을 계기로 하여 선정기준은 점차 치밀해지고 과학적인 것으로 발전해 가는 것이다.

3. 본 연구의 사회복지역사 연구방법

비교적 관점 저자는 사회복지발전을 기술하면서 자본주의와의 관계를 깊이 고려하지 않고는 정확한 역사기술이 어렵다고 생각하지만, 그러나 자본주의라는 경제적 변수만으로 사회복지발전을 설명할 수는 없다는 것 역시 인정하고 있다.

이 책의 내용은 크게 두 부분으로 나누어져 있다. 제2편은 인간을 사회에 적응시키는 단계까지의 연구에서 빈곤에 대한 대처방식의 발달을 영국 구빈법의 사례를 중심으로 고찰하고 있다. 자본주의의 최선진국이었던 영국은 사회문제에 대한 국가의 개입도 그만큼 빨랐으며, 최초로 경험한 산업혁명 이전에도 약 1세기 간에 걸친 매뉴팩처 번영기가 있었고, 더욱이 그 이전에는 약 1세기 동안에 걸친 본원적 축적기가 있었으며 이 시기에도 대규모의 국가개입이 행해졌던 경험을 가지고 있다. 그리고 그 개입의 한 표현이었던 구빈법이 성립된 이래 약 300년간 유지되면서 사회경제상의 변화에 따른 구빈법의 대응과정은 그것이 가진 강점뿐만 아니라 그 제도의 한계에 관해서도 역시 많은 교훈을 제공해 주고 있다. 이러한 발전과정을 보여주는 사례로서는 영국 구빈법보다 좋은 재료는 없다고 생각된다.

사회개혁의 시대의 단계부터는 영국의 사례를 중심에 놓고는 있지만 동시대에 발생한 많은 사회복지 사실들을 여러 국가들의 경우로 확대하여 논의한다. 이러한 비교적 관점은 유사한 사회경제적 배경 하에서 각 국가들이 그러한 환경에 어떻게 변화하는가를 잘 보여준다.

한국사회복지발전의 시대구분에 관해서는 제3편에서 논의한다.

인물 중심의 고찰과 사조(思潮) 중심의 고찰 사회복지의 발전과정을 보면 그 과정에서 어떤 특정의 인물이 큰 역할을 하는 경우가 있다. 또한 사조를 중심으로 하여 사회복지제도를 조망하면 그 사조가 그러한 복지제도를 만들어 내는 것으로 보일 수 있다. 사회복지의 사상과 역사 연구방법에서 중요한 하나의 선택은 그것을 이념 중심으로 볼 것인가 아니면 인물 중심으로 볼 것인가에 관한 것이다. 그러나 그 어느 쪽이든 한 편에 치우쳐서 고찰한다면 정확한 역사 해석을 하기 어려울 것이다. 왜냐하면 양자 모두의 경우에서 그것의 이념과 현실 사이에는 상당한 괴리가 존재하기 때문이다.

우선 이념 내지 사조와 현실과의 괴리문제를 검트해 보자. 어떤 이념도 순수한 형태로 사회적으로 실현된 적이 없다. 자본주의도 사회주의도 마찬가지이다. 레닌의 연구자는 레닌이 두 가지 의미에서 콜럼부스와 닮았다고 주장하는데 매우 의미심장한 지적이다. 첫째는 레닌이 자신의 신념대로 행동하고 자신의 신념을 철저하게 추구하여 실현시켰다는 점에서 콜럼부스와 닮았다고 한다. 선원의 반발에도 불구하고 계속 한 방향을 항해하여 신대륙을 발견하였다는 것이다. 다른 하나의 공통점은 실현한 것이 자신이 믿어 왔던 것과는 다른 것이었다는 점이다. 즉, 콜럼부스가 자신이 발견한 신대륙을 인도의 서쪽이라고 생각하였으나 사실은 그곳이 아메리카 대륙이었듯이 레닌 역시 그가 건설하였던 사회주의사회가 자신이 그렇게 믿어 온 사회주의가 아니었다는 뜻이다.

인물과 현실과의 괴리 역시 존재한다. 루즈벨트(F. Roosevelt) 시대에 장애인에게 관대한 사회복지제도가 만들어진 것은 대통령 자신이 장애인이었다는 것과 깊은 관계가 있을 수도 있다거나, 또한 베버리지 보고서(Beveridge Report)가 평시의 베버리지의 사상보다 좌파로 기울어져 있는데 그것은 그가 그 당시에 친소련 인물들과 많이 접촉하고 있었기 때문이라는 식의 해석은 흔히 주관론적 접근(Subjectivist Approach)으로 불린다. 대처는 역대의 영국 수상 중 가장 친이스라엘의 성향을 가졌는데, 그 이유는 어린 시절에 독일의 박해를 피해 영국으로 피난 온 한 유태인 소녀와 같이 생활하였기 때문이라고 해석되기도 한다. 그러나 이러한 접근은 그러한 인물의 활동기반이 되는 사회경제적 배경에 대한 고려 위에서 이루어져야만 의미가 있다고 생각된다. 어떤 인물의 역할이 지나치게 강조되면 그 인물과 당시의 사회경제적 상황 간에 큰 괴리가 생기게 되는 것이다. 그럼에도 불구하고 사회복지사상과 역사를 서술하는 데에 특정 인물의 활동과 사상을 비교적 자세히 다루는 것은 사회복지의 주된 관심사인 인간과 사회에 대하여 깊은 이해를 얻을 수 있고, 사회복지에 뜻을 둔 많은 학도들에게 사회복지활동가의 좋은 모델을 제공해 줄 수 있다는 장점을 가지고 있다는 것은 틀림없는 사실이다.

이 책은 사회복지역사의 이론을 개발하는 것에 목적을 둔 것이 아니고 사회복지가 발달해 왔으며, 그 발달이 사회경제적 요인, 정치적 요인, 문화적 요인에 덧붙여서, 사회사상적 요인, 그리고 때로는 특정의 사상가라는 매우 다양한 요인들에 의한 것이었음을 깊이 이해할 수 있도록 하는 의도로 작성되었다. 따라서 각 시대마다 사상적 사조나 그러한 사조와 관련된 인물들이 소개되는데, 그것은 사조 중심의 고찰과 인물 중심의 고찰을 균형 있게 다루고자 함의 표현이다. 궁극적으로는 사회복지가 위의 모든 요인들이 복합적으로 서로 관련되면서 발전해 왔다는 사실을 발견하게 하여, 그것을 기초로 하여 더 깊이 있는 연구에 나서도록 학문적인 상상력을 제공하는 것이 이 책의 목적이다.

02

서구의 사회복지발전

제 2 편

제1부

국가개입의 시작

-구빈법의 시대

사회복지 이전의 시대

03

1. 개념과 시대구분

이 장에서 말하는 '사회복지 이전'의 시대라는 개념은 "사회복지의 대상이 되는 빈민에 대하여 빈곤의 구제가 국가의 책임이라고 하는 인식하에 이루어지는 국가적 보호를 제공하는 시기 이전"까지이다. 이 시기에 빈민의 생활환경을 개선하기 위한 공적인 시도는 없었다. 그런데 이 시대를 '사회복지 이전의 시기'로 규정하는 것과 관련하여 다음과 같은 두 개의 질문이 있을 수 있다.

첫째, 빈민에 대한 국가적 보호가 이루어지지 않았다는 것은 빈민에 대한 국가의 철저한 무관심을 의미하는 것인가?
둘째, 빈민에 대한 국가적 보호가 없었다는 것은 국가로부터 빈민이 받는 원조가 전혀 없었다는 것을 의미하는 것인가?

우선 첫 번째 질문에 대한 대답인데, 빈민에 대한 보호가 이루어지지 않았다는 것이 곧 빈민에 대한 국가의 완전한 방임을 의미하는 것은 아니다. 물론 무관심으로 일관한 시기도 있었다. 그러나 이 시기에 빈민, 특히 노동능력을 갖춘 빈민이란 사회적으로 보면 위협적인 존재였기 때문에 국가는 이들의 존재에 무관심할 수가 없었다. 따라서 국가는 이들을 방임하였다기보다는 직접적으로 통제하는 조치를 취하였다. 즉, 빈곤의 상태를 개선시키는 노력은 하지 않으면서 빈곤으로 인하여 발생할 수 있는 사회불안에 대하여 강하게 통제하는 조치를 취하였다. 따라서 빈민이라고 하더라도 사회에 심각한 불안요인을 제공하지 않는 노동능력 없는 빈민, 즉 노인이나 장애인, 병자와 같은 사람에 대해서는 무관심한 태도로 일관하였던 것이다.

두 번째의 질문에 답하는 것은 더욱 중요하다. 이 시기는 사회복지 이전의 시기이므로 빈민에 대한 국가적 보호가 없었다고 규정할 수는 있지만, 그렇다고 해서 이것이 국가로부터 빈민이 받는 원조나 급여가 전혀 없었다는 것을 의미하는 것은 아니다. 흔히 어떤 국가에서나 흉작이나 기근이 발생하였을 때, 왕이나 영주 등이 빈민에 대하여 시혜나 한시적인 보호를 행하는 경우가 일반적이었다. 그러한 경우에 빈민은 왕으로부터 생존에 필요한 유용한 원조를 받은 것이 된다. 그러나 부정기적이고 시혜의 성격이 강하며 대상자 선정기준이 전제되지 않고 제공되는 원조는, 비록 그 원조의 규모가 크다고 해도 사회복지로 보기가 어려운 것이다.

'사회복지 이전'이라는 이 시기의 특징은 노동능력이 있는 빈민에 대한 억압 일변도의 정책과, 노동능력이 없는 노인 등에 대한 철저한 방임 내지는 박해였다. 이 두 가지의 특징을 대표하는 것이 각각 노동자조례와 마녀재판이며, 따라서 이 시대의 내용에 관해서는 노동자조례와 마녀재판을 중심으로 고찰하기로 한다.

2. 배경 : 봉건제도의 붕괴

봉건사회의 빈곤 엄격하게 계층화되어 있었던 봉건사회에서는 빈곤이란 사회문제가 아니었다. 토니(R. H. Tawney)가 말하는 소위 '출생이라는 단 하나의 사실'이 자신의 운명을 완전히 결정지었던 것이다. 부와 빈곤은 변경할 수 없는 신분에 의해 결정되었다. 자연적이고 변하지 않는 문제는 사회문제로 인식되지 않는 법이다. 왜냐하면 사회문제라고 하는 것은, 그것에 대하여 그 문제가 바람직하지 못하다고 인식되어 그 상태의 해결이나 개선을 위하여 국가의 개입활동이 필요하다는 인식을 포함하고 있기 때문이다.

이 시대에는 빈곤이 사회문제로 인식되지 않았다. 빈민은 대개 자신의 운명에 만족하고 있었고, 설령 만족하지는 않았다고 하더라도 기존의 사회질서에 도전하는 일은 없었다. 농노도 그런 대로 먹고 살았는데, 그것은 영주가 자신의 기반이 다름아니라 농노라는 사실을 인식하고 일정 수준의 보호를 행하였기 때문이다. 심한 흉작이 들었을 때에는 농노들도 굶주렸지만 그러한 시기에는 영주들 역시 굶주렸을 것이라는 지적(George, 1968 : 9)은 봉건시대의 빈민의 성격을 잘 시사해 주는 것이다. 중세에는 지역의 기근으로 인하여 만약 농노가 죽으면 영주도 비참한 기아를 겪어야 하였고, 그것은 교구의 목사들도 마찬가지였다고 알려져 있다. 권력과 종교적 · 사회적 교화에 의해 농노와 영주는 그 사회적 신분을 자연스럽고 불변의 것이라고 생각하고 있었고, 그 결과 부와 빈곤도 인생에서 자연적이고 변경할 수 없는 상태라는 것으로 간주되고 있었던 것이다.

귀족에서 교회로 14세기 중엽까지 사회적 · 경제적 · 정치적 시스템으로서의 봉건제도는 대부분 소멸하게 된다. 양모 매뉴팩처(manufacture)의 성장, 농경지로부터 목장으로의 전환, 외국 무역의 성장, 프랑스와의 전쟁, 흑사병, 그리고 그 밖의 여러 경제적 · 사회적 변화가 봉건제도의 점차적인 붕괴를 가져오게 한 요인들이었다.

봉건제의 붕괴로 말미암아 인구의 이동이 가능하게 되었고 그 이전에서는 볼 수 없었던 새로운 빈민계급이 출현하게 되었는데, '무산자(the dispossessed)', '떠돌이 직인(the masterless)', '무능력자(the incompetent)'들이 그 대표적인 경우였다. 항시 영주의 일정한 보호 속에서 생활해 왔던 그들은 일자리를 구하려 하였고 또 일자리가 구해질 동안에는 지역주민에게 구걸과 시혜를 요구하였다. 봉건제도의 붕괴는 곧 부랑하면서 구걸하고 시혜를 요구하는 많은 새로운 빈민을 만들어 냈던 것이다.

이 시대에는 귀족계급이 점차로 농노들의 구제에는 별로 신경 쓰지 않게 되었고 귀족들은 농노의 구제가 자신들의 책임이라고 하는 관념에서도 벗어나고 있었다. 이러한 귀족들과 마찬가지로 중앙정부 역시 빈민구제를 국가의 책임이라고 생각하지 않았다. 정부가 걱정하였던 것은 일자리가 없어서 구제나 시혜를 바라는 많은 빈민들이 마을로 쇄도해 들어오는 것이었다. 그들은 기존의 사회질서를 위협하는 사람들로 간주되어 부랑인(vagabond), 불량배(rogue) 등으로 이름 붙여져서 정부의 강제적 · 억압적 대책의 대상이 되었다.

국가는 교회조직으로 하여금 빈민구제의 역할을 하도록 유도하였다. 이러한 사회적 변화를 통하여 교회조직에 의해 운영되던 수도원, 교회, 병원, 기타의 시설들이 빈곤구제의 전국적인 네트워크가 되었다(Day, 2000 : 89-90). 따라서 15세기 및 16세기 전반기의 법률은 인구이동을 제한하고 걸식이나 부랑을 처벌하는 억압 일변도의 것이었다. 이 시대의 법률들은 부랑과 무질서에 대처하기 위하여 만들어졌고 빈곤과 부랑을 동일한 문제로 보는 경향이 있었다. 굶주리는 자는 구제 불능의 게으름뱅이라든가 빈곤은 도덕적 결함의 귀결이라고 하는 견해가 오랫동안 지속되었다. 빈곤은 게으름, 범죄 등의 단어와 동등한 것으로 간주되어 국가가 가차 없이 억압해야 할 사회파괴행위로 간주되었다(George, 1968 : 10-11).

그런데 이러한 억압정책의 배경에는 수도원에 의한 구제가 있었다. 다시 말하면, 교회의 조직은 상당한 규모의 무연고 빈민들을 수용 보호하고 있었기 때문에 급속히 발생한 부랑이 사회에 대해 가하는 충격을 흡수하는 완충장치의 역할을 수행하고 있었고, 그러한 완충장치가 있었기 때문에 국가는 부랑에 대하여 강력한 억압정책을 취할 수 있었던 것이다. 그러나 헨리 8세의 수장령으로 인하여 수도원이 해체되면서 그나마 명맥을 유지하던 교회의 완충기능이 완전히 사라지게 되자, 국가가 빈곤구제의 역할을 행하는 것에 전면으로 나서지 않을 수 없게 된다.

3. 빈민에 대한 대처방식

1) 노동자조례

노동능력자에 대한 대처　이 시기에 국가의 입장에서 볼 때 위협적인 존재였던 노동능력 있는 빈민의 문제에 대처하기 위하여 제정된 것이 노동자조례(The Statute of Labours)이다. 그것은 노동자의 임금상한선을 규정하고 강제하는 것이었다. 노동자조례가 흑사병에 의한 노동인구의 격감을 배경으로 하여 만들어진 것이라는 사실은 역사가들의 일치된 의견이다. 1348년 흑사병은 유럽과 영국을 덮쳐서 감염된 사람의 90%가 사망하였고 인구는 절반 수준으로 떨어졌다. 영국의 경우 400만 정도이던 인구가 200만 내지 250만 정도로 급감하였다. 그 결과 지주의 토지를 경작하던 노동자의 부족으로 임금이 상승하였는데, 노동자의 임금을 낮추기 위한 지주들의 요청에 의해 1349년 노동자조례가 성립되었다. 이 법은 빈민을 대상으로 하여 국가수준에서 만들어진 최초의 법률이었지만 그 목적은 빈민의 보호가 아니라 상업주의에 지향된 정부의 이익을 보존하기 위하여 제정된 것이었다(Day, 2000 : 96). 이 조례의 내용에는 관습으로 정해진 임금 이상의 임금을 지급하거나 지급한다는 약속을 한 고용주에게는 지급한 혹은 지급을 약속한 금액의 두 배의 벌금이 부과된다는 내용이 포함되어 있다. 즉, 이 조례의 목적은 노동 가능한 빈민의 구걸을 처벌하고 그들에 대한 시혜를 금지하며, 노동을 강제하는 것이었다. 이 법을 더욱 강화하기 위하여 1361년에 제정된 법은 한편에서는 임금기준을 세분화하여 적용 가능성을 높이면서 다른 한편에서는 노동강제를 더욱 강화하였다. 즉, 일자리에서 이탈한 노동자에게는 불신(falsity)의 표식으로서 'F'의 낙인을 얼굴에 찍었다. 또한 그러한 노동자를 고용하고 인도를 거부한 사람에게도 벌금이 부과되었다(Day, 2000 : 96).

그러나 이러한 조치에도 불구하고 부랑인과 범죄자가 증가함에 따라 거주지의 제한을 주요 내용으로 하는 조례가 1388년에 제정되었다. 이 조례에 의해 '어떤 노동자도 남녀를 불문하고, 거주 이동의 이유를 설명하는 허가증이 없이는 자신의 거주지를 떠나서 다른 지역에서 일하거나 거주하거나 순례하는 것'이 금지되었다.

억압정책의 한계와 노동자조례의 의의 이러한 조치들에도 불구하고 부랑은 근절되지 않았고, 헨리 8세(Henry Ⅷ, 1491~1547)의 치세에 이르러서는 부랑인의 폐해도 극심해졌으며 그에 따라 억압적 대책도 한층 더 가혹해졌다. 1531년법은 노동능력이 있는 빈민과 노동능력 없는 빈민을 구별하고 후자에게는 걸식의 허가장을 주는 대신 전자의 범주에 속한 사람이 걸식을 하였을 경우에 부랑인으로 규정되어 채찍형 후에 태어난 고향이나 최근 3년간 거주했던 곳으로 강제 송환되었다. 마르크스가 말한 '피비린내 나는 입법(Blutgesetzgebung)'의 전형으로 알려진 1547년 법의 내용은 더욱 가혹하여, 3일 이상의 실업자를 모두 부랑인으로 간주하여 'V'자의 낙인을 찍고 그들을 고발한 자(informants)의 노예로서 2년 동안 일하게 하고, 도망자에게는 초범의 경우는 종신노예의 형을 과하고 재범의 경우는 사형에 처하였다. 또한 부랑인의 자녀에게 일을 가르치고자 하는 자는 부모의 허가 없이도 도제로 삼을 수 있도록 하고 남자의 경우는 24세까지, 여자의 경우는 20세까지 일하게 할 수 있었으며, 그 도제가 도망했을 경우에는 남은 도제기간을 노예로서 다룰 수 있게 하였다. 하지만 이 법 역시 큰 효과가 없었으며 그 3년 후에 폐지되었다. 그런데 1531년법과 1547년법은 노동능력이 없는 빈민의 존재를 인정하고 빈민을 성격상 분류하여, 노동능력이 있는 부랑인에게는 여전히 억압을 강화하면서도, 노동능력이 없는 사람에게는 걸식을 인정하고 주거와 식량의 제공을 보장한다는 양면적인 성격을 가지고 있었다. 이것은 부랑인 문제에 대한 종래의 억압 일변도의 정책이 한계에 달했음을 인정하고 또한 노동능력이 없는 빈민의 존재를 인정하기 시작했다는 것을 의미한다.

이 노동자조례가 가지는 의의는 연구자의 입장과 관점에 따라서 달라질 수 있다. 『사회복지 발달사』를 저술한 슈바이니츠는 1349년 영국 에드워드 3세에 의한 '노동자조례'가 '영국과 미국에서의 사회보장의 기원'이 되었다고 말하고 있다. 그러나 저자는 '노동자조례'가 사회보장의 기원이 되었다는 것은 인정하기 어려운 견해이며, 다만 '빈곤문제에 대한 행정적 대응의 기원'이라는 견해는 틀린 것이 아니라고 본다.

노동자조례의 무엇보다도 중요한 측면은, 산업이 필요한 곳에 노동자를 강제로 일하게 하면서 임금의 상한선을 정해 두었다는 것으로, 노동자의 임금은 정해진 일정 수준 이상 지급되어서는 안 되며, 이를 어길 때에는 그 초과한 만큼의 벌금을 부과하도록 되어 있는 것이었다. 그 개입의 목적이 노동자들에 대한 일방적인 억압이었던 것이다. 공장법에 관한 역사가 허친스(Hutchins, 1911)는 과도한 노동이나 열악한 노동조건에 의한 해악으로부터 나이 어린 노동자의 건강을 유지하기 위한 목적으로 제정된 최초의 공장법(1802년 「도제의 건강과 도덕유지에 관한 법률」)이 중요한 이유는 그 법의 내용이 아니라 그 "동기와 의도"라고 규정한 바 있다. 허친스의 견해는 어떤 국가개입조치의 의미는 그 동기와 의도에 의해서 평가되어야 한다는 것을 강력하게 시사하고 있다.

2) 마녀재판

노동무능력자에 대한 대처　노동자조례가 이 시대의 노동능력자에 대한 봉건체제의 반응이라고 한다면 노동무능력자에 대한 반응은 마녀재판을 통한 박해로 특징지어질 수 있다. 마녀재판은 인간차별과 인간학대의 대표적인 사상으로서, 사회불안을 이용해서 체제의 모순을 특히 가난한 미망인이나 독거노인, 정신장애인 등 일반적으로 빈곤층에게 돌려, 한 공동체에서 그들의 존재를 배제함으로써, 다시 체제를 공고히 하는 역할을 한 역사적 사실이다. 15~17세기에 독일을 중심으로 유럽 각지에서 많은 사람이 마녀로 고발당하여 화형에 처해졌다. 그 수는 학자에 따라 다르게 추정되는데 수십만에서 900만 명까지 다양하게 추정되고 있다.[1)]

역사적으로 볼 때, 많은 저명인사들이 마녀재판의 희생자 혹은 주도자로서 관련되어 있다. 예를 들어, 1431년 19세의 나이로 화형에 처해진 잔 다르크(Jeanne d'Arc)의 죄명은 마녀였다. 많은 과학자들이 그 희생자가 되기도 하였다. 『국가론』의 저자 장 보댕(Jean Bodin, 1530~1596)은 마녀재판의 옹호자였다. 그는 『악마 숭배』(1580)라는 저술을 통하여 마녀를 "악마와 결탁하여서 자신의 목적을 달성하려는 자"로 규정하고 마녀재판을 정당화하여, "마녀를 화형에 처하지 않는 재판관은 자신이 화형에 처해져야 한다"고 주장하였다(박광준, 1993).

마녀재판에 관해서는 기독교사, 문화인류학, 민속학, 과학사, 의학의 역사, 여성학 등에서 주로 19세기 중엽부터 연구가 시작되었는데, 저자의 관심은 마녀재판의 희생자들의 속성, 즉 현대사회에서 말하는 소위 '사회복지대상자'들이 왜 희생이 되었는가에 두고 있다. 마녀재판은 사회복지의 대상자들을 박해 차별하고 그들의 삶을 공동체 수준에서 전혀 보장해 주지 않는 시대, 곧 사회복지 이전 시대의 상징물과 같은 것이다.

마녀(witch)란 실제로 존재하는 자가 아니다. 실제로 마녀로 고발당하여 화형에 처해진 그 수많은 사람 중 고문에 의해 "나는 마녀이고 다른 이들에게 해를 입혔다"고 자백한 경우도 있었지만 그렇게 자백한 사람이라 하더라도 화형 시에 그것을 스스로 인정하고 납득하는 사람은 한 사람도 없었을 것이다. 마녀란, 마녀가 존재하고 그들

1) 마녀재판의 희생자 규모를 가장 많은 900만 명으로 추정하는 견해는, Mary Daly, *Gyn/Ecology : The Meta Ethics of Feminism*, Beacon Press, 1978가 있다.

이 자신들에게 저주나 해를 가할지도 모른다는 집단망상을 가진 사람들이 만들어 낸 허상일 뿐이다. 마녀박해자들이 만들어 낸 마녀의 스트레오 타입은 다음과 같다. 1337년 이탈리아의 법률가 바스트로(Judge Bartolo)가 마녀를 화형에 처하게 하는 의견서[2]를 만들어 낸 이후 마녀로 판명되면 화형에 처해지게 된다.

> 마녀는 인간이다. 대개는 여성이지만 남성인 경우도 어린이인 경우도 있다.[3] 마녀는 계약에 의해 악마(devil)에게 속박되어 마왕(satan)에의 봉사를 서약하고 악마의 하수인이 되며, 악마와는 성교를 한다. 그 대가로 마녀에게 주어지는 것은 특별한 능력이다. 마녀는 악마의 힘을 빌려서 사람의 생명을 빼을 수 있고 돌발적인 질병, 정신착란 등을 만들어 낼 수도 있으며 불임과 유산, 폭풍우, 우박 등 이상기후를 일으켜 농작물을 못 쓰게 할 수 있다.

마녀재판의 과정 마녀를 화형하기 위해서는 마녀를 색출하여 공식적인 재판을 거쳐야 한다. 재판의 근거가 되는 것은 마녀박해법이었다. 영국의 경우 최초의 마녀박해법은 종교개혁 직후인 1542년 헨리 8세에 의한 것이었다. 그 이후 1563년법과 1604년법이 있는데 그 내용을 요약하면 다음과 같다. 그런데 여기에서 중요한 것은 위와 같은 법률들에 '마녀의 정의'가 없다는 점이다.

- 악령의 활동, 마술의 사용으로 사람을 죽인 자는 중죄로서 사형
- 동일하게, 타인의 신체에 위해(危害)를 가하거나 타인의 재산을 손상시킨 자는 사형
- 동일하게, 전항의 미수에 그친 자. 초범은 징역 1년, 재범은 사형

2) 그의 의견서의 내용은 다음과 같다. "문제의 마녀는 가장 무거운 형, 화형주에 매달아 화형에 처해야 한다. 그것은 마녀가 그리스도와 세례를 부인하였다고 말하기 때문이다. 그러므로 마녀는 요한복음 제15장의 '어떤 사람이 나와 연결되어 있지 않다면 나뭇가지와 마찬가지로 떨어져 나와 말라져 버린다. 사람들은 그것을 모아서 불 속에 던져 태워버린다'라고 하는 주 예수 그리스도의 말씀에 따라서 죽어야 하는 것이다. 또한 복음의 법은 신의 법이므로 다른 모든 법의 우위에 서며 법정에서의 논쟁에서도 존중되어야 한다."

3) 마녀로 번역되는 'witch'는 양성명사이며, 당연히 남성 witch도 있다. 하지만 압도적으로 여성이 많았다. 한 조사에 의하면, 291명의 마녀재판 피소자 중 23명이 남성이었으나 그중 11명은 마녀의 남편, 그 외는 공범 등이었다(박광준, 1993).

처음에는 당시의 의학이나 상식으로 규명할 수 없는 증상이나 현상으로 어떤 해를 입었을 때, 그것이 마녀의 저주에 의한 것으로 간주되어 마녀의 색출로 이어지게 되는데, 마녀재판으로 대규모의 인명살상이 있었던 것은, 점차 마녀의 저주에 의한 피해를 입기 전에 미리 마녀를 색출하는 일이 벌어졌기 때문이다. 유명한 마녀사냥꾼이었던 홉킨즈는 1644년부터 1년 6개월 동안 약 300명의 마녀를 색출하여 화형에 처하도록 한 경우도 있는데, 이 경우 사회불안을 없애 주는 대가로 사례를 받았다.

마녀의 증거로서 재판과정에서 인정되는 증거[4]는 여러 가지가 있었는데, 문제는 그러한 증거가 없더라도 본인의 자백이 있으면 되었기 때문에 자백을 강요하는 많은 고문이 이루어졌다. 그러나 그것은 재판관이 아니라 마녀사냥꾼(witch finder)이 행하였기 때문에 법률용어로는 고문(torture)이 아니라 학대(ill-treatment)라고 한다. 보통의 범죄라면, 범죄용의자가 어떤 인물인가 하는 것은 문제가 되지 않고, 범죄 행위와 용의자와의 관계(연계)가 문제가 되는데, 실제의 재판에서는 마술을 사용하는 것 자체, 혹은 마녀인 사실 그 자체가 유죄의 사유가 되었다. 예를 들면, 빗자루를 타고 밤하늘을 나는 것을 본 적이 있다는 증언이 있으면 당사자는 마녀로 판명되었던 것이다.

최초의 심문에서 최후까지 10년이 걸린 경우가 있고 그 과정에서 옥사가 많았기 때문에, 그것은 '진실성의 테스트가 아니라 인내의 테스트'였다. 당연히 고문에 의한 공범자가 많을 수밖에 없었다. 한 사람이 약 150명의 공범자를 열거한 예도 있었다. 37년간의 기록에서 약 300명의 마녀가 6,000명의 공모자를 열거하였으므로 1인당 20명의 공모자가 있는 셈이다.[5]

4) 마녀의 증거로서는, 어린이를 포함한 목격자나 피해자의 증언을 포함하여, 악마의 사자(familiar, imp)를 데리고 있거나, 악마의 사자가 마녀로부터 피 등을 흡입하는 곳이 신체 어딘가에 있다는 것 등이었다. 후자는 소위 '마녀의 마크'로서 그것은 점이나 사마귀 등이었으나, 일정한 형태를 가지고 있지 않거나 심지어 육안으로는 구분해 내지 못한다고 하여, 그것을 찾기 위하여 알몸에 송곳침을 찌르는 고문이 행해졌다. 왜냐하면 그 마녀의 마크 자리는 통증이 없다고 전해지고 있었기 때문이다.

5) 마녀에 대한 심문은 대답할 도리가 없는 것이었다. 프랑스 알사스 지방의 한 재판관이 3세기 동안 사용했던 29개의 문항에는 다음의 내용이 포함되어 있다 ① 너는 마녀가 된 지 몇 년째인가, ② 마녀가 된 이유는 무엇인가, ⑥ 악마와는 어떤 서약을 했는가, ㉒ 공모자는 누구인가.

마녀와 사회계층 마녀는 일반적으로 빈곤층이었고, 마녀를 고발한 쪽은 일반적으로 유복한 계층이었으나 상당한 계층차이가 아니라 '약간' 상층의 사람들이었고 이것은 마녀재판의 해석에서 대단히 중요한 의미를 갖는다. 17세기 영국의 검찰총장 멕켄지(Mackenzie)의 전언에 의하면, 1672년의 한 마녀재판으로 화형을 기다리던 마녀와 감옥에서 면담하였는데, 그녀는 다음과 같이 말하고 있다.

> 나는 아무런 죄도 범하지 않았습니다. 하지만 나는 하루 하루의 빵값을 벌어야만 하는 가난한 사람입니다. 일단 마녀의 혐의로 체포되고 나서부터는 비록 석방된다 하더라도 나에게 먹을 것을 주는 사람도 집을 빌려 주는 사람도 없을 것입니다. 굶어 죽을 수밖에 다른 도리가 없습니다. 근처의 사람들은 나를 때리거나 개를 데리고 와서 위협하거나 할 것입니다. 그럴 바에야 차라리 죽는 것이 낫다고 생각하고 있지도 않은 거짓 자백을 하였던 것입니다(말을 마치고 통곡하다)(박광준, 1993에서 재인용).

대부분의 경우 마녀로 고발된 자는 55~65세의 독신 빈곤여성으로서 이웃에게 걸식을 요청하였으나 거절되었던 사람들이었다. 많은 사람들에게 있어서 이웃의 도움 요청을 거절하는 것은 괴로운 일이었다. 그 괴로움에서 벗어나는 한 방법이 원조를 구하는 자들이 나쁜 사람들이라고 규정해 버리는 것이었다. 마녀 연구자 맥파렌(A. Macfarlane)의 다음과 같은 말은 마녀재판의 사회심리적 과정을 잘 묘사하고 있다.

> 이웃이 자선을 청하는데 그것을 거절하는 것은 상당한 죄의식을 가지게 하였다. …… 자선의 거절은 죄의식을 불러일으켰다. 이러한 양면적인 감정의 소유자들은 자신이 이웃을 도와주지 않았다는 죄의식을 미연에 방지하기 위하여 그리고 그것으로 인하여 그들의 저주에 의한 재난을 당하지 않기 위하여 나름대로 정당화된 대처방법을 생각하게 되었다. 그것은 도움을 청하는 이웃이, 원조를 거부했다는 이유로 이웃에게 저주나 하는 나쁜 사람(wrongdoer)이라고 하는 정당화된 저주였다.

마녀박해의 수는 지역에 따라 다르게 나타나는데, 결론적으로 말하면 식량이 귀하고 식량가격이 비싼 지역에서 마녀박해가 더욱 성행하였다. 농지를 목초지로 전환하여 양을 기르는 것을 의미하는 이 시대의 엔클로져가 성행한 지역은 그만큼 식량이 부족하고 식량가격은 상승한다.

맥파렌은 16세기 후반에서 17세기 중기까지 영국의 마녀박해의 사례를 조사한 결과를 토대로 엔클로져가 적었거나 늦게 시작된 지역은 마녀박해의 건수가 적고 엔클로져가 성행한 지역은 그 건수가 많다는 것을 지적하고 있다. 이것은 인구압력을 받는 지역, 즉 식량이 부족한 지역에서는 식량가격도 상승하므로 빈민의 수가 증가하고 또한 그들을 부양할 지역공동체의 능력도 급격하게 떨어지는 것을 의미하는 것이다. 또한 극빈층은 아니더라도 약간의 생활문제에 봉착한다면 곧장 빈곤층으로 전락하게 되는 많은 준빈곤층이 대규모로 존재하며, 이들의 생활불안이 극도에 달해 있었음을 암시하고 있다.

4. 시대적 특성

'사회복지 이전의 시기'에 있어서 국가의 관심사는 '노동능력이 있는 빈민'이었고 그에 대한 대응도 그들에게 집중되었다. 그리고 노동능력 있는 빈민에 대한 관심은 빈곤의 구제나 혹은 빈민의 생활조건의 개선에 있었던 것이 아니라, 노동력의 공급과 부랑에 의한 사회질서의 위협의 방지에 있었다. 부랑은 범죄로 간주되었고 따라서 빈곤 역시 범죄와 마찬가지로 간주되던 시기였던 것이다.

노동능력이 없는 빈민에 대해서 국가는 무관심하거나 혹은 보다 적극적으로 빈민들을 공동체에서 배제하고 박해하는 일을 직접 행하거나 혹은 조장하였다. 그 대표적인 것이 마녀박해였다.

결국 마녀재판의 본질은 희생양(scapegoat)이었다. 양이 죄가 있어서 죽임을 당하는 것이 아닌 것과 마찬가지로 마녀 역시 어떤 죄로 인하여 죽임을 당한 것이 아니라, 죄를 지은 자 혹은 죄를 지었다고 하는 죄의식을 가진 자들의 그 죄의식을 없애기 위하여 만들어진 희생자에 불과한 것이었다.

구빈법의 성립
–소극적 국가개입

1. 소극적 국가개입의 의미와 시대구분

어떤 사회문제에 대한 국가의 개입이란 국가가 그 사회문제의 해결에 책임이 있음을 인식하고, 사회 구성원의 부담으로 만들어진 공적인 자원을 투입함으로써 그 문제의 해결을 도모하는 것을 뜻한다. 그러나 국가개입이 곧 그 문제의 원인이 개인의 결함이 아닌 사회적인 데에 있다는 것을 국가가 인정하였다는 것을 의미하는 것은 아니다. 소극적 국가개입이란 '개인의 결함으로 인해 만들어진 문제이지만 마지못해 국가가 나서서 개입하게 되는' 그런 의미이다.

시대적으로 볼 때, 엘리자베스 구빈법이 성립된 이후, 구빈법의 가장 근본적인 성격변화가 이루어졌던 1834년 신구빈법 이전까지의 시기가 이 장의 시대적 범위가 된다. 그런데 영국 구빈법은 350여 년간 존재하던서 그 과정에서 법상의 많은 변화들이 있어 왔기 때문에, 이 책에서는 이 시대를 '소극적 국가개입의 시작'이라는 장과 '신구빈법 시대'로 나누었다.

여기에서는 이 기간 중의 중요한 변화라고 판단되는 거주지제한법, 작업장의 탄생과 나치블법, 그리고 스핀햄랜드 제도가 주로 검토된다.

2. 사회, 경제, 사상적 배경

1) 중상주의

중상주의의 의의 중상주의(Mercantilism), 즉 교역경제(trade economy)주의는 중세 동안 서구사회의 가장 강력한 정치경제였다. 중상주의는 일반적으로 근세 절대주의 국가의 성립 이후부터 산업혁명 개시까지의 기간, 즉 대략 15세기 중반부터 18세기 중반까지에 이르는 약 300년 간 유럽대륙을 지배하던 경제정책이자 경제사상을 지칭하는 용어이다(김광수, 1984 : 11). 즉, 중세의 붕괴로부터 이 시대는 경제사적으로는 근대 자본제사회의 성립기이며 정치적으로는 중앙집권적 절대군주국가의 시대이다. 이 시기에 노동자들은 새로운 국제적인 시장의 교역상품들을 생산하는 데에 투입되었고 특히 농지를 떠나서 도시로 이입된 노동자들은 상인계급(mercantile class)에게 점점 더 종속되어갔다.

중상주의 경제정책의 내용 중에서 사회복지의 발전과 깊이 연관되는 것은 무역정책과 인구정책이다. 전자는 곡물가격이나 노동자의 임금과 깊이 관련되기 때문이며, 후자는 국가에 의한 빈곤구제와 직접적인 관련이 있기 때문이다.

무역정책에서 중상주의는 우선 수입을 제한하고 수출을 장려하는 정책을 폈다. 외국제품의 수입은 높은 관세를 매겨서 이를 제한하거나 저지하였으며, 국내의 산업이 필요로 하는 원자재를 외국으로부터 수입할 때에는 면세 혹은 낮은 관세를 손쉽게 하기 위하여 강력한 대회사에 무역에 대한 독점적 특권을 부여하여 상권을 확장시키려고 하였다.

자국 상품이 타국 상품에 대한 경쟁력을 갖기 위해서는 생산비를 절감해야 하며 그렇게 하기 위해서는 원료의 값과 임금의 억제가 필요하다. 고임금은 노동자들을 나태하게 할 뿐만 아니라, 노동자들이 외국에서 생산된 물건을 살 수 있게 하여 무역수지에 나쁜 영향을 준다고 간주되었다. 이러한 정책들은 국가와 상인계급의 양자의 이해와 일치하는 것이었던 반면, 노동자들로 하여금 저임금과 가혹한 노동으로 내몰리게 만들었다.

인구정책 인구의 증가는 그만큼 생산을 증가시킨다고 보았기 때문에 인구증가의 열망은 거의 광신적이었던 것이 중상주의의 또 하나의 특징이었다. 각국은 적극적인 인구장려정책을 추진하였는데, 그 유형은 다음과 같이 요약될 수 있다(김광수, 1984 : 35-36).

① 인구 유출의 억압과 인구 이입의 장려
② 독신의 억압. 부득이 결혼하지 않는 사람에게는 일정한 이익을 박탈하였다. 예를 들면, 공직에 취임하지 못하게 하거나 혹은 일정액의 세금을 부과하였다.
③ 조혼의 장려. 가능한 한 빨리 결혼하도록 상금이나 보조금을 지불하기도 하고 조세를 감면하기도 했다. 또한 배우자의 사망 후에 재혼도 빨리 하도록 장려하였다.
④ 다산의 장려. 예를 들어 스페인에서는 6인 이상의 남자아이를 낳은 부모에 대해서는 평생 조세를 면제해 주었으며 반대로 불임은 강력히 억제하였다.
⑤ 사생아의 대우를 개선하였다. 성범죄의 처벌 및 이에 따르는 사회적 스티그마는 아이들을 죽이는 중요한 요인이라고 보고 이에 대한 처벌을 면제하고 사생아에 대한 처우를 개선하였으며 사생아를 양육하는 시설을 설립하였다.

낮은 임금으로 많은 수의 가족성원들을 부양하려면 빈곤은 불가피한 것이었지만, 빈곤가족의 생활고보다는 국가의 이익을 위해서 다산(多産)이 장려되었던 것이다.

빈곤관과 노동윤리 중상주의 초기에는 가브장적인 지배계급이 빈민들에게 보호를 제공하였다. 그러나 시간이 지남에 따라 상업자본가들과 국가의 노동정책은, 값싼 노동력이 타국과의 경쟁에서 매우 중요한 역할을 하는 외국과의 교역에 의해 영향을 받게 되었다. 그리고 이것은 빈민에 대한 새로운 이데올로기를 창출해 내게 된다. 그것은, 국가를 부유하고 강대하게 만드는 것은 근면한 노동력이라는 것, 근면한 노동을 확보하기 위해서는 저임금을 유지해야 한다는 것, 고임금은 노동자들의 근면성을 저해하여 게으름을 조장하기 때문에 빈곤은 사회적인 악이 아니라 오히려 국가의 이익에 합치한다는 것 등이었다.

중상주의의 대변자들의 다음과 같은 말들은 중상주의의 빈곤관을 더욱 극적으로 표현해 주고 있다(Rimlinger, 1971 : Chap. 2에서 발췌).

• 국가의 가장 확실한 부는 다수의 근면한 빈민들에게 있다. 공장의 기술자들은 만약 일주일에 4일간의 노동으로 먹고 살 수 있다면 결코 5일째는 노동하지 않을 것이다.
• 노동자들은 결코 부유해서는 안 되며, 의식주의 해결을 겨우 할 수 있는 빠듯한 급여가 제공되어야 한다. 지나치게 편안한 환경은 게으름을 불러오고 다양한 해악을 가져온다.

• 하층계급이 가난하지 않으면 결코 근면할 수 없다는 것은 바보가 아니라면 다 아는 사실이다.
• 노새가 몸이 망가지는 이유는 장시간의 힘든 노동 때문이 아니라 장기간의 휴식 때문이다.

2) '본원적 축적의 시기'와 부랑인

본원적 축적의 시기 자본주의가 태동하기 시작하는 이 시기는 흔히 '본원적 축적의 시기', '시초 축적의 시기(마르크스, 『자본론』, 김수행 역, 1990 : 제26장)' 혹은 '사회의 분극화의 시기'라고 불린다. 자본주의가 성립하기 위해서는 한편에서는 생산수단 특히 토지를 잃은 노동자가, 다른 한편에서는 생산수단을 수중에 넣고 사업경영에 손을 대는 자본가가 존재하지 않으면 안 되는데, 이 최초의 조건이 확립되어 가는 과정이 자본의 본원적 축적과정이다.

이 시기는 사회가 자본가와 노동자로 양분되어 가는 과정이다. 마르크스는 이것을 '생산자와 생산수단의 역사적인 분리과정'으로 표현하고 있다. 또한 이 시기에는 문화적 분극화도 이루어졌다. 일부 자영농민이 자본주의적 농업경영자로 성장하여 교구의 경제적 엘리트로 부상하면서 동시에 정치적 · 문화적 엘리트로 성장하고, 다른 한편에서는 경제적 분극화의 결과로써, 대량의 빈민이 정치적으로 무력한 문맹(文盲)의 대중으로 전락하게 되는 정치적 분극화가 진행되는 시기였으며, 나아가 문화적인 분극화도 병행되는 시기였다.

부랑의 발생 우선 인구의 증가와 식량가격의 폭등은 대량빈곤의 주요 원인이었다. 인구는 16세기 중엽에서 17세기 중엽까지 약 4배가 상승하였다. 특히 엘리자베스 구빈법이 형성되는 16세기 중엽부터 17세기 초까지는 상당한 인구증가가 있었다.

식량위기의 발단은 흉작이었다. 즉, 심각한 기근은 식량가격의 폭등을 가져왔고, 그로 인한 생계의 압박으로 말미암아 공업제품에 대한 수요가 급감했으며, 이는 당시의 중심적 공업이었던 모직물공업을 불황으로 만듦으로써 대량의 실업자가 발생하고, 빈곤층이 팽창하여 결국 식량폭동이나 범죄, 그리고 부랑의 증가로 이어졌다.

엔클로저 역시 식량위기의 원인이었다. 이 시기의 엔클로저란 농지를 양을 사육하는 목초지로 전환하는 것이었기 때문에 그만큼 식량생산은 줄어드는 것을 의미했다. 도시 교외의 농촌공업의 발전은 노동자의 주요한 취업 형태를 도제에서 미숙련 노동자로 전환시켜 갔으며, 농업경영자도 계절적으로 혹은 해마다 변화하는 노동수요에 대응하기 위하여 농업노동의 고용 형태를 연간 계약에서 1일 계약으로 바꾸어 갔다. 그리고 귀족은 하인의 수를 대폭 줄였다. 이러한 요인들에 의하여 대규모의 부랑민이 발생하였다.

일반적으로 부랑은 사회적 상승을 위한 이동(betterment migration)과 생존을 위한 이동(subsistence migration)으로 나눌 수 있는데, 전자는 단거리의 이동이자 비교적 부유층의 이동인 반면, 후자는 장거리의 이동이며 높은 이동빈도를 나타내는 빈민들의 이동이다. 이 시대에 문제가 되었던 것은 후자의 경우로, 빈곤하고 임금이 낮은 북서부에서 부유하고 임금이 높은 남동부로 이동하는 부랑인이었다.

엘리자베스 치세에 부랑인의 수는 약 1만 5천 명으로 추산되는데, 주목할 만한 것은 아동·청소년의 부랑자가 많았다는 것이다. 21세 이하의 청소년이 압도적인 비율을 차지하였으며, 16세 이하의 소년이 40%를 차지하였고, 15세 이하 인구(비생산적 인구)도 급속히 증가하였다. 그 근본적인 이유는 빈곤으로 인한 가족해체가 많았기 때문이며, 고용주가 견습공인 도제의 도망을 유발하는 경우도 있었다. 청소년의 경제적 곤란은 사생아의 발생 등의 사회문제를 야기하였다.

3) 영국 특유의 상황

엔클로저 엔클로저(enclosure)란 공동경작권이 존재하고 있던 토지를 경계표식으로 담을 치고, 공동경작권을 배제하고 사유지임을 명시하는 것을 일컫는 말이다. 15~16세기 이후 증가하는 인구로 말미암은 양육(羊肉)과 양모의 수요가 급증하면서 엔클로저가 대규모로 행해졌다는 것은 잘 알려진 사실이다. 지주의 입장에서는 땅을 농민에게 빌려 주고 그 대가로 지대를 받는 것보다는, 농지를 목초지로 만들어서 그곳에 양을 키우는 것이 보다 많은 이익을 보장받는 것이었기 때문에, 경작지에 양을 사육하기 위한 목초지로 만들기 위한 엔클로저가 행해졌던 것이다.

그 영향은 두 가지이다. 하나는 갑자기 경작지를 빌릴 수 없게 되어 생계수단을 잃어버린 농민의 문제이다. 이것은 많은 자작농을 토지에서 추방시켜 대규모의 부랑인을 만들어 내는 계기가 되었다. 토마스 모어(Thomas More)는 『유토피아』(1516)에서 이 문제를 "양이 사람을 잡아먹는다"라고 표현하였다.

다른 하나의 영향은 엔클로저가 곧 농지의 축소와 식량의 감소를 의미하기 때문에 곡물가격을 상승시키는 작용을 하는데, 그것으로 인하여 발생하는 생활상의 곤란이다.

이 외에도 모어는 귀족이 하인의 수를 줄인 것과 전쟁에서 돌아온 병사들의 존재가 또한 부랑인을 만들어 내고 있음을 지적하였다(More, 황문수 역, 1990 : 41–45). 부랑인 문제가 심각해짐에 따라 부랑인을 외국으로 파병하는 것이 정책적으로 행해졌고, 징병은 주로 빈민(부랑인)과 범죄자를 대상으로 이루어졌으므로, 전쟁 후에 귀환한 병사들이 다시 부랑인이 되는 경향이 강했다는 것은 자연스러운 일이다.

수장령 대량빈곤으로 인한 부랑의 발생이 어떠한 완충장치–예를 들면, 수도원에 의한 구제–도 없이 곧바로 도시집중으로 이어지고 곧 사회에 대한 중대한 위협으로 대두된 것에는 영국 특유의 상황이 작용하였는데, 이것이 곧 헨리 8세의 수장령(首長令, 1534)이다. 수장령이란 왕의 이혼문제를 둘러싸고 로마 교황청과의 갈등 끝에 로마 가톨릭과의 관계를 단절하고 헨리 8세 자신이 영국의 정치적 수장일 뿐만 아니라 종교적인 수장임을 선포한 것이다.

이는 교황청의 자산이었던 교회와 수도원 등이 국왕의 소유로 되었다는 것을 의미하고 사실상 수도원에서 보호하고 부양하던 많은 생활무능력자들이 더 이상 그곳에 기숙할 수 없게 되어 부랑인이 될 수밖에 없다는 것을 의미하였다. 수도원의 폐쇄로 인하여 거리로 내몰린 빈민의 수는 88,000명 이상으로 추정되는데, 그것이 구빈법 탄생의 하나의 배경이 되었다는 데에 영국적인 특색이 있다.

이 시기 유럽대륙에서는 억압일변으로 정책을 시행하였다. 예를 들어, 스페인에서는 부랑 초범의 얼굴에 십자의 문신을 새기고 재범은 사형에 처했다. 이러한 강력한 억제정책의 배경에는 교회나 수도원의 구제가 그 전제가 되었던 것이다. 그러나 수도원에 의한 구제라는 완충장치가 없어진 영국의 경우, 억압과 보호라는 양면적인 정책이 시행되어 그것이 구빈법 탄생으로 이어졌다고 할 수 있다.

구빈법의 점진적 형성과정 부랑인들의 대도시 유입은 도시주민에 대한 곡물공급을 곤란하게 하거나 도시의 구빈비부담을 급격히 증가시키는 한편 파생적인 사회문제도 야기하였다. 예를 들어, 1559년부터 1620년 사이에 런던의 인구는 3배가 되었다(Bruce, 1968 : 37). 16세기는 부랑인에 대한 공포의 시대였다고 하는 토니(R. H. Tawney)의 말은 이 부랑인의 존재가 정부에게 얼마나 큰 부담이었는가를 잘 묘사해 주고 있다.

구빈법의 탄생은 1563년 이후 1572년법, 1576년법, 그리고 1597년법을 거쳐서 비로소 1601년에 완성을 보는 점진적인 경과를 거친 것이라는 점을 이해하는 것이 중요하다. 왜냐하면 이러한 법들은 억제와 구제라고 하는 이중성을 가지고 있었다는 점과, 이미 1601년 이전에도 구빈사업은 각 지역에서 나름대로 행해지고 있었고, 1601년법은 이러한 조치들을 전국적으로 그리고 체계적으로 정비하는 것에 불과한 것이었기 때문이다. 특히 1572년법은, 한편에서는 노동능력이 있는 부랑민에 대한 억제 및 처벌[1]과, 다른 한편에서 노동능력이 없는 빈민에 대한 보호를 규정하였다. 또한 그 비용은 구빈세를 통하여 조달한다고 규정하여, 억압과 구제라는 양면성을 강하게 내포하고 있다.

구빈비는 수도원의 해산 이래 런던에서는 이미 1547년부터, 그리고 1572년부터는 전국에 걸쳐 구빈세를 부과함으로써 재원을 충당하는 제도가 시행되었다. 이에 따라 각 도시는 독자적인 구빈체제를 갖추기 시작하였고, 부랑인의 대도시에로의 유입은 구빈비의 급증을 초래하였다. 그리고 만약 이러한 독자적인 체제가 전국적으로 체계화되지 않는다면, 구빈체계가 잘 갖추어진 도시에로 부랑인들을 끌어들이는 결과를 가져오기 때문에, 이러한 사태를 방지하기 위하여 전국적인 차원에서 빈민구제의 의무를 교구에 일률적으로 부과하기 위하여 성립한 것이 1601년, 엘리자베스 43년의 구빈법이었던 것이다.

1) 이 법에서 규정한 부랑인으로 판정된 자들에 대한 규제의 내용을 보면, 초범자에게는 채찍질과 귀에 1인치의 구멍을 뚫는 형, 재범자에게는 중죄인(felon)으로서 성직자승인(benefit of clergy)하의 교수형, 삼범자에게는 성직자승인 없이도 교수형에 처하도록 하고 있다.

3. 사회복지의 내용

1) 엘리자베스 구빈법(the Elizabethan poor law, 1601)

일련의 엘리자베스 구빈법 이 시대의 가장 중요한 제도는 엘리자베스 구빈법이다. 여기에서 엘리자베스 구빈법이란 엘리자베스 여왕 치세의 1563년법(엘리자베스 5년), 1572년법, 1576년법, 1597년법, 그리고 1601년법(동 43년) 모두를 통칭하여 사용하기로 한다. 왜냐하면 통상 구빈법의 대명사로 알려져 있는 1601년법은 그 이전의 시대와 단절되어 갑자기 생겨난 법이 아니라 1572년부터 시작된 일련의 법을 체계화한 것이기 때문이다. 사회복지역사의 관점에서 1601년법이 가지고 있는 거의 모든 의의는 이미 그 이전의 법에서 이미 규정된 것이며, 달라진 것이란 친족의 부양범위를 조부모에게까지 확대한다는 규정뿐이었다. 그 이전의 법들이 규정한 중요한 내용들은 다음과 같다.

- 1572년법은 구빈사업에 소요되는 예산을 구빈세를 통하여 충당하며, 구빈감독관을 임명하였다.
- 1576년법은 일할 능력이 있는 빈민에게 노동을 강제하는 조치를 취하고, 빈민을 유형별로 분류하여 대처하였다.
- 1597년법은 친족의 부양의무를 규정하였다.
- 1601년법은 부양의무를 조부모에게까지 확대하면서 상기의 법률들을 통합하였다.

대상자 선정기준의 법제화와 재원의 확보 빈민을 속성에 따라 분류하여 그 각각에 맞는 대책을 강구한다는 것은 그것이 사회복지사업이냐 아니냐를 구분하게 해줄 수 있는 핵심적인 요소이다. 이 법이 사회복지의 효시라고 불릴 수 있게 하는 핵심적인 조건이 바로 이렇게 수급대상자들을 분류하여 대상자의 선정기준을 규정하려고 하였다는 데에 있다.

1576년법은 빈민을 일하게 하고 게으른 자가 되지 않도록 하는 것을 목적으로 한 법이었는데, 그 조치의 일환으로서 '작업장'이 처음으로 나타나고 있다. 이것은 세 가지의 사회복지시설별로 그 입소대상을 정함으로써 빈민의 속성을 분류하고 있다. 노동능력이 없는 자와 있는 자로 대별하고 노동능력 있는 자는 다시 일할 의지가 있는 자와 구제 불능인 자로 이분하여 세 가지의 시설로 보내지게 되는 것이다(Bruce, 1968 : 39).[2] 즉, ① 작업장(workhouse)[3] : 노동능력이 있는 실업자, ② 고정원(house of correction) : 갱생 불능의 나태한 자, ③ 빈민원(poor house) : 생활무능력자.

1601년에 성립된 구빈법은 빈민을 다음과 같이 세 가지로 분류하고 그 각각에 상응하는 대책을 강구하였다는 점과, 구빈세에 의한 구빈대책을 강구하였다는 데에 그 특징과 의의가 있다.

① 노동능력이 있는 빈민(able bodied poor) : 노동을 강제하고 거부하는 자는 투옥
② 노동능력 없는 빈민(impotent poor) : 생활을 부양
③ 빈곤아동(dependent children) : 강제적으로 도제(apprentice)로 보냄

구빈사업에 소요되는 재원의 확보는 교구(parish)를 단위로 주민이 납부하는 일종의 고정자산세 성격의 구빈세(poor rate)였다. 그리고 그 재정은 교구단위로 자치적으로 운영하도록 되어 있었다.

당시의 교구는 약 15,000개 정도로 추정된다(Webbs, Vol. 1, 1927 : 55). 17세기 초에 약 500만 명이었다는 인구추계를 기초로 교구의 인구를 추계해 보면 한 교구당 평균인구 약 300명을 약간 넘는 수준이다. 여러 개의 교구를 한데 묶어 교구연합(Union)을 재정단위로 한 신구빈법이 제정되었던 1834년에도 한 교구당 평균인구가 1,000명을 넘지 않았다. 이렇게 많이 나뉘어진 작은 지역을 기초로 자치적인 재원을 마련해야 한다면, 당연히 교구 내의 빈민의 수에 따라서 구빈세의 부담에 편차가 크게 나타날 수밖에 없다. 19세기 초의 어떤 기록에 의하면 한 교구의 구빈세가 이웃 교구의 6배나 되는 경우도 있었다. 이것은 결국 빈민이나 부랑인이 자신의 교구로 들어오는 것을 적극적으로 저지하려고 하는 극도의 교구이기주의를 만들어 내는 원인이 되었다.

2) 간단명료하게 구분할 수 있는 이 세 가지의 시설은 19세기가 되면 사실상 하나가 되어 버린다. 자유주의시대에 들어서면 이 시설은 증오의 대상이 되고 심지어는 빈민의 바스티유라고 불리게 된다.
3) 이 'workhouse'라는 용어가 일반화된 것은 17세기 말의 일이다

빈곤구제의 국가책임을 인정 엘리자베스 구빈법은 선언적인 의미와 제도의 접근 방식에서도 사회복지역사상 큰 의의를 가진다. 선언적인 의미에서 그것은 빈곤구제의 책임이 국가에 있다는 것을 천명하였다는 데에 무엇보다도 큰 의의가 있으며, 이것은 비단 영국에서만이 아니라 세계에서도 선구적인 조치이다.

자산조사(Means Test)는 공공부조 신청자의 구제에 가족의 협력을 강제하기 위하여 고안된 것으로, 처음부터 구빈법과 연계되어 있었다. 1597년 구빈법은 빈민이나 무능력자의 부모, 혹은 자녀는 능력이 있는 한 모두 자신의 부담으로 그들을 부양하지 않으면 안 된다는 조건을 규정하였다. 이 규정은 1601년법에서는 친족의 부양의무의 범위가 더욱 확대되어 조부모도 포함되었다. 그리고 이 규정 역시 구빈법이 폐지될 때까지 존속되었다. 즉, 1930년법은 다음과 같이 규정하고 있다(Bruce, 1968 : 32–33).

"자산에 여유가 있는 한 빈민, 노인, 맹인, 장애인, 혹은 무능력자를 부양하는 것은 그의 부, 모, 조부, 조모, 남편 혹은 자녀의 의무이다."

한편 당시에는 사적인 자선사업 특히 유산기증에 의한 자선사업이 빈곤구제에 중요한 역할을 하고 있었기 때문에 엘리자베스 구빈법은 유산기증을 장려하고 보호하는 조치를 강구했다. 1601년 법률에서는 유산기증으로 만들어진 자금의 사용용도를 규정하였는데 그것은 빈민의 직접구제, 빈민시설의 설립, 병원, 도제수업, 기능공 양성, 그리고 교육에 투입되었다. 한 조사에 의하면 15세기 말에서 17세기 중엽까지 300만 파운드 이상의 유산이 자선목적으로 기증되었고, 그 1/2이 엘리자베스 여왕 치세의 수년과 내전기간 동안에 기증되었던 것으로 나타나고 있다. 이러한 자선의 문화는 빈곤에 대한 사회의 깊은 관심을 반영하는 것이다(Bruce, 1968 : 43).

체계적인 시행의 실패와 원인 엘리자베스 구빈법은 그 선구적인 의의에도 불구하고 그 의도대로 잘 실시되지는 못했던 것으로 보인다. 교구가 지방세를 제정하고 부동산 소유자는 세금을 납부하도록 되어 있었음에도 많은 지방에서 그 40년이 경과한 후에도 과세되지 않았으며, 과세된 지역의 경우도 그 금액은 미약하였다고 기록되어 있다(Webbs, 1927 : 80–81).

스튜어트 왕조[4] 초기의 이 구빈법을 체계적으로 시행하지 못했던 데에는 내란의 영향도 있었다. 내란은 지방을 기초로 한 행정제도의 붕괴를 가져왔고, 더욱이 심각한 것은 교구가 법이 정한 바에 따라 구빈행정을 전개하도록 감독해야 할 중앙정부기구를 붕괴시켰기 때문에, 엘리자베스 구빈법의 성립 직후의 단기간을 제외하고는 구빈행정의 지배적인 특징은 다시 억압으로 전환되었던 것이다. 그 배경에는 상공업의 확대에 따른 부유한 상인의 출현과 그에 따른 자유방임적 빈곤관의 확산이 있었다.

이 시기 영국 상공업의 발전은 상당한 노등수요를 창출하였다. 왕정복고(Restoration) 후의 군대해산으로 5만 명에서 6만 명 정도의 남자들이 군에서 귀환하였으나 별다른 위기상황 없이 산업인력으로 흡수되었다는 것은 산업 확대로 인한 많은 일자리 창출을 설명해 주고 있다.

2) 거주지제한법(The Act of Settlement and Removal, 1662)

거주지로서의 교구　모든 사람은 원래 법적으로 교구에 소속된다고 하는 거주지제도는 오랜 원칙이었다. 그 기원을 밝힐 수 없을 만큼 오랜 역사를 가진 이 종교조직은 프랑스나 독일, 이탈리아의 경우와 달리 순수한 종교조직의 기본단위에서 기본적인 행정단위로 발전하였다는 데에 영국적인 특성이 있다(Webbs, Vol. 1, 1927 : 6). 교구는 자신의 교구에 속하는 자들에 대한 보호와 다른 부랑인들에 대한 이입통제의 권한을 가지고 있었는데, 외지인의 유입이 경계의 대상이 되는 것은 자연스러운 일이었다.

거주지제한법이란 어떤 주민이 다른 지역으로 이주하였을 경우, 이주를 받아들이는 교구에서 만약 그 사람이 빈민이 될 가능성이 크다면, 즉 당해 교구의 구빈부담을 증가시킬 가능성이 있는 것으로 판명된다면, 그 사람을 그 이전에 살던 교구로 강제로 돌려보낼 수 있도록 한 법이다.

빈민에 대한 구빈세 부담은 교구별로 지고 있었기 때문에 각 교구는 교구 소속의 빈민들 이외에 다른 빈민들이 자신들의 교구로 유입되는 것을 방지하려고 하였다.

---

4) 1603～1649 및 1660～1714의 잉글랜드 왕조. 도중의 11년간의 공백은 왕정폐지를 둘러싼 내란(1642～1649) 후의 크롬웰의 섭정기간이다.

1547년법과 1550년법은 부랑을 금지하면서, 걸식하고 있는 노인이나 무능력자, 그리고 장애인은 출신지 혹은 그 이전에 3년간 거주했던 곳으로 강제로 송환시키는 것을 허가하였다. 이것이 강제송환의 최초의 규정이다. 이러한 강제송환의 원칙은 엘리자베스 구빈법의 초기, 즉 1572년법에 의해서도 확인되었으나, 1597년법과 1601년법은 빈민의 이동에 대해서는 아무런 규정이 없었다. 따라서 거주지제한법이 만들어진 1662년까지는 빈민의 이동에 관한 규정이 없었던 것이 사실이지만, 실제로 빈민의 강제송환은 도시, 농촌지역을 가릴 것 없이 관행적으로 이루어지고 있었다.

거주지제한법과 극도의 지역주의 거주지제한법의 규정 내용은 다음과 같이 요약될 수 있다.

- 어떤 교구라도 구빈감독관이나 교구위원이 당해 지역의 치안판사에게 새로운 이주자가 빈민이 될 가능성이 있다고 고발한다면, 두 명의 치안판사 중 어느 한 사람이라도 그 사람을 그 이전의 거주지로 송환시킬 수 있다.
- 이러한 조치는 이주 후 40일 이내에 이루어져야 하며, 빈민이 될 가능성이 높은 자는 지대계약에서 연간 10파운드 이하의 금액으로 계약한 자이다.
- 이 결정에 불복하는 자는 카운티의 치안판사에게 불복신청을 할 수 있다.
- 증명서를 가진 자는 농한기 등 일자리가 없을 경우 다른 교구로 갈 수 있다. 다만 그 경우의 일시적 거주는 거주권을 부여한 것을 의미하는 것이 아니다.

한편 이 법에서 규정한 교구 이주자는 '교구에 거주를 위하여 온 자'로 규정되어 있었기 때문에 일시적인 여행자는 이 법의 적용을 받지 않았고, 이런 사람들이 질병이나 사고, 기타 이유로 한곳에 계속 머무는 경우나 빈곤구제를 받는 경우라도 그는 거주의 의사가 없기 때문에 그 이전의 거주지에 송환되지는 않았다.

이 법은 노령자, 노동능력 없는 자, 유아 등 빈민에게는 물론이고 특히 농촌지역의 빈민들이나 노동자들에게는 말할 수 없는 자유의 억압과 고통을 안겨준 법이었다. 다른 한편 이것은 이미 이 시기가 봉건제가 붕괴되는 시기이자 빈민의 노동력 그 자체가 부의 원천이 되어 가는 시기였음에도 불구하고, 사람을 토지에 묶어 두려는 시대착오적인 입법이었다. 아담 스미스(A. Smith)는 아마도 이러한 노동력의 자유로운 이동을 금지하는 법률이 자신이 신봉하는 자유주의의 실현을 막고 국부의 축적에 걸림돌이 되는 것이라는 입장에서 『국부론』에서 이 법을 비판하고 있다.

거주지제한법에 의해 고통을 받은 사람은 우선 부인이었다. 다른 곳에 사는 사람의 아이를 키우는 독신여성은 곧바로 그리고 강제적으로 결혼하게 하였다. 심지어는 결혼을 위해 묶여서 교회까지 오는 경우도 있었다. 이 방법에 의해 교구는 산모와 태어날 아동에 대한 책임에서 해방될 수 있었다. 또한 결혼이 불가능할 경우에는 여성은 교구로부터 추방당했는데, 사생아는 출생한 교구에 영주권을 가지기 때문이었다.

이 법은 자신이 태어난 교구를 감옥과도 같은 것으로 만들었고 나머지 모든 교구지역은 마치 적의 요새와 같은 것으로 만들었다. 태어난 교구에서 다른 교구로 이주해서 일을 하다가 다시 이주를 원하여 다른 교구로 간 사람이 그와 그의 가족의 이주를 원하지 않는 교구의 거부로 그 직전의 거주지로 돌아오고 그 교구 역시 다시 이주를 반대하여 결국 최초로 태어난 교구로 돌아오는 데에 1년 6개월이라는 시간이 걸린 사람의 사례도 기록되어 있다.

3) 작업장(Workhouse)의 출현과 나치블법(Sir Edward Knatchbull' Act, 1722)

작업장의 의미와 기원 작업장이란 노동능력이 있는 빈민을 수용하여 강제적으로 노동을 시키기 위해 설립된 시설이다. 그러나 그것은 후일 그러한 노동능력 있는 자들의 시설이 아니라 국가의 원조를 받는 모든 사람들을 수용 보호하는 시설로 변화되었다. 이것은 19세기 중반 이후에는 빈민이라면 노동능력의 유무, 남녀, 노소, 정신질환의 유무 등을 구분하지 않고 모든 부류의 빈민들을 수용하는 혼합작업장(general mixed workhouse)으로 되어서 구빈법이 가진 비인간적 요소의 상징이 되었다.

이미 1576년법에 의해서 빈민을 분류할 때 일할 수 있는 빈민에 대한 시설로서 작업장이라는 개념이 출현하였다. 그러나 체계적이고 빈민의 노동을 얻을 목적으로 설립된 작업장의 시초는 브리스톨 작업장으로 1696년에 설립되었다.

작업장은 각 교구의 재량으로 건설될 수 있었는데, 막대한 자금이 투입되는 관계로 하나의 교구로서는 작업장 설립이 불가능한 경우가 많았으므로 대개는 몇 개의 교구가 연합하여 설립하였는데 이 경우는 시설의 규모가 컸다. 1722년 이후는 단독 교구 혹은 작은 교구 수 개에 의해 설립된 소규모의 작업장이 많이 설립되었다.

이 작업장은 걸식의 감소와 구빈세의 저하를 가져왔는데, 그것은 작업장에의 수용을 꺼리는 빈민들이 구제의 요청을 꺼렸기 때문이었다. 이것은 의도하지 않았던 결과였지만, 이 작업장이 후일 구제억제의 수단으로 악용되는 것을 생각하면 불길한 결과였다. 이로 인하여 작업장은 빈민의 감옥이라는 이미지를 얻어가게 된다.

나치블법 전국에 걸쳐서 작업장 설치의 계기가 된 것은 1722년의 나치블법(Sir Edward Knatchbull's Act)이었다. 제안자의 이름을 딴 법률로서 흔히 '작업장 테스트법'으로 알려져 있는 이 법은 빈민에 대한 형벌적인 태도를 가지고 있었으며, 결국은 작업장 내에서의 생활을 매우 열악하게 함으로써 빈민들로 하여금 구제의 신청을 꺼리게 하여, 구빈세를 억제하려는 정책수단으로 작용하였다(Webbs, Vol. 1, 1927 : 151). 법의 내용을 요약하면 다음과 같다.

• 치안판사가 구빈감독관에게 알리지 않고 빈민에게 직접 구제를 결정하는 것을 금한다.[5]
• 교구위원이나 구빈감독관은 법률에 의해 다음과 같은 권한을 가진다.
  (a) 교구의 동의를 얻어서 작업장을 위한 건물을 건설하거나 혹은 임차한다.
  (b) 교구 빈민의 숙박, 유지, 그리고 고용 등에 관하여 어떤 사람에게도 민간위탁을 시킬 수 있다.
  (c) 작업장의 임차 혹은 건축을 위하여 2개 이상의 교구가 연합할 수 있다.
  (d) 작업장 수용을 거부하는 빈민은 구제등록 명부에서 그의 이름을 삭제하고 구제받을 자격을 잃게 한다.

이 법은 작업장을 국가의 구제신청을 억제하면서 노동의욕을 선서케 하는 곳이라고 규정하였다. 이러한 목적을 위해서 작업장 내의 생활은 사람들이 입소를 꺼리도록 생활수준과 규칙준수라는 두 가지 측면에서 엄격하게 통제되었다. 기상이나 취침,

5) 이것은 빈민이 허위로 구제를 신청하고 실정에 어두운 치안판사로부터 구제허가를 받는 것을 방지하기 위한 조치였다.

식사, 기도 등의 생활에서 매우 세부적인 규율이 강제되고 이를 위반할 경우에는 족쇄, 감금, 식사금지, 외출금지 등의 처벌이 따랐다.

민간업자 위탁운영의 폐해 더구나 더욱 문제가 된 것은 작업장의 관리운영을 영리를 추구하는 개인에게 위탁운영하게 할 수 있는 규정이었다. 이 규정에 의해 빈민을 대상으로 하는 사업을 하려는 업자들이 각 교구에 사업신청을 많이 하였다.

이러한 방식의 결과는 너무나 뻔한 것이었다. 우선 교구의 입장에서 본다면 가능한 한 구빈비 지출을 억제하려는 유인이 있었기 때문에, 가능한 한 적은 돈을 민간업자에게 지출하였고, 민간업자는 그것으로 가능한 한 많은 이윤을 남겨야 하기 때문에 빈민들에게 일을 가혹하게 시키든지, 아니면 빈민에게 제공되는 서비스의 질을 가능한 한 열악하게 하든지 할 것이다. 그리고 일시불을 받고 위탁운영하는 경우에는 작업장의 운영을 가능한 한 가혹하게 하여 빈민이 누구라도 입소를 꺼리게 해서 많은 이윤을 남기려고 할 것이라는 사정은 누구나 상상할 수 있는 일이었고, 그것은 현실로 나타났던 것이다. 이렇게 해서 작업장 내의 생활상태는 불가피하게 최악의 수준이 되었고, 작업장은 모든 연령층을 한꺼번에, 남녀 구분이나 기혼·미혼의 구분 없이 수용되는 일반혼합작업장으로 변해갔다. 이것은 17세기 말 빈민과 실업자에게 일자리를 제공하여 사회로 복귀시키는 것을 목적으로 하여 존재했던 작업장과는 그 성격을 완전히 달리하는 것이 되고 말았다(George, 1968 : 9-10).

작업장이 그 대상으로 상정하였던 빈민은 노동능력이 있는 빈민이었지만 구빈법이 규정한 빈민의 대부분은 노인이나 아동, 장애인 등 노동능력 없는 사람들이었기 때문에 이런 사람들을 구제억제의 대상으로 한다는 것은 문제가 있다는 반성과 더불어, 빈민의 고용에 의한 처우의 개선책을 목표로 한 개선된 형태의 작업장들이 다시 만들어지게 되고, 19세기 초에는 작업장 내에서의 처벌적인 규율을 금지하는 법률도 만들어졌다.

4) 스핀햄랜드 제도(Speenhamland System)

임금보조제도와 그 기원 스핀햄랜드 제도란 처음 이 제도가 시행된 지명을 따서 이름 붙여진 제도로서, 일종의 임금보조제도이다. 빈민들 중에서 노동 가능한 빈민을 작업장에 수용하지 않고 자신의 집에 거주하게 하면서 노동을 유도하고, 임금수준이 낮아서 자신과 가족의 생계유지에 필요한 빵의 구입에도 미치지 못하는 경우, 그 부족한 만큼을 교구가 구빈세에서 지급해 주는 제도로서, 사회복지역사에서 매우 의미가 깊은 제도이다.

농촌지역은 작업장이 별로 보급되지 않았기 때문에 농촌지역의 노동능력이 있는 빈민에 대해서는 다른 방법의 접근이 이루어져야 했다. 그 중요한 방법이 라운즈맨 제도와 스핀햄랜드 제도로서 이 양자는 결합되어서 때로는 분리되어서 시행되었다. 라운즈맨(Roundsman) 제도는 실업노동자를 순번을 정해서 교구민에게 파견하고, 각 가정은 식량을 제공하며, 식량 제공의 부족분은 교구에서 지급하는데, 대신 교구민은 실업노동자에게 일을 시키는 것으로 일종의 숙박할당제도였다(Webbs, 1927 : 190).

스핀햄랜드 제도는 노동 가능한 빈민에 대해 작업장이라는 시설에 수용하지 않고 자신의 집에 거주하도록 하면서 원조를 제공하는 방식, 즉 원외구호(out-door relief)를 통하여 빈곤문제를 해결하려고 하는 중요한 시도였다. 1795년 5월 6일 버크셔 스핀햄랜드에서 개최된 버크셔 치안판사 총회에서 스핀햄랜드 제도가 결의되어 1796년 의회의 법률이 되었다. 이 제도는 빵가격과 부양가족의 수에 대응하여 지방세에서 임금을 보조하여 최저생계비를 보장하는 것이었고, 빵가격의 인상에 대응하여 임금보조금을 인상하게 되어 있었다. 이 제도는 실업 중인 빈민뿐만 아니라 현역의 노동자에게도 차별 없이 같이 적용되었다.

제도적 모순 이 제도는 극도의 경제불황으로부터 노동자의 최저생활을 보장하고 사회를 안정시키는 데에 기여하였음에도 불구하고 많은 모순을 가지고 있었다. 이 제도의 시행 이후 주변 비용은 눈덩이처럼 불어났다. 제도의 모순은 그 제도 자체의 모순과, 그 제도를 이용하는 사람들의 제도 악용이라는 두 가지 측면을 포함한다. 결과적으로는 생각지 못한 모순으로 인하여 오히려 빈곤정책을 억압정책으로 회귀해야 한다는 주장에 빌미를 제공하는 것이 되고 말았다.

그 가장 중요한 모순은 임금보조금이 사실상 노동자들에 대한 것이 아니라 고용주에 대한 보조금이었다는 데에 있었다. 저명한 역사가 트리베리얀의 다음 평은 이 제도의 문제를 정확하게 지적하고 있다.

> 임금의 보조를 교구세에서 지출하자 많은 농업노동자를 고용하는 지주들의 입장에서는 노동자들에게 적절한 생활임금을 지불할 이유가 없어졌다. 노동자의 입장에서는 아무리 열심히 일해도 역시 피구제빈민이 되어 버린다고 하는 현실이 가져오는 도덕적인 악영향이 있는 등 관계자 모두를 타락시켰다. 대지주들은 노동자임금의 인상을 거부하는 태도를 바꾸지 않았고, 고용되지 않은 독립된 계층의 사람들은 구빈세의 중압에 곤란을 겪었으며, 피구제빈민들 사이에는 게으름과 범죄가 증가하였다(Trevelyan, *English Social History*, Penguin Books 1942, 1986 ed. : 81).

4. 소극적 국가개입기의 특징

이 시기는 처음으로 빈곤구제의 국가책임을 인정하기 시작한 시기이다. 엘리자베스 구빈법이 그 대표적인 것이다.

소극적 국가개입기의 전 시기를 통하여 변화하지 않았던 것은 빈곤의 원인, 노동자의 속성에 관한 사회적 관념이었다. 어디까지나 빈곤은 당사자의 도덕적 결함에 그 원인이 있고, 빈민들은 원래 게으른 존재이기 때문에 최소한의 생활조건에서 노동하지 않으면 살 수 없는 정도의 생활을 하는 것이 당연하며, 그러므로 빈곤은 사회적인 악이 아니라 오히려 국가의 이익에 합치한다는 것이 변하지 않는 지배층의 사고방식이었다.

이 시기는 근대자본제사회의 성립기이다. 따라서 그 시작의 시기와 마지막 시기 간에는 200년의 시간차가 있기 때문에 당연히 사회복지의 접근과 내용에서 차이가 존재할 수밖에 없다. 초기에는 국가에 의한 빈곤구제는 곧 치안유지정책의 일환이었다. 상공업의 발전이 시작되는 18세기 말에 이르러서는 구빈법체제가 노동력의 확보 및 통제라는 문제와 밀접히 관련된다. 노동윤리를 해치지 않는 범위 내에서 빈민에 대한 불가피한 원조를 제공하기 위하여 다양한 궁리를 하는 시기였다. 그런 가운데 시행된 스핀햄랜드 제도는 임금보조제도로서 주목할 만한 제도였지만 결과는 구빈비의 급증으로 나타나서 보다 엄격한 사회복지 통제의 구실을 제공하게 된다. 사회복지제도를 취지대로 시행되게 하느냐 아니냐는 제도 그 자체의 내용보다도 제도를 운용하는 사람들의 의식수준과 깊이 관련된다는 교훈을 이 스핀햄랜드 제도가 주고 있는 것이다.

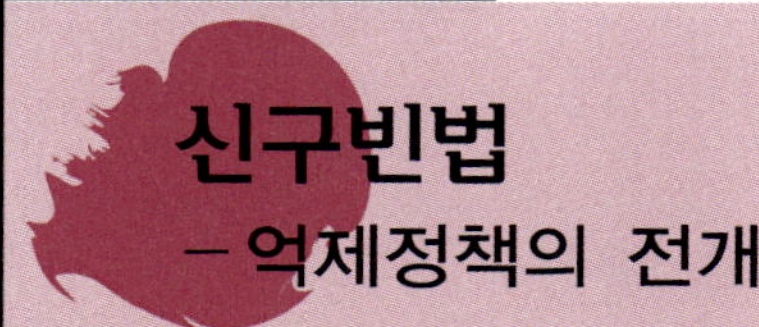

신구빈법
– 억제정책의 전개

1. 억제정책의 개념과 시대구분

억제정책(deterrence policy)이란 어떤 사회복지제도를 운용하는 데 공식적으로 그 제도의 수급자격을 갖춘 사람들에 대해서, 의도적으로 스티그마(stigma)를 부여하거나 또는 정보를 제공하지 않거나 하는 방법을 동원하여 수급신청을 억제함으로써 가능한 한 복지서비스의 수급을 포기하도록 만들어서 복지지출을 최소한의 수준에서 억제하려는 데에 목적을 가진 정책을 말한다. 스티그마는 그리스어로 '달인 인두로 표시를 하다'는 의미로 알려져 있다. 범죄자나 도망노예, 반역자를 처벌하고, 지탄받고 기피해야 할 자로서의 낙인을 찍고 배제한 것에서 유래한다.

이 억제정책은 현대 사회복지에서도 흔히 존재하는 정책인데, 다만 그것은 구빈법 시대의 그것과는 성격을 약간 달리한다. 즉, 구빈법 시대의 억제정책은 구빈법의 수급자에게 '국가원조를 받는 빈민' 즉 포퍼(pauper)라는 스티그마를 공식적으로 찍음으로써, 사회복지 수급자는 파렴치한 사람이라는 인식을 형성하게 하여, 그것으로 타인이나 국가에 의지하지 않고 독립적인 삶을 꾸려 가는 사람들이 바람직한 사람이라고 하는 인식을 심어 주기 위한 이데올로기의 성격을 가진 것이었다. 이러한 처우에도 불구하고 국가원조를 받으려고 하는 이는 도덕심이나 수치심이 상실된 파렴치한 사람이라는 사회적인 인식을 형성하려고 하였고, 그것으로 구빈비 절감과 더불어 자조라는 이데올로기를 확산시키려 하였던 것이다.

억제정책의 전개기, 즉 신구빈법의 시대는 1834년 신구빈법이 제정된 이후, 구빈법체제의 모순과 한계가 드러나서 사실상 구빈법에 의하지 않는 다른 다양한 시도들이 이루어지는 대전환기의 시작인 1880년대에까지 이르는 기간이다.

2. 사회, 경제, 사상적 배경

1) 산업혁명

산업혁명이란 : 토인비와 아슈톤 산업혁명의 양상은 크게 인구증가와 상공업 중심지의 급격한 발전으로 나타난다. 즉, 산업혁명은 기술면에서는 도구로부터 기계에로의 전환, 생산면에서는 수공업에서 기계제 공장제도로, 생산관계에서는 근대적 노동자계급의 성립이라는 변화의 양상을 보이고 있다. 엔클로져를 기초로 한 농업혁명과 교통운송수단의 변혁에 의한 상업의 확장 등도 있었다. 산업혁명, 즉 기계제의 공장제도나 상업의 확장, 농업혁명 등이 일어나기 위해서는 전제조건이 필요하다. 영국에서 산업혁명이 가장 먼저 일어난 것은 영국이 다음의 조건들을 구비하고 있었기 때문이다. 첫째, 우선 자본의 축적과 자유로운 임금노동의 창출이 있어야 한다. 이것은 가장 기본적인 전제이다. 둘째, 기계에 의한 공장제도에 의해 대량생산된 상품을 흡수하고 소비할 시장이 존재하여야 한다. 셋째, 농업 이외의 생산에 종사하는 사람들의 식량문제를 해결해 줄 수 있기 위하여 농업생산의 확대가 있어야 한다. 그리고 마지막으로, 이러한 변혁을 저지하려는 정치권력이 부재하거나 혹은 미약해야 한다는 것이다. 당시 과학기술의 분야에서는 프랑스가 가장 선진적이었다고 일컬어지지만, 산업혁명이 영국에서 가장 먼저 일어난 것은 위의 전제조건들이 프랑스보다는 잘 갖추어졌기 때문이다.

토인비(Arnold Toynbee, 1852~1883)는 그의 저서 『산업혁명론』(1884)에서 “영국의 산업혁명은 1760~1840년 사이에 전개되었다”고 하였고 이것이 산업혁명에 관한 고전적 견해가 되었다. 그에 의하면 산업혁명이 혁명인 이유는 다음과 같다. 첫째, 1760년 이전에는 기계의 발명도 없었고, 농업의 현저한 변화도 없었지만, 1760년 이후는 면직공업의 발전에 의해 도시에의 인구집중이 있었다. 둘째, 1760년 이후 가축의 사육이 진행되어, 가축사육을 위한 엔클로져에 의해 대농장이 출현하였고, 그 반면 가내공업은 쇠퇴하였으며, 자영농민(yeoman)은 몰락하였고, 농업인구는 감소되었다. 셋째, 기계의 발명이 공장제도를 출현시키고, 공장의 노동수요가 엔클로져에 의해 농촌을 떠나온 과잉노동인구를 저임금으로 흡수하여 도시빈민을 급증시켰다.

그러나 아슈톤(Thomas S. Ashton)은 자신의 저서 『산업혁명』에서 토인비의 견해를 논박하였다. 그의 논점은 다음과 같다. 우선, 1760~1840년 사이는 약 100년이라는 기간인데, 그 과정을 과연 '혁명적'이라고 표현할 수 있는가 하는 의문에서 출발한다. 그는 "산업혁명은 혁명적이 아니라 그 이전부터의 연속적인 경제발전의 한 과정이었다"고 하면서, 흔히 자본주의라고 불리는 그러한 체계는, 이미 1760년 이전에 그 뿌리를 가지고 있고, 다른 한편 그의 완전한 발달을 본 것은 1830년대 이후의 일이었다. 따라서 '혁명'이라는 낱말에는 이러한 '연속성'이라는 중요한 사실을 간과하게 할 위험이 내포되어 있다고 주장하였다. 또한 빈곤의 심화 등의 문제들은 산업혁명기 이전의 시대부터 있어 왔던 현상이라는 사실을 지적하면서, 엔클로져가 토지의 생산력을 증대시켜서 국민의 생활수준은 향상되었고, 그것은 토지로부터의 인간해방을 의미한다고 하였다.

산업혁명의 영향 토인비와 아슈톤의 쟁점은 첫째, 경제구조의 변화를 혁명적으로 보는가 아니면 연속적으로 보는가이며, 둘째, 산업혁명이 대중의 생활수준을 악화시켰는가 아니면 향상시켰는가이다.

산업혁명의 역사가인 만토우(Paul Mantoux)나 하몬드 부처(J. L. & B. Hammond)는 대체로 토인비의 견해를 지지하고 있다. 즉, 대다수의 자영농민, 영세소작농이 임금노동자로 몰락하여 빈곤 때문에 농촌을 떠난 다른 농민들과 같이 공장의 무명대중, 산업혁명의 군대의 일원이 되었음을 인정하고 있다.

그런데 아슈톤의 견해는 자료에 근거한 논증으로, 반증할 자료가 존재하지 않는다는 점에서 토인비의 그것보다는 과학적이지만, 그럼에도 불구하고 토인비의 견해가 산업혁명에 관한 고전적 해석으로서 받아들여지고 있는 것은, 그의 견해에 자료나 물증을 통해서는 해석할 수 없는 무엇인가가 존재하기 때문이다. 즉, 산업혁명이 생활수준의 안정과 향상을 가져왔다면 왜 기계파괴(Luddite)[1]가 그렇게 빈발하였으며 선

1) 기계파괴운동, 즉 라다이트(Luddite Movement)는 두 가지 유형이 있었다. 첫째는 기계 자체에 대한 적의가 아니라 사용자에 대한 압력수단이었는데, 기계뿐만 아니라 원자재, 완성품, 고용주 자산 등에 대한 공격으로 이어졌다. 둘째는 산업혁명이 가져온 노동절약적인 기계에 대한 적의의 표현으로, 이것의 영향이 크지는 않았지만, 실업을 야기하는 기계 도입에 대해서는 노동자뿐만 아니라 제조업자를 포함한 전체적인 여론 역시 어느 정도 적의를 가지고 있었다(Webbs, *The History of Trade Unionism,* 1894를 참조).

거권 획득을 위한 노동자들의 권리청원운동(Chartist Movement)이 왜 그렇게 대규모로 일어났는가를 설명하기가 어렵다. 그러므로 산업혁명과 그 영향을 이해하기 위해서는 어느 견해가 보다 더 정확한가에 관해 관심을 가지는 것보다는, 급속한 경제구조의 변화가 진행되는 과정에서 당시의 사람들이 가졌던 생활불안, 자료나 물증으로는 모두 증명할 수 없는 생활불안에 대한 이해가 필요할 것이다.

2) 구빈제도의 모순

산업혁명과 농촌지역 18세기 말에서 19세기 초에 이르는 산업혁명기에, 농촌에서는 제2차 엔클로저가 한층 더 진행되어 식량의 공급 부족과 곡물가격의 인상을 불러일으켰다. 반면 소농민계급은 엔클로져에 의해 토지가 매수되어 경작권을 잃게 되고, 단순한 대지주에게 고용된 농업노동자가 되었는데, 농업기술의 발전에 의해 노동력이 남아돌게 되자 도시로 진출해서 임금노동자가 된다. 그러나 나폴레옹전쟁이 장기화되면서 식량가격은 폭등하여 빈민은 농촌과 도시를 불문하고 급증하였다.

1830년의 농민봉기는 폭력에 의한 최후의 농업노동자 봉기이자 1832년의 구빈법위원회의 설치에 직접 영향을 준 것이며, 더욱이 봉기 자체의 원인도, 경우에 따라서는 공격목표도 구빈법과 관련되어 있다는 점에서 구빈법 및 그 운영과 관련이 매우 깊으며 나아가 신구빈법 성립의 한 요소가 되었다고 할 수 있다. 1820년대에 보급되기 시작한 탈곡기는, 겨울철 농업노동자의 중요한 일거리인 탈곡작업을 농민으로부터 빼앗아갔기 때문에 실업은 더욱 심각해졌다. 1830년의 농민봉기가 탈곡기의 파괴로 시작되었다는 것은 우연이 아니다.

구빈비 증가의 불가피성 구빈비 증가의 원인은 제도적인 모순이나 행정적 기술 부족에 있는 것이 아니라 사회경제적 변화의 필연적 결과였다. 즉, 18세기 중엽부터 시작된 산업혁명은 사회구조 전체를 흔드는 변화였으며 농촌도 예외는 아니었다. 농업도 공업에서와 마찬가지로 자본주의화되어 갈 경우에 자유로운 노동공급시장이 불가결하다. 이러한 관점에서 본다면 제2차 엔클로져는 농촌사회를 완전히 변혁 속에 몰아넣었던 것이다. 더욱이 지주가 취득하는 지대는 곡물조례에 의해서 대외경쟁으로부터 보호되어 증가하여, 대지주의 입장에서는 엔클로져의 진행을 촉진하게 하는 유인으로 작용하였고, 필연적으로 농촌빈곤자가 많이 발생하였으며, 따라서 빈민을 포함하여 농업노동자 문제는 이러한 과정 속에서 이해되어야 한다는 것이다.

구빈비 증가의 또 하나의 주목할 만한 설명은 코베트(William Cobbett, 1763~1835)에 의한 것이다. 그는 신구빈법이 성립될 당시 하원의원이었는데, 구빈세의 증가는 지대의 증가와 조세의 증가의 당연한 결과일 뿐, 구빈법과 그 관리의 결함에 의한 것이 아니라는 것을 주장하였다. 구빈비의 증가 비율은 세금의 증가 비율이나 지대의 증가 비율보다 오히려 낮다고 지적하였다(Cole, 1925 : 17).

3) 자유방임(*Laissez-Faire*)의 정책사상

자유주의와 아담 스미스 시민혁명을 거쳐 자본주의 경제체제가 자리잡기 시작한 18~19세기의 사상가들은, 경제의 운용이란 원칙적으로 시장에 맡겨져야 한다고 생각하였다. 그들은 또한 국가에 의한 인위적인 간섭과 규제는 개별 경제주체의 자유로운 의사결정을 왜곡시킴으로써 자원의 비효율적인 배분을 가져온다고 주장하였다. 그러므로 정부는 인위적으로 특정한 경제생활을 장려하거나 억제하지 말아야 한다고 주장하였는데 이와 같은 사상이 자유주의이며 이의 원조가 아담 스미스이다.

아담 스미스(Adam Smith, 1723~1790)는 산업혁명의 전야에 경제를 전망한 산업혁명의 이론적인 지주였다. 그는 자유의지와 행동에 의한 자유로운 생산과 거래가 경제의 번영을 가져온다고 인식하였다. 그는 이기심이 모든 행동의 동기이며, 타인을 침범하지 않는 한 이기심에 의한 행위는 죄를 물을 수 없지만 인간의 본성에는 타인에의 배려를 가능하게 하는 사려 깊음이 존재하며, 따라서 개인의 자유로운 활동을 보장하고 정부가 그들의 행위에 대해 전혀 간섭하지 않는다고 해도 신의 보이지 않는 손이 사회의 질서를 잘 유지해 준다고 주장하였다.

산업혁명이 막 시작되면서 경제가 활성화되던 시대를 살았던 스미스는, 당시의 고임금이 산업혁명으로 향한 일시적인 호경기를 반영하는 것이었음에도 불구하고 산업혁명을 낙관하여 부유한 나라의 고임금을 예상하였고 실업은 없을 것으로 가정하였던 것이다. 고용주에 비하여 노동자의 경제적 지위가 취약하다는 점은 인정하고 동정하면서도 노사문제에 국가가 개입하지 않아야 한다고 주장하였다.

미들 클래스의 영향력과 그 사상 프랑스혁명 이후, 영국에서도 노동자의 혁명이 일어나는 것이 아닌가 하는 우려에서, 정부는 노동자계급에게 당근과 채찍이라는 양면적인 정책을 취하였다. 당근에 해당하는 것은 1802년 이후 공장법의 입법을 통하여 노동자를 보호하는 정책이었고, 채찍에 해당하는 것은 단결금지법(Combination Act)이었다. 그러나 혁명에 대한 공포심이 없어진 이후에는 노동자의 통제도 불필요하게 되어 단결금지법도 폐지함과 동시에 구빈법체제도 극도로 축소시키게 된다. 그런데 이러한 조치들의 주체세력은 19세기형 미들 클래스였다.

산업혁명 이래 신흥 중산계급, 즉 부르주아는 그 수가 현저하게 증가하였으며, 1832년의 선거법 개정에 의해 직접 의회에서 발언권을 가지게 되었다. 그것은 귀족과 대지주가 주축이 된 구지배계급에 대한 신흥상공업자의 승리를 의미하였다. 대부분 입지전적 인물이었던 그들은 자신을 그 위치에 올려놓았던 사회제도, 즉 자유방임을 열렬히 찬양하였다.

신구빈법의 기초가 된 1832년 보고서가 빈민에 대한 노골적인 도덕적 평가를 통하여 빈곤정책의 축소를 단행한 밑바탕에는 프로테스탄티즘의 윤리에 기초한 개인주의적 빈곤 죄악관이 있었다. 웹 부처에 의하면 이 신구빈법의 형성에 영향을 끼친 '빈민의 처우에 관한 사상체계'는 다음의 3부분으로 요약될 수 있다(Webbs, Part II, Vol. 1, 1927 : 7).

① 자선적 시혜에 의한 빈곤구제가 아닌, 조세에 의한 공적인 빈곤구제는 수혜자의 의욕을 떨어뜨리고, 그들의 품성을 타락시켜서 비도덕적 행위를 조장한다고 하는 사상
② 임금기금설에 의해 보강되었던 맬더스적인 인구법칙에 근거하여, 구빈활동은 빈곤에 의한 곤란의 제거에 도움이 되지 않을 뿐 아니라, 보다 광범한 궁핍을 만들어 내는 것으로 극히 유해하다고 보는 사상
③ 지방당국이, 소위 '최대다수의 최대행복' 실현을 의도해서 제안한 정책을 실시하며, 중앙정부가 여러 지방당국의 활동을 지휘 · 통제하는 것이 불가피하다고 하는 사상

맬더스의 구빈법 비판 영국 국교회의 목사였던 맬더스(Thomas Malthus, 1766~1834)는 구체적으로 빈곤문제의 원인을 초역사적이며 불가항력적인 인구압력으로 돌려서, 구빈제도나 임금보조제도의 무용론을 설득력 있게 주장하였고, 빈곤구제를 억제해야 한다는 여론의 형성뿐만 아니라 실제적인 구빈억제정책에도 결정적으로 중요한 역할을 하였기 때문에 '신구빈법의 아버지'로 불리고 있다. 그의 대표적 저작인 『인구론』은 1789년에 초판이 출간된 이래 1803년의 제2판과 그 이후에도 계속 보완되었는데, 점차로 구빈법 비판에 대한 부분을 보완하고 늘려갔다. 그는 다음과 같이 구빈법을 비판하고 있다.

> 구빈법의 첫 번째 명백한 경향은 식량을 증가시키는 조치 없이 인구를 증가하게 한다는 것이다. 대개 교구의 원조, 즉 구빈법에 의한 구제 없이는 가족을 부양할 수 있는 능력이 거의 혹은 완전히 없는 사람도 결혼하여 자식을 낳는다. 따라서 구빈법은 빈민을 스스로 창조하는 것이다. 두 번째의 특성은 일반적으로 사회에서 가장 가치가 적은 사람이라고 생각되는 사람들에 의해 소비되는 식량은 본래는 보다 근면한 사람들에게 돌아가야 할 몫을 감소시킴으로써 근면한 사람들의 독립심을 훼손한다는 것이다. 만약 국가부조를 받는 빈민들의 생활을 현재보다 더 안락한 것으로 만들려고 한다면 식량가격의 폭등을 초래하여 일반 노동자들을 더욱 압박하게 될 것이다(『인구론』, 제6장).

맬더스의 인구법칙, 즉 "식량은 산술급수적으로 증가하고 인구는 기하급수적으로 증가한다"는 이 법칙의 요지는 그러므로 빈민에 대한 식량 제공을 금지해야 한다는 것이었다. "원래 기하급수적으로 증가하게 되어 있는 인구를 억제하는 것은 기아와 전쟁, 그리고 전염병이며, 빈곤의 구제는 공적인 구빈법에 의한 것이든 자발적인 자선에 의한 것이든 빈민들에게 생존을 일시적으로 연장시켜 줌으로써 빈민의 수를 증가시킬 뿐 빈민을 감소시킬 수는 없다"는 것이 그의 논리였다.

4) 공리주의의 영향

벤담주의의 시대 신구빈법의 성립에 영향을 주었던 두 개의 사조인 자유방임의 사상과 벤담주의는 국가개입이라는 측면에서 볼 때, 서로 다른 방향에서 구빈법의 성립에 영향을 주었다는 것이 흥미롭다. 즉, 맬더스로 대표되는 전자는 신구빈법이 가능한 국가개입을 최소화하고, 국가원조를 받는 빈민의 수를 최소화하는 데에 직접적인 영향을 주었던 반면 후자, 즉 벤담주의는 주로 중앙집권적인 구빈행정체계의 확립이라고 하는 국가개입이 강화되는 방향에서 영향을 주었던 것이다. 벤담은 아담 스미스의 '보이지 않는 손'이라는 신념을 믿지 않았고 오히려 입법이라는 적극적인 수단을 통하여 개인의 자유가 존중되는 사회를 구상하였다. 특히 정치 영역에서는 완전히 개인적인 노력에 맡겨둘 수 없는 빈민구제, 공중위생, 그리고 교육문제에 대하여는 정부의 개입을 찬성하였고, 정책을 총괄하고 국가정책에 대한 지방의 반대와 의견대립을 조정하기 위하여 중앙집권화된 정부조직의 필요성을 인식하고 있었다.

그의 철학은 아담 스미스와 마찬가지로 개인주의적이었지만 그는 개인주의를 보호하기 위해서라도 국가의 간섭이 필요하다는 것을 인정하고 있었다. 그의 저작에는 "철저한 개인주의와 집합주의라는 두 개의 뿌리가 동시에 나타난다(Bruce, 1968)"는 평가의 이유가 여기에 있다. 그러나 비록 국가개입이라는 측면에서는 서로 다른 방향에서 작용한 이 두 개의 사조가 빈민에 대한 처우를 매우 엄격하게 한 그 영향력에서는 동일하였다.

미들 클래스만의 최대행복 벤담(Jeremy Bentham, 1748~1832)은 사유재산 보전을 대전제로 한 공리주의(Utilitarianism)를 논하여, 시대에 뒤떨어진 국가간섭정책의 전면적인 폐지를 법리적으로 도출하였다. '정(正)과 사(邪)의 척도는 최대다수의 최대행복'이라는 그의 철학적 입장은, 국가의 행복의 합은 전 국민의 행복을 합한 것이며 그 합이 크면 클수록 국가의 행복도 그만큼 커진다고 하는 주의였다. 이것은 해석 그대로 전체의 합만을 강조한 나머지 국민들 간에 존재하는 행복의 격차 문제를 너무 가볍게 본 논리였다. 쉬운 예로, 많지도 않은 수의 빈민의 행복을 높이기 위해, 많은 수의 일반 국민으로부터 많은 세금을 징수하여 일반 국민의 행복을 깎아내린다면 그것은 전체로서의 행복의 저하를 의미하며, 곧 사(邪)라고 하는 논리였다. 행복의 전체의 합보다는 오히려 사회성원 간의 삶의 질의 격차에 더욱 관심을 갖는 현대 사회복지의 입장에서 본다면 받아들여지기 힘든 논리이지만, 당시의 구빈제도의 개혁에서 그의 교설이 큰 영향을 주었다.

그는 빈민의 구제수급권에 대해서는 부정적인 태도를 취했고, 피구제빈민, 즉 포퍼임을 표시하는 배지부착제도에 대해서도 옹호하였다. 그는 다음과 같이 말하고 있다. "그 배지가 증명하는 것은 피구제빈민이 빈곤하다는 것이며, 실제로 그러하다. 또한 그것은 그들이 다른 사람들에게는 하나의 부담이라는 것을 증명하는 것이며, 사실 또한 그러하다."

벤덤은 개인의 권리를 신장시켰다고 평가를 받기도 한다. 자조하려고 하지 않는 사람들을 부양하기 위하여, 근면한 일반 노동자에게 많은 부담을 지우면서 빈민들을 노동자들과 비슷한 수준으로 생계를 유지하게 해주는 가공할 만한 구빈제도를 철폐함으로써 근면하게 일하는 일반 노동자들의 소득과 재산을 보전한다는 의미에서 그것이 개인의 권리의 신장이라고 보았던 것이다. 그러한 의미에서 신구빈법은 빈민의 자유억제를 통하여 미들 클래스만의 최대행복을 실현하기 위한 제도개혁이었다고 평할 수 있을 것이다.

3. 내용과 특징

1) 구빈법조사위원회의 설치와 보고

왕립조사위원회의 설치 신구빈법이 해결하고자 하였던 구빈법의 모순이 무엇이었는가는 신구빈법이 확립한 원칙이 무엇이었는가를 고찰함으로써 자명해질 것이다. 당시의 구빈법이 가지고 있었던 심각한 문제는 행정조직의 결함과 더불어 구빈지출의 급증, 그리고 그에 따른 구빈세 부담의 급증이었다. 행정조직의 결함이란 극도의 교구자치주의에 의한 구빈법 운용으로 인하여 교구들 사이에 구빈법 운영 실태가 심각한 격차를 보이고 있었다는 것이며, 구빈비 증가의 문제는 이미 전술한 바와 같다.

1832년의 선거법 개정으로 인하여 당시의 신흥계급을 대표하였던 자유당이 정권을 잡자 최초로 착수한 사업이 구빈법의 개정을 위한 조치였다. 1832년 2월 기존의 구빈제도의 운영상황을 조사하고, 그 개선책을 보고하기 위하여 왕립위원회(Royal Commission)

가 임명되었다.[2] 최초 임명된 위원은 7명이었으나 이듬해 2명이 추가되어 보고서에 서명한 사람은 모두 9명이었다. 또한 전국에 걸쳐 빈곤의 실태에 관한 조사를 수행하기 위하여 26명의 보조위원들을 임명하여 조사에 임하였다.

이 위원회에서 중요한 역할을 한 위원의 대표적인 인물이자 위원회 보고서의 초안자는 시니어(Nassau Senior, 1790~1864)와 채드윅(Edwin Chadwick, 1800~1890)이었다. 시니어는 노동능력을 가진 빈민에 대해서는 엄격한 처우를 주장하였고 독립노동자와 피구제빈민(pauper)의 구별을 강조하였는데 이러한 그의 생각은 신구빈법에서 '열등처우의 원칙'으로 구현되었다.

시니어가 보고서의 전반적인 철학의 틀을 짠 사람이었다면 채드윅은 신구빈법 시행과 관련된 실제적인 행정개혁의 측면에서 기본적인 틀을 마련한 사람이었다. 그 역시 빈곤의 원인은 개인의 도덕적 결함에 있다는 것에 강한 신념을 가지고 있었지만, 후일 1848년의 공중위생법의 탄생에서 매우 중요한 역할을 하였던 것에서 보여지는 것처럼 질병과 빈곤이 악순환으로 연결되어 있다는 것에 주목하여 불결한 주거환경의 개선에 노력하였다.[3]

보고서의 구성 2년간의 조사활동의 결과인 왕립위원회의 보고서[4]는 1834년 2월 위원 9인의 전원 일치 서명으로 제출되었다. 크게 구빈법의 운영실태와 대책에 관한 부분으로 나누어진 이 보고서는 신구빈법의 개혁방향을 가늠하게 해 주는 다음과 같

2) 부루스는 이 위원회의 중요성은 현실로 나타난 개정안보다는 오히려 위원회의 형식과 구성이었다고 평하고 있다(Bruce, 1968 : 131). 즉, 이 위원회는 의회가 임명한 것이 아니라 국왕이 임명하였는데, 그것은 모든 당리당략에 영향을 받지 않고 객관적인 사실 조사가 되도록 의도되었다. 이러한 방식은 당시 이례적이었고 사실상 최초의 케이스였는데, 이것이 아주 성공적이었기 때문에 이후 입법행위를 필요로 하는 중요한 국가적 문제, 특히 사회정책에 관련된 문제의 조사에서는 이 방법이 기본적인 것으로 되었다.

3) 채드윅은 많은 보고서 작성에 관여하였지만 그의 불후의 노작은 상원에 제출되어 영국의 공중보건개선에 큰 영향을 미쳤던 소위 위생보고서(Sanitary Report)로 알려진 1842년의 보고서(Report on the Sanitary Conditions of the Labouring Population of Great Britain 1842)이다.

4) 이 보고서의 정식 표제는 「Report from His Majesty's Commissioners for Inquiring into the Administration and Practical Operation of the Poor Laws」이다. 여기에서는 1974년에 펠리칸 고전시리즈(Pelican Classics)로 재판된 보고서(The Poor Law Report of 1834)를 사용한다. 이 재판된 보고서는 체크랜드(S. G. & E. O. A. Checkland)가 편집한 것으로 여기에는 그들에 의한 약 40페이지 분량의 서문(Introduction)이 붙어 있는데, 이 서문은 신구빈법의 성립 배경을 이해하는 데 중요한 자료를 제공하고 있는 것으로 판단된다.

은 문구로 시작되고 있다.

> 우리들이 조사할 수 있었던 대부분의 지역에서, 아동이나 일상의 직업에 종사하지 않는 사람들을 일하게 하기 위하여, 그리고 생활무능력자에 대한 필요한 구제를 위하여 엘리자베스 43년의 법률이 설치한 기금이 법문(法文)이나 입법취지에 맞지 않은 방법으로 사용되고 나아가 다수계급의 도덕과 모든 사람들의 복지를 파괴하는 방식으로 운용되고 있다는 것을 보고하는 것은 우리들의 고통스러운 의무이다(The Poor Law Report of 1834, 1974 : 82).

보고서의 제1부는 다음과 같이 구성되어 있다 : 원내구호와 원외구호를 구분한 구빈법의 운영실태, 구빈법 개정에 대한 반대의견들, 구빈법 행정의 실태, 빈곤구제를 담당하는 인력들의 특성, 고려되었으나 권고하지 않은 입법적 조치들.

보고서의 제2부(Remedial Measures)는 다음과 같이 구성되어 있다 : 빈민구제의 원칙, 입법의 원칙, 입법취지를 살리기 위한 행정기구, 구빈법 개정과 관련된 영역의 입법개정.

2) 신구빈법의 성립과 시행

억압정책으로의 회귀와 원칙들 1834년의 신구빈법(The New Poor Law)은 특별히 새로운 원칙이라고 할 만한 것을 확립한 것이 아니라 억압정책으로의 회귀경향을 획기적으로 강화시킨 것이었다. 그것은 '억압기제 속의 구제'라는 특징을 가지고 있던 엘리자베스 구빈법의 성립 이후 진행되었던 구빈법의 완화 내지 인간주의화의 경향을 일소하고 엘리자베스 구빈법으로 다시 복귀하는 원칙을 확립하였던 것이다.

신구빈법에는 다음과 같은 원칙들이 있었는데, 이 원칙들은 영국의 사회보장제도가 확립되기까지 영국 공공부조의 기본 원리로 남아 있었다. 웹부처는 우선 그 기본 원칙을 다음의 세 가지 원칙으로 명명하여 설명하고 있다.

> (1) 전국적 균일처우의 원칙(The Principle of National Uniformity)
>
> 구빈법의 운영을 보다 효율적으로, 의회의 감독하에 두기 위하여 채용된 원칙으로, 빈민의 처우를 전국적으로 통일한다는 원칙이다. 이것은 빈민이 교구에서 교구로 보다 나은 구제를 찾아 돌아다니는 것을 방지하는 것도 그 목적이었다. 웹은 이것을 1834년 보고서의 '가장 혁명적인 원칙'으로 평가하고 있다(Webbs, 1910 : 72-75).

(2) 열등처우의 원칙 (The Principle of Less Eligibility)

부조를 받는 자에 대한 처우는, 국가부조를 받지 않고 자활하는 최하급 노동자에 대한 사회적 조건과 처우보다 열등한 것이 아니면 안 된다는 것이다. 이 열등처우는 3개의 요소로서 구성된다(Raynes, 1976 : 175).

① 포퍼라고 하는 스티그마의 부여에 의한 개인적 명예의 박탈
② 작업장에 수용함에 의한 개인적 이주자유의 박탈
③ 선거권의 박탈에 의한 정치적 자유의 박탈

(3) 작업장 수용의 원칙 (The Workhouse System)

열등처우의 원칙을 실현하기 위하여 제창된 것으로 '원외구제금지의 원칙'이라고도 할 수 있다. 즉, 노동능력자 및 그 가족에 대한 구제는 작업장 내에 한정시킨다는 원칙이다.

열등처우의 의미 열등처우의 원칙의 개념에 대해서는 잘못 이해되거나 알려져 있는 경우가 많으므로, 여기에서 그 개념에 대해서 약간 언급하기로 한다.

1834년의 구빈법 보고서는 대책을 언급한 부분에서 다음과 같이 밝히고 있다. 즉, "모든 조건 중에서 첫 번째의 그리고 무엇보다도 중요한 원칙은, 전체적으로 볼 때 구제를 받는 개인의 생활상황(situation)은 실제에서나 외견상으로나 국가구제를 받지 않고 살아가는 최하수준의 노동자의 생활상황보다도 열악한 것이어야 한다는 것이다(The Poor Law Report of 1834 : 335)."

여기에서 중요한 것은 '생활상황(situation)'이라는 용어의 의미로서, 이것은 피구제빈민이라는 것을 식별하게 하기 위한 배지의 부착[5]이나 작업장 내에서의 생활에서의 열악한 '처우' 등을 의미하였다. 작업장 내에서의 처우란 구체적으로는 제복의 착용, 열악한 식사와 식사 중 대화금지, 면회의 금지와 면회가는 것의 금지, 담배와 홍차의 금지 등이었고, 이 외에 무엇보다도 피구제빈민에게는 모든 종류의 선거권이 박탈되었는데,[6] 이와 같은 열등한 사회적 처우가 열등처우의 원칙의 내용이었던 것이다.

5) 잉글랜드에서 피구제빈민의 옷에 배지를 부착함으로써 구제의 억제를 시도하는 것이 법제화된 것은 1697년의 일이었다(Spicker, 1984 : 9).

6) 피구제빈민에 대한 선거권 박탈은 작업장 입소자에 한하지 않고, 무료의 구빈법 병원에서의 진료(원외구호)에 대해서조차도 행해졌다. 의료구제에 대한 선거권박탈이 철회된 것은 1885년의 일이다.

그러므로 이 원칙의 내용을 노동자보다도 낮은 '생활수준' 혹은 '급여수준'이라는 의미로 받아들이는 것은 '열등처우의 원칙'의 본질, 나아가서 신구빈법의 빈민에 대한 억압구조의 본질을 잘못 파악한 데서 온 오류라고 할 수 있다.

신구빈법의 이러한 원칙들은 빈곤(poverty)과 피구제빈곤(pauperism) 간에 이론상 명백한 선을 긋게 하였다. 또한 국가구제의 수급 여부에 따른 이러한 엄격한 구분은 동 보고서의 목표이기도 하였다. 엘리자베스 시대의 사람들은 빈민을 단순히 빈민(the poor)으로 칭하였으나, 19세기의 사람들은 빈곤과 피구제빈곤을 엄격히 구분하고 후자에 대해서는 거의 범죄와 같은 취급을 하였다. 이 시대에서 피구제빈민(pauper)은 하나의 신분이었다. 피구제빈민과 독립노동자의 구분은 소득이나 재산의 기준이 아니라 근면과 절약이라는 도덕성의 기준이었다.

중앙집권적 행정기구와 교구연합　신구빈법은 영국 구빈정책에 전국적인 통일을 제공했을 뿐만 아니라, 수세기에 걸친 지방행정제도를 변혁하여, 처음으로 지방행정의 중앙집권화를 확립한 것이었다.

이 법률의 운영기구를 보면 다음과 같다.

① 중앙기관을 창립하여 전국의 구빈행정을 일제히 지휘·통제한다. 중앙기관에는 국왕이 임명하는 3인의 구빈법위원(the Commissioner)을 둔다.
② 구빈법위원회에는 1인의 서기(the Secretary)를 둔다.
③ 보조위원(the Assistant Commissioner) : 이 체제에 의해 전국을 9개의 지구로 나누고, 각 지역에 보조위원을 두고, 그 9개의 지구를 다시 3개의 대지구로 묶어서, 각 1인의 구빈법위원이 그 지역을 통제한다.
④ 중앙당국에 교구연합(the Union)을 조직할 권한을 부여한다.
⑤ 교구연합의 행정당국으로서 구빈위원회(Board of Guardian)를 둔다. 구빈위원은 무급.
⑥ 빈민감독관(the Overseers)

구빈법이 교구를 단위로 하여 자치적인 재정에 의해 운영되었고, 그것은 지역 간의 부담 정도의 편차와 결과적으로는 급여수준의 편차를 가져왔다. 신구빈법은 이러한 문제를 해소하기 위하여 구빈법 행정단위를 '교구연합'으로 하였는데 그것은 수 개의 교구를 하나로 묶은 것이었다.

신구빈법 시행 직후부터 보조위원들의 원조를 바탕으로 하여 교구의 교구연합으로의 통합이 진행되었는데, 1835년 말에 이르러서는 2,066개의 교구를 112개의 교구연합으로 만들었다. 이것은 전체 인구의 1/10, 지방세의 1/6에 해당하는 교구들이었다. 1836년에는 7,915개의 교구를 통합하여 365개의 교구연합으로 만들었고, 1839년 12월 기준으로 전국의 15,000개 교구 중 13,691교구가 583개의 교구연합으로 재편성되었다. 비록 교구가 기본 단위로 남아 있는 경우도 상당수 있었지만, 교구연합의 규모는 평균적으로 약 20개 내외의 교구가 합쳐진 규모였을 것으로 생각된다. 위의 13,691개의 교구에 거주하는 인구가 11,841,454명이었기 때문에 이것으로 교구연합의 평균 인구수를 산출하면, 당시의 한 교구당 인구수는 864명, 교구연합의 평균 인구수는 20,311명이다.[7] 이러한 교구연합으로의 재편은 상당한 시간이 걸렸고 그것이 완성된 시점은 1871년이 되어서였다.

3) 신구빈법의 억제효과와 반대운동

구빈비의 절감과 도덕심 신구빈법 시행의 중앙당국이었던 구빈위원들의 입장에서 볼 때, 신구빈법 시행의 효과는 만족스러운 것이었다. 구빈비가 대폭 줄어들었던 것이다.

구빈법의 중앙당국은 이미 1835년 시점에서, 신구빈법의 시행으로 노인, 폐질자, 병자에 대해서는 보다 빠르고 적절한 구호가 제공되었으며 포퍼 아동들의 교육이 증진되었고, 노동능력이 있는 자들의 직업윤리나 도덕적 윤리가 고양되어 그들의 복지 향상으로 이어졌고, 농부들에게는 더 많은 고용과 더 높은 임금기회가 주어졌으며, 농촌지역에서 고용주와 노동자 간의 관계도 개선되었고 결국 사회적 편익이 증가하였다고 발표하고 있다. 즉, 구빈비의 절감과 빈민의 도덕심 향상이라는 두 가지의 목

7) 물론 이것은 평균적인 수치이며 실제로 교구연합은 인구수나 지역, 재정능력 등에서 편차가 컸다. 예를 들어, 런던 교구연합은 98개의 교구와 57,100명의 교구민을 가지고 있었으나, 프레스타인(Presteigne) 교구연합은 16개 교구의 3,441명을 가지고 있었다(Henriques, 1979 : 44-45).

표가 달성되었다는 주장이었다. 그러나 현실은 신구빈법이 성공적이라는 중앙당국의 낙관적인 선전과는 달리 나타났다.

원래 왕립위원회 보고서는 작업장에 수용할 빈민을 노인과 불구자, 아동, 노동능력 있는 여성, 노동능력 있는 남성의 4가지로 분류하여 그 각각의 집단에 대응하여 그들을 4개의 별개의 건물에 수용하여 감독하도록 권고하였다. 그러나 실제로 이러한 제안은 완전히 무시된 채로 작업장이 운영되었다. 모든 범주의 빈민들이 하나의 건물에 수용되어 엄격한 규율이 강제되었다. 가족의 경우 7세 이하의 아동이라도 부모와 떨어져서 수용되었다. 노동능력이 없는 자들에 대해서는 보호를 제공해야 한다는 보고서의 취지는 완전히 무시된 채로 모든 빈민이 억압적이고 치욕적인 처우를 받게 되었던 것이다. 이러한 엄격한 규율과 자유억제를 통하여, 절망적인 빈민 이외에는 누구도 발을 들여놓고 싶지 않은 공포의 장소로 의도된 것이 곧 이 작업장이었으며, 보고서에서는 잘 규제된 작업장(well-regulated workhouse)으로 표현되었다.

이렇게 하여 작업장은 '빈민의 바스티유'로 불리게 된다. 이는 빈곤이 곧 범죄로 취급되었음을 강하게 시사하는 대목이다. 디즈레일리(B. Disraeli)가 이 신구빈법의 폐지를 주장하면서 하원에서 '영국에서는 빈곤이 범죄라는 사실을 전 세계에 알린 입법(Bruce, 1968 : 105)'이라고 비난하였던 연유가 여기에 있다.

신구빈법 반대운동 신구빈법을 원래의 의도대로 시행하는 데에는 많은 무리가 따랐고 그에 따라 많은 다양한 반대에 직면하지 않을 수 없었다. 그 반대는 좌파뿐만 아니라 우파에서도 일어났다. 좌파나 언론기관에서는 그 법이 빈민에 대한 비인간적인 처우를 법제화하였다는 이유로, 그리고 우파에서는 그 입법의 운영을 지방자치가 아닌 중앙집권적 방식으로 시도하였기 때문이었다.

모든 빈민을 엄격한 규율이 강제되는 작업장에 수용한다고 하는 방식에 대해서는 많은 반대가 있었다. 보수적 언론에서도 신구빈법의 원칙과 실천에 대하여 반대가 일어났다. 그리고 1837년까지 청원이나 반대운동 등이 이어져서 그 해에 신구빈법의 운영에 관하여 의회의 조사위원회가 설치되게 된다. 극우 성향의 엘돈 경(Lord Eldon)조차도 신구빈법이 기독교 국가에서 제정된 어떠한 법률보다도 '가장 저주스러운 법률(most execrable law)'이라고 평하였다(Jones, 1991 : 21).

또한 이 법의 비인간적인 측면을 여론에 호소하는 운동가들의 활동에 의해 신구빈법의 반대여론이 높아진 것도 사실이다. 1837년에 출간된 디킨즈(Charles Dickens)의 『올리버 트위스트(*Oliver Twist*)』에 나타나 있는 작업장의 비인간적 처우에 대한 신랄한 비판은 그 대표적인 것이었다. 아마도 일생을 비인간적 구빈법 철폐운동에 보냈다고도 할 수 있는 코베트(William Cobbett)는 신구빈법을 '가증스럽고 악랄하고 반종교적(the damnable, the devilish, the Anti-God New Poor Law)'이라고 표현하였는데, 빈민들에게 있어서 이 표현은 결코 과장된 것이 아니었다. 이러한 반대에 의하여 신구빈법은 시행과정에서 점차 조금씩 완화되지 않을 수 없었다. 그러나 열등처우의 작업장으로 대표되는 그 공포의 원칙이 철폐된 것은 20세기에 들어서이다.

1830년대는 격동의 시대였다. 1832년의 선거법 개정은 노동자들에게 선거권이 부여되지 못한 결과로 끝났기 때문에 노동자들의 불만을 낳았고 1833년의 공장법에 대한 불만은 '10시간 노동'을 확보하기 위한 노동자들의 조직적인 운동으로 전개되어 갔다. 또한 1837년에는 보통선거권 획득을 위한 운동이 차티즘(Chartism)으로서 출범하였다.

신구빈법에 대한 반대, 공장법 운동, 그리고 보통선거권 실현을 위한 차티즘이라는 3자 간에는 이론적으로 볼 때 상호 간의 결합을 가능하게 하는 어떤 공통점을 찾을 수 있는 것은 아니다. 그러나 실제로 이 3자는 1850년대까지 밀접하게 결합되어 있었다. 그 결합을 쉽게 만들었던 상황은 물론 심각한 실업과 빈곤이었다.

4) 구빈행정의 변화와 양면적 동향

이런 사정으로 말미암아 신구빈법은 법률상으로는 엄격한 행정체계를 구축했으나 그 시행상의 원칙들을 철저하게 시행할 수는 없었고 엄격한 원칙들은 점차 완화될 수밖에 없었다. 이후 구빈법은 다음과 같은 두 번에 걸친 중요한 행정체계의 변화를 거치면서 (Webbs, 1927, PartⅡ, Vol. 1 : 187-197) 신구빈법 원칙으로부터 점차 멀어져 가게 된다.

구빈행정의 개혁 구빈법위원회의 행정에 관해서 본다면, 1834년 원칙의 적용은 실패로 끝났다. 3인의 구빈법위원은 법의 적용과 시행에 점진적인 태도를 취하였고 북부의 강렬한 반대에는 타협적이었다. 노동가능 빈민의 구제를 가능한 한 억제하고, 작업장 테스트를 강제하려고 하였던 당초의 목표는 점차 후퇴해 가지 않을 수 없게 되었던 것이다.

1847년 구빈청법안이 도입되었는데, 이 법에 의하여 1834년법에 의한 구빈법위원회는 그 권위를 상실하였다. 1834년 법에 대한 비난과 공격은 19세기 후반에 들어서서는, 드디어 그 정도가 격하게 되어 1860~1861년에는 절정에 달했다. 1860년의 겨울은 혹한과 큰 눈으로 거의 모든 옥외노동이 불가능하게 되었기 때문에 많은 실업자가 발생하였고, 또 면화기근(cotton famine)에 뒤이은 1866년의 공황으로 인하여 많은 실업자가 발생하게 되어 구빈법의 구제를 신청하는 자가 급증했으나 구빈당국은 여전히 원내구호 제일주의를 고집하고 있었기 때문에 구빈법에 대한 비난은 한층 격화하기에 이르렀던 것이다.

이와 같은 비난·공격에 대응하여 1860년대 말에 이르러서는 약간의 개혁이 행해졌는데, 이러한 일련의 행정개혁의 최후의 완성품으로서 1871년에 구빈청은 폐지되고 지방자치, 공중위생, 구빈법행정의 세 부분을 흡수한 지방자치청(Local Government Board)이 설립되어, 구빈법행정과 공중보건서비스 그리고 기타 여러 활동이 이것에 통합되었다. 물론 구빈법 업무가 그중에서 가장 중요한 지위를 차지하였다.

아동, 병자, 노인에 대한 서비스 개선 1860년대 후반부터는 소위 원조의 가치가 있는 빈민, 즉 아동, 병자, 노인 등에 대해서는 작업장 내에서의 처우개선이 이루어지는 경향을 보인다.

아동에 대해서는 장래에 독립적인 인간을 양성하기 위하여 작업장의 분위기에 물들지 않도록 하는 조치들이 시행되었다.[8)]

1844년의 법에 의해 교구연합이 공동으로 '교구초등학교(District School)'를 설립할 수 있게 되었다. 이것은 인구밀집지역에 위치했기 때문에 500~2,000명의 대규모였고 그

8) 하지만 결국 아동을 성인과 함께 작업장에 수용하지 못하도록 한 조치는 1915년에야 취해졌다.

에 따른 문제들이[9] 노출되면서 1870년대에는 그것을 소단위로 분산시킨 형태의 소사제도(cottage home)를 거쳐서, 1893년에는 보다 인간적인 처우를 위한 분산가정(scattered homes)이 등장했다.

병자에 대한 처우 역시 개선되었다. 구빈법 병원에서 무료의 치료를 받았다고 하는 사실만에 의해 포퍼가 되어 선거권이 박탈되는 실태가 개선된 것은 1885년의 의료구호자 투표권박탈금지법(Medical Relief–Disqualification Removal–Act)의 성립에 의해서이다. 이 법은 의료목적만으로 구빈법에 의한 구제를 받게 된 자에 대해서는 투표권을 박탈하지 않도록 한 조치로서 후일 '구빈법의 철폐에 일침을 가한 최후의 일격(Rodgers, 1969 : 49)'으로 일컬어지는 조치이다.

노인의 경우 작업장에 대한 감독관제도가 확립되면서 작업장 내의 처우에도 개선이 이루어졌다. 그중 중요한 개선은 60세 이상의 노부부에 대해서는 작업장 내에 독립된 침실을 제공하는 것이었다. 이것이 의무화된 것은 1885년의 일이다.

그리고 이 시기로부터 구빈행정이 보다 인간주의적으로 개선되는 조치가 시작된다. 즉, 1891년에는 담배가 지급되고 그리고 2년 후에 부인은 스스로 끓일 수 있는 차를 배급받았다. 그곳에서도 이미 '열등처우의 원칙'은 그 모습을 보이지 않게 되었고 인간적인 면이 반영되고 있었다(Bruce, 1968 : 126–127). 그리하여 드디어 구빈법은 1834년의 그것과는 다른 원칙이 지배하게 되었다. 즉, 1834년에는 알려지지 않았던 새로운 원칙이 출연하게 되는데, 웹 부처(Webbs, 1910 : 264–271)는 그것을 3개의 원칙, 즉 ① 치료적 처우의 원칙, ② 보편적 급여의 원칙, ③ 강제의 원칙으로 나누어 설명하고 있다.

9) 대규모 학교라는 뜻에서 바라크 스쿨(barrack school), 즉 병영학교로 불리게 된다. 이것이 지역사회와 격리되고 교육 역시 충분하지 않았기 때문에, 한 독일 비평가는 이 제도를 '온실용 식물'이라고 평했다(Bruce, 1968 : 173).

4. 억제정책 전개기의 특징

이 시기는 시대적으로는 산업혁명의 한가운데 있는 격변의 시대로서 경제적 분화가 이루어지는 시기였다. 역사가들의 지적과 이 시기의 경제사에 대한 고려 없이 독립적으로 구빈법을 연구하는 것은 불가능하다. 다만, 산업혁명의 영향이 사회 전반에 미친 것은 틀림없는 일이지만 도시와 농촌 간에는 영향의 정도나 양상에서 상당한 격차가 있었다는 것을 고려해야 한다.

신구빈법에서 시대적 배경은 특히 프랑스 혁명이 이루어지고 난 이후였고, 농민폭동이 일어났으며 계속되는 흉작이 이어지는 그러한 시기에 나타난 하나의 반응이었다는 것을 인식하는 것은 매우 중요하다. 신구빈법은 직접적으로는 스핀햄랜드 제도에 의한 구빈비 증가에 대한 반응으로써 구빈비를 획기적으로 절감하기 위하여 만들어졌다. 그러나 그 의도가 단순히 구빈비의 절감에 머물지 않고 국가에 대한 의존은 죄악이라고 하는 지배이데올로기의 수단이기도 하였다.

신구빈법의 구빈법에 의한 원조를 받으면 선거권마저 박탈하는 조치, 작업장에 입소해서는 식사 중에 누구와도 이야기해서도 안 되며 면회도 금지하는 극도의 비인간적 조치의 상징인 열등처우의 원칙은 억제정책의 상징물이 되었다. 그러나 이러한 조치는 산업혁명기에 고용이 어느 정도 확보되어 있었기 때문에 가능한 것이었다. 자본주의의 구조적 문제인 실업이 대량으로 발생하는 1880년대에 이르면 이러한 억제정책 일변도의 정책기조는 한계를 드러내게 된다.

제2부

대전환의 시대

-자유방임에서 국가개입으로

민간사회복지의 출현 - COS와 인보관운동

1. 무엇을 민간사회복지의 출현으로 볼 것인가

존슨은 다양한 학자들의 '민간사회복지(voluntary social services)'의 정의들을 검토하고, 민간조직의 정의를 다음과 같이 내리고 있다(Johnson, 1981 : Chap. 2).

① 성립의 방법 : 조직이 정부가 아닌 자발적으로 모여든 사람들의 집단에 의해 구성된다.
② 운영의 방법 : 조직은 자주적으로 운영되고 조직의 규약이나 정책을 스스로 결정한다. 활동의 내용, 제공되는 서비스, 채택해야 할 방법 등을 결정하는 것은 조직의 구성원이다.
③ 재원조달의 방법 : 조직의 자금 중 적어도 일브는 민간의 재원으로 조달되어야 한다.
④ 목적 : 조직은 비영리적인 것이어야 한다. 주목적이 이윤을 추구하는 조직은 여기에 포함되지 않는다.

존슨이 제시한 민간복지조직의 정의를 받아들인다면 이러한 조직에 의해 조직적으로 행해지는 복지활동이 민간복지라고 할 수 있을 것이다. 그러므로 사회복지의 원형이라고 할 수 있는 상호부조활동 중에서 조직적으로 행해지지 않은 초기의 활동들은 민간복지활동과는 구분되어야 한다는 것이 저자의 입장이다. 일찍이 베버리지(William Beveridge)는 자신의 저서 『*Voluntary Action*』(1951)에서 민간복지활동의 근원은 우애조합이나 생활협동조합으로 대표되는 상호부조활동과, 산업혁명기에 신흥중산계급에 의해 사적인 빈민구제활동으로서 시작된 인도주의적 박애사업의 두 가지를 지적한 바 있다. 이 두 가지의 전형 중에서 전자는 사회보험의 발전과 직접적인 관련이 있고, 후자는 현대의 자원봉사조직에 의한 민간복지활동으로 이어지는 것으로 사료된다.

민간복지의 시작은 이런 민간조직이 발생하고 조직적으로 활동이 시작되는 시기를 그 시작으로 보아야 할 것인데, 저자는 어떤 시기를 민간복지의 시작이라고 규정하기 위해서는 다음의 두 가지 요소를 고려해야 한다고 생각하고 있다.

첫 번째는, 복지 제공의 주체가 민간조직이기는 하지만 그 조직에서 제공하고자 하는 다양한 구제의 대상자를 선정하기 위한 일정한 기준을 가지고 있느냐 아니냐 하는 점을 고려해야 한다는 것이다.

무엇을 민간사회복지의 시작으로 볼 것인가 하는 질문에 대답하기 위한 두 번째의 기준은 민간사회복지라는 개념이 현대에서 공공사회복지에 대비되어 사용되고 있다는 사실과 관련된다. 그러므로 민간사회복지의 근원을 파악하기 위한 노력들은 그 활동들이 당시의 공공복지활동과 어떤 관계 속에서 행해졌으며, 공공의 복지와 어떤 형태로 기능과 역할을 분담하고 있었는가라는 사실을 고려하면서 행해져야 한다는 것이다. 이러한 두 개의 판단기준에 의하여 이 책에서는 민간복지의 시작을 자선조직협회의 활동과 인보관운동에서 찾고 있다.

2. 배 경

이상사회 건설의 노력과 현실 19세기는 시민사회, 즉 자본주의사회 형성의 시기였고, 시민사회의 국가관은 야경국가(夜警國家)였다. 즉, 국가의 역할은 밤에 도둑으로부터 국민의 재산을 보호하는 것과 외적의 침입으로부터 국가를 방위하는 것에 한정되어야 하며 그 외의 국민생활에 국가가 개입해서는 안 된다는 것이었다. 19세기 중엽의 빅토리아 중기는 '자조의 시대'였으며, '하늘은 스스로 돕는 자를 돕는다'는 말로 시작되는 스마일즈(S. Smiles, 1812~1904)의 『자조론(*Self-Help*)』(1859)은 이 시대의 지배적인 이데올로기이자 신흥자본가계급의 이익을 대변하는 사회규범이었다.

신흥자본가계급은 봉건사회의 붕괴와 시민사회의 형성과정에서 봉건사회의 '신분'이라는 제약이 없어짐으로써 가장 큰 이익을 보았던 계층이었다. 그리고 그 신분제약만 없다면 누구나 자유로운 활동을 통하여 부를 축적할 수 있고 이상사회를 건설할 수 있다고 생각하였다.

그러나 자유방임의 원리에 의하여 만들어진 사회의 모습은 그들이 상정하였던 이상적인 모습과는 사뭇 다른 것이었다. 엄청난 규모의 빈곤자가 발생하여 런던의 이스트엔드(East End) 지역은 거대한 슬럼을 형성하게 되었고 그 지역 빈민의 생활이 사회조사나 언론기관을 통하여 알려지면서 자유방임사회의 최대의 모순이 백일하에 드러나게 되었다.

당시의 국가부조인 구빈법은 국가구제를 수급하고 있는 빈민에 대하여 비인간적이고 치욕적인 처우를 행했다. 그렇게 함으로써 국가구제를 받는 빈민의 수를 최소한으로 유지할 수 있다고 보았던 것이다. 그러나 빈민들 중에는 열등처우의 원칙이라는 이름 아래 행해지는 포퍼라는 낙인을 거부하고 차라리 굶주림과 죽음을 선택하는 이가 적지 않았다.

민간사회사업의 필요성 구빈법이 빈민의 구제라고 하는 본래의 기능을 수행하지 못하고 있음을 자각한 사람들은 구빈법과는 별개로 민간 차원에서 나름대로의 빈곤구제의 방법을 개척하게 된다. 민간사회사업의 주도자들이라고 해도 국가적 구빈사업인 구빈법에 대한 입장들은 다양하였다. 우선, 국가의 그러한 구빈체제는 확대되거나 개선될 필요가 없이 유지되어야 하지만, 그러한 치욕적인 구제를 거부하고 차라리 죽음을 택할 각오로 살고 있는 빈민들의 정신은 훌륭한 면이 있기 때문에 그들에 대한 구제는 민간자선이 맡아야 한다는 입장이 있었다. 자선조직협회의 적극적 참여자들은 이러한 입장에 섰다. 또한 국가의 책임으로 빈민에게 진정한 구제를 행하는 것이 근본적인 문제의 해결이지만, 그러한 개혁이 이루어질 때까지 걸리는 시간을 감안하면 빈민들의 상태를 조금이라도 개선시키는 데에 현실적으로 민간이 나서지 않을 수 없다는 입장도 있었다. 1890년에 발표된, 구세군(Salvation Army)의 창시자 부스(William Booth)의 『암흑의 영국과 그 출구(*In Darkest England and the Way Out*)』에는 이러한 사회사업가의 고민이 적나라하게 나타나 있다.

근검이 훌륭한 미덕임에는 틀림없다. 그러나 아무것도 갖고 있지 못한 사람들에게 근검은 도대체 어디에 쓸모가 있는 것인가? …… 여기에 넝마를 걸친 건장하고 건강한 한 사람의 실업자, 존스가 있다. 그는 식사도 제대로 하지 못하고, 세계 제일의 부유한 도시 한복판에서, 단지 살아남기 위해, 아사만을 면하기 위해 일자리를 찾아다니고 있는 것이다. 존스에게 도움이 되는 일이란 무엇일까?

사회주의자는 위대한 사회혁명은 저 수평선상에 그 거대한 모습을 나타내고 있다고 말하고 있다. 그 기다리고 기다리던 때가 오면, 존스와 같은 인간의 비통한 절규는 결국 없어질지 모른다. 그러나 그 시기가 올 때까지 존스는 기다려야 하는 것인가? 배가 고픈 자에게, 사회혁명이 이루어질 때까지 저녁밥을 기다리라고 하는 것은 난센스이다.

3. 자선조직협회의 활동

자선조직협회 형성의 배경 산업혁명이 시작되는 18세기 후반은 박애주의적인 감정과 실천이 증가하는 시기였다. 그리고 이러한 전통에 뿌리를 둔 자선은 빅토리아 시대의 자선사업으로 이어져, 19세기 중기에는 많은 자선단체들이 결성되었다. 특히 1860년의 혹한은 많은 옥외노동을 불가능하게 하였고, 그에 따라 한편에서는 피구제빈민이 4만 명이나 증가하였지만, 구빈법의 구제를 수치스러운 일로 여긴 많은 노동자들은 구제신청을 거부하고 심각한 어려움에 처했으며 동사하는 자들도 많았다. 이를 계기로 하여 자선기관의 수는 더욱 증가하였다.

한 통계에 의하면 1861년 기준으로 런던에 640개의 자선단체가 있었는데, 그중 279개는 1800~1850년에, 144개는 1850~1860년에 창립되었다. 그 자선사업에 지출되는 규모도 엄청나서 연간 수입이 250만 파운드로 추계되었으나, 그것은 과소평가되었다는 지적이 많을 정도이다. 이 수치는 공적인 구빈법에 의한 지출을 상회하는 규모이다. 그러나 이러한 단체들은, 공적인 구빈당국과의 협력이나 연대는 물론, 각 자선단체들 사이에도 지역이나 활동내용에서 협력과 조정이 이루어지지 않았기 때문에, 무분별한 자선이 자선만에 의지하면서 살아가는 사람들의 도덕적인 타락을 유발한다거나 자원이 낭비되는 등의 많은 문제를 노출하였다.

이런 분위기 속에서 자선기관들이 서로 협력하고 정보를 교환하여 활동을 조직적인 목적으로 설립한 것이 자선조직협회이다.

자선조직협회의 적극적 활동가이자 이론가였던 보잔케(C. B. P. Bosanquet)는 자선조직이 필요한 배경으로서 다음과 같은 문제들을 들고 있다. 즉, 구빈법당국과 자선기관들 간의 협력관계의 결여, 각 자선기관의 종교(종파)적 특성에 의한 협력의 결여, 개인의 자선활동에 필요한 정보의 부족과 그로 인한 무책임한 자선활동(C. B. P. Bosanquet, 1914 : Chap. 1) 등이었다.

이런 상황을 배경으로 하여 1869년 4월에 '자선구제의 조직화와 구걸방지를 위한 협회(The Society for Organizing Charitable Relief and Repressing Mendicity)'가 결성되었고, 이듬해 자선조직협회(Charity Organization Society : 이하 COS라 칭함)로 개칭되었다.[1)]

COS의 지침에 나타난 COS의 주요 목적은, 다음과 같은 세 가지의 방법, 첫째, 자선기관과 구빈법, 그리고 자선기관들 사이의 협력을 통하여, 둘째, 적절한 조사와 모든 사례들에게 알맞은 조치를 보장함으로써, 그리고 셋째, 구걸을 방지함으로써, 빈민의 생활조건을 향상시키는 것이었다(Loch, 1892 : 50). 이 활동은 조직적으로 이루어져서 그것이 현대의 사회사업 특히 케이스워크의 기초가 되었다.

이념과 빈곤관 COS는 빈민의 상황에 관한 적절한 조사라고 하는 용어를 항시 표방하고 있었지만, 부루스도 지적하였듯이, COS가 진작 그 조사의 대상에서 철저하게 제외시켰던 것은 '빈곤을 발생시키는 사회적인 요인'들에 관한 조사였다. 후일 빈곤과 실업문제를 조사하고 그 해결을 모색하기 위한 1905~1909년 왕립구빈위원회가 결성되자, COS는 이 위원회가 행해야 할 조사의 범위는 가능한 한 한정되어야 한다고 논평하고, 그 조사의 목적에 빈곤의 원인의 발견이 포함되어서는 안 된다고 주장하게 되는 배경이 여기에 있다.

COS의 방법과 이념은 협회 고유의 것이기보다는 빅토리아시대 중산계급의 대다

1) 여러 자선단체들 중에서 자선조직협회의 기원으로서 중요한 단체는 '생활곤궁자구제협회(The Society for the Relief of the Distress)'와 '구걸방지협회(The Society for the Suppression of Mendicity)'를 들 수 있다.

수가 가지고 있던 것이었다. 당시의 관념은 빈곤한 사람들도 근면, 자조, 검약이라고 하는 미덕을 행하면 빈곤을 피할 수 있다는 것이었다. 빈곤의 원인은 빈민의 성격이나 생활방식에 있다고 간주되었다. 즉, 게으름이나 음주 등 무책임한 행동의 결과가 빈곤이라는 것이다. 따라서 빈곤구제의 핵심은 사회개혁이 아니라 빈민의 변화에 있다는 것이 COS의 일관된 주장이었다. COS의 상징적 인물이었던 로크(C. S. Loch)가 "자조로써 해결할 수 없는 빈곤은 없다"고 말한 것은 너무나 유명하다. 이는 "빈곤의 원인이 부도덕에 있는 것이 아니라, 빈곤이야말로 부도덕의 원인이다"라고 말했던 웹 부처의 빈곤관과 비교하면 너무나 판이한 관점이다.

자선조직화의 시도와 실패 COS 발족 후 중앙협의회 회장을 역임하였던 리치필드 경(Lord Lichfield)은 1872년 협회 연설에서 COS의 목적에 대하여 다음과 같이 밝히고 있다. 즉, "협회는 런던 각 지구의 자선단체가 그 지구 내에서 동일한 목적으로 일하는 다른 기관에 관한 정확하고 상세한 정보를 제공하는 것을 목적으로 설립되었다. 우리의 목적은 처음부터 어떤 구제를 제공하기 위한 협회를 만드는 것이 아니라 현재 존재하는 모든 자선기관들이 모두 함께 협력하여 활동할 수 있도록 해 주는 기구를 만드는 것이었다. 자선단체들이 바라는 것은 효과적이고 유익한 구제를 제공할 수 있도록 해 주는 정보를 제공해 주는 것이다(COS, The C. O. Reporter, March 27, 1872; 高野史郎, 1984 : 180에서 재인용)."

그러나 이러한 COS의 본래 목적은 달성되지 못하고 COS는 또 하나의 자선기관의 성격에 머무르게 된다. 빈민의 분류와 생활상황의 조사 등의 활동이 현대의 사회사업의 기원을 이룬다고 하는 점에서 중요한 의의를 갖는 것이지만, 진작 자선의 조직화라고 하는 목표는 달성하지 못했다고 하는 것이 역사가들의 일반적인 평가이다.[2)]다른 자선기관의 비협조, 인력의 부족 등이 그 이유로 지적되고 있다.

2) 예를 들면, Bruce, Judith Fido, *The Charity Organization and Social Casework in London 1869~1900*, 1968; A. P. Donajgrodzki ed., *Social Control in Nineteenth Century Britain*, 1977; 高野史郎, 1984 등이 있다. 한편 COS가 자선기관의 조직화에 성공했다는 평가의 문헌은 필자에게는 아직 발견되지 않았다.

수급자격의 규정 : 도덕적 · 자의적 기준 로크는 만약 어떤 사람이 원조를 받지 않으면 안 될 상황이 되었다면, 구빈법에 의한 원조를 받는 것보다는 자선기관의 원조를 받는 것이 당사자에게 훨씬 해악이 적다고 말하고 있는데 그것은 부분적으로는 사실이었다. 역시 구빈법에 의한 원조는 공식적으로는 작업장의 입소를 전제로 하였기 때문이고, 선거권의 박탈 등의 문제도 있었기 때문일 것이다. 그렇다고 COS의 구제를 신청한다고 해서 모두 원조를 받을 수 있는 것은 아니었다. COS는 나름대로 자신들이 원조할 수 있는 대상을 선정하는 기준을 가지고 있었다. 그러나 그 기준은 도덕적인 관점에서 자의적으로 설정된 것이었다. 만약 그 기준에 의해 부적격자로 판명되면 구빈법에 의한 원조를 받도록 유도하거나 다른 원조기관에 의뢰하거나 하였다.

COS가 활용하였던 케이스의 선정기준은, 구제의 가치가 있는 빈민(the deserving poor)과 구제의 가치가 없는 빈민(the undeserving poor)이라고 하는 두 개의 기준이었다. 그러나 이 개념의 내용은 명확하지 않고, 실제로 각각의 지구위원회에서는 그에 대해 다양한 해석을 하고 있었다. 구제의 가치가 있는 빈민이란, 선량한 성격(good character), 존경받을 만한(respectable), 근검절약하는(thrift), 의존적이지 않는(independent), 자활의지가 있는(self supporting) 등의 표현이 가능한 인물인데, 이러한 평가는 당해 지역사회의 신뢰할 만한 사람(목사, 집주인, 고용주 등)으로부터의 증언을 필요로 하였다.

구제의 가치가 없는 빈민이란, 일반적으로는 '사기 혹은 효과적인 원조를 불가능하게 할 것 같은 제멋대로의 행동(misconduct)의 증거가 있는 자'로 규정되어 있는데, 나쁜 품성(bad character), 근검할 줄 모르는(unthrift), 비양심적인(unscruplous), 음주벽(drunkness), 의존적(dependent) 등의 속성이었다(COS, Deserving Cases, 1875; Undeserving Cases, 1882; 高野史郎, 1984 : 293-296에서 재인용).

인도주의(Humanitarianism) COS를 결성하고 주도적인 활동을 한 지도자들은 신흥자본가들이었다. 이들은 산업혁명을 통하여 가장 큰 이익을 본 계층이었다. 이들의 입장에서 본다면, 국가가 개인의 활동에 가했던 모든 속박을 해제하고 개인의 창의와 노력이 마음껏 발휘될 수 있도록 환경을 조성해 준 사회, 즉 개인에 대한 국가의 아무런 속박이 없는 사회, 국가의 임무는 외적의 침입으로부터 국가를 보호하고 밤에 도둑을 지키는 일에만 한정하고 국민생활에 대해서 아무런 간섭을 해서는 안 된다는 이른바 '야경국가'의 세상은 자신의 성공을 가져다 준 더없이 좋은 사회상이었다. 따라서 그들은 이러한 사회에 근본적인 모순이 존재하고, 그것이 대량의 빈곤을 만들어 낸 것이라는 주장을 받아들일 수 없었다. 그러나 엄연히 산업혁명을 통하여 가장 손해를 많이 본 도시빈민층이 이스트엔드로 대표되는 지역에 큰 규모로 존재하고 있음을 현실로 받아들이지 않을 수 없었지만, 국가가 사회의 모순을 인정하고 대대적인 빈곤정책의 전환을 행하는 것에는 반대하였다. 왜냐하면 그것은 자신들이 부의 축적을 이루게 해 준 사회원리의 기반을 뒤흔드는 것이기 때문이었다.

사회에서 소외된 빈민의 문제에 대해서는, 시민사회가 형성되면서 가장 이익을 많이 본 계층인 신흥자본가 자신들이 축적한 부의 일부를 빈곤구제에 사용함으로써 그 문제의 해결이 가능하고, 또 그것이 가장 바람직하며 효과적인 방법이라고 생각하고 자선활동에 참여하게 되었던 것이다. 이러한 사조(思潮)를 인도주의(Humanitarianism)라 하는데, 이것은 인간성을 부정하는 억압구조로부터의 인간해방을 지향하는 휴머니즘(Humanism)과는 근본적으로 성격을 달리하는 것이다.

옥타비아 힐의 주택사업 COS의 지도자들로서는 보잔케 부처, 로크, 옥타비아 힐(Octavia Hill) 등이 있었는데, 이들 중 실천에 직접 뛰어든 지도자로서 특히 주택사업에 공헌한 것으로 알려져 있는 옥타비아 힐은 주목할 만한 인물이다. 그녀의 주택개선사업은 한편으로는 사상적인 한계를 가진 것은 틀림없는 일이었으나, 주택개선사업을 전개해 가는 구체적인 방법에서나 주택개선사업을 보다 큰 사회운동으로 발전시켜 가고자 하는 열정에서나 매우 교훈적인 대목이 많기 때문에 특기할 가치가 있다.

옥타비아는 일찍부터 빈민이나 노동자의 생활에 관심을 가지고 있었다. 15세 이전에 이미 러스킨(John Ruskin)의 저작을 읽고 심취해 있었으며 협동조합운동에 직접 참가하여 봉제노동자들과 가까이 지내면서 노동자들의 주거문제에 관심을 가지게 되었다. 당시에는 대도시 이주자는 증가하는 반면에 주택은 부족하였고 그 과정에서 지주나 주택 소유자들은 극도의 이기주의로 일관하여 노동자들이나 빈민들의 주거

사정은 극도로 열악하였다.[3)]

그녀는 러스킨의 재정적인 지원을 받아서 1865년 세 채의 주택을 구입하고 깨끗이 수리한 다음 도시빈민들에게 빌려줌으로써 한편에서는 재산을 보전하면서 다른 한편에서는 집을 빌린 빈민들의 독립심과 자존심을 조장한다는 방법으로 주택개선사업에 나섰다. 그녀는 집다운 집에서 살아가는 경험이 없다면 노동자의 도덕심이 형성되지도 못한다는 신념을 가지고 있었다. 그녀에게 있어서 관심은 주택이라기보다는 거주자의 생활태도였던 것이다. 그녀는 노동자에게 낮은 집세로 한 채에 6개 정도 있는 방을 빌려 주고 대신 그 조건으로서 집세를 정해진 정확한 날짜에 내도록 요구하였다. 입주자들이 정해진 날짜에 집세를 내야 한다는 의식을 갖게 되면 그것이 주거환경개선을 이루는 가장 빠른 길이라고 생각했던 것이다. 옥타비아의 사업은 성공하였고, 마침내 주거환경은 개선되었다. 그녀는 COS의 일반적인 인사들의 생각과는 달리 주택사업에는 대규모의 국가정책이 개입해야 한다는 신념을 가지고 있었다. 그녀가 이러한 비COS적인 생각을 하게 되었던 것은 주택문제가 곧 토지문제와 연계되어 있음을 주택개선사업을 통하여 알게 되었기 때문일 것이다.

3) 옥타비아 힐(Octavia Hill)이 주택개선사업에 헌신하게 된 직접적인 계기는 1860년대 중반에 자신의 집에 정기적으로 방문하던 봉제여공 한 명이 옥타비아의 집에서 쓰러져서 그녀를 자택까지 데려다 주게 되었을 때 그 여공의 열악한 주거사정을 보고 충격을 받았던 경험이었던 것으로 알려져 있다(Mobery Bell, *Octavia Hill*, Constable & Co., 1947). 당시 주거사정의 열악함과 이윤을 극도로 추구하는 지주의 모습에 관해서는 다음의 일화가 유명하다. 옥타비아 힐이 빈곤층의 주거실상을 조사하기 위하여 현지를 방문했을 때, 한 방에 12명의 가족을 거주하도록 하는 경우를 보았다. 이 지주는 장의사 사업을 겸업하고 있었는데 그 집주인에게 옥타비아가 "집세를 내지 못하는 경우는 어떻게 합니까?" 하고 물었을 때, 그 집주인은 주택사업에 손대고는 있지만 많은 돈을 벌게 된 것은 장의사업 덕분이라고 말하면서 다음과 같이 대답하였다. "집세가 조금 밀리는 것은 관심이 없어요. 나의 관심은 저 방에서 몇 사람이 죽어 나오는가 하는 것이라오."

4. 인보관운동

인보관운동 인보관운동(Settlement Movement, 隣保館運動)이란 빈곤문제가 심각한 지역사회, 지리적으로는 지역사회에 편입되어 있지만 사회적으로는 고립된 취약한 지역사회의 문제를 해결하기 위해 지식인이 그 지역에 현지정착(settlement)하여 함께 살아가면서 궁극적으로는 지역사회의 문제를 해결하고자 하는 운동이다. 이 운동이 규정한 지역사회의 문제라는 것은 그 지역사회의 빈곤이나 비위생 등의 문제뿐만 아니라, 지역주민이 그것을 문제 상황으로 인식하지 못하고 있는 문제, 그 문제의 해결에 주민 자신들은 전혀 아무런 역할도 할 수 없다고 생각하는 등 주민의 주체성이나 조직화가 완전히 결여된 문제를 포함한다.

그러므로 인보관운동이 발생하기 위해서는 상기와 같은 문제를 가진 지역사회가 존재해야 하고, 다른 한편 그 문제가 사회의 근본적인 모순에서 발생한다는 근본적인 문제의식과 사회의식을 가지고 있는 이상주의적이고 아카데믹한 집단이 존재하고 그들의 적극적인 참여가 있어야 한다는 것이 그 전제조건이 된다.

소위 '계급적 죄의식(class-consciousness of sin)'[4)] 으로 표현할 수 있는 것이었다. 이러한 계급적 죄의식은 많은 중산계층의 사람들로 하여금 빈민의 구제에 직접 뛰어들게 하거나, 빈곤해결을 위한 사회개혁의 교의를 전파하는 일에 나서게 하였다.

빈곤은 개인의 성격이나 생활습관에 의해 발생하는 것이 아니라 사회적 문제이며,

---

4) 비아트리스 웹은 계급적 죄의식을 다음과 같이 표현하고 있다. "엄청난 규모의 지대, 이자, 그리고 이윤을 만들어 내는 산업조직이 영국의 대다수 국민들에게 그럴듯한 생계유지와 참을 수 있는 정도의 생활 상태를 제공하는 데에 실패했다고 하는 집단적 · 계급적 양심, 죄의 자각". 영국의 경우, 상원의원들에 의한 사업에서부터 나이팅게일(Florence Nightingale)의 생애사업에 이르기까지 다양한 형태를 띠고 있던 자원적 사회서비스(voluntary social service)나 혹은 '빈곤지역 방문(district visiting)'은, 그녀가 살았던 시대의 중산계급이나 상류계급의 많은 사람들에게는 하나의 의무라고 여겨지고 있었다. 이것이 영국 사회체제의 안정이라는 측면에 기여한 바가 적지 않았으며, 1789년 이전의 프랑스나 1917년 이전의 러시아에서 발견되는 아무런 쓸모없는 기생적인 계급을, 영국은 만들어 내지 않을 수 있었던 것에도 크게 기여하였던 것이다. 비아트리스 자신은 이러한 열의를 유산계급 사이에의 '계급적인 죄의식'에 연유한다고 보고 있다.

따라서 사회개혁에 의해서만 그 해결이 가능하다. 교육의 결핍은 빈민의 생활의 주체성을 상실시키고 있다. 이러한 문제는 지식인이 빈곤지역에 정착해서 생활하는 것(settlement)에 의한 교육적 환경 창출에 의해서 완화될 수 있다. 빈곤해결을 위해서는 국가의 적극적인 개입이 강화되어야 한다. 그러나 국가개입에 의한 사회개혁이 이루어지기까지는 많은 시간이 걸리기 때문에 그 시간을 메우기 위해서도, 또한 제도만으로는 해결할 수 없는 부자와 빈자 간의 사회적 거리를 메우기 위해서도, 지식인이 빈곤지역에 정착해서 빈민들과 더불어 살면서 그 지역의 생활환경을 개선하는 것이 필요한 것이다.

옥스포드학파 인보관운동에는 옥스포드대학 출신의 지식인들의 활동이 두드러졌는데, 그들이 이스트엔드에서 구빈활동, 특히 현지정착을 통한 생활개선활동에 많이 참여하게 된 데에는 '옥스포드학파(Oxford School)'로 불리는 일단의 교수들에 의한 독려가 있었기 때문이었다. 그러므로 인보운동의 사상적 배경은 옥스포드학파라고 해야 할 것이다.

19세기 도시노동자의 생활 상태는 자본주의체제의 모순을 드러내게 하였고, 그로 말미암아 자유주의체제의 수정을 위한 다양한 시도들이 있었다. 그 시도들 중에서, 국민생활에 대한 국가의 간섭을 확대함으로써 대중을 체제 속으로 흡수하면서 대중의 요구를 위에서부터 충족시키는 정책을 실현하고자 하는 사조가 이상주의학파(British Idealism)였다. 이상주의학파는 공리주의와 대립되는 철학으로서 일반적으로 정부의 적극적 기능을 제창하고 변화된 사회조건의 요청에 대응하려고 한 학파인데, 주로 옥스포드대학을 중심으로 형성되었기 때문에 옥스포드학파로 불린다. 그 인물들은 옥스포드학파의 학자들에게 처음으로 사상적·인격적 감화를 준 죠웨트(Benjamin Jowett, 1817~1893), 영국 이상주의의 대표적인 학자 그린(T. H. Greer, 1836~1882), 케어드(Edward Caird, 1835~1908), 브레드리(Francis Herbert Bradly, 1846~1924), 보잔케(Bernard Bosanquet, 1848~1923), 아스퀴스(Herbert Henry Asquith, 1852~1928), 그리고 토인비(Arnold Toynbee, 1852~1883) 등이었다. 이들은 사상계뿐만 아니라 정계에도 큰 영향을 미쳐서, 자유당사회개혁시대의 중심적인 사상적 지주를 제공하였고 그 전통은 복지국가의 아버지로 불리는 베버리지에게로 이어져 갔다. 이들 교수들은 강의나 학생들과의 개인적인 관계를 통하여 사회개혁의 필요성을 역설하면서 지식인들이 빈곤문제의 해결에 직접 나서도록 독려하였고 그것은 인보관운동의 사상적 · 철학적 기반이 되었다.

존 러스킨 인보관운동에 참가한 옥스포드 대학생들에게 사상적인 감화를 통하여 큰 영향을 미친 인물 중에 러스킨(John Ruskin, 1815~1900)은 특기할 만한 인물이다. 그 역시 옥스포드대학 미학 교수를 역임하면서 토인비를 비롯한 많은 학생들로 하여금 사회개혁활동에 직접 나서도록 한 장본인이었다.

러스킨은 스스로 사회주의자임을 부정하였을 뿐만 아니라 인간평등이라는 사회주의적 이상은 달성되기도 어렵고 바람직하지도 않다고 언명하였지만(Morley, 1916 : 1), 역사가들은 그의 저작에 관한 연구를 통하여 그가 사회주의를 길러낸 아버지라는 지위를 부여하고 있다. "근면 없는 생활은 죄악이며, 예술 없는 근면은 야만이다"라고 하는 그의 유명한 말에서 시사되듯이, 그는 심미안(審美眼)의 견지에서 추악한 공업문명과 공리주의적 고전주의 경제학을 비판하고, 진정한 복지를 중시하는 사회사상을 전개하였다. 그의 이러한 입장은, "아름다운 것은 선량한 것보다 숭고하고, 아름다운 것은 그 속에 선한 것을 포함한다"고 하는 괴테의 한 구절과 궤를 같이 하고 있고 이 말은 당시 사회비평가들에게 자주 인용되고 있었다. 예를 들어, 카아라일(Thomas Carlyle, 1795~1881)도 괴테의 이 말을 자신의 저작 속에서 인용하고 있다.

러스킨은 원래 예술평론가였는데, 예술의 아름다움이란 도덕적 순수함의 지표이며 건전한 생활의 반영이라고 강조했고, 훌륭한 예술이란 예술적인 모습과 건전한 정신이 결합된 경우에 만들어진다고 보았다.[5] 따라서 훌륭한 예술의 탄생은 국민생활의 도덕적 순화가 전제되지 않으면 안 되는데, 이러한 견지에서 볼 때 당시의 영국은 공장 매연, 슬럼, 음울한 작업장, 부자의 사치와 빈자의 무교양 등 추악함에 가득 차 있었다. 이러한 사회악들을 개혁하기 위하여 그는 40대 중반의 나이에 사회문제에 관심을 돌려서 저술과 실천을 통하여 사회개혁에 나섰던 것이다.

5) 그는 『베니스의 돌』이라는 저서에서 르네상스 예술을 비난하고 고딕 건축을 높이 평가하였는데, 그것은 전자가 신앙심 없는 귀족의 사치가 만들어 낸 것인 데 반하여, 후자는 중세 민중의 건전한 신앙과 가정적 미덕을 표현하고 있기 때문이라고 하고 있다.

러스킨의 업적은 19세기 중반 이후의 모든 분야의 사회개혁에 걸쳐 있다. 사실 옥스포드 역사학 교수였던 포웰(York Powell : 1850~1904)은 "사회개혁에 관한 거의 모든 근대적 방책들이 직접적이든 간접적이든 존 러스킨의 교훈과 선구적 사업에 기원을 가진다고 해도 과언이 아니다(Morley, 1916 : 9-10)"고 평가하고 있다. 러스킨의 활동은 기술교육, 여성교육, 미술학교의 건립, 모범찻집의 개발, 모델 박물관 건립 등에서부터 실제적인 사회개혁 부분, 즉 조직적인 실업구제와 그 용훈련, 노동자학교, 주택개조사업의 모델 제시에 이르기까지 다양하였다. 사회개혁에 관련된 그의 대표적인 저서 『이 최후의 사람에게도(*Unto This Last*)』[6]는 추악한 공업문명을 만들어 낸 장본인이 공리주의에 기초한 자유방임의 고전경제학이라고 규정하고 그에 대한 신랄한 비판을 가한 것이었다. 그의 공리주의와 고전경제학 비판은 노동조합의 형성에도 많은 기여를 하였고(Pelling, 1967 : Chap. 4), 윌리엄 모리스(William Morris)를 비롯한 노동운동 지도자에게, 그리고 길드사회주의사상의 대두에도 많은 영향을 주었다.[7]

옥스포드대학 교수시절에 그는 재학생들에게 도로공사를 시켰는데, 대학인 인보관운동으로 누구보다 잘 알려진 인물인 토인비(Arnold Toynbee)는 러스킨의 이 프로그램에 참여하여 육체노동에 의한 도로보수를 열정적으로 행하여 감독 역할을 맡게 되었는데, 주 몇 차례 옥스포드로부터 2마일 떨어진 공사현장(Hinksey)까지 곡괭이와 삽을 들고 사람들을 인도하여 지나다녔던 풍경은 유명한 일화가 되어 있다.

6) 1862년 출판된 이 책은 고전경제학에 대한 공격을 주요 내용으로 하고 있는데, 그 영향은 매우 컸던 것으로 나타나고 있다. 예를 들어, 1906년에 하원에 진출한 노동당 의원들을 대상으로 하여 "어떤 책에 가장 감명을 받았는가"라는 앙케트 조사를 한 결과, 러스킨의 『이 최후의 사람에게도』가 가장 많았다고 한다(飯坂良明 외, 1973 : 320).

7) 러스킨은 부모로부터 가옥과 토지, 그리고 1만 5천 파운드의 금액을 상속받았다. 그는 이 전 재산을 그가 살아 있는 동안 그가 관심을 가진 개혁의 촉진에 모두 소비하였다. 그의 생계유지는 그의 저작에 의한 인세만으로 생활하였다(Morley, 1916 : 241). 그가 강조한 '대지로부터 식량을, 정직으로부터 행복을'이라는 신조를 지키며 살았던 것이다. 그가 여러 방면에 걸친 선구적 사업을 펼칠 수 있었던 배경의 하나가 이 경제력이었다. 1870년대에 들어서 그는 자신이 거액의 유산상속자임을 고백하고 '길드'를 설립하여 자산의 1/10과 연간 소득의 1/10을 기부하였고, 1875년에는 600파운드로 도서관과 작은 농장을 구입하여 협동주의적 운영을 실천하기도 하고, 옥타비아 힐에게 자산을 제공하여 소작인에 대한 자립원조제도를 통해서 그녀가 주택자산을 관리하도록 하였다.

토인비 홀(Toynbee Hall) 아마도 토인비(Arnold Toynbee, 1852~1883)만큼 소위 옥스포드학파의 영향과 은총을 입은 자는 없을 것이다. 옥스포드대학 베리올 칼리지에 입학하였을 때, 입학과정에서부터 도움을 주었던 당시 학장인 죠웨트의 특별한 배려와 교육, 존 러스킨의 사상적·실천적 영향, 그리고 옥스포드학파의 가장 대표적인 학자라고 해야 할 그린(T. H. Green)의 지도를 친밀한 거리에서 받았기 때문이다. 그가 제반 사회문제에 대하여 학문적으로 연구하고, 부의 생산과 분배법칙 등에 대하여 정치경제학적으로 접근할 수 있도록 영향을 준 이는 그린이었다. 이후 토인비는 아담 스미스나 맬더스 비판을 시작으로 독자적인 학문체계를 형성하여 가는데, 짧은 그의 인생여정 속에서 1870년대 후반에 노동, 교육, 주택, 빈곤, 지대, 노동조합 및 협동조합, 공적인 구빈행정에의 참여 등 광범한 분야에 걸쳐서 독자적인 견해를 제시하고 활동에 관여할 수 있다는 것은 놀랄 만한 일이 아닐 수 없다. 산업혁명의 연구서로서 고전이 되어 있는 그의 저서 『산업혁명사(*Lectures on the Industrial Revolution of the Eighteenth Century in England*)』(1884)는 30세를 막 넘기고 그가 죽은 다음해 그의 강연을 모아서 출간된 책이다.

1875년 죠웨트의 권유로 이스트엔드를 방문하여, 그곳에서 구빈사업에 관여하고 있던 바네트(Samuel Barnett) 신부와 인연을 맺은 이후 토인비는 이스트엔드의 구빈사업에 적극적으로 가담하였다. 그러나 그의 타고난 병약한 체질을 혹사하게 만들었고 결국 토인비는 1883년에 요절하였다. 당시 바네트는 지식인들의 현지정착을 위하여 인보관운동의 센터를 건립하고 있었는데, 1884년 초에 그것이 건립되자 그것을 '토인비 홀'이라고 이름 붙여 토인비의 영전에 헌정하였던 것이다. 이것이 최초의 인보관이다.

5. 민간사회복지 탄생기의 의의와 특징

COS : 케이스워크의 기원 COS의 활동은 비록 자선의 조직화에 실패하기는 했지만, 빈곤대책의 사회적 조직화의 필요성을 제기하였다는 점에서 의의를 갖고 있다. 그러나 사회복지역사의 관점에서 볼 때, 무엇보다도 중요한 의의는 그것이 사회사업

방법론, 특히 케이스워크의 발전에 초석을 마련하였다는 점이다. 우애방문원(friendly visitor)에 의한 면밀한 케이스 조사와 대상자 선정의 결정을 위원회에서 행한 것, 그 결과 나오는 방대한 케이스의 축적은 사회사업의 발전에 기틀을 마련한 것이었다. 즉, 우애방문원의 조사는 위원회에서 공개되고, 원조의 가치가 있는가 아닌가, 원조는 어떤 형태로 제공되는 것이 좋은가, 금전 이외에 어떤 원조가 있는가, 그리고 클라이언트의 자립에 가장 좋은 조건은 무엇인가 등이 검토되었던 것이다. 특히 COS 활동의 특징 중의 하나는 문제를 가족이라는 장에서 항시 고려하였다는 것이다.[8)]

COS가 사회사업의 발전에 미친 영향 중에서 가장 중요한 공헌의 하나는 사회사업 종사자의 훈련에 관한 것이다(Johnson, 1981 : 52). 빈민가족을 직접 방문하는 우애방문원의 훈련을 위한 지침서(C. B. P. Bosanquet, *A Handy Book for Visitor of Poor in London*, 1874)는 매우 중요한 문건이며, 그 지침서에는 호별방문의 조건과 방문원의 자질, 그리고 방문 시의 유의사항들이 상당히 치밀하게 기술되어 있고, 방문원의 자질도 규정하고 있다.[9)] 또한 방문 시에 방문원이 취해야 할 행동지침을 제시하고 있는데 그것은 현대 사회사업실천에 있어서도 참고가 되고 있다.

인보운동 : 지역복지의 기원 인보운동은 현대 지역복지의 기원으로 평가된다. 현대 지역복지의 입장에서 볼 때, 인보운동은 몇 가지 점에서 중요한 의미를 가진다.

우선 사회복지의 역사에서 지역사회 전체를 문제의 대상으로 보고 지역사회에 기반을 두고 사회복지사업을 행했던 것의 효시가 이 인보운동이라고 하는 점이다.

두 번째로는 현대의 지역복지의 관점에서 볼 때 흥미 있는 것은, 이 운동이 활동의

8) 실제로 COS는 1946년에 조직의 명칭이 가족복지협회(Family Welfare Association)로 개칭되어 현재까지 명맥이 유지되고 있다.

9) 동 지침서는 방문원의 자질을 다음과 같이 규정하고 있다. "방문원은 자원봉사자로서 규칙적 방문을 행할 수 있어야 한다. 방문은 통상 2주일에 1회를 원칙으로 하되 경우에 따라 더 자주 할 수 있다. 방문원은 방문 전에 이전에 그 케이스를 담당했던 담당 방문원을 만나서 사전 정보를 얻는 것이 좋다. 방문원은 빈민의 생활상황 개선에 대한 사회적 관심을 가져야 하며, 커뮤니티와 케이스의 관계나 개인과 케이스에 관한 정보를 가지고 있어야 하고, 커뮤니티의 다양한 직업, 임금수준, 사회기관 등에 관하여 구체적인 지식을 가져야 한다. 또한 구빈법당국, 공중위생당국, 교육당국, 자선기관과의 개인적 관계를 가지고, 슈퍼바이저를 가져야 한다."

거점으로서의 센터, 즉 인보관(neighbourhood center)을 확보하고 그것을 중심으로 지역사회의 문제해결 능력을 높이려 하였다는 점이다. 더구나 이러한 센터의 운영방식은 항시 공공조직, 지역주민과의 관계 속에서 결정되었고 그것은 시대변화에 부응하여 개선해 갔던 것이다.

마지막으로 인보운동이 지역복지의 기원으로 평가받을 수 있게 하는 중요한 요소는 그 운동이 지역사회와 지역주민을 바라보는 시각이다. 인보관운동은 주는 자의 입장이 아니라 받는 자 지역주민의 입장과 이익을 중시한 활동(Taylor & Roberts, 1985)이었다. 또한 위에서 언급하였듯이 인보관의 운영에 점차 지역주민을 참여시킴으로써 인보관이 가지고 있는 목적들–예를 들면, 커뮤니티의 공동체적 성격을 고양하기 위해 모이는 장소, 지역주민으로 하여금 자신이 살고 있는 지역사회 문제에 대한 해결능력을 높이고 그 문제에 대한 책임감을 느끼도록 하는 장소로 만드는 것–을 이루려고 하였다는 점이 높이 평가되는 것이다.

인보관운동이 이루어졌던 19세기 말 영국의 경우, 사회는 계층적으로 완전히 양분되어 그것은 웨스트엔드의 사치와 이스트엔드의 빈곤으로 상징되었다. 시드니 웹이 런던의 빈곤 실상을 언급한 자신의 논문에서 "지옥은 흡사 런던과 같은 도시일 것이다"라는 셸리의 시를 인용하였던 뜻은 런던이라는 커뮤니티가 가진 완전히 단절된 계층의 모습을 강조하려는 데에 있었다. 현대의 지역복지에 관심을 가진 연구자들에게 있어서 인보관운동은 그것이 행했던 과학적인 실천활동으로부터 많은 시사와 교훈을 얻을 수 있지만 더욱 중요한 것은 그 운동이 가졌던 공동체적 커뮤니티를 건설하고자 하는 그 운동의 열정에 있다. "인보관운동은 시설이 아니라 태도이다"라고 한 우즈(Robert Woods)의 말은 바로 이러한 의미가 담긴 것일 것이다.

인보관은 사회개량운동의 센터로서 역할을 다하였고, 그것은 미국에도 영향을 끼쳐서 토인비 홀에 고무된 제인 아담스(Jane Addams)는 1889년 미국 시카고에 헐 하우스(Hull House)를 세워서 주로 이민자의 생활향상에 노력하였다.

민간사회복지 출현기의 특징 사회복지의 발달과정에서 민간사회복지는 공적 사회복지와의 관계 속에서 규정될 필요가 있다. 즉, 민간이 주체가 된 사회복지활동이 공적인 복지의 파트너로서 혹은 공적 사회복지와의 역할분담 속에서-그 역할분담이 명시적인 것이든 암묵적인 것이든-이루어질 때 그것을 민간사회복지활동의 시작으로 보아야 된다는 것이 저자의 입장이다. 그 이전의 활동은 민간자조활동으로 간주되어야 할 것이다.

민간사회복지활동이 시작되는 이 시기는 자본주의의 발전과정에서 발생하는 다양한 폐해들이 고착화되는 시기였다. 물론 민간의 복지활동을 행하기 위하여 필요한 재원을 제공할 수 있을 만큼 자본의 축적이나 부르주아의 입지 역시 탄탄하였다. 봉건사회에서 자본제사회로 전환되는 과정에서 가장 이익을 많이 본 계층인 신흥자본가계급이 가장 손해를 많이 본 계급인 도시빈민에 더하여 민간의 자격으로 사회복지활동을 행한 것이 민간복지활동의 시작이다. 물론 빈곤문제를 바라보는 입장은 민간복지의 주체에 따라서 차이가 났으나 항시 자신의 활동을 국가에 의한 공적 복지활동과의 관계 속에서 규정하려 하였다는 데에 그 활동의 특징이 있다.

07 대전환의 시대 –빈곤조사와 공장법

1. 의미와 시대구분

영국에서 1880년대는 여러 가지 의미에서 하나의 커다란 전환기라고 할 수 있다. 철학사에서는 공리주의를 대신하여 이상주의가 전경에 나타난 것이 이 시기이며 노동사에서 이 시대는 소위 관련 제도[1]의 종식을 고하는 1879년의 대불황을 계기로 하여 노동조합을 통한 노동운동이 퇴색되고 그에 대신하여 사회주의단체를 통한 사회주의적 노동운동이 활발해지는 소위 사회주의 부활의 시대로 특징지어진다. 그러나 이러한 여러 분야의 전환에서 무엇보다도 큰 의의를 가지는 것은 바로 사회사상사에서의 대전환으로서, 그것은 자유방임주의의 낙조라는 말로 가장 잘 표현할 수 있다.

자유방임주의의 낙조현상은 빈곤관의 전환을 가져왔고 그로 인하여 빈곤문제에 대한 국가의 개입이 점차 시행·확대되었다. 한 학자는 이러한 빈곤관의 전환을 '종교개혁에 비견할 만한 사회사상사에서의 대전환'[2]이라고 표현하였다.

이러한 빈곤관의 전환은 구빈법의 비인간성이 폭로됨으로써, 혹은 구빈법이 실제 빈곤을 구제·예방하는 데에 거의 무용지물이라는 것을 증명한 여러 사회조사에 의해, 그리고 때로는 빈민 자신들의 데모나 폭동에 의해서 박차가 가해졌는데 실업의

1) 빅토리아 여왕의 치세는 1837년부터 1901년에 이른다. 따라서 그 기간만을 생각한다면 빅토리아시대는 이 65년의 기간이 된다. 그러나 빅토리아 여왕의 즉의와 퇴위에 집착해서 이 시대를 이해하기보다는 빅토리아시대라고 하는 그 단어가 의미하는 것에 중점을 두는 편이 도움이 된다. 이 단어는 현재 무엇보다도 영국이 세계의 공장으로 군림한 황금시대를 의미하는 것으로 받아들여지고 있으며, 여기에 '빅토리아시대'의 최대의 의미가 있는 것이다. 이 황금시대란 빅토리아 중기, 즉 제1회 런던만국박람회가 열렸던 1851년부터, 대불황이 도래한 1870년대에 걸친 약 4반세기를 의미하고 있다.

2) Calvin Wooderd, Reality and Social Reform : The Transition from Laissez-Faire to the Welfare State, *Yale Law Journal*, Vol. 72, No 2, Dec. 1962, pp. 286-328을 참고할 것.

발생 역시 그것을 재촉한 하나의 중요한 요인이었다.

이 시기는 크게는 자본주의사회의 모순, 그리고 작게는 구빈법의 모순과 한계가 현실화된 시기이기 때문에 이 양자를 극복하기 위한 새로운 사회복지체제, 즉 사회보험의 도입과 복지국가체제로 가기 위한 전환기적인 성격의 시기가 바로 이 대전환의 시기인 것이다. 이 시기는 근대 자본주의에 대한 가장 근본적인 수정이라고 할 수 있는 공장법이 처음으로 제정된 것을 기점으로 해서, 실업에 대처하는 공공근로사업이 나타난 시기, 자본주의의 모순을 과학적으로 증명한 사회조사들이 이루어진 시기를 거쳐, 전환기의 마지막 전장(戰場)이라고 할 수 있는 1905년 왕립구빈법위원회의 활동기간까지이다.

2. 배 경

산업혁명과 노동자 산업혁명이 진행되면서 농민의 생활은 매우 불안정하게 변화하였다. 소작농이 차지계약의 최후 2~3년은 평년작보다 많은 수확을 올리기 위해 땅의 양분을 고갈시키는 것을 염려하여, 지주는 정기차지계약을 거부하고 임의해약제를 선택하게 되어 농민에게는 언제든지 계약해제의 위험이 존재하게 되었다.

공장에서 일하는 노동자는 기계의 노예가 되었고 노동을 임금으로 바꾸는 방법 이외의 길은 없었기 때문에 완전한 경제적 약자의 지위로 전락하였고 쉴새없이 움직이는 기계 앞에서 긴장을 늦출 수도 없는 단순한 작업에 장기간 종사하였다. 농촌으로부터 노동력의 대량방출, 노동인구의 증가, 기계생산으로 인한 아동 및 여성노동의 증가로 인하여 노동자의 공급은 증가한 데에 반하여, 수요는 많이 증가하지 않았기 때문에 저임금이 일반화되었다. 아동노동의 실상 역시 매우 심각하고 비참하였다.

한편, 인구의 증가는 18세기 후반부터 가시화되어 농산물 증산–인구증가–농산물 증산의 과정을 반복했다. 잉글랜드의 인구는 1660년에 500만 명에서 1760년에 700만 명으로 증가하였고, 1801년 최초의 인구조사가 실시된 해(이 이후 10년마다 인구조사)에는 900만 명으로 증가되었다. 그리고 1841년에 1,400만 명, 1851년에는 1,800만 명으로 급증하였다. 한편 아동의 사망률은 감소하였는데, 5세 이하 아동의 사망률이 1700년의 75%에서 1800년에는 41%로 감소하였다.

인구증가의 가장 중요한 요인은 공업의 발전이었다. 전통적인 도제의 속박에서의 해방이 조혼을 부채질하였던 것이다. 그러나 19세기 중엽까지 인구의 절반 이상은 농촌에 거주하였다. 1815~1830년의 경제불황은 농업노동자의 경우, 극도의 생활악화로 인한 농민반란이 빈발하였고(1830~1831), 공업노동자는 저임금의 강제와 실업에 의한 생활불안에 시달려야 했다.

빅토리아 황금기의 종언 영국은 최초로 산업혁명을 경험한 선진국으로서, 19세기에 세계의 공장으로 불릴 정도로 세계시장을 독점적으로 지배했다. 그러나 빅토리아조의 황금기를 향유했던 영국은 1870년대에 들어서자 독일, 미국 등 후기 자본주의 국가의 경제력이 급속히 성장하여 영국의 지위를 위협하게 됨에 따라 불황에 직면하게 되었다. 실업이라는 문제가 산발적 · 일시적인 것이 아니라 광범위하게 장기간 지속되는 문제로 탈바꿈하게 되어, 모든 산업에 걸친 불황, 특정 지역에서의 집중적 실업이 나타나게 되었다(박광준, 1990 : 34–35).

1870년대의 말기에 이르러서는 오랫동안의 영국의 번영은 사실상 끝났다고 할 수 있다. 1872년에 2억 5천6백만 파운드에 달했던 영국의 수출은 점점 감퇴하여, 1879년에는 1억 9천2백만 파운드로 떨어졌다. 노동조합의 보고에 의하면 실업률이 1%에서 12% 가까이까지 상승하였다. 산업의 불황은 점점 그 심각한 정도를 더하여, 1878~1879년에 이르러서는 그 극에 달해 영국 산업의 최악의 불경기를 맞았다. 모든 산업부문에 실업자가 늘어나고 노동조합에 의한 실업자의 수는 최악의 경우 전 조합원 수의 25%까지 달했다.[3] 또한 이 불황은 전 산업계의 임금인하를 가져왔다.

〈표 7–1〉은 1860~1881년의 노동조합에 의한 실업률을 나타내고 있는데, 1879년의 경우 10.70%까지 상승하였다. 또한 국내 총생산의 성장의 둔화가 눈에 띄게 두드러지는데, 1865~1873년의 국내 총생산 성장률은 2.4%였으나 1873~1882년의 평균 성장률은 1.9%에 그치고 있다.

3) Sidney & Beatrice Webb, *The History of Trade Unionism*, London : Longmans, Green & Co. Ltd, 1894, 1956년판, p. 345.

대규모의 실업은 실업자의 데모나 폭동을 수반하였으므로 당시 실업자에 대한 구제사업은 시급한 요구였다. 이 실업자 데모 중에서 가장 두드러진 것으로는 1886년의 소위 암흑의 월요일(Black Monday) 사건을 들 수 있는데 이는 챔블린의 공공근로사업의 직접적인 계기가 되었다.

〈표 7-1〉 노동조합 실업통계(1860～1881)

연 도	실업률	연 도	실업률
1860	1.85	1871	1.65
1861	3.70	1872	0.95
1862	6.05	1873	1.15
1863	4.70	1874	1.60
1864	1.95	1875	2.20
1865	1.80	1876	3.40
1866	2.65	1877	4.40
1867	6.30	1878	6.25
1868	6.75	1879	10.70
1869	5.95	1880	5.25
1870	3.75	1881	3.55

자료 : William Beveridge, *Unemployment : A Problem of Industry*(1909, 1930 ed.), p. 39.

3. 빈곤조사

1) 빈곤관의 전환

복지국가적 빈곤관으로 19세기 말에 발생한 다양한 운동의 압력으로 말미암아, 빈곤은 사회의 경제적 구조 속에 그 근본원인을 안고 있는 사회문제라는 점과 동시에, 국가의 개입에 의해서만 해결될 수 있는 사회문제라는 점이 인식되어, 자유방임주의적 빈곤관은 점차 복지국가적 빈곤관으로 변화되었다.

우다드(Woodard, 1962 : 293-303)에 의하면, 자유방임주의적 빈곤관에서 빈곤은 도덕적 문제라는 관점에서 ① 빈곤은 인간생활에서의 불가피한 조건이며, ② 인간의 현세의 생활 상태는 자신의 도덕성의 반영이고, ③ 정당하다고 인정받을 수 있는 빈민에 대해서는 사적 자선이 최상의 수단이라고 인식되었다.

그러나 19세기의 후반에 들어서 이러한 빈곤관은 다양한 각도에서 비판되어 점차로 복지국가적 빈곤관이 수용되게끔 되었다. 그것은 ① 빈곤은 경제적 현상이며 해소될 수 있고 해소되어야 할 것이며, ② 빈곤을 야기하는 요인들에 대처할 수 있는 유일한 사회제도는 국가이고, ③ 따라서 빈곤을 해소할 책임은 국가가 짐과 동시에 국가는 이 목적을 달성하기 위하여 노력해야 한다는 것이었다(Woodard, 1962 : 286-328). 그 배경에는 선거권의 확대, 사회주의사상의 보급 등 다양한 요인이 있는데, 자유방임주의에 강력한 비판을 가한 여러 문헌과 함께, 빈곤의 범위와 그 원인을 수량화한 사회조사도 그 주요한 요인이었다.

사회적 관심의 고조 19세기에는 자유방임즈의에 대한 비판론이 대두되었다. 특히 1883년 10월에 먼즈 목사에 의해 발행된 팜플렛 『집 없는 런던 사람들의 비통한 절규－극빈자의 생활상태에 관한 조사』는 영국 슬럼지역에 관한 냉혹한 사실을 밝혀내어, 이것의 영향으로 1884년 3월에는 노동자계급의 주택에 관한 왕립위원회가 설치되었을 정도였다.

자유방임주의적 빈곤관에의 공격에서는, 사회개량운동에 적극적인 협력의 자세를 보여준 매스컴에 의한 지지도 중요한 역할을 하였다. 그 대표적인 것이 『폴·몰·가제트(*Pall Mall Gazette*)』였다. 런던의 석간지였던 이 신문은 경제불황과 정치적 변화에 의해 야기되는 사회적 요구를 사회에 알리는 일어서 중요한 역할을 수행하였다(Hennock, 1976 : 68). 즉, 1883년 10월 16일 이후, '집 없는 런던 사람들의 비통한 절규'의 내용을 소개하는 기사를 게재하고, 뒤이어 그것에 대한 독자로부터의 투서를 게재하였으며, 더욱이 사설을 통하여 국가에 의한 근본적인 주택대책의 확립을 호소하는 등 도시슬럼 문제해결을 위한 캠페인을 정력적으로 전개했다. 또한 1886년 비아트리스 웹(당시 Beatrice Potter)의 편지, '이스트엔드의 실업자에 대한 한 여성의 견해(A Lady's View of the Unemployed at the East End)'도 이 신문에 실려서 큰 반응을 불러일으켰었다.

2) 부스의 빈곤조사

부스와 빈곤조사 부스(C. Booth)는 1840년 3월 30일 리버풀에서 3남 2녀의 3남으로 태어나서 일생을 마감하는 1912년까지의 70여 년 동안 선박회사의 소유자라는 성공한 사업가로서, 박애주의자로서, 빈곤조사의 새로운 지평을 열었던 사회조사자로서, 그리고 빈곤해결을 위한 다양하고 적극적인 제안과 운동을 행한 사회개혁가로서의 적극적인 삶을 살았다.

19세기 후반에는 많은 공적인 조사가 계획되어 영국의 사회생활에 관한 정보를 점점 많이 제공하고 있었으나, 부스 이전에는 런던에 얼마만큼의 빈민이 살고 있는가를 알아보려는 자도 없었고, 과학적으로 그 문제에 대답하려고 했던 자도 없었다. 부스의 조사는 1886년부터 개시되어 1889년 『런던 사람들의 생활과 노동』의 제1권의 출간 이후 1903년까지 행해져서, 후에 전부 17권에 달하는 저작[4]으로서 완성되었다.

그는 1886년부터 런던의 이스트엔드 지역 빈곤조사를 시작으로 하여 점차 그 조사 대상지역을 확대해 나갔으며 최종적으로는 런던의 전 지역, 400만 명 이상의 인구, 100만 세대에 달하는 모든 주민을 대상으로 하였다. 이 조사에 의해 런던의 전 지역에 빈곤자가 전체 인구의 30.7%로 1,292,737명에 이르고 있다(Booth, 1889, Vol. 2 : 21)는 것이 밝혀졌고 빈곤의 원인으로는 저임금과 부정기적 수입이 압도적으로 많다는 것이 증명되었다.

부스 빈곤조사의 의의와 새로운 평가 부스 자신이 "내가 굳게 믿고 있는 것은 지금까지 제시된 결과보다는 오히려 그 결과를 도출해 내기 위하여 도입된 조사방법이다(박광준, 1990 : 155)"라고 강조하였듯이 이것은 그 결과뿐만 아니라 조사방법에서도 큰 의의를 갖는 것이었다.

그는 자료의 수집에서 1881년과 1891년의 센서스를 이용하였으나 자세한 정보가 필

4) C. Booth, Life and Labour of the People in London, 17 Vols, *First Series : Poverty,* Vol. 1-4, Second Series : Industry, Vol. 1-5, Third Series : Religious Influences, Vol. 1-7, Final Volum : Note on Social Influences and Conclusion. 이 저작들은 Augustus M. Kelley Publishers(New York)의 1969년 리프린트판으로 출간되어 있다.

요할 때에는 해당 지역의 사정에 밝은 학교의 교직원들을 상대로 자신과 보조원들이 몇 시간 동안 질문하여 자료를 수집하는 방법을 택했다.[5] 이것은 부루스(Bruce, 1968 : 166-167)의 지적처럼 빈곤의 사실을 밝히는 데에 국가의 공식자료와 공무원들의 의견과 지식이 주로 동원되었다는 것을 의미하며 그 자체가 콜렉티비즘의 확대를 상징하는 것이었다. 이러한 의미에서 그는 사실과 의견을 분리해서 보는 것의 중요성을 자각한 최초의 인물이라고 평가될 수 있는 것이다.

부스의 빈곤조사에 관해서는 새로운 쟁점이 부각되어 기존의 견해를 반박하는 견해가 제시되고 있는데, 그것은 언급할 가치가 있다. 그 새롭게 제기된 쟁점은 세 부분으로 요약될 수 있다.

첫째는 그의 빈곤조사의 동기에 관한 것으로서 사회복지의 관점에서 볼 때 비교적 그 중요성이 적은 논의이다. 둘째로, 부스의 빈곤조사에서는 빈민을 몇 개의 유형으로 분류하였는데 그러한 분류의 기준이 과학적이었는가 아니면 도덕적이었는가에 관한 논의이다. 그리고 마지막으로는 그 빈곤조사에 관한 내용 중 가장 잘 알려진 내용으로 조사 결과 런던 인구의 30%가 빈곤 상태에 있다는 사실이 밝혀졌다는 사실과 관련되는 것인데, 여기에서 부스가 사용한 빈곤의 개념이 당시에 일반적으로 의미되던 빈곤개념과 일치하는가, 나아가 현대적 의미에서 일반적으로 받아들여지고 있는 빈곤개념으로 볼 수 있는가에 관한 논의이다.[6]

그중에서 라운트리의 빈곤조사와 비교할 때 빈곤개념의 객관적인 기준이 아닌 도덕적인 기준이 사용되었다는 지적은 특히 중요하다. 학자들 간의 논쟁[7]을 통하여 제기된 의견이지만, 저자의 견해도 부스의 빈곤조사에서 빈곤개념에 관한 기준이 객관적이었다고 평가하기 어렵다는 입장에 서 있다. 부스가 제시한 빈곤선이 어떠한 기준에 의하여 설정되었는지에 관한 언급을 하지 않았다.

5) 이 조사에서 조사원으로 참가하였던 비아트리스 웹은 조사대상에 대하여 지식이나 경험이 풍부한 사람으로부터 대량의 정보와 자료를 수집하는 이러한 자료수집방법을 Method of Wholesale Interviewing이라고 칭하고 있다(Beatrice & Sidney Webb, *The Methods of Social Study*, 1932를 참조할 것).

6) 이 세 가지의 새로운 논의에 관해서는 박광준, 부스의 빈곤조사와 관련된 세 가지 새로운 논의에 관한 연구, 인창 신섭중 교수 화갑기념 논문집, 1993을 참조할 것.

7) 이 논쟁이 이루어진 논문은 다음과 같다. Brown, 1971a Lummis, 1971; Brown, 1971b.

3) 라운트리의 빈곤조사

라운트리의 생애 현대의 빈곤개념이나 공식적인 빈곤선의 규정에서 라운트리(S. Rowntree)의 영향력은 지대하다. 빈곤관의 전환에 영향을 주었던 빈곤조사를 언급한 연구자들은 대개 부스와 라운트리를 한데 묶어서 언급하는 경향이 있지만 조사방법의 측면에서는 라운트리의 그것이 높이 평가받는 것이 일반적이다.[8)]

라운트리는 제과사업을 하는 사업가집안에서 태어나서 퀘이커교도의 가정 분위기 속에서 자라났다. 부스의 빈곤조사 결과가 처음으로 발표되었을 때 그의 나이는 18세였는데 그는 부스의 조사방법에 매료되었고, 런던과 같은 대도시의 빈곤실상이 자신이 사는 인구 7만 명의 요크 시의 경우에도 그대로 있는 것인가 하는 의문에서 출발하여 이 지역에서 독자적인 빈곤조사에 나섰던 것이다.

1897년부터 조사계획과 준비에 나서 1899년 요크 시의 모든 노동자가구를 조사하는 대규모의 조사를 개시하였고, 그 결과는 1901년 『빈곤 : 도시생활의 고찰』(1901)이라는 책자로 발표되었다.

라운트리는 1936년에 두 번째 요크 시 빈곤조사에 착수하였고 조사결과는 1941년 『빈곤과 진보』라는 이름으로 출간되었다.[9)] 그는 여기서 멈추지 않고 1950년에 80이 넘은 고령에도 불구하고 세 번째의 요크 시 빈곤조사를 행하여 이듬해 그 결과보고서를 『빈곤과 복지국가』(1951)라는 이름으로 출간하였다.

빈곤조사의 방법 라운트리는 이미 부스와 교분을 가지고 있었고, 그의 계획에 대하여 상담도 하고 있었기 때문에, 부스의 경험으로부터 많은 것을 배우고 있었다.

라운트리의 조사는 조사 그 자체보다는 유명한 빈곤선 설정방법에 있다고 해도 과

8) 예를 들어, 쿠츠(R. Cootes)는 영국복지국가발달사에 관한 자신의 저서(1966)에서 라운트리의 빈곤조사는 한 장을 할애하여 자세히 다루면서 그 중요성을 강조하고 있으나 부스의 빈곤조사에 관해서는 거의 언급하고 있지 않다.

9) 라운트리의 평전 저자인 브릭스 여사는 이 보고서에서 라운트리는 빈곤과 진보 이 두 개를 같은 비중으로 다루고 있다고 말하고 있다. 즉, 라운트리는 1차 조사가 이루어진 이후 40년 간 노동자의 생활에는 많은 개선이 이루어졌지만 그러나 여전히 빈곤해결의 길은 멀다고 생각하였던 것이다.

언이 아니다. 또한 그의 조사는 몇 십년 간의 시차를 두고 세 차례에 걸쳐 이루어지고 그 과정에서 조사방법도 더욱 세련되었다.

라운트리는 영국 요크 시의 빈곤조사에서 한 가구의 전 소득이 단순한 육체적인 유지를 위하여 필요한 자원을 결핍한 상태를 1차적 빈곤(primary poverty)이라고 정의하였다(Rowntree, 1902 : 86–87). 그는 영양섭취와 체중의 유지가 어떤 관계에 있는가를 발견하기 위하여 죄수의 식사를 통하여 실험을 하였던 영양학자 에트워터(Atwater)의 업적을 이용하여, 성인과 아동의 평균 영양필요량을 추정하여 그 영양필요량을 각종 음식물로 환산하고, 그 음식물을 구입하기 위하여 필요한 현금을 산출하였다. 그리고 이렇게 산출된 식비에다가 가족 규모에 따라서 피복비, 연료비, 잡비 등의 최저 필요금액을 가산하여 빈곤선으로 삼았다. 집세는 빈곤선에 추가되는 것으로 간주되어 전액 최저생계비로 산입되었다. 따라서 소득에서 집세를 뺀 금액이 빈곤선을 밑돌 때에는 그 가족이 빈곤상태에 있는 것으로 간주되었다. 최저생활이라는 개념을 사용한 라운트리의 빈곤 연구는 이후 빈곤선의 설정에 큰 영향을 끼쳤다.[10)]

빈곤조사에 나타난 빈곤의 원인 라운트리는 빈곤을 두 개의 그룹으로 나누어서 규정하였다. 즉, 그 소득이 단순한 육체적 효율의 유지에 필요한 최저수준에 미치지 못하는 생활인 제1차적 빈곤과, 이것보다 소득은 높지만, 그가 설정한 과학적으로 타당한 가정생활의 수준에는 미치지 못하고, 그 결과 가족이 역시 빈곤 중에 있는 제2차적 빈곤이 그것이다. 요크 시 인구의 9.9%가 제1차적 빈곤 상태에 있었고, 17.93%가 제2차적 빈곤 상태에 있었다. 라운트리에 의한 빈곤원인 분석에 의하면 빈곤의 원인

10) 라운트리의 빈곤선 규정방법은 현대에 이르기까지 널리 원용되고 있다. 예를 들어, 미국은 라운트리의 방법을 수정하여 빈곤 측정을 행하고 있다. 미국 사회보장청의 빈곤지표(Poverty Index)는 가족구성별 필요 식량비용에 관한 농무성(Department of Agriculture)의 추계에 근거하고 있다. 이 기준이 음식물로 환산되는데, 이때 '음식 소비에 관한 연구에서 명백하게 나타난 미국 가족의 선호에 맞는 종류의 음식물'이 선정된다. 이렇게 산출된 음식량은 시장에서 구입할 수 있는 최저가격으로 식비로 환산된다. 마지막으로 소비자 가계조사에서 계산된 1인당 평균소득에 대한 1인당 평균식비의 비율에 근거하여 최저 필요한 식사는 3인 이상의 가족에는 33%, 2인 가족에는 27%에 해당하는 것으로 추정하고, 이렇게 산정된 금액을 매년 물가수준에 연동하여 수정한다.

으로서 저임금이라는 요인이 두드러진다. 이 빈곤요인 분석에 의하면 당사자의 개성, 성격 혹은 약한 자제심 등으로 인한 빈곤은 전혀 존재하지 않았으며 빈곤원인의 약 52%가 저임금으로 나타났다. 이것은 노동자 인구의 절반이 빈곤자라는 것을 나타낸 것이었다.

4. 사회개혁의 첫 시도 : 공장법

1) 사회복지역사에서의 공장법의 지위[11)]

공장법(Factory Acts)이란 공장법 내지 공장입법이란 산업혁명을 통하여 제도화된 공장에서 일하는 노동자나 도제들의 노동조건을 법률로써 강제하는 입법이다. 당시 노동자들의 노동조건은 공장주와 노동자 간의 자유로운 계약의 결과이기 때문에 국가라 하더라도 양자 간의 계약내용에 대해 간섭할 수 없다는 것이 지배적인 생각이었다. 가령 공장 내부에 창문이 없다거나 어린 도제에게 야간노동을 시킨다고 해도, 그것은 노동자가 창문이 있는 공장이나 야간노동을 하지 않는 공장의 공장주와 노동계약을 하면 될 뿐 국가가 그 당해 공장에 창문을 달도록 하거나 아동의 야간노동을 금지하도록 강제할 수 없었던 것이다. 공장법이란 국가가 이러한 체제가 가진 근본적인 모순을 인식하고 제3자의 입장에서 양자의 계약관계에 개입하여, 사업주에게 창문을 달도록 하거나 야간노동을 금지하거나 하는 조치를 취함으로써 사회적 약자인 노동자를 보호하려는 목적에서 만들어진 입법이다.

공장법은 현대사회에서 말하는 사회법의 시초인데, 사회법은 노동법, 경제법, 그리고 사회보장법을 포함한다. 이 중 노동법의 시초를 이루는 것이 공장법이라고 할 수 있다. 사회복지 발달사에서 이 공장법을 중요한 사건으로 다루어야 하는 이유는, 그

11) 공장법에 관해서는 B. L. Hutchins & A. Harrison, *A History of Factory Legislation*, 1911에 잘 연구되어 있지만 사회복지역사 문헌에서는 자세히 다루고 있는 문헌을 찾기 힘들다. 사회복지역사서 중에서 공장법에 관하여 비교적 자세히 소개하고 있는 문헌으로서는, Fraser, 1973; Henriques, 1979 : Chap. 4-5를 들 수 있다.

출발에서 아동들인 도제의 노동을 보호하기 위한 것이었고 그 도제들이란 구빈법에서 규정한 빈곤아동으로 구성되어 있었기 때문에 그것이 구빈행정과 관련되지 않을 수 없었고, 더구나 그것이 사회복지의 방향을 근본적으로 전환시킨, 즉 사회개혁의 시대를 연 획기적인 성격을 가졌기 때문이다.

어떤 제도가 '사회개혁의 발단'이라는 평가를 받기 위해서는 그 제도가 다음과 같은 조건을 갖추어야 한다고 본다.

첫째, 그 제도가 기존의 사회체제를 유지하는 데에 원동력이 된 지배적인 이데올로기가 가지는 근본적인 모순을 인정해야 한다는 것이다. 둘째, 그러한 모순을 근본적인 측면에서 수정하려는 노력이 있어야 한다는 것이다. 셋째, 그 제도가 기존 사회의 근본적인 모순을 수정하려는 제도라는 점을 사회 구성원이 어느 정도 인정하고, 또한 그 제도를 출발점으로 해서 혹은 그 제도의 영향으로, 같은 이념을 가진 유사한 제도들이 후속적으로 만들어져야 한다는 것이다.

1802년 공장법은 영국에서는 이러한 조건을 갖춘 최초의 제도이다. 이렇게 평가할 수 있는 근거는 첫째, 이것이 시민법하에서 지켜져 오던 공장주와 노동자와의 자유계약이 노동자의 생활조건을 악화시켰다는 근본적인 인식을 가지고 있으며, 둘째, 열악한 노동조건하에 있는 도제들을 보호하기 위하여 공장주들의 비난을 무릅쓰고 국가의 개입이 이루어진 것일 뿐 아니라, 셋째, 이 입법 이후에 공장의 노동조건에 대한 일련의 입법들이 후속적으로 이루어지고 국가 규제와 간섭의 체제가 점차로 발전해 갔기 때문이다.

시민법에서 사회법으로 시민법은 시민사회, 즉 자본주의의 원리를 규정한 사법(私法)으로서 인격자로서의 개인의 사적 권리의 추구를 최대한 허용하고, 이를 권리로서 보장하여 시민사회의 질서를 유지하고 발전시키고자 함을 목적으로 하는 근대사법이다.

모든 인간은 평등하고, 법률에 의하는 경우를 제외하고는 사회적 · 경제적인 제약을 받지 않으며, 사유권 절대의 원칙과 계약의 자유를 기본 원리로 하고 있는 것이 시민법이다. 이 법은 개인의 사회적 지위에서 오는 개별성과 구체성을 고려하지 않고, 모든 인간은 자유롭고 평등하다고 하는 인격자(person)의 개념을 기반으로 하는 법이다. 소유권절대의 원리와 계약자유의 원리는 시민법의 지고의 가치였다.

그러나 개인의 사회경제적 지위의 차별성에 대한 인식, 현실과 법의 괴리에 대한 인식이 이루어지면서 자본주의사회의 사회적 요청에 의해 사회정책입법으로 등장한 법이 사회법이다. 따라서 사회법은 시민법과 공존함으로써만 그 지위와 성격이 특징지어지는데, 시민법이 근대 자본주의사회의 법이라고 한다면 사회법은 현대 자본주의사회의 법이라고 할 수 있다. 사회법은 현실적으로 존재하는 구체적인 사회화된 인간의 개념에 입각한 법으로 사회적 약자에 대해서는 보호를, 사회적 강자에 대해서는 통제를 목적으로 한다.

2) 공장법의 배경과 내용

성립 배경 : 원생적 노동관계 원생적 노동관계란 봉건제의 붕괴와 더불어 노동자에 대한 최소한의 보호장치가 붕괴되고 자유방임사회가 시작되면서 생활조건은 더욱 악화되고 자본에 대한 종속관계는 더욱 심화되는데 국가에 의한 노동자보호조치가 이루어지기 전까지의 노동관계를 말한다. 노동의 착취가 극심한 형태로 이루어지는 이 원생적 노동관계의 폐해는 심각하여 국가로 하여금 노동자보호조치를 취하지 않을 수 없게 하였는데, 노동관계에 대한 국가의 적극적 개입과 간섭은 1802년 이후의 일련의 공장입법과 1824년의 단결금지법폐지법으로 나타난다.

최초의 공장법, 즉 1802년 「도제의 건강과 도덕유지에 관한 법률(The Act for the Preservation of the Health and Morals of Apprentices of 1802)」의 배경은 다음의 세 가지로 나누어 볼 수 있다.

첫째, 기계의 발명을 그 특징으로 하는 산업혁명의 영향이다. 특히, 아크라이트(Arkwright)에 의한 롤러스피닝(roller spinning : 일명 water frame)의 발명(1768)은 인간이나 가축이 아닌 수력을 원동력으로 할 수 있게 하였으므로 이것이 공장제도의 창시자라고 해도 과언이 아니다. 무엇보다도 원동력이 수력이었으므로 물이 풍부한 계곡을 따라서 설치되지 않을 수 없었고 따라서 도시로부터 격리되었는데, 교구의 빈곤아동이 가장 적절한 노동력으로 이용되었던 것이다. 교구나 구빈원에서 아동들이 대량으로 이송되어 공장제도를 촉진하였기 때문이다.

둘째, 아동노동 개선운동이었다. 18세기의 아동노동과 교구도제의 생활에 대한 개선운동의 대표격인 파시벌(Dr. T. Percival)은 동료 의사들과 함께 공장노동에 대한 법적 보호의 필요성을 역설하였고 1802년 법 제정에서는 필(Robert Peel)을 원조하여 법의 성립에 기여하였다. 그는 1784년 레드크리프(Radcliffe)의 면직공장에서 전염성인 열병이 발생하였을 때, 조사한 것을 근거로 개선 필요성을 제기하였던 것이다.[12)]

셋째, 보다 직접적인 배경으로서 1801년의 도제학대사건이 있다. 사건담당 판사는 한 공장주에게 도제의 학대, 혹사의 죄로 중노동 12개월의 형을 언도했는데, 혐의는 자수작업에 고용된 16인의 도제에 대한 학대와 혹사, 그리고 임금의 착복이었다. 판결기록에는 그 공장의 노동조건이 기술되어 있는데, 16인이 일하는 공장에 침대는 단 2개였으며, 장시간 노동, 열악한 조건으로 일생 장애를 입은 경우도 있다고 되어 있다. 그리고 이러한 사태에 대하여 도제로 나간 빈곤아동의 감독을 맡아야 할 구빈감독관(Overseers)이 직무를 태만히 하여 그들이 빈곤아동을 원조하는 것이 아니라 파멸로 이끌고 있다고 강하게 비난하고 있다.

최초의 공장법 최초의 공장법인 1802년법의 내용은 다음의 3개 부문으로 구성되어 있는데, 빈민의 자녀로서 구빈원에 수용된 아동 중에서 공장에 고용된 자가 주요 대상이었고, 3인 이상의 도제, 20인 이상의 노동자를 고용한 모든 공장에 적용되게 되어 있었다(Hutchins & Harrison, 1911 : Chap. 1).

12) 그는 열병의 발생원인을 밝혀내지는 못하였으나, 많은 사람이 밀집해 있는 곳에 전염병이 만연되며, 환기되지 않은 공기에서 발생하는 병원균에 의한 것이라고 추정되고, 공장에 틀어박혀서 장시간 휴식 없이 일하게 한 것이 연소자에게 해를 끼쳤다는 결론을 내리고, 개선을 위한 권고문에서 다음과 같이 말하고 있다(Hutchins & Harrison, 1911 : 7). “우리는 면직공장에서 일하는 모든 사람들에 대해서 보다 많이 휴식하고 밤에는 보다 빨리 작업을 마칠 것을 강력하게 권고한다. 유년기와 청년기에서의 적극적인 휴식은, 인간의 신체를 발육시키고 체력을 쌓게 하여 균형 잡힌 바른 성장을 이루는 데 불가결하다. 젊은 사람들을 바르게 성장시킬 수 있는 인생에서의 유일한 시기에, 그들로부터 어떠한 교육적 기회도 빼앗아서는 안 된다.”

첫째, 작업환경에 관한 규제이다. 해당 공장에서는 공장에 부속된 건물도 포함해서 적어도 연 2회는 석회석과 물로 씻을 것, 충분히 통풍과 환기가 이루어질 수 있도록 창문을 설치할 것(제2조) 등이 규정되어 있다.

둘째, 도제의 노동조건에 대한 보호규제와 그 교육규정이다. 도제기간 중에는 항시 두 벌의 의복을 지급해 둘 것과 매년 한 벌을 지급할 것(제3조), 식사를 제외한 최장노동시간은 12시간으로 할 것(제4조), 1803년 6월 1일 이후는 어떠한 경우라도 밤 9시 이후 아침 6시까지의 야간작업을 금지할 것(제4조), 남녀의 침실을 구분하여 설치하고 한 개의 침대를 2인 이상이 사용해서는 안 될 것(제7조), 도제는 노동시간 중 일정 시간을 이용해서 읽기, 쓰기, 셈하기 교육을 받아야 하며, 공장주는 적절한 인물을 교사로 임용할 것(제6조), 적어도 월 1회는 교회에 다니게 할 것(제8조) 등이 규정되어 있다.

셋째, 이 규제의 실시에 관한 규정이다. 치안판사는 공장에 이해관계를 갖고 있지 않은 2명의 감독관을 임명하여 이 감독관에게는 시간에 관계없이 공장에 출입 감독할 전권을 부여할 것(제9조), 모든 공장주는 치안서기에게 등록할 것(제14조), 이 법의 복사물을 도제 혹은 노동자들이 볼 수 있는 곳에 게시할 것(제12조), 위반자에게는 40실링 이상 5파운드 이내의 벌금을 과하며, 그 벌금은 제보자와 구빈당국에 반분하여 각각 지급될 것(제13조) 등이 규정되어 있다.

1802년 이후 노동자보호의 정책은 점차 강화되어 1819년에는 10세 미만 아동의 노동이 금지되었고, 16세 미만의 아동 전원에게는 식사시간을 제외하고는 1일 12시간 이상 노동이 금지되었다. 그 후 단편적인 개선들이 이루어지다가 1833년 공장법이 성립되었다.

로버트 오웬 오웬(Robert Owen, 1771~1858)은 일생을 이상적인 공동체의 건설에 바친 인물이라고 해도 과언이 아니다. 그는 사업을 통하여 축적한 거대한 재산을 다양한 공동체 실험과 교육의 발전, 협동조합의 발전 등에 투입하면서 늘 새로운 사회건설의 꿈을 가지고 일했던 인물이다. 뉴라나크(New Lanark)에서의 실험, 미국 인디애나 주에서의 대규모 공동체실험인 뉴 하모니(New Harmony), 오비스톤(Orbiston) 실험, 퀸우드(Queenwood)의 농장을 중심으로 한 공동체실험, 공동체학교의 실험 등 그가 시도한 공동체실험은 다양하면서도 일생에 걸친 실험이었다(Joad, 1928 : 13–153).

그는 또한 도제를 포함한 공장노동자의 노동환경 개선에 노력하였고, 공장입법의 성립과 발전에 다른 어떤 인물보다도 기여한 인물이다. 오웬은 아동노동시간을 단축하기 위한 다양한 실험을 행하고 그 결과를 가지고 동료 공장주들과 의원들을 설득하였다. 1802년 이후 수 차례에 걸쳐 공장입법의 내용이 노동시간의 단축과 노동조건의 개선이라는 바람직한 방향으로 나아가게 되는 것은 오웬의 활동에 그 공을 돌려야 할 부분이 많다. 그는 10세 미만의 아동은 고용하지 않고, 노동시간은 점심시간 1시간 15분을 포함하여 12시간으로 하는 실험사업을 자신의 공장에서 시작하였다. 당시에 일반적인 관행은 14시간 노동이었다. 그는 노동시간을 단축시킴으로써 노소를 막론하고 노동자 건강의 상당한 개선, 자라나는 세대의 교육에서의 개선, 나아가 국가의 구빈비용의 상당한 절감을 가져올 수 있다고 확신했다. 그리고 자신이 실제로 행하였던 그 효과를 공장주들에게 다음과 같이 밝히고 있다.

> 공장주의 입장에서 시간 단축으로부터 잃는 것은 없다. 하루 10시간 45분 일하는 것과 11시간 45분 일하는 것은 생산성에서는 차이가 없다. 미미한 생산량 감소는 대신에 노동자의 체력이 강화되고 활력이 보충되는 것으로서 충분히 메워진다. 또한 노동자가 파손품 방지를 위해 보다 더 노력하고, 노동시간 중에는 시간을 낭비하지 않고 열심히 일하는 것에 의해서도 메워지고도 남는다. 더구나 이러한 방식은 노동자들을 보다 양심적으로 만들고, 일을 억지로 시키는 것보다 더 얻는 것이 많다(Hutchins & Harrison, 1911 : 21–24).

공장감독관 호너 1833년법에 의하여 공장법 실행기구로서의 공장감독관제도가 탄생하였는데, 공장감독관으로서 훌륭한 업적을 남긴 호너(Leonard Horner, 1785~1864)의 활동은 특기할 만하다. 그의 활동은 당시의 공장법의 실행상황뿐만 아니라 제도 실행에서 그 제도관리인력의 질이 얼마나 큰 영향을 끼치는지 가르쳐 주는 사례가 된다.[13)]

그는 1833년 공장감독관에 임명된 이래 1859년 퇴임할 때까지의 26년이라는 장기간 동안 노동자보호, 특히 아동의 보호에 노력하였다. 그가 취한 제도 개선은 아동의

13) 호너의 생애와 사상에 관해서는 다음의 전기(傳記)적인 논문이 비교적 자세하다. Martin, 1969.

연령 확인을 위한 의사의 임명,[14] 기계 고장으로 인한 손실시간을 메우는 방법, 식사시간의 규정과 토요일의 한나절 근무, 휴일에 관한 규정, 아동의 노동시간 확인을 위한 작업시간표, 그것을 엄격하게 시행하기 위한 공인된 시계의 설치 등이었다. 그의 활동은 규칙적 노동, 나아가 1일 표준노동시간 사상으로 발전하였고, 오전의 작업시간 개시시간을 규정하였던 1844년 공장법의 성립에 사상적으로도, 실제적이고 실행가능한 조문의 설치에도 큰 영향을 주었다.

3) 공장법의 의의

1802년 공장법은 거의 실시되지 못하고 방치되었다. 그럼에도 불구하고 이 법이 가지는 의의는 다음과 같다. 즉, 입법부에 의해 노동시간의 제한이 하나의 원칙으로 채용되었다는 점, 연령이나 성별의 예외조항을 만들어 두지 않았으므로 그 제한이 성인이 된 젊은이나 부인 도제에도 똑같이 적용되어 모든 사람에 대하여 동일한 규칙을 부과한 점이 그것이다.

『영국 공장법사』를 저술한 허친스는 다음과 같이 말하고 있다. “1802년이라는 해는 일반적으로 공장법으로 알려져 있는, 노동시간 및 노동조건을 규제하는 일련의 제정법이 가결된 획기적인 해이다. 이 공장법은 과도한 노동이나 열악한 노동조건에 의한 위해로부터 연소한 노동자의 건강을 유지하기 위한 목적으로 제정되었다. 그러나 이 입법 이전에도 국가가 국민들 간의 계약에 혹은 산업규제에 관해 개입하는 전례가 없는 것은 아니었다. 문제는 그 규제와 개입의 목적이 어디에 있느냐 하는 것이다. 허친스의 말을 빌자면, 공장입법의 특징은 실제의 규제와 내용이 아닌 오히려 그 동기와 의도였다(Hutchins & Harrison, 1911 : 1).”

공장법은 한편에서는 1802년 이후 1833년법을 거쳐 1844년법, 하루 노동을 10시간 이내로 규제하는 법(1847)으로 발전해 가고, 다른 한편에서는 사회적 강자를 규제

14) 아동의 연령을 확인하는 것은 당초부터 어려운 일이었다. 1833년법에서는 의사가 발행한 증명서에 치안판사 혹은 감독관이 서명하는 방식을 취했는데, 의사가 자신의 고객인 공장주나 노동자가 원하는 대로 증명하는 경우가 많았고 서명도 형식적으로 이루어지는 경우가 흔했다. 이 때문에 호너는 연령증명 업무를 수행하는 의사는 공장감독관이 임명한 자에게 한정하였고 그것은 1844년법에 성문화되었다.

하고 약자를 보호하기 위한 국가의 간섭이 점차 보건위생, 주택 등 다른 영역으로 확대되어 가는 계기를 마련해 주었다.

5. 공공근로사업의 출현

공공근로사업의 배경과 챔블린의 권고 당시 국가구제를 받는 빈곤자는 그 빈곤의 원인을 가리지 않고 모두 공식적 빈곤자인 포퍼로 낙인 찍혔다. 그러나 심각한 불황이 발생하여 많은 실업자들이 새로운 일자리를 찾을 때까지 일시적인 구호를 국가에 요청한다고 해도 선거권의 박탈 등을 그 전제로 하여 노동자들에게는 치욕적인 처우를 행하였기 때문에 노동자와 구빈당국과의 마찰이 격화되고 국가에 구제를 요청하지 않음으로써 그들의 빈곤은 한층 악화되었다. 이러한 가운데 국가구제를 받는다고 하더라도 실업 중인 사람에게는 이전의 빈곤자와는 다른 방법으로 접근하는 시책이 시행되게 된다. 그 방법이란 국가가 일정한 일자리를 만들어 제공하고 임금을 지급함으로써 노동에 대한 임금의 형태로 빈곤을 구제하려는 방법이었는데, 이것이 공공근로사업의 효시가 되었다.

기존의 구빈법체제를 유지하면서, 실업에 의한 빈곤에 대해서는 공공근로사업으로 대처한다는 이원적인 구빈체제의 시도는 1886년 당시 버밍엄 시장이었던 챔블린(Joseph Chamberlain, 1836~1914)에 의하여 처음으로 이루어졌다.

1886년 2월 구빈행정의 중앙책임기구인 지방자치청[15] 장관에 취임하였던 챔블린은 빈민들이 국가구제의 신청을 꺼린다는 결론을 내리고 같은 해 3월 15일 전국의 구빈위원에게 회람(Circular)을 발송하여, 예외적인 곤궁 상태에 있는 지역에서는 구빈위원회와 자치단체 당국이 상호 협의를 거쳐 실업자 구제를 위한 공공근로사업을 실시할 것을 촉구하였다(Webbs, 1909 : 116). 이것이 그 유명한 챔블린의 회람으로 다음과 같은 내용이 포함되어 있다.

15) Local Government Board : 구빈의 책임을 맡은 관청으로서 1871년, 구빈청(Poor Law Board)을 폐지하고, 지방자치체, 공공위생, 그리고 구빈법행정의 세 부분을 흡수하는 형태로 설립되었다.

> 노동자 계급이 구빈법에 의한 구제에 의존하여, 그에 습관화되어 버리는 것은 바람직하지 않다. 노동자 계급 중 많은 사람들이 피구제빈민, 즉 포퍼라는 오명을 쓰는 것보다는, 오히려 큰 개인적 희생을 지불하고서라도 국가의 부조를 받지 않고 견디는 쪽을 선택하고 있는데, 그러한 독립적인 정신이야말로 동정과 존경을 받을 가치가 있는 것이다. 따라서 모든 이용 가능한 수단을 동원하여 그러한 정신을 유지할 수 있도록 하는 것이 사회의 의무이며, 또한 사회를 위해서도 그것이 나은 방법이다(Webbs, 1909 : 116).

이와 같은 챔블린의 정책은 그 후 그의 뒤를 이은 지방자치청 장관에 의해 계속해서 이어져 1893년까지 5차례에 걸쳐(1886, 1887, 1891, 1892, 1893) 발송되었는데 그 결과 그러한 정책에 적극적인 지지를 보내지 않았던 지방자치단체도 점차 그것을 받아들이게 되었다.

공공근로사업의 의의 이 새로운 계획은 책상 위에서는 상당히 이상적이고 치밀한 것 같았으나 막상 시행이 되자 현실적으로 많은 장애에 부딪히게 되어 결국 실패로 끝나고 말았다. 그것의 실패는 부분적으로는 그 사업이 당초의 계획대로 시행되지 못했던 것에 기인하지만 제도 자체의 근본적인 결함도 있었다.

먼저 들 수 있는 것은, 챔블린의 실업구제사업계획에서 권장된 것은 취업 중인 노동자의 일자리를 위협할 가능성이 없는 비숙련노동에 한정되어 있었는데, 대표적인 일자리인 상하수도공사, 페인팅, 도로보수 등은 실업이 가장 심한 기간인 겨울 몇 개월 동안은 하기 어려운 종류의 노동이었다는 점이다. 노동자에게 작업량에 관계없이 일정의 임금을 지불하는 것은 그들에게 일자리를 제공하는 것이 아니라 사실상 구제금을 제공하는 것이었다. 둘째로, 원래 공공근로사업의 이상적인 대상자는 비숙련노동을 혐오하여 공공근로신청을 하지 않았고 신청자의 대부분이 만성적인 부적격 노동자였다는 점이다. 셋째로, 중앙정부(지방자치청)가 실제로 공공사업을 꺼려하는 수많은 지방자치제를 강제할 수 있는 힘을 가지고 있지 못했다는 점이다.[16] 마지막으로

16) 1887년 11월 이 점에 주목한 페비안협회는 지방자치청이 정부 부서와 런던의 여러 항만회사들도 고용사업을 실시하도록 압력을 행사해 줄 것과, 노동 관련 부서들이 고용사업에 대한 미온적이며 소극적인 태도를 버리고 적극적으로 그 사업에 동참하도록 촉구하였는데 그 결과 우체국 및 해군성에까지 공공근로사업이 확대되었다.

들 수 있는 중요한 요인은 그 공공사업에 필요한 재원을 마련하는 데 어려움을 겪었다는 점이다.

그럼에도 불구하고 챔블린의 실업구제사업권고는 구빈법이라는 단일의 구빈체제의 한계를 인정하고, 실업자 빈민에 대한 공공근로라는 이원적인 구빈체제를 처음으로 제창한 중요한 시도였다.

웹 부처는 챔블린을 비자발적 실업에 의해 직접적으로 야기된 빈곤에 대처하기 위한 방법으로서의 구빈법의 무용과 민간기관의 불충분성을 인식한 최초의 영국의 정치가(Webbs, 1929 : 645)로 평가하고 있다.

6. 대전환기의 특징

이 시기를 사회복지 역사상 대전환기라고 규정한 이유는 이 시기를 통하여 빈곤문제로 대표되는 구조적인 사회문제에 대한 국가의 태도, 그리고 사회 구성원의 태도에 근본적인 변화가 있었기 때문이다.

우선 국가의 입장에서는 자본주의사회의 존립기반이기도 한 자유방임이 노동자로 대표되는 사회적 약자의 입지를 더욱 약화시켜서 그로 인한 폐해가 심화되어 국가가 더 이상 방관자적인 입장을 취할 수 없게 되었다. 자본주의사회의 근본적인 수정은 이미 19세기 초 1802년의 공장법에 의해 처음으로 나타났다. 공장법은 자본주의사회의 근본적 개혁의 신호탄이었던 것이다. 그러나 이 시기는 산업혁명이 한창 진행되는 시기였기 때문에 다른 한편에서 자유방임적 정책이 더욱 강화되기도 하는 서로 다른 사회를 지향하는 정책들이 혼재되어 나타나는 시기이기도 하였다. 예를 들면, 근본적 사회개혁의 시작으로 평가될 수 있는 공장법이 성립된 이후에 자유방임적 빈곤관의 극치로 평가되는 신구빈법이 1834년에 성립된 것은 좋은 예이다.

자유방임사회의 원리를 근본적으로 수정한 공장법이 19세기 초에 성립되기는 하였으나 그러한 조치의 필요성이 전체 사회에 어필하게 된 시기는 19세기 말에 이르러서였다. 노동자들의 참정권의 확대, 사회주의사상의 보급, 빈곤의 실상을 사회에 알린 사회조사들에 의하여 자본제사회의 근본적 개혁의 필요성이 받아들여지게 되었던 것이다.

이 대전환의 시기는 산업혁명이 진행되어 가는 과정에서 사회개혁요구와 자유방임체제의 강화를 지향하는 두 개의 세력이 항시 대립하는 시기라는 시대적 특성으로 말미암아 이 시기는 그 기간으로 볼 때 1세기를 망라하는 시기가 된다. 자유방임이 완성됨과 더불어 자유방임에 대한 근본적인 개혁이 시작되는 과도기적 시대라는 것이 이 시기의 특징이라고 할 수 있을 것이다.

08 대전환의 전장(戰場) - 1905~1909년의 왕립구빈법위원회

1. 의미와 시대구분

빈곤조사와 노동계층의 참정권 확보, 노동자를 보호하기 위한 국가의 개입입법 등을 통하여 자유방임체제에 대한 수정이 필요하다는 공감대가 형성되고 있었으나 그 구체적인 접근이나 프로그램에서는 여전히 신·구의 사고방식에 큰 차이가 있었다. 이러한 의견대립의 중요한 대상은 구빈법이었다. 즉, 구빈법은 이미 빈곤의 구제에 무용지물이 되어 있기 때문에 폐지시키고 사회보험제도 등을 통하여 빈곤의 예방을 도모하는 새로운 시스템의 구축이 필요하다고 주장하는 입장이 있는 반면, 구빈법은 여전히 빈민으로 하여금 국가에의 의존성을 가지지 못하게 하는 억제효과가 있기 때문에 계속 존속시켜야 한다는 입장이 있었다. 전자의 대표적인 것은 페비안협회(Fabian Society), 후자의 대표적인 것은 COS였다.

1905년 보수당의 벨푸어(Authur Balfour) 수상이 퇴임 직전에 구빈법에 관한 왕립조사위원회를 임명하였는데, 그 위원회는 이러한 의견대립이 공식적으로 가시화되는 장이었다. 1905~1909년 왕립구빈법위원회(Royal Commission on the Poor Laws and the Relief of Distress)의 공식적인 목적은 ① 구빈법 실시현황에 대하여 조사하는 것, ② 구빈법 이외에 불황 시에 일자리 부족으로 인하여 생기는 빈곤에 대처할 목적으로 시행되고 있는 제도들의 시행 상태, 개선방안, 새로운 제도의 제안 등을 행하는 것(Webbs, 1929, Part 2 : 471)이었다.

위원들은 대부분 빈곤담당 관료, 사회사업이나 사회조사의 전문가집단이었는데, 위원장을 포함하여 18명으로 출범하였다. 위원들은 구빈위원 및 지방자치청의 관료들, 6인의 COS 회원, 경제학자와 종교인, 페비안협회의 회원, 노동계 대표 등으로 구성되었다. 역사가들이 이 위원회의 구성을 '영국 사회의 의견대립의 축소판(Mackenzie, 1977 : 318)' 이라고 평했는데, 결국 이 위원회는 3년간의 활동결과 일치된 의견을 제출하지 못하고, 14인이 서명한 다수파 보고서와 4인의 소수파가 서명한 소수파 보고서라는 분리된 보고서를 제출하게 된다. 이 두 개의 보고서는 후일 복지국가라고 불리는 국가체제에 기초가 될 수 있는 중요한 부분들을 포함하고 있다.

이 보고서 특히 소수파 보고서는 복지국가의 제도적 및 사상적 기반을 제공해 주는 청사진과 같은 것으로 평가된다. 소수파 보고서의 이념을 고찰하기 위해서는 소수파 보고서를 집필한 웹 부처가 소속되어 있던 페비안협회에 관한 이해가 필요하므로 먼저 페비안협회에 대해 언급한다.

2. 페비안협회의 사상과 웹 부처

1) 페비안협회의 형성과 사상

페비안협회와 그 사상 페비안협회는 1884년 소수의 지식인에 의해 설립되었으며 점진적인 사회개혁을 통하여 사회주의를 지향하는 단체였다.[1] 페비안(Fabian)이라는 명칭의 유래는 로마의 장군 파비우스(Fabius)가 카르타고 전쟁에서 한니발의 대군과 싸웠을 때, 급전을 피하고 꾸물거려서 로마시민이 그를 비난했음에도 불구하고 결국은 호기를 포착해서 한니발을 격퇴하고 로마를 구했다고 하는 고사에서 따온 것이었다. 이 명칭에 페비안주의의 이념이 점진적 사회개혁이라는 것이 암시되어 있다. 협회의 명칭을 제안하였던 포드모어(Frank Podmore)가 인용한 구절은 다음과 같다.

> 한니발에 대항해서 싸웠을 때 로마시민의 빗발치는 비난에도 불구하고 파비우스가 취했던 행동과 같이, 우리도 호기가 올 때까지 기다리지 않으면 안 된다. 그러나 그 기회가 온다면 전력을 기울여 격렬히 싸워야 한다. 파비우스가 그랬던 것처럼. 그렇게 하지 않으면 오랫동안 기다렸던 것이 헛수고로 되고 아무런 결실도 가져오지 못하므로(Pease, 1918 : 38).

1) 페비안협회의 형성과정과 사상적 특징에 관해서는 박광준(1990 : 33-124)을 참고할 것.

페비안협회의 사상은 페비안주의(Fabianism) 혹은 페비안사회주의(Fabian Socialism)로 불린다. 페비안사회주의의 요체는 1889년 소의 6인의 논객에 의해 발표된 『페비안사회주의논집(*Fabian Essays in Socialism*)』(1889)에 농축되어 있는데, 그 핵심적인 것은 점진주의라고 할 수 있다. 그 전략은 '침투(permeation)와 설득(persuasion)'이었다. 페비안협회와 생각을 달리하는 정치집단이나 사회단체 그리고 개인들에 대한 입장은 적대적인 것으로 간주하는 것이 아니라 지속적으로 접촉하여 그들이 자신들의 생각에 동조하도록 설득하는 것이었다. 시드니 웹은 사회개혁이 추진되기 위한 조건으로서 다음의 네 가지를 들고 있다.

① 민주적일 것. 그리하여 국민 대다수의 승인이 얻어지는 것일 것. 그리고 국민이 그 사회개혁에 대하여 대응의 준비가 되어 있는 것일 것
② 점진주의적일 것. 그리하여 그 진보의 속도가 아무리 빠른 것이라 하더라도 사회혼란을 야기시키지는 않는 것일 것
③ 대중에게 부도덕한 것으로 간주되는 것이 아닐 것. 그리하여 그들의 입장에서 주관적으로 볼 때, 타락한 것이 아니어야 할 것
④ 그 어떤 개혁도 입헌적이고 평화적인 것이어야 할 것

페비안협회의 영향력 사실에 근거한 정확한 자료를 사회에 제시하는 것은 페비안협회의 중요한 노선이었다. 따라서 페비안협회는 빈곤, 실업 등의 사회문제의 정확한 실상을 알리기 위하여 많은 인쇄물을 발간하였는데 그러한 사실에 근거한 주장에 의하여 그 영향력도 증대되었다. 그것의 기여 내지 영향으로 평가되는 것은 1894년의 런던대학 정경학부(London School of Economics : LSE)의 설립, 런던의회 개혁, 산업국유화, 국영의료서비스의 구축, 구빈법 개혁 등이다. 페비안협회가 복지국가형성에 미친 영향을 논하는 것은 어려운 주제이지만 그 영향력의 크기를 의심하는 논자들은 없다.

제2차 세계대전이 끝난 1945년의 총선에서 승리하여 성립한 노동당정부는 포괄적인 사회보장제도, 완전고용정책의 유지 등을 통하여 복지국가체제를 확립한 것으로 알려져 있다. 노동당은 동 선거에서 384의석을 확보하여 보수당 216석을 제치고 다

수당이 되었다. 일찍이 노동당의 브레인은 페비안협회, 그 심장은 독립노동당, 그리고 몸체는 노동조합이라고 일컬어지듯이 노동당의 사회개혁정책에 이론을 제공하고 또한 그 주역을 맡아 온 것이 페비안협회였다. 1945년 노동당정부에 미친 페비안협회의 영향력에 대해서는 다음의 평가를 보면 알 수 있을 것이다(Lee & Raban, 1988 : 39–40). 즉, "1945년 노동당정부의 정신적 지주는 바로 페비안주의였다. 그 정부는 페비안주의자 총리대신, 페비안주의자 각료 9명, 그리고 노동당 의원 중 절대다수가 페비안협회의 회원이었다."

2) 웹 부처

비아트리스와 시드니 페비안협회의 초기 인물 중에는 피스(Edward Pease), 브랜드(Hubert Bland), 월리스(Graham Wallas), 올리비어(Sidney Olivier), 쇼오(George Bernard Shaw) 등의 유명인사들이 있었으나 대표적인 인물은 역시 웹 부처(Sidney & Beatrice Webb)였다. 비아트리스 웹(Beatrice Webb, 1858~1943)[2]은 철도자본가 포터(Richard Potter)가의 1남 9녀 중 8녀로 출생하였다. 어린 시절은 병고에 시달렸다. 부친의 친구였던 스펜서(Herbert Spencer)의 영향을 강하게 받았으나 1880년대 말 사촌형부였던 부스(Charles Booth)의 빈곤조사에 참여하여 조사결과를 독자적으로 발표하면서[3] 새로운 사회관을 확립하였다. 그녀가 자신의 일기에서 "드디어 나는 사회주의자가 되었다"고 기록한 것은 1890년 2월 1일의 일이다.

그녀는 어린 시절 극히 내성적인 성격으로 소위 '긍정하는 자아와 부정하는 자아(the Ego which affirms and the Ego which denies)'는 그녀의 정신적인 고뇌를 대표하는 말이 되어 있다. 자기가 추구해야 할 방침이나 가져야 할 의견에 관해서 자문자답해서 논하는 습관이었다. 그녀의 일기에는 그녀와 남편, 그리고 페비안협회가 행한 활동이 자세하게

---

2) 비아트리스의 생애와 사상에 관한 자세한 내용은 박광준 역(1993) 등을 참조할 것.

3) 비아트리스는 당시 포터(Beatrice Potter)라는 이름으로 권위적인 잡지였던 『*The Nineteenth Century*』 지에 1888년부터 1890년에 걸쳐 세 차례 발표하면서 노동자생활에 관한 권위자로서의 지위를 다졌다. 그 논문은 *East London Labour*(Aug., 1888), *Pages from a Working-Girl's Diary*(Sep., 1888), *The Lords and the Sweating System*(June, 1890)이다.

기록되어 있기 때문에 사회사를 공부하는 사람에게 있어서 중요한 자료가 되어 있다.

시드니 웹(Sidney James Webb, 1859~1947)은 런던에서 서긴적으로 성장하였다. 그는 1885년 페비안협회가 결성된 1년 후 협회에 가입하였지만 페비안협회의 가장 대표적인 논객이 되었다. 실제로 그는 '추상적인 이념을 추구하는 작은 단체였던 페비안협회를 실천적인 사회이념을 가진 강력한 지식인 단체로 성장시키는 것에 가장 결정적으로 공헌한 인물(Cole, 1945 : 107)'이었고, '페비안주의의 진정한 개척자'였다.

비아트리스와 시드니가 첫 상봉을 한 것은 1890년의 일이었고 비아트리스는 시드니의 소개로 같은 해 페비안협회에 가입하였다. 이후 시드니의 열렬한 구애를 비아트리스가 끝내 받아들여서 1892년 결혼하였다. 이후 두 사람은 저술활동과 자신의 이념을 제도화하기 위하여 정치가들과 접촉하고 설득하는 일에 평생을 보냈다. 비아트리스는 연간 1천 파운드의 소득을 보장받는 재산을 가지고 있었기 때문에 시드니는 공직을 모두 그만두고 오로지 저술과 침투의 일에 전념할 수 있었다. 이 두 사람의 결혼이 두 사람의 역량을 크게 발휘하는 계기가 되었다는 것은 분명하다. 1+1=11이라는 유명한 말은 이들의 결혼이 가진 시너지 효과를 잘 표현하고 있다.

결혼 후 약 30년간에 걸친 그들의 정열적인 활동은 연구와 실천으로 나누어 볼 수 있다. 연구에서는 노동조합에 관한 연구,[4] 구빈법의 역사에 관한 방대한 저서, 소수파 보고서를 들 수 있다. 웹 부처의 구빈법에 관한 방대한 연구서들[5]은 구빈법 연구의 고전으로 꼽히고 있다. 만년에는 소비에트 공산주의에 매료되어 자본주의의 해악과 소비에트체제를 찬양하는 연구서들도 집필하였다.

사회개혁을 위한 실천활동으로서는 무엇보다 런던대학 경제학부의 창설을 들 수 있다. 페비안협회원이었던 허친슨(Henry Hutchinson)이 1894년 시드니 웹에게 기부한 거액의 유산을, 경제적 지식의 보급, 사회주의 선전의 수단, 사회주의의 이념을 구체적

4) 웹 부처의 노동조합연구는, *The History of Trade Unionism*(1894), *Industrial Democracy*(1897)라는 두 개의 저작을 통해 알 수 있다. 전자는 김금수 역, 『노동조합운등사(상·하)』, 형성사, 1990로 우리말로 번역되어 있다.

5) 웹 부처의 구빈법 관련 연구서들은 다음과 같다. *English Poor Law History*, Part Ⅰ, Ⅱ(3 Vols)(1927), *English Poor Law Policy*(1910), *The Minority Report of the Poor Law Commission*(1909).

인 정책으로 이행시킬 수 있는 인물을 양성하는 데에 사용한다는 목적으로 이 대학을 설립하였던 것이다.[6]

영국 노동당과 만년 기존의 정당에 대한 침투 혹은 설득을 통하여 사회개혁을 이루기 위한 웹 부처의 노력은 가시적인 성과를 거두지 못하였다. 이러한 좌절 이후 웹 부처는 세계일주여행(1911. 6.～1912. 4.)[7] 이후 사회주의 정당의 필요성을 인식하면서 노동자정당의 정치세력화에 노력하였다.

노동당은 1900년 노동대표위원회를 전신으로 하여 1906년 결성되었는데 1906년 총선에서는 50명의 후보 중 29석을 얻는 정치세력으로 성장하였다. 그리고 1918년 노팅엄대회에서 노동당은 사회주의정책을 약속하는 정당임을 선언하였다. 그 강령인 '노동당과 새로운 사회질서(Labour and the New Social Order)'는 시드니 웹이 작성한 것이었다. 1922, 1923년의 총선에서는 노동당이 제1 야당으로 부상하였고 시드니 웹은 하원의원으로 당선되어 두 차례 입각하였다.

그러나 1930년대에 들어서면서 그들은 서구 자본주의사회에 대한 깊은 실망을 가지게 되었고 1932년 이후 두 번의 소비에트 방문을 통하여 소비에트체제를 새로운 문명으로 찬양하게 된다. 하지만 웹 부처가 소비에트체제가 새로운 문명이라고 평가하였다는 것은 너무나 낙관적인 견해였다는 것이 역사가들의 일반적인 지

6) 허친슨은 유산을 페비안협회에 기부하면서, 그 유산은 반드시 수년 이내에 모두 사용할 것, 이 돈의 사용처를 위한 위원회를 만들되 반드시 그 위원장이 시드니 웹이 되어야 할 것, 자신의 딸도 그 위원회의 한 위원일 것 등을 조건으로 하였다. 당시에는 페비안협회의 정치세력화가 논의되고 있었기 때문에 상당수의 사람들은 그 돈을 정치정당의 결성에 사용해야 한다고 주장하였으나 시드니는 그러한 요구를 물리치고 대학의 설립에 모두 사용하였던 것이다. 이 대학에서 럿셀과 아틀리 등이 강의하였으며 이후 4명의 노벨경제학상 수상자를 배출하는 명문으로 성장하였다. 그 노벨상 수상자들 중에는 이 대학에 18년간 재직한 하이예크(A. Hayek)가 포함되어 있다. 하이예크가 복지국가에 대한 가장 두드러진 비판자 중의 하나라는 사실은 이 대학이 결코 사회주의적이었던 것만은 아니라는 사실을 증명해 준다. 교수들 중 보수당이나 자유당 계열의 인물도 많았다. 더구나 초대 학장이었던 휴인즈(W. A. S. Hewins)는 "우리 대학은 정치문제를 다루지 않고 어떠한 사회주의적인 경향도 수용하지 않는다"고 선언하였기 때문에 그것이 페비안협회의 내분의 원인이 되기도 하였다.

7) 이 여행 중 웹 부처는 한국을 방문하여 수일간 체재하였다. 지금은 없어진 서울의 손탁 호텔(Sontag Hotel)에서 페비안협회의 사람에게 보낸 편지를 통하여 한국에 대한 그들의 인상을 적고 있다.

적이다.[8)]

만년에 그들은 페스필드 코너(Passifield Corne-)에 은거하면서 장수하였다. 사망 후 1947년 웹 부처는 웨스트민스터 사원(Westerminster Abbey)에 안장되었다.

3. 다수파 보고서

다수파 보고서는 구빈법 문제의 통계적인 조사로 시작하여 1834년 이후의 구빈법의 상황들을 기술하고, 그 상황을 다음과 같은 각 부문으르 나누어 역사적인 발달과 그 현상을 다음과 같이 상세하게 소개하고 있다 : 중앙당국 / 지방당국 / 지방당국의 관리(官吏) / 행정의 범위 / 원내구호 / 원외구호 / 노인 / 아동 / 구빈법하의 노동능력자 / 빈곤의 원인.

1) 구빈법체제의 문제와 대안

다수파 보고서가 지적하는 구빈법의 결함을 요약하면 다음과 같다.

- 현행의 행정단위는 행정관리의 필요성이 증대하는 것에 대처하기에는 부적당하다.
- 구빈법이 지방자치단체의 다른 법령과 유기적인 관계를 가지고 있지 못하기 때문에 구빈법의 내용이나 구빈위원의 선거에 일반인의 관심이 없다.
- 원칙의 적용이나 일반행정관리에 통일성이 없다.
- 구제신청자에 대한 적절한 조사가 부족하다.
- 많은 지역에서 원외구호가 무계획적으로 그리고 아무런 목적 없이 이루어지고 있다.
- 구빈법과 자선기관들 간의 협력체계가 부족하다.
- 유능한 사회사업가들을 구빈법체제에로 끌어들이지 못한다.
- 중앙당국의 정책통제와 계속성이 부족하다.

8) 물론 웹 부처도 소비에트체제에 대한 의문점들을 제시하그 있다. 예를 들면, 새로운 사회질서를 만들어 내는 수단, 즉 무력혁명의 문제, 정신적 자유가 억압되는 사상의 자유의 문제, 기타 관료주의나 모스코바재판의 무자비성 등을 언급하고 있지만 그러나 그들은 이러한 점들을 소비에트체제의 본질이해에 관련된 문제로서 다루지 않았던 것이다.

보고서는 구빈법이라는 용어가 가혹함과 절망을 연상하게 하는 용어가 되어 있으므로 그것에 대신하여 공적부조(public assistance)라는 용어를 사용하는 것이 바람직하다고 주장하였다. 또한 일반혼합작업장은 폐지되어야 하며, 그것은 다음의 7가지의 대상자 분류에 따라 각각의 시설을 설치해야 한다고 주장하였다; ① 아동, ② 노인 및 허약자, ③ 병자, ④ 남성의 노동능력자, ⑤ 여성의 노동능력자, ⑥ 부랑인, ⑦ 정신장애인.

2) 실업문제와 대안

다수파 보고서는 1834년 이후의 사회발전 그리고 산업의 발전을 고찰하면서 실업자에 대한 기존의 구제방법을 비판하였다. 다수파 보고서가 실업보험과 더불어서 실업에 대처하기 위하여 제안하는 방법들은 다음과 같다.

① 직업소개소 : 실업에 대한 정확한 정보를 수집하고 일자리 찾기를 촉진하기 위하여 전국적으로 직업소개소를 창설한다.[9)]
② 청소년의 교육과 훈련 : 보고서는 직업생활을 위한 청소년의 교육과 훈련을 강조하고 있다. 16세까지는 의무적으로 교육을 시키고 이 시기까지는 기술의 습득이라는 목적에 한해서만 퇴학을 인정하고, 적절한 기술 습득이 이루어지는지를 체크하여 적절한 기술 습득이 이루어지지 않고 있다면 학교로 복귀시킨다.
③ 공공근로의 창출 : 또한 중앙정부와 지방자치단체들은 가능한 한 일자리를 조직화하여 노동자에 대하여 일반적인 일자리가 부족할 경우에 임시의 일자리를 창출하는 것에 협력해야 한다.
④ 노동자 집단거주지(Labour Colonies) : 상습적인 부랑인은 국내에 노동자 집단거주지를 설치하여 활용한다.

9) 1909년에 전국적으로 직업소개소를 설치하는 것을 골자로 하는 「직업소개소법(Labour Exchange Act)」이 통과되었다.

3) 다수파 보고서의 이념

조건부 원조와 차별적 원조 다수파 보고서는 노동능력자에 대한 국가원조의 방법을 세 가지로 분류하였는데, 그것은 그 각각에 맞는 부조를 차별화하기 위한 것이었다. 그 세 가지의 원조방법이란 첫째, 재가에서 보호하는 것, 둘째, 시설에 입소시켜 보호하는 것, 그리고 셋째, 내무성의 억류 콜로니(colony)에서 보호하는 것이었고, 그 각각의 보호방법이 대상으로 하고 있는 사람들은 첫째, 일시적인 고용만을 필요로 하는 사람으로서 좋은 성격의 사람(men of good character), 둘째는 지금까지의 노동경력이 좋지 않거나 보다 장기적인 보호를 필요로 하는 자, 그리고 셋째는 의도적인 게으름과 비행으로 사회에 부담이 되는 자로 규정하고 있다. 이것은 빈민에 더할 도덕적인 판단을 행한 것이라고 비판받기도 한다. 다수파 보고서의 이념은 빈민에 대한 조건부 원조(conditional relief)였다. 이것은 국가의 원조가 그것을 수급하는 사람들이 스스로 자립하려고 하는 생활태도를 받아들이는 것을 조건으로 하여 지급되어야 한다는 것이다. 다수파 보고서는 이러한 조건부 원조의 원칙이 지켜지지 않는 한 그 이상의 치료적 조치나 예방적 조치가 사실상 불가능한 것으로 간주하였다.

그런데 다수파 보고서의 권고내용을 검토해 본다면 이 보고서는 조건부라는 개념을 차별적(discriminative)이라고 해석하고 있다. 다수파 보고서는 1834년 원칙을 언급하면서 이 법이 만들어질 당시 구빈체제가 직면한 위기적 상황이란 노동능력자에 대하여 무차별적인 원조(indiscriminative relief)가 행해져서 그 결과 그것이 사회 전체를 타락시킨 것이라고 판단하고, 이러한 인식에 근거하여 노동능력자의 처우의 원칙으로서 협동(co-operation), 회복(restoration), 그리고 차별(discrimination)을 권고하였다(Majority Report, 1909 : 610).

민간사회복지와의 협력 다수파 보고서는 공적부조제도가 민간의 자선활동과 밀접한 협력체제를 구축하여야 한다는 것을 권고하였다. 즉, 빈민에 대한 무차별적이고 조직화되지 못한 시혜를 개혁하기 위해서는 국가의 원조와 사적인 원조를 구분하여 각각의 영역의 관리운영을 위한 조직을 만들고 그 조직이 서로 역할분담을 하면서 협력체제를 유지해야 한다는 것이었다. 구체적으로는 공적부조당국과 민간원조위원회의 설치가 그것이다.

그런데 다수파 보고서는 노동능력 있는 자에 대한 부조가 공공부조당국에 의해 제공되는 경우 그것은 민간원조위원회에 의해 제공되는 부조보다는 열악한 것이어야 한다고 주장하였다. 이것은 구빈사업의 주도적인 역할을 자선단체가 행하도록 한다는 COS의 노선을 다시 확인한 것이다. 사회의 구조적 모순에 의한 대규모의 빈곤이 발생하고 있던 20세기 초의 시점에서 국가의 빈곤구제책임보다는 사적 자선기관의 역할을 강조하였다는 것은 이 보고서의 한계로 지적되고 있다.

하지만 다수파 보고서가 민간사회복지의 활동분야를 인정하고 그 활동의 여지를 남겨두고 나름대로 공사의 사회복지관계의 방향 설정을 제시하고 있다는 것은 주목할 만한 것이다. 이것은 소수파 보고서가 사회사업활동에 대한 이해나 고려를 결하고 있었다는 사실과 대조된다.[10)]

4. 소수파 보고서

소수파 보고서는 '노동 불능자 대책'과 '노동능력자 및 실업자 대책'이라고 하는 두 개의 부문으로 구성되어 있다. 제1부 '구빈법의 철폐'와 제2부 '노동시장의 공적 조직화'가 각각 그것이다. 실업문제에 대한 구빈법의 무용을 인식하고 있던 웹 부처의 구상은 이 보고서의 체제에서도 명백히 나타나고 있다.

1) 구빈법체제의 문제와 대안

일반혼합작업장의 문제 소수파 보고서는 웹 부처가 죄 없는 자의 감옥으로 표현

10) 웹 부처가 민간사회복지의 영역 자체를 부정했던 것은 아니다. 그들의 생각에는 기본적인 생활보장은 어디까지나 국가의 책임으로 이루어져야 하며 국가는 생활곤궁자에 대하여 보편적이며 공정하고 계속적인 원조를 제공해야 한다는 것이 전제되어 있었다. 웹 부처는 이러한 국가의 역할을 전제로 민간사회복지의 영역이 필요하다고 주장하였다. 그 이유는, 민간사회복지는 새로운 시도를 통하여 창의가 발휘되고, 특정 케이스에 대하여 충분한 보호를 제공할 수 있으며, 개인의 성격에까지 영향을 줄 수 있는 강력한 종교적인 감화력이 있기 때문이라고 하고 있다.

하였던 일반혼합작업장(General Mixed Workhouse)에 대한 비판으로 시작되고 있다. 작업장 수용에 의한 국가구제가 가져온 폐해는 작업장 너의 유아사망률에서 잘 나타나고 있다. 웹 부처의 조사에 의하면, 1907년 중에 그들의 조사에 응답한 450개의 교구연합의 작업장에서 태어난 유아는 8,483명인데, 그중에서 1세 이전에 사망한 유아의 수는 1,050명 이상에까지 이르고 있었던 것이다. 이것은 영국의 평균 유아사망률의 2~3배에 달하는 수치였다. 웹 부처는 일반빈곤가정, 자선조산병원, 그리고 구빈법시설에서 각각 태어난 유아의 사망률을 비교 조사하여 구빈법시설의 열악성이란 사실을 뒷받침하고 있다(표 8-1 참조).

〈표 8-1〉 출생 장소별 유아사망률의 비교

출생장소		천 명당 출생 후 2주일 이내의 사망자 수
주(週)소득 21실링 이하의 빈곤계층 일반가정에서 태어난 유아*		15.33
자선조산병원에서 태어난 유아		30
구빈법 시설에서 태어난 유아	런던 런던 이외 지역	47.2 51.2

자료 : Minority Report, Part I, pp. 103-104의 내용을 근거로 작성.
*출산 시 자선 조산원조기관의 원조를 받음.

이 연구에 의해 밝혀진 사실도 중요하지만 계층에 따라서 유아사망률 등이 다르게 나타난다는 것을 증명한 이러한 연구방법 그 자체가 높이 평가되어 사회과학연구방법에도 큰 영향을 미쳤다.

행정기구상의 문제 구빈행정은 전반적으로 전문성이 부족한 관리들에 의하여 운영되고 더구나 구빈법의 운용에서는 그들의 영향력이 매우 강하다는 것이 지적되었다. 예를 들면, 빈민의 의료를 담당하고 있던 의료관(medical officer)이 아무런 의학적 지식도 가지고 있지 않은 구빈감독관(relieving officer)의 통제하에 놓여 있었다는 점이었다. 구빈감독관은 의료관의 조언을 듣지 않고서도 의료구제의 신청자에 대하여 수진의 기회를 주어야 할 것인가 아닌가를 결정할 권한을 가지고 있었던 것이다.

노령자 및 폐질자(the Aged and Infirm)의 구호를 제외하고는 보호대상자에 대한 행정적인 중복이 심각하였다. 예를 들어, 빈곤아동에 대해서는 세 개의 독립된 지방당국, 즉 궁핍전담당국, 교육당국 그리고 경찰당국의 세 개로서, 그 각각이 지방자치청 및 내무성의 관할에 속해 있었다. 교육당국은 수업과 생계비 제공, 경찰당국은 산업체학교와 감화원을 운영하고 있었다.

정신장애인에 대한 구제에 관여하고 있던 지방당국도 역시 두 개 이상이었고, 그 각각이 다시 2~3개의 정부 부서의 관할에 속해 있었다. 예를 들면, 지방정신장애당국의 관리의 경우, 그것에 대한 지도감독과 통제는 내무성, 정신장애담당최고위원, 그리고 지방자치청이라고 하는 세 개의 정부부서에 의해 행해지고 있었다. 세 개의 부서 그 각각이 지방정신장애당국에 대한 통제권을 가지고는 있었으나, 그 세 개의 부서 모두가 정신장애인에게 제공되는 서비스의 효율성에 대한 책임은 갖고 있지 않았다는 것이 밝혀졌다.

구빈법의 대안 이러한 문제들을 해결하기 위하여 웹 부처는 구빈법의 철폐를 포함한 개혁안을 제시하고 있는데, 그들의 말을 빌면, 그것은 '어떠한 부서를 신설하지 않고서 실행에 옮길 수 있는 이점을 가진 개혁안'이었다.

구빈법체제의 이상과 같은 문제들을 해결하기 위하여 요구되었던 것은 그 논리적 귀결로서, '구빈법의 폐지'였다. 그 개혁의 골자를 이루는 것에 포함된 네 개의 원칙을 다음과 같이 제시하고 있다(Minority Report, 1909 : 517).

① 구빈법 당국을 이미 활동 중에 있는 전문화된 여러 지방당국으로 최종적으로 교체시키는 것
② 아직 남아 있는 구빈법의 여러 기능들을 전문화된 여러 당국에 적절하게 분배하는 것
③ 어떠한 개인이나 가족에 대해서도 제공되는 모든 부조를 등록하고 조정하는 적절한 기구를 확립하는 것
④ 이 조정기구에 의해 노동능력자에 관해서는, 그들 자신 및 그들 가족의 부양의무를 보다 체계적으로 확립하는 것

2) 실업자 구제의 실태와 그 대안

실업자 문제의 핵심 실업자 궁핍의 원인 등에 관해서는 다양한 의견이 제시되어 있었는데, 그 원인이라는 것이 어디에 있는 것이든, 그것은 '한편에서는 생산력의 국가적 낭비를, 다른 한편에서는 다수의 사람들의 고통과 육체적·정신적 타락을 가져다주는 것'이라고 소수파 보고서는 단정 짓고 있다. 그리고 '실업의 예방과 궁핍에 대한 원조'라고 하는 관점에서, 실업자를 네 개의 그룹으로 분류하여, 그 각각 그룹의 고용 형태를 중심으로 실업자의 분석을 행하고 있다. 그 그룹은 다음과 같다 : ① 영속적 직업으로부터의 실업자, ② 불연속적 직업으로부터의 실업자, ③ 불완전취업자, ④ 고용 불능자.

이 네 가지의 분류에 의해 각각의 실업자의 욕구를 분석해서, 실업자 문제의 핵심을 다음의 5가지로 제시하고 있다.

① 정직하고도 존경할 만한 노동자도 실업하고 있으며, 그것에 의한 곤궁이 존재하고 있는 것
② 임시적 그리고 불연속적 고용구조의 존재로 인하여, 불완전 취업자가 만성적인 상태에 있는 것
③ 정처 없는 기업 찾기와 그것에 의한 부랑이 존재하고 있는 것
④ 새로운 생활수단으로서 직업훈련의 부재
⑤ 실업자, 불완전 취업자, 고용 불능자의 혼합적 존재

개혁권고안 위와 같은 다섯 가지의 문제들을 해결하기 위해서는 '노동시장의 공적 조직화'라는 정책시스템으로서, '임시적 고용구조의 개혁(Decasualization)'을 단행하는 것이 권고되었다. 이 각각의 문제에 대처하는 구체적인 개혁안으로서, 소수파 보고서가 권고한 내용은 전국적 직업소개소의 설치, 노동력 과잉의 흡수, 국민적 노동수요의 조절, 실업자를 위한 공여, 노동성의 창설이었다(Minority Report, 1909 : 248–323).

그중 전국적 직업소개소의 설치에 대해서 알아보면, 전국에 직업소개소를 설치한다는 것은, 실업문제에 관한 한 모든 개혁의 전시조건이었다. 즉, 소수파 보고서에 서술되어 있는 것처럼, 직업소개소라고 하는 것은 그 자체가 적절한 실업대책이라고는 할 수 없는 것이지만, 진정한 개혁을 위한 전제조건이었다. 직장을 구하고자 하는

사람들은 그것을 통하여 '빨리, 무상으로, 그리고 확실하게' 직장을 발견할 수가 있기 때문이었다.

3) 소수파 보고서의 이념

빈곤의 예방과 내셔널 미니멈 소수파 보고서는 공립담당기구의 기능들을 여러 전문적인 지방당국에 분산·이양함으로써 곧 구빈법은 자동적으로 해체된다고 보았는데, 이러한 구빈법 철폐안은 세 가지의 기본적인 가정에 기초하고 있다.

우선, 빈곤은 개인적인 결함이 아니라, 사회 그 자체의 병리라고 하는 것이다. 제2의 가정은, 그들의 다양한 조사연구의 결과로 본다면 빈곤의 원인은 다양하다고 하는 것이다. 따라서 최종적으로 빈곤 그 자체를 해결하기 위해서는 빈민을 우선 개별화하여 그 사람 고유의 빈곤원인을 찾아내어, 그 원인에 상응하는 대책을 모색하는 것이 필요하다는 것이었다. 그리고 제3의 가정은, 전문적인 지식이나 기술을 가지고 있던 위의 특별위원회들은, 빈곤을 다만 구제할 뿐만 아니라, 빈곤을 예방하는 것도 가능하다는 것이다.

소수파 보고서는 저임금노동자의 문제는 전국적 최저임금을 설정하는 방향에서 해결책이 모색되어야 하고, 실업자의 문제는 국가적 차원에서 대처하지 않으면 안 된다고 주장했다.

보고서는 문제가 피구제빈민에게 있는 것이 아니라 빈곤 그 자체에 있다는 것, 많은 사람들의 생활 상태가 원조 없이는 극도의 빈곤에서 벗어날 수 없을 만큼 심각한 것이라는 것, 그리고 무엇보다도 구제책은 구빈이 아니라 예방에 있어야 한다는 것을 주장했다. 소수파 보고서에서 예방이라는 것은 사회적 자원을 그 연령에 관계없이 모든 사람이 빈곤에 빠지는 것을 방지하는 데에 동원하는 것이었다. 어린이는 적절한 보호와 교육을 받고, 성인은 질병이나 폐질 및 실업으로부터 보호되고, 노인도 적절한 소득을 보장받아야 했다. 요컨대, 그 어떠한 사람도 그 이하로 떨어져서는 안 되는 일정한 국민최저기준, 즉 '내셔널 미니멈(National Minimum)'[11]이 인정되어야 하는 것

11) 웹 부처가 구빈법을 내셔널 미니멈이라는 관점에서 언급한 부분은 다음과 같다. Sidney & Beatrice

이었다.

내셔널 미니멈이라는 용어는 오늘날에는 사회보장과 관련해서 국가가 보장해야 할 최저한의 소득을 나타내는 말로서 폭넓게 받아들여지고 있는데, 그 용어는 웹 부처의 대작 『산업민주주의론(*Industrial Democracy*)』(1897)에서 처음으로 사용되었다.

당시에 사용했을 때의 이 용어의 의미는 오늘날에 사용되는 의미와 일치하지는 않는다. 그리고 또한 이 개념은 웹 부처 자신도 반드시 일관해서 사용하고 있다고도 할 수 없다. 즉, 시간이 지나감에 따라 착취산업의 문제에 대한 극복책으로서의 내셔널 미니멈 정책에서, 사회활동의 모든 영역에서 가장 혜택을 덜 받고 있는 사람들을 보호하기 위한 정책체계를 의미하는 것으로 전환되었다.

비아트리스 웹은 다음과 같이 말하고 있다.

> "소수파 보고서의 유일한 목적은 전 국민에게 문명생활의 내셔널 미니멈을 확보하는 것에 있었다. 그 의미는 젊은 시절에는 충분한 영양과 훈련이, 일하는 시기에는 생활임금이, 질병에 걸렸을 때에는 의료가, 그리고 신체장애인 혹은 노령자가 되었을 때에는 적절하고 안정된 생활이 보장되는 것을 말한다(B. Webb, 1948 : 481-482)."

소수파 보고서의 한계 소수파 보고서가 내셔널 미니멈을 주장했다는 것에 대해서는 주의해 두어야 할 점이 두 가지 있다. 그 하나는 국민의 최저한의 생활을 보장하기 위한 서비스가 무료의 것이어야 하는가 아닌가 하는 점이며, 두 번째는 국가구제의 대상자에 대한 '도덕적 측면'이 완전히 무시되어 있는가 하는 문제이다.

첫 번째의 문제에 대해서 소수파 보고서는 수급자의 자산, 즉 지불능력에 기초하여 지불되는 체제를 원하고 있었다. 거기에는 복지수급자의 구제에 대한 협력의무가 강조되었다.

두 번째의 문제에 관해 소수파 보고서는 다수파 보고서와 마찬가지로 복지수급자의 도덕성 문제를 중요시하였다. 예를 들면, 소수파 보고서에는 곤궁자의 처우에서의 '조건부의 국가급여'에 대한 강조가 엿보인다. 직업훈련 시에 훈련소 내의 규율에 복

Webb, *English Poor Law History*, 1927, pp. 545-546, Minority Report, 1909, p. 526, Sidney Webb, The End of the Poor Law, 『*The Sociological Review*』, Vol. II, No. 2., 1909. 4.

종하는 것, 나아가 직업소개소가 알선한 직장을 유지하는 것까지가 포함되어 있었다.

소수파 보고서의 개혁안이 폭넓게 받아들여지고 또한 그것이 높이 평가된다고 하더라도, 몇 개의 점에 관해서 그것에 대한 비판이 가해지고 있는 것도 사실이다. 그 무엇보다도 사회보험에 대한 태도이다.

웹 부처는 당시 자유당 정부가 강력히 추진하고 있던 사회보험에 관해서는 시종 냉담한 반응을 보이고 있었다. 사회보험에 대한 반대는 웹 부처뿐만 아니라, 많은 페비안협회의 회원, 그리고 다수의 사회주의자에 의해서도 일어났었는데, 그것은 주로 일률적인 인두세로 간주되었던 갹출주의에 대한 반대였다. 웹 부처는 이러한 이유로 건강보험에도 반대하였다. 실업보험은 보고서에서도 권고되었기는 했으나, 그것은 어디까지나 노동조합의 운영에 의한 임의적 실업보험이었다.

5. 양 보고서의 귀결

이미 지적한 대로 양 보고서는 기존의 구빈법체제가 많은 문제를 가지고 있어서 개혁이 필요하고 개혁의 방향은 빈곤에 대하여 예방적이고 치료적인 것이어야 한다는 점에서 의견일치를 보고 있었다. 결정적인 차이는 다수파 보고서가 구빈법의 확충과 강화, 그리고 인도주의적 개선에 의해 예방적 치료적 효과를 높이려고 했다는 것에 반하여, 소수파 보고서는 구빈법을 해체하여 그 기능을 각각의 공공위원회 당국에 이관함으로써 문제가 해결되어야 한다고 주장한 데에 있었다.

집권당인 자유당정부는 양 보고서의 권고 어느 하나도 법제화하려는 노력을 하지 않았다. 보고서가 제출된 1909년의 상황은 왕립위원회가 발족할 당시와 비교할 때 상당한 변화가 이미 이루어지고 있었다.

1906년의 자유당정부는 이미 독자적인 노선에 따라 사회개혁을 추진하고 있었다. 1906년에 빈곤아동에게 급식을 제공하는 교육(아동급식)법을, 1908년에는 70세 이상의 노인을 대상으로 하는 무갹출 노령연금법을 성립시키고 있었다. 그리고 이미 사회보험 도입을 추진하고 있었는데 그것은 소수파 보고서의 방향과는 다른 것이었다. 현재 복지국가라고 일컬어지는 국가체제를 전망했던 소수파 보고서의 권고가 제도화되지 못하자 웹 부처는 그 이념을 관철시키기 위한 운동을 전개하였지만 가시적인 성과를 거두지 못하였다. 그리고 소수파 보고서의 이념은 제2차 세계대전 이후까지 그 실현을 기다려야 했던 것이다.

제3부

사회보장과 복지국가

-복지국가의 성립 재편 선택

09 사회보험 탄생의 두 개의 길 -독일과 영국의 비교

1. 의미와 시대구분

사회보험이란 사회적으로 정형화된 사회적 위험으로부터 국민의 생활보장을 도모하기 위한 제도로서 보험의 원리에 의해 운영된다. 사회적 위험이란 소위 빈곤사고의 원인이 되는 위험들로서 그 대표적인 것은 노령, 질병, 실업, 산업재해이며, 그 각각에 대처하는 사회보험이 소위 '4대 사회보험'으로서, 국민연금, 건강보험, 실업(고용)보험, 그리고 산업재해보상보험이다. 가득주(稼得主)의 사망이나 장애 등도 정형화된 사회적 위험이지만 그것은 연금 등에서 포괄적으로 커버되는 것이 일반적 경향이다. 최근에 독일과 일본 그리고 한국에서 도입된 장기요양보험(내지 개호보험)은 이러한 4개의 전형적인 위험 이외에 '장기요양보호, 즉 장기적으로 수발이 필요한 상태'를 사회적 위험으로 인정하여 성립된 5번째의 사회보험이다.

사회보험은 본인의 의사와는 상관없이 일정 조건이 충족되는 모든 사람들이 강제로 가입해야 하는 강제보험이기 때문에 국가가 강제보험을 도입할 수 있는 정당성이 무엇인가라는 근본적인 의문이 있어 왔다. 그리고 그 의문을 해소하기 위하여 사회보험과 관련된 다양한 이익집단을 설득하는 데에 상당한 시간이 걸렸다. 사회보험의 도입 필요성이 제기되어 실제로 도입되기까지는 자유주의의 전통이 강한 국가일수록 많은 시간이 걸렸으며, 국가의 가부장주의(paternalism) 전통이 강한 경우에는 보다 쉽게 성립되었는데, 그러한 차이는 역시 강제적용이라는 사회보험의 특성에 기인하는 것이었다.

사회보장은 복지국가의 척도이고 사회보험은 사회보장의 핵심을 이루는 것이기 때문에, 사실상 사회보험이 복지국가의 척도라고 할 수 있을 만큼 중요하다. 그러나 사회보험이 곧 사회보장을 의미하는 것은 아니다. 이 책에서 사용되는 사회보장의 개념에 대해서는 다음 장에서 자세히 논의될 것이지만, 사회보장이란 사회적 위험에 대한 시스템적인 보장이기 때문에 단편적인 사회보험들이 도입되는 것을 곧 사회보장이라고는 할 수 없다. 따라서 사회보험의 도입은 이 책에서 사회보장 성립의 전 단계로서 파악된다.

이 장에서 논의하는 '사회보험의 탄생기'는 19세기 말에서 20세기 초에 이르는 시기이다. 사회보험의 도입은 1880년대에 독일에서 가장 먼저 이루어졌으며, 20세기 초에는 많은 유럽 국가들이 사회보험을 도입하게 되었다.

2. 배 경

일반적 배경 영국과 독일의 사회보험입법과정을 비교 연구한 리터는 19세기 말에 사회보험이 탄생한 것의 가장 기본적인 이해를 위해서는 인구증가, 산업화, 도시화가 초래한 사회경제적 변화과정을 살펴볼 필요가 있다고 말하고 있다. 그는 그 변화를 보다 세분화하여 다음과 같이 열거하고 있다(Ritter, 1986 : 2–3).

- 전통적인 길드 시스템에 기초한 사회의 붕괴
- 비교적 안정적이었던 농촌생활자들의 도시 이주가 많아진 것
- 생산단위로서의 전통적인 가족의 해체와 빈곤구제 제공자로서의 가족기능의 저하
- 전통적 수공업과 농촌지역에서의 사용자와 피용자의 공동체사회의 붕괴
- 자본주의적 노동시장의 발전과, 시장의 원칙에 의해서 이루어지는 임금의 결정
- 전통적, 그리고 법률적 고용주 온정주의의 기반 상실
- 기계의 등장으로 산업현장에서의 재해위험의 증가

그런데 국가의 보호방법으로서의 사회보험이 왜 이 19세기 말에 탄생했는가를 이해하기 위해서는 이상에서 열거한 요인들과 더불어 적어도 다음과 같은 두 가지의 요인을 미리 고찰해 둘 필요가 있다. 그것은 선거권의 확대와 사회주의 정당의 탄생이다.

선거권과 노동정당 사회보험이 사회문제에 대한 국가의 적극적인 개입을 나타내고 그것은 곧 사회개혁을 의미하는데, 이렇게 사회보험이 출현하게 된 중요한 배경이 된 것은 노동자의 참정권 확대이다. 사회보험의 도입과 발전에 관한 체계적인 연구를 행한 림링거(G. V. Rimlinger)는 대개 사회보장은 선거권을 획득하게 된 노동자계급의 지지를 얻기 위하여 행해졌던 주요 정당 간의 경쟁의 결과로써 출현하였다고 말하고 있다.

1832년과 1867년 그리고 1884년의 세 차례에 걸친 선거법 개정을 통하여 영국 사회는 대중민주주의가 뿌리를 내리기 시작하였다. 독일의 경우도 마찬가지로 노동자계급에까지 선거권이 확대되고 그로 인하여 노동자들을 대표하는 사회주의 정당이 결성되게 되었으며 그것이 사회개혁, 즉 사회보험의 도입으로 이어지게 된다.

영국의 경우 1880년대 소위 사회주의 부활의 시기 이후 노동자의 정치적인 영향력은 증가되어 갔는데, 1893년 독립노동당이라는 노동정당을 결성하였다. 이 독립노동당은 창립 당시부터 당의 이념을 나타내주는 명시된 강령을 가지고 있었는데,[1)]1906년 영국 노동당으로 발전하였다.

노동당은 1906년 29명의 의원을 가질 정도로 급성장하였고 결국 보수당과 더불어 영국의 양대 정당의 하나로 발전하였다. 당시 영국에서 사회보험을 도입한 정치적 주체세력은 자유당이었지만 자유당으로 하여금 사회개혁조치를 도입하도록 영향력을 행사한 중요한 것이 노동자들의 정치세력화, 즉 노동당의 창당과 활동이었다.

독일의 경우 1863년 독일노동자협회가 결성되었고 1875년에 독일사회주의노동당이 결성되었으며 이것은 1890년 독일사회민주당으로 개칭되었다. 독일에서 이 사회민주당은 유럽에서 가장 강력한 조직으로 평가될 만큼 큰 정치적인 영향력을 가지고 있었고 그 활동은 국가로 하여금 노동자보호의 국가적 조치, 즉 사회보험의 도입을 위한 압력으로 작용하였다.

1) 그 강령을 보면 노동시간의 1일 8시간 법제화, 아동노동의 폐지, 블로소득에 대한 과세를 통하여 취약계층에 대한 국가보호의 실시, 실업자에 대한 국가급여, 선거권의 확대와 세제개혁이 포함되어 있어서 당의 이념을 명시했으며, 다른 한편 의회 내에서 노동정당을 확보한다는 전략적인 목적을 가지고 있었다(Pelling, 1967 : 26).

3. 독일 비스마르크 사회보험입법

1) 최초의 사회보험

비스마르크의 3대 사회보험 산업화와 민주화에서 독일은 유럽의 다른 국가들에 비하여 뒤떨어져 있었다. 로스토우(Rostow)가 말하는 경제의 이륙 단계는 먼저 영국이 1783~1802년, 프랑스가 1830~1860년, 미국이 1843~1860년이었는데, 독일은 1850~1873년이었다. 민주적 헌법은 1919년이 되어서야 겨우 도입되었으나 바이마르공화국은 1933년에 나치즘의 전체주의에 의해 붕괴되고 그 나치즘에 의해 제2차 세계대전이 발발하였다. 이와 같은 사정에서 사회복지가 광범위하게 실시된 것은 매우 뒤늦었고, 후일 서독이 유럽의 민주주의국가와 어깨를 나란히 하게 된 것은 1960년에나 가능하였던 것이다(Zapt, 1986 : 126–127).

산업화가 사회복지에 미치는 영향은 그 시기만에 있는 것이 아니다. 그것이 자연발생적으로 이루어진 것인지, 아니면 국가 주도의 압축적인 산업화인지가 중요하다. 독일의 경우는 후자였다. 따라서 독일은 산업화가 늦게 시작되었으나 산업화의 폐해는 큰 것이었고 따라서 그에 대처하는 사회보험도 일찍 출현하게 되었다.

비스마르크의 소위 '3대 사회보험'은 세계 최초의 사회보험으로 잘 알려져 있다. 1883년에 제정된 질병보험법은 육체노동자와 저임금 화이트칼라 노동자 전원을 대상으로 하였다. 1884년의 산업재해보험법은 질병보험과 동일한 집단을 적용대상으로 하여 사용자만의 보험료부담으로 운영되었다. 더욱이 산업재해의 경우는 유족에 대해서도 보호를 제공하는 연금을 시행하였다. 1889년의 폐질 및 노령연금법 역시 육체노동자와 저임금의 화이트칼라 노동자 전원을 대상으로 한 보험제도였다. 이 사회보험은 19세기 말과 20세기 초에 걸쳐서 유럽 각국에서 나타나는 사회보험제도의 모델을 제공해 주었다는 것에 대해서는 의심의 여지가 없다(Ritter, 1983 : 5).[2] 비스마르크 사회보험

2) 예를 들어, 덴마크는 1891~1898년에, 벨기에는 1894~1903년에 독일 사회보험의 3부작을 그대로 도입하였으며, 스위스는 헌법을 개정하여 1890년에 연방정부가 국민보험을 조직할 수 있도록 하였다(Briggs, 1965 : 60). 영국 역시 사회보험의 도입에서 독일 모델의 영향을 많이 받았다. 로이드 죠지는

은 단순히 독일에서의 변화가 아니라 세계적으로 역사적 중요성을 가진 것이었다.

이 사회보험의 성립에 결정적으로 중요한 역할을 행한 자가 비스마르크(Otto von Bismarck, 1815~1898)이다. 프로이센 지주귀족(융커) 출신으로 정계에 투신한 이래, 그는 독일 국민의 오랜 숙원이었던 민족국가의 통일을 '철(鐵)과 혈(血)'로써 달성함과 동시에 탁월한 외교정책으로 신생의 독일제국을 유럽의 열강제국 중에서도 지도적인 지위에까지 올려놓은 공적을 가진 인물이다.

초기의 사회보험의 발전 초기의 사회보험입법이나 사회복지제도들이 먼저 입법화된 이후 사실상 명목상으로 유지되거나 더 이상 발전하지 않고 침체된 채로 유지되는 경우가 있는 반면, 독일의 사회보험은 최초로 도입된 이래 급속하게 발전하여 초기에 정착되었다.

3대 사회보험이 입법화된 이후 1895년에는 노동자 전원이 사실상 산업재해보상보험에 적용되었고, 자영업자도 적용되었다. 폐질 및 노령연금보험은 1899년에 농장노동자에게도 확대되고 1911년부터는 유족연금도 지급되게 되었다. 또 1911년에 화이트칼라 노동자 전원을 대상으로 하는 특별제도가 확립되었으며 나아가 질병보험에 농장노동자가 확대 적용되었다. 〈표 9-1〉은 독일 사회보험의 초기 확대과정을 잘 나타내 주고 있다.

〈표 9-1〉 독일 사회보험의 초기 확대과정

연 도	가 입 자 수		노령연금	총인구(천 명)
	질병보험	산업재해보상보험		
1885	4,294	3,828	–	46,856
1895	7,526	18,389	318	52,280
1905	11,184	20,243	935	60,652
1915	13,841	26,145	1,339	64,926

자료 : Zapt(1986), p. 131에서 재인용.

국민보험을 추진하기 위하여 직접 독일을 방문하여 조사하겼다. 독일의 사회보험이 영국 국민보험에 미친 영향에 대해서는 Hennock, 1987을 참고할 것.

2) 사회보험 이전의 사회보호

산업화와 노동자의 생활 산업화가 늦었던 독일에서 그 어떤 국가보다도 먼저 사회보험을 도입하지 않을 수 없었던 사정을 이해하기 위해서는 독일의 산업화과정의 특징을 고찰할 필요가 있다.

독일의 산업혁명은 1840년대부터 급속하게 진행되었다. 1820~1840년에 공업생산은 75% 증가하였지만, 여전히 독일은 봉건주의적 성향이 강한 농업국이었으며 영국, 프랑스에 비하여 후진적이었다. 이러한 상황 속에서 부르주아가 생성되었는데, 그들은 경제적인 측면에서의 영향력이 강하였지만 정치적으로는 무력하였다(柴田嘉彦, 1996 : 111). 공업의 발전과 더불어 노동자계급, 특히 공업노동자계급도 성장하였다. 1832년에 공업 및 광업노동자는 약 32만여 명이었으나 1948년에는 70만 명으로 증가하였다. 다른 국가와 마찬가지로 공업노동자의 초기 형성과정에서의 노동자의 삶은 매우 열악하였다. 노동시간은 장시간이었고, 여성과 아동노동의 상황도 열악하였다. 또한 노동계약은 노동자에게 매우 불리하였으며 대부분의 노동자의 임금수준은 최저생계비 정도였다. 그로 인하여 각지에서 파업 등 노동자들의 저항이 일어났다.

산업화 초기의 독일의 정책은 노동자보호에 주안점을 두었다. 1802년에서 1847년에 이르는 영국의 공장법에 고무되어 1839년 프로이센에서 공장에서의 청소년노동자 고용에 대한 조례가 제정됨으로써 노동자보호를 개시하였는데, 그 직접적 동기는 과도한 공장노동으로 청소년의 건강이 악화되어 병역합격이 감소한 데에 따른 조치였다.

사회보험의 토대로서의 공제조합 유럽의 다른 국가들과 마찬가지로 독일의 산업중심지에도 공제조합이 노동자들 사이에 존재하고 있었다. 노동자들은 이 공제조합의 상호부조제도를 통하여 자조하려고 하였다. 그것은 주로 가내노동자와 공장노동자들 사이에 설립되어 급작스러운 생활고에 봉착했을 때에는 중요한 자조의 수단을 제공하였을 뿐만 아니라 공장주나 국가에 대하여 노동자의 이익을 대변하기도 하였다.

공제조합이 법률에 의해 제도화된 것은 독일의 특징이라고 할 수 있다. 이것은 원래 노동자들의 자주적인 공제제도였지만, 그것의 설립과 사용자 및 노동자의 조합비 지불이 법률에 의해 강제적으로 이루어졌던 것이다. 예를 들어, 프로이센에서는 1845년 공장주에 대하여 각 공장의 부조금고에 대한 갹출의무를 부과하였고, 1854년 자치단체의 조례에 의해 노동자들이 금고를 설치하도록 하였다(柴田嘉彦, 1996 : 112).[3)]

1876년의 부조금고법에 의해 정부는 가입을 강제하는 조합은 모두 등록하게 하여 그 내용을 정비하였고, 영업조례를 만들어 지방당국에 16세 이상의 노동자를 조합에 강제적으로 가입시킬 수 있는 권한을 부여하였다. 1876년 기준으로 독일에서는 약 12,000개의 공제조합이 있었고 조합원 수가 200만 명에 달했다는 것은 이것이 1880년대의 사회보험의 성립에 토대가 되었음을 시사해 주는 것이다.

3) 사회보험의 도입 배경

노동운동과 '적의 적' 1850~1860년대 독일 산업자본주의 전개의 시기에 봉건적 농업국에서 자본주의적 공업국으로 이행하는 과정에서 노동자들은 법률에 의한 단결금지에도 불구하고 노동조직의 결성에 노력하여 노동자집단은 전국노동자회의를 소집하여 1863년 라이프치히에서 열린 이 회의에서 라잘레(Ferdinand Lassalle)를 의장으로 하는 독일노동자협회를 결성하였다.

1867년 단결금지법이 폐지된 이후 이 조직은 좌파와 우파로 분열되었으나 1871년 독일제국이 결성된 이후인 1875년에 사회개량주의라는 다소 온건한 노선으로 다시 통합되어 독일사회주의노동당이 결성된다. 그리고 이것은 1890년 독일사회민주당으로 개칭된다. 노동자계급 정당이 탄생한 것이다.

1870년 이후 30년간 유럽에서 가장 강력한 사회주의운동이 행해졌던 곳이 독일이었다(Mackenzie, 1983 : 129)는 지적대로 독일 노동자들의 사회주의활동은 체제에 대한 심각한 위협이 되었다. 사회보험의 도입에서 노동계급의 위협은 중요한 고려사항일 수

3) 1854년 4월 10일 성립된 이 법에 의한 공제조합이 조합원들에게 제공하는 급여는 적어도 다음의 내용이 포함되어야 함을 규정하고 있다. 즉, ① 질병에 대하여 무료로 의료급여 및 약제급여를 행할 것, ② 본인의 과실에 의하지 않은 질병에 대해서는 그 기간 중 질병수당을 지급할 것, ③ 중대한 과실에 의하지 않고 노동능력을 상실하였을 경우 폐질연금을 지급할 것, ④ 장제비에 대한 보조를 행할 것, ⑤ 재혼할 때까지 과부의 주제를 행할 것, ⑥ 고아와 폐질자의 자녀에 대해서는 14세에 달할 때까지 교육비를 지불할 것 등이다.

밖에 없었다.

서유럽국가들의 초기 사회보험 도입을 이해하기 위한 열쇠는 그 국가의 지배엘리트의 사회보험 합법화전략에서 찾을 수 있다(Zapt, 1986 : 131). 그를 위해서는 독일의 지배엘리트가 어떤 세력이었는가를 살펴볼 필요가 있다. 독일의 경우 지배엘리트는 지주귀족계급, 즉 융커(Junker)였고, 그 대표적 세력은 빌헬름 황제(Wilhelm I)와 비스마르크로 상징되었다. 융커는 독일 통일을 통하여 일단은 부르주아보다는 우월한 정치적 권력을 확보하는 데에 성공하였으나, 여전히 그들은 견제하지 않으면 안 되는 세력이었던 것이다. 융커인 비스마르크의 입장에서는 사회주의적 성향을 띠는 노동자는 사회체제를 위협한 '적'일 뿐만 아니라, 국가의 지배권력의 유지라는 측면에서 볼 때 자신의 정치적인 경쟁자인 부르주아의 '적'이기도 하였다. 따라서 비스마르크의 입장에서는 노동자에게 권력을 부여해 주는 것은, 노동자의 국가에 대한 충성심을 확보한다는 본래의 입법의도 이외에, 부르주아를 견제한다는 정치적인 계산이 있었던 것이다. 비스마르크에게 노동자는 '적(敵)의 적(敵)'이었고 그렇기 때문에 노동자에 호의적이었다는 유명한 말은 바로 이러한 사정을 설명하는 것이다.

강단사회주의와 복지군주 사회보험이 도입될 당시의 독일에서 사회개혁이나 사회정책(Sozialpolitik)이라는 용어가 곧 사회보험을 의미하였다. 이것은 사회보험 도입이 사회체제를 유지하기 위한 사회개혁 차원에서 이루어진 것이라는 사실을 강하게 시사하고 있다. 사회정책이라는 용어는 1873년에 독일 사회정책학회(Verein fur Sozialpolitik)[4]가 창설된 이후 널리 사용된 것으로 알려져 있다. 독일 사회정책학회의 창립에 주도적인 역할을 행하였던 슈몰러(Gustav von Schmoller)는 다음과 같이 말하고 있다. "사회개혁이란 무엇인가? 그 목적은 명백하다. 그것은 모든 사회계급 간의 우의적 관계의 재건과 부정의 배제, 분배적 정의의 실현, 하층계급의 도덕적·물질적 삶의 질 향상을 가능하게 해줄 사회입법의 창설에 있다(박광준, 1995)."

4) 이 학회는 나치정권의 탄압으로 인하여 1936년 해산되어 1948년에 재건되었는데, 부제였던 경제사회과학학회(Gesellschaft fur Wirtschafts und Sozialwissenschaft)를 정식명칭으로 하고 사회정책학회를 부제로 하여, 현재는 독일의 경제학회 전체를 대표하는 학회로 존재하고 있다.

대학 교수들이 그 구성원으로서 적극적인 활동을 했다는 이유로 '강단사회주의'로 불리게 된 이 교의는 독일이 사회보험이 도입되는 데에 이론적인 뒷받침을 제공하였다.

국가의 지배엘리트의 입장에서 볼 때, 자유주의와 부르주아의 권력도전을 물리치면서 다른 한편으로 노동계급에 의한 사회주의적 혁명을 방지하기 위해서 취한 태도는 두 가지였다. 그 하나는 독일의 전통적인 보호 형태였던 강제적인 길드제도를 부활하는 것이었으며, 다른 하나는 소위 '복지군주제(Welfare Monarchy)'라고 하는 보다 정치적인 수단이었다. 이것은 국가가 무산계급의 복지 제공자의 역할을 해야 한다는 것이고 그것을 수급하는 노동자는 군주에게 충성을 다한다는 가부장주의적 관념이었다.

이러한 관념은 사회보험의 운영방식에 큰 영향을 주었다. 비스마르크가 추진하였던 운영체계는 고용주도 노동자도 아닌 국가가 통제권을 갖는 보험운영체계였다. 비스마르크가 관심을 가졌던 것은 "사회보험이 노동자의 생활보장에 미치는 효과가 아니라 그것이 노동자들의 국가에 대한 태도에 미치는 효과(Rimlinger, 1971 : 138)"였던 것이고 이것은 복지군주제의 성격을 잘 대변해 주고 있다.

4) 사회보험의 쟁점

사회보험 도입의 쟁점 비스마르크가 사회보험을 도입하고자 하였을 때, 사회보험의 도입이나 노동자보호의 정당성에 관해서는 이미 어느 정도의 합의가 있었다. 다만 사회보험의 도입에 관련하여 의견의 대립이 있었던 것은 그 사회보험을 어떻게 운영하느냐, 즉 사회보험의 운영방식에 관한 것이었다.

비스마르크가 자신의 목적을 달성하기 위해 필요하다고 생각했던 보험운영원칙들은 1881년 첫 번째 보험인 질병보험법안에 담겨 있었는데, 그것은 강제보험, 국가보험청에 의한 중앙집권적 통제 등이었다. 1880년대에 세계 최대의 사회주의정당(Thane, 1982 : 108)이었던 사회민주당(Social Democratic Party : SDP)은 비스마르크에 의해 억압되어 1876년부터 1890년까지 비합법적 단체가 되어 있었다. 사회민주주의자들은 그것이 사회주의를 억압하기 위한 법과 긴밀한 관계를 가지고 있다는 이유로 사회보험법안을 거부하였다. 또한 많은 사회민주주의자들은 적립된 노령연금기금이 보험 이외의 다른 목적으로 사용되는 것에 대한 우려를 표현하였다(Ritter, 1983 : 73). 그러나 노동자들의 욕구를 수렴해야 할 사회민주당은 결코 비스마르크의 계획에 찬성하지 않았으나, 비스마르크를 저지할 힘을 가지고 있지 못하였다. 즉, 이 시대의 독일에서는 노동운동이 사회보험입법에 '직접적'인 영향을 주지는 못했던 것이다.

'노동자운동의 자유에 족쇄를 채우려는 의도', '국가복지의 사슬에 묶어 노동자를 국가노예로 만드는 병영사회주의'라는 신랄한 비판이 노동조합이나 좌파 자유주의자들로부터 이루어졌다. 그러나 이러한 반대를 극복하고 부분적으로는 당초의 계획과 변화된 형태로 사회보험은 성립되었다.

사회보험과 사회주의 비스마르크의 의도가 사회주의혁명을 방지하는 것이었다면 사회보험이라는 무기를 통하여 상대하고자 한 상대는 사회민주당이었을 것이다. 사회민주주의자들은 사회보험을 통하여 자본주의의 틀 내에서 노동자의 경제적 지위를 개선하는 일은 불가능하다고 생각하고 있었다. 비록 세기말에 이르러서는 그 입장이 수정되기는 하였으나, 1880년대의 사회민주당은 그와 같은 교리에 매우 집착하여 고지식하게 해석하는 경향이 있었다. 그들은 사회보험이 노동자의 희생을 통하여 지방의 구빈비용 부담을 경감시키려는 수단이라고 주장하였다. 사회민주당은 국가 사회보험계획에 반대하고 그에 협력하지 않았지만, 계획 자체를 저지할 힘을 갖추고 있지 못했다.

비스마르크는 스스로 사회보험이 사회주의를 수용한 것으로 생각하고 있었다. 사회주의의 수용을 통하여 사회주의화를 방지하고자 하는 그의 의중은 비스마르크의 다음의 말에서 읽을 수 있다.

> 취해진 많은 수단들, 그것도 국가의 보다 큰 이익을 위해 취해진 많은 수단들은 사회주의적 성격을 가지는 것이다. 그리고 우리의 제국은 사회주의에 좀 더 친숙해져야 할 것이다. 만약 당신들이 사회주의라는 용어로 누군가를 놀라게 할 수 있다고 믿는다면 당신들은 내가 오래 전에 버렸던 구태의연한 견해를 아직도 그대로 가지고 있는 것이다(Rimlinger, 1971 : 133에서 재인용).

5) 비스마르크 사회보험의 평가

비스마르크가 노력을 다해서 사회보험을 성립시킨 그 '의도'가 어디에 있었는가에 대해서는, 그것이 '당근과 채찍'이라는 양면성의 정책으로 도입되었다고 하는 것이 일반적인 견해이다. 이것은 급진적으로 치달린 노동계급에 대하여 통제정책으로서 1878년 사회주의자진압법(Sozialistengesetz)을 만들어 노동운동의 사회주의화를 막으면서, 그러한 통제에 대한 하나의 양보로서 3대 사회보험을 성립시켜서 노동자들을 회유하려고 하였다는 것이다.

사회보험입법은 1881년 11월 빌헬름 황제의 황제칙령(Kaiserlichen Botscheft)으로 발표되었다. 산업재해보험법안을 의회에 제출하는 칙서에는 다음과 같은 내용이 포함되어 있다.

> 이미 올해 2월 짐은 사회적 해악을 구제하기 위해서 노동자의 사회주의적 성향을 단순히 진압하는 것만으로는 부족하다는 것을 밝힌 바 있다. 빈곤층에게 그들이 요구하는 보다 안전하고도 충분한 부조를 제공하는 것이 중요하다. …… 노령 혹은 폐질에 의해 소득능력을 상실한 자에게도 그들에게 종래에 제공되고 있던 것보다도 높은 정도의 국가구제를 사회에 확실히 요청할 수 있는 권리를 인정하지 않으면 안 될 것이다(박광준, 1995 재인용).

비스마르크의 사회보험 도입이, 첫째로 사회보험제도의 전형이며, 둘째로 소위 당근과 채찍의 일환이었다는 견해는 넓은 의미에서 사실이며 또한 이견이 있을 수 없는 것으로 보인다.[5] 그런데 보다 그 범위를 좁혀서 볼 때, 이러한 견해가 다소 안이한 견해라는 지적이 있다. 그것은 사회보험이 노동자를 회유하기 위한 보호정책이 아니라 사회주의자진압법과 마찬가지로 노동자통제정책의 일환이었다고 하는 주장이다. 예를 들어 大陽寺順一(1977)는 임의공제금고야말로 유일한 노동운동의 거점일 수 있었던 것에 대하여, 질병보험법이 그들을 공적 기구의 감독하에 둔 강제금고로 재편성하였기 때문에 따라서 질병보험법은 사회주의자진압법을 보완하는 채찍으로서의 역할을 하였다고 주장하고 있다.

5) 이러한 견해는 비스마르크의 사회보험을 소개하는 거의 모든 문헌들이 언급하는 내용이다. 독일의 사회보험의 교과서적인 저술을 한 람페트(Lampert)도 그것이 '엿과 채찍' 정책의 일환이었다고 설명하고 있다.

4. 영국 자유개량입법

1) 사상적 배경 : 자유주의의 수정과 T. H. 그린

고전적 자유주의의 수정 어떤 사조를 나타내는 용어는 시대에 따라 다른 내용을 담는 경우가 많으며, 자유주의 역시 그 전형적인 것이기 때문에 먼저 자유주의의 개념을 명확하게 할 필요가 있다. 역사적으로 볼 때, 근대 자유주의라 불리는 고전적 자유주의는 근대 서구사회의 발전과정에서 귀족적 봉건제도와 절대주의적 왕권에 대항하여 형성된 이념으로서 부르주아에 의해 주도되었다. 이 고전적 자유주의는 자유방임주의적이었다.

그러나 고전적 자유주의에 입각하여 형성된 사회가 만들어 낸 많은 폐해와 근본적 모순들이 백일하에 드러나면서, 19세기 말에 이르러서는 근대 자유주의에 대한 회의가 광범위하게 확산되었다. 그런데 근대 자유주의를 유지하자거나 혹은 전면 부정하거나 하는 두 가지의 흐름을 제외하고, 19세기 말 근대 자유주의에 수정을 가하여 새로운 사회에 적합한 자유주의로 재구성하자는 시도들이 나타났는데, 대개 다음의 세 가지의 흐름으로 분류될 수 있을 것이다. 첫 번째는 국민생활에 대한 국가의 간섭을 확대해서 대중을 체제 속으로 흡수하면서 대중의 요구를 위에서부터 충족시키는 정책을 실현하고자 하는 사조로서, 이상주의학파 흔히 옥스포드학파로 불린다. 두 번째는 정치적 다원주의로서 대중 스스로가 집단을 형성하여 고용자나 정부에 대해서 생활개선이나 지위 향상을 요구하는 움직임이었다. 세 번째는 신자유주의(New Liberalism)로서 근대 자유주의의 결함을 인식하고 그 전통을 이어받으면서도 자유주의의 이론 자체의 재구성을 도모하는 경향으로서 홉하우스(L. T. Hobhouse), 홉슨(J. A. Hobson) 등이 그 대표적인 이론가였다. 이 세 가지 조류는 모두 자유당의 사회개혁정책에 직접 혹은 간접적으로 영향을 미치는데, 가장 큰 영향력을 가졌던 이상주의 이외에 홉하우스의 신자유주의의 영향도 언급할 가치가 있다.

홉하우스의 신자유주의 신자유주의라는 용어는 역사적으로 볼 때 두 가지의 사조를 의미하고 있는데, 그것은 자유주의라고 하는 용어 자체가 역사적으로 다양한 의미의 용어로 사용되어 온 것에 연유한다. 우선 19세기 말의 신자유주의는 'New Liberalism'으로 표기되는데, 이것은 근대 자유주의는 즉 자유방임적 자유주의를 수정하여 사회적 약자를 보호하기 위한 국가개입의 확대를 주장하는 사조로서, 자유당 사회개혁입법에 큰 영향을 주었다.[6] 다른 한편 약 100년의 시차를 두고 1980년대에 나타나서 현대 사회경제사상의 중요한 사조가 된 신자유주의, 'Neo Liberalism'으로 표현되는데, 1980년대 소위 복지국가 위기론 이후, "케인즈주의에 입각한 복지정책이 본질적으로 특히 인플레와 노동의욕의 상실로 인한 경기침체로 달미암아 국가재정의 파탄을 초래하기 때문에 국가재정의 건전화를 기하기 위해서는 국가의 간섭보다는 시장의 기능에 보다 많은 믿음을 두는 작은 정부를 지향해야 한다"고 주장하는 사조이다. 이 양자는 '신자유주의'로 통용되고 있기는 하지만 역사적 기원에서도 그리고 내용에서도 상당히 다른 내용을 담고 있다는 것을 미리 인식하 둘 필요가 있다.[7]

홉하우스(1864~1929)는, 경제는 기본적으로 사회주의적인 원리를 도입하여 운용하면서 개인주의의 본질을 보존하고자 하는 사회철학을 구축하여 자유주의적 사회주의(Liberal Socialism)를 이룩하고자 하였다. 그는 한편에서는 자유방임의 자유주의를 배척하고, 다른 한편에서는 교조적인 사회주의도 피하는 자유주의적 복지국가를 변호하려고 하였는데, 그의 이 교설은 자신이 주장한 지 50년이 지난 후에 영미에서 사실상 실현되었다. 홉하우스는, 개인의 의지가 사회공동체의 의지와 충돌할 때에는, 방임해

6) 신자유주의란 물론 고전적 자유주의와 구별되는 사조를 의미하는데, 당시 영국에서 고전적 자유주의 내지는 자유방임적 자유주의의 주창자들은 소위 '맨체스터 학파'였다. 그리고 이러한 전통은 지금도 남아 있어서 1980년대 대처정부(Thatcher Government)가 신보수주의 내지 신자유주의의 정책을 강력하게 추진할 때, 케인즈학파의 본산인 캠브리지 대학의 교수들이 반대성명을 냈던 것과 대조적으로 맨체스터학파는 대처정책의 이론적 지지자가 되었다.

7) 이에 부가하여 복지국가의 발달과 관련하여 볼 때 의미가 큰 자유주의의 또 하나의 유형으로 들 수 있는 것은, 케인즈주의적 국가개입의 근거를 제공한 사회적 자유주의(Social Liberalism)가 있는데, 이것은 20세기 자유주의의 황금기라고 하는 1950년대를 향유하였다. 그러니까, 국가의 개입을 최초로 이론적으로 구성한 신자유주의(New Liberalism)를 출발점으로 해서, 보다 더 큰 국가개입의 정당성을 제공하였던 '사회적 자유주의'를 거쳐서, 비대해진 국가개입을 다시 최소한의 개입으로 축소시키기를 지향하는 '신자유주의(Neo Liberalism)'로 자유주의의 내용이 변해 온 것으로 파악할 수 있다.

둘 것이 아니라 공동체가 선이라고 인정하는 것의 강제의 합법성(legitimacy of coercion)을 인정하거나 아니면 공동체의 의지가 개인의 발달을 속박하는 제한이 있다는 점을 시인해야 한다고 주장하여, 국가가 개인의 자유에 간섭할 수 있다고 주장하였다.

T. H. 그린의 복지국가사상사적 위치 옥스포드학파의 가장 대표 학자인 그린(1836~1882)은 목사의 집안에서 태어나 옥스포드 베리올 칼리지에서 죠웨트(Benjamin Jowett)의 지도하에 그리스 철학의 연구에 몰두하여 모교의 도덕철학 교수가 되었다. 그는 45세의 나이에 요절하였지만, 그의 강의와 인격적인 감화는 옥스포드 출신의 많은 사상가나 정치가에게 큰 영향을 주었다. 또한 그는 학교교육조사위원회, 전국금주동맹 등을 통하여 적극적인 시민운동에 종사하여 옥스포드 지역의 공적인 위원회에서 활동하기도 하고, 당시의 개혁적 정당이었던 자유당 선거활동에의 응원이나 부정선거 정화운동에도 참가하였다.

철학자인 그린이 복지국가 연구자들로부터 깊은 관심을 받는 이유는, 그가 인간의 자아의식이 요구하는 자유라는 관념을 발단으로 해서 국가의 존재이유를 해명하려고 시도하였기 때문이다. 즉, 자유, 권리, 국가 등의 개념을 재검토해서 독자적인 정치철학의 확립을 시도하였고, 그것은 자유방임사회에서부터 국가의 개입이 요구되는 시점에서 국가의 역할 확대에 관한 이론적 배경을 제공해 주었으며, 자유당 사회개혁에 직접적으로 개입하여 사회개혁조치를 이끌어 냈기 때문이다. 그는 근대 자유주의의 수정을 이론적으로, 그리고 실제적으로 성취한 인물이었던 것이다.[8)]

소극적 자유에서 적극적 자유로 그린은 국민생활에 대한 국가의 적극적 역할을 강조한 적극국가론을 주장한 것으로 유명하다. 적극국가론이란 공공의 복지를 위해서는 개인의 자유도 어느 정도 제한될 수 있다는 관념에 기초한 것이었다. 그린에 의

8) 그린(T. H. Green)에 관해서는 1950년대에 당시 서울대학교 정치학과의 민병태 교수를 중심으로 한 연구회에서 상당히 집중적으로 연구된 적이 있다고 알려져 있다. '정문연(정치문화연구회)'이라는 연구회에서 주로 그린을 연구하였다는 것은 원로학자들(신섭중 · 손준규 · 김영모 교수의 3인)로부터 확인할 수 있었으나, 그 연구성과물이나 구체적인 활동에 대해서는 자세한 정보를 얻지 못하였다.

하면, 자유에는 소극적 자유와 적극적 자유의 두 가지가 있는데, '소극적 자유(negative freedom)'란 홉스, 로크 이래의 전통적 고전적 자유의 개념으로, 외적 강제가 없는 상태를 의미하며, 언론과 사상의 자유, 종교의 자유 등 소위 국가로부터의 자유, 자유권의 내용이 이에 해당된다. '적극적 자유(positive freedom)'란 자주적으로 혹은 타인과의 협동에 의해 인격의 성장에 노력하는 자유인데, 그린은 후자인 적극적 자유를 강조한 것이다. 즉, 인간에게 있어 목적은 인격의 성장이며 자유는 그 목적을 달성하기 위한 수단이므로 공공의 복지를 위해서는 개인 자유의 제한이 있을 수 있다는 적극적 자유라는 새로운 관념을 확립시켰던 것이다. 그린이 자유의 의미를 변경한 것은 정부의 적극적 기능을 정당화하기 위해서였다.

그린은 자신이 목표로 삼고 있는 자유란 단순히 제약이 없는 것을 의미하는 것이 아니라, 가치 있는 어떤 일을 행하고 향유할 수 있는 적극적인 힘 혹은 능력을 의미한다고 하였다. 그리고 이러한 진정한 자유를 증가시키기 위하여 국가가 제공해야 하는 것은, 어떤 사람이 자신이 원하는 어떤 일을 할 수 있게 해주는 조치들이 아니라 그 자신을 위하여 최선을 다하도록 해줄 수 있는 수단이어야 한다는 것이었다.

그린은 국가의 기능을 적극적 기능과 소극적 의무로 분류하여 그 적절한 한계를 정하려고 하였다. 국가의 적극적 기능이란 인격의 성장에 장애가 되는 것을 제거하는 것에 있다. 왜냐하면 국가의 기능은 개인의 권리행사나 자아의 실현을 보장하는 것인데, 그 실현을 방해하는 장애를 제거하지 않는다면 인간다운 생활을 보장할 수 없기 때문이다. 그런데 사회는 끊임없이 변화 발전하므로 그에 따라 장애의 내용도 달라진다. 교육제도를 예로 들어 말하자면, 어린이를 교육시키지 않는 것은, 그 어린이가 자신의 권리를 유익하게 행사할 수 있도록 해주는 능력의 성장을 저지하는 것이며, 교육은 부모의 도덕적 의무로서가 아니라 어린이의 측면에서 보아 그들의 권력을 신장시키기 위한 장애를 제거한다는 취지에서 국가에 의해 강제되어야 한다는 것이다. 그린은 19세기 말을 기준으로 할 때, 인간다운 생활의 장애요인으로 노동조건의 문제, 빈곤가정의 교육문제, 주류 판매의 제한, 토지제도의 개혁 등을 지적했는데 모두 노동자에 관련된 문제로서, 그린이 서민 특히 노동자에 대한 깊은 동정을 가지고 있었음을 나타내 주고 있다.

그린은 국가의 역할 확대는 불가피하고 필요한 조치이지만, 그러나 국민생활에 대한 국가의 개입이 지나쳐서, 개인의 자유를 지나치게 제한하는 것에 대한 우려 역시 하고 있었다. 개인의 인격 성장을 저해하는 방식의 국가간섭을 배제하는 것을 의미하는 국가의 소극적 의무도 중요한 것으로 인식하고 있었다.

자유당 개혁입법에의 영향 그린은 노동력이 어떤 의미에서 상품이지만 인간에게 특이한 형태로 부착되어 있는 상품이므로 그것을 파는 사람이 어떤 형태에서의 사회적 선에 공헌하는 것을 불가능하게 하는 조건하에서 파는 것을 방지하기 위하여, 국가의 규제가 이루어져야 함을 강조하였다. 그리고 노동자들의 인간다운 생활의 실현을 방해하는 모든 영역에서 적극적인 국가적 간섭을 주장하여, 모든 인간의 인격의 성장을 위한 효과적인 사회정책이나 사회입법에 대한 하나의 이론적인 근거를 마련한 것이 그의 공헌이었다.

1881년 그는 자유당회의에서의 '자유입법과 계약의 자유(Liberal Legislation and Freedom of Contract)'라는 제목의 강연을 행하였는데, 그것은 그를 추종하는 적극적 자유주의자들의 강령이 되는 것이었다. 여기에서 그는 자유의 의미를 재정의하고 적극국가의 이론과 정책을 제안하여 자유당의 정책전환에 큰 영향을 미쳤다. 자유당은 1891년의 '뉴카슬대회'에서, 그린의 사상에 입각하여 노동입법이나 사회보장정책을 적극적으로 도입한다는 목표를 명시한 소위 뉴카슬강령(New Castle Program)을 채택하였다(Nicholls, 1967 : 120-121). 이 강령은 결국 자유당사회정책의 근거가 되었으므로 사회보험의 도입을 포함한 사회개혁입법들은 그린의 이론에 근거를 두고 이루어졌다고 할 수 있다.

2) 자유당의 개혁정책과 노동당

자유개량의 시대 영국에서 1906년에서 1914년까지의 시기는 소위 자유당 개혁정책(Liberal Reform)의 시대 혹은 자유개량의 시대로 불린다. 이 시기에 사회보험이 처음으로 시행된 것을 위시하여, 복지국가 발달에서 매우 중요한 의미를 갖는 여러 제도들이 집중적으로 도입 시행되었다. 즉, 노령연금이 시행되었고, 실업 및 건강보험이 도입되었으며 학교급식과 아동에 대한 의료서비스가 제공되었다. 또한 특정 산업부문에서는 최저임금제도가 시행되었으며 영국 사회의 부와 소득구조를 개혁하려고 하는 시도도 이루어졌다. 이러한 일련의 개혁정책이 복지국가 발달에서 하나의 획기적인 계기가 되었다는 것은 명약관화한 사실이다.

1905년 12월 보수당의 사퇴로 인한 1906년의 총선에서 자유당은 총 670의석 중 375석을 확보하여 집권 보수당을 누르고 압도적인 다수당이 되어 켐밸 베너만(Henry Campbell-Bannerman)이 수상에 취임하면서 자유당정권이 출범하였다. 1908년에는 켐밸 베너만의 사임으로 아스퀴스(Henry Asquith)가 수상직을 승계하였고, 이후 1910년의 두 차례에 걸친 총선을 승리로 이끌면서 정권을 유지하였다. 1914년은 주지와 같이 제1차 세계대전이 발발한 해로 이 전쟁은 1918년까지 계속되었다.

1918년까지는 자유당의 인물이 수상을 맡고 있었으나 순수 자유당집권기는 1906~1914년이라고 할 수 있고, 바로 이 시기에 일련의 개혁정책들이 추진되었으므로 이 기간이 자유당 사회개혁의 시대로 회자되는 것이다.

1906~1914년간의 시기에 자유당정부에 의해 행해진 제도의 내용들을 종합하여 열거하면 다음과 같다 : ① 노동쟁의법(Trade Disputers Act, 1906), ② 교육(아동급식)법(Education-Provision of Meals-Act, 1906), ③ 교육(아동보건)법(Education-Administrative Provisions-Act, 1907), ④ 노령연금법(Old Age Pensions Act, 1908), ⑤ 아동법(Children Act, 1908), ⑥ 탄광노동규제(8시간노동)법(Eight Hours Act, 1908), ⑦ 직업소개소법(Labour Exchange Act, 1909), ⑧ 최저임금법(Trade Boards Act, 1909), ⑨ 주택 및 도시개발법(Housing and Town Planning Act, 1909), ⑩ 국민보험법(National Insurance, 1911).

노동당의 영향 1906년에 출범한 자유당정부가 집권기간 중 사회개혁에 몰두하게 된 이유는 무엇인가? 이것은 신흥좌파정치세력인 노동당과 노동조합 등의 활동과 자유당과의 관계 속에서 규명되어야 한다.

자유개량시대의 사회입법이 추진되고 입안된 것의 배경에 노동정당인 노동당의 압력과 노동자들의 사회개혁을 요구하는 시위와 데모의 영향이 있었다. 이미 1906년의 총선을 통하여 노동당은 하원에서 29명의 의원이 의석을 차지하고 있을 만큼 급성장하였다(박광준, 1990 : 269). 또한 이 시기 노동자들의 요구 또한 강력한 것이었다. 예를 들어, 1905년 실업노동자법이 통과된 것은 노동자들의 직접적인 압력에 의한 것으로 평가되고 있다. 즉, 그 법안이 상정된 상태에서 노동자들은 그 법안의 통과를 요구하는 집회를 열었는데, 이 시기 전국 각 지역에서 100회 이상의 데모집회가 있었고 그 절정을 이루는 것은 1905년 7월 9일 약 250개의 노동조합지부와 2,000명 이상의 실업자가 참가한 런던의 데모였다(Brown, 1971 : 316).

3) 1908년의 무갹출 노령연금

강제보험으로서의 연금에 대한 주장은 데포(Daniel Defoe)에 의해 처음으로 제기되었다고 알려져 있으나, 영국 사회에서 사회에 주의를 환기시키고 정부로 하여금 연금제도를 고려하도록 압력을 행사할 수 있는 형태로서 연금이 주장된 것은, 그 후 거의 200년의 세월이 지난 1878년 블랙크리(W. L. Blackerly)에 의해서였다. 그런데 갹출제연금의 경우에는 주로 우애조합의 반대에 부딪혀 추진되지 못했고, 검토대상은 점차 무갹출연금 쪽으로 기울어졌다. 우애조합은 연금이 갹출제로 운용될 경우 노동자의 임금에서 보험료를 강제적으로 갹출하게 되므로 결국 이러한 강제갹출이 우애조합운동을 파괴할 것이라고 우려하여 갹출제연금에는 강력히 반대하였다. 당시의 우애조합은 노동조합보다도 훨씬 강력한 단체였으므로, 정부 역시 이 우애조합의 의견을 크게 고려하지 않을 수 없었던 것이다.[9]

영국에 거주한 지 20년 이상의 남녀 70세 이상인 자 중에서, 연간소득 31파운드 10실링 이하의 빈곤자가 그 대상이었다. 그러나 이 제도는 권리로서의 연금수급이라는 측면이 매우 퇴색하고 원조의 가치가 있는 빈민(deserving poor)에 대한 빈곤수당의 성격을 가진 것이라는 점에서 많은 비판을 받았는데, 그것은 이 제도가 수급자격 상실규정을 두고 있다는 점에서 잘 나타나고 있다. 즉, 다음과 같은 범주의 사람들은 수급자격이 없는 사람들로 규정되었다.

9) 예를 들어, 조합원의 수를 보면, 1900년의 경우 노동조합원의 수가 120만 명이었던 데에 반해 우애조합원 수는 560만 명에 달하고 있었다(Thane, 1982 : 878).

① 수급 신청 전 10년 동안 술주정을 포함한 범죄로 인하여 형무소에 수용된 적이 있는 자
② 외국인 혹은 외국인의 처
③ 자신과 법정부양자를 위하여, 능력과 기회와 필요가 있었음에도 불구하고 직장을 가지는 것을 상습적으로 게을리한 자(단, 이 중 60세 이전의 10년 동안 우애조합이나 노동조합을 통하여 보험에 가입한 자는 제외)
④ 구빈법에 의한 구호 수급자(의료는 제외)
⑤ 정신이상자

4) 국민건강보험 : 국민보험 제1부

1911년에 성립된 이 국민보험법(National Insurance Act of 1911)은 제1부와 제2부로 나누어져 있고, 제1부는 국민건강보험, 제2부는 실업보험을 그 내용으로 하고 있는데, 이 두 부문을 하나의 법으로 제도화시킨 것은, 매우 의외의 일이었다. 왜냐하면 이 양자는 다양한 측면에서 매우 이질적인 제도였기 때문이다. 즉, 우선 그것을 직접 추진한 인물은 거의 독립적으로 각각 로이드 죠지와 처칠이었고, 각각의 제도가 성립하는 과정도 대조적이었으며, 완전히 다른 관리기구하에서 운영되도록 되어 있었기 때문이다.[10]

당시 국가의 재정책임자였던 로이드 죠지는 건강보험을 위한 국민의 예산안을 제출하였을 때에, 독일의 사회보험제도에 대한 열의를 가지고 있었다. 당시 양국 간에는 대립감정이 격화일로에 있었고, 독일과의 해군군비경쟁을 위한 재원도 필요로 하고 있었다. 하지만 독일에 뒤떨어져서는 안 된다는 경쟁의식은 단순히 군비뿐만 아니라 사회제도의 면에서도 이루어졌는데, 바로 이 사회보험이 그것이었다.

이 국민건강보험은 독일의 건강보험을 직접적인 모델로 삼아 구상된 것이었다. 로이드 죠지는 1908년 여름 단기간을 독일에 체재하면서 스스로 독일의 사회보험의 운용을 조사하고서 열렬한 사회보험주의자가 되었다. 그는 독일의 조사에서 적은 재정

10) 이질적이며 각각 독립적으로 추진되어 왔던 2개의 제도가 국민보험법이라는 하나의 법으로 통합된 것은 노동조합의 압력에 의한 것이라고 주장되고 있다(Brown, 1971 : 144). 즉, 이 결정이 이루어진 것은 정부와 노동조합회의(TUC)와의 회담이 이루어진 1911년 1월의 일인데, 실업보험의 성립을 희망하던 노동조합측이 또 하나의 큰 개혁이던 건강보험과 합체된다면 보다 통과하기 쉬울 것이라고 생각했으므로, 이러한 노동조합의 의사가 반영된 것이라 할 수 있다.

부담으로 국민의 생활 상태에 개선을 보여준 독일의 사회보험의 도입을 추진하였고, 보수주의자들의 반대가 있었으나(Thane, 1982 : 86) 1911년 그것을 성립시켰다.

로이드 죠지의 건강보험 계획은 의사의 협력이 결정적으로 중요하였다. 영국의사회는 국민건강보험제도의 적용을 연간 100파운드 소득 이하의 자들에게만 한정시키고 그 이상의 소득을 가진 자들은 사적인 일반환자로서 진료하는 체제를 주장하였다. 결국 적용대상자는 연간 소득 160파운드 이하라고 결정되었다.

5) 실업보험 : 국민보험 제2부

건강보험제도는 이미 독일에서 오랜 역사를 가지고 있었던 데에 반하여 강제적 실업보험은 거의 전례를 볼 수 없는 영국의 독창적인 시도였다. 이것은 종래의 구빈법이나 노령연금법을 대체할 새로운 소득보장원칙을 세운 것으로 영국 사회보장의 하나의 새로운 흐름이었다. 실업보험법안은 1911년 5월 의회에 상정되었다.

이 법안작성의 중심 인물은 처칠(Winston Churchill)이었다. 이에 관해서 베버리지는 후일, '한 대신의 퍼스낼러티가 겨우 수개월의 중요한 시기에 사회입법의 진로를 크게 바꾸어 놓을 수 있다는 것을 나타내어 주는 한 사례(Harris, 1984 : 264)'라는 표현으로 처칠의 역할을 강조하였다.

저임금으로 매우 불안정한 고용 형태로 알려져 있는 직종들, 즉 건축, 토목, 조선, 기계, 제철, 차량 제조, 제재 업종의 종사자들이 실업보험의 대상자들이었다. 적용인구의 총수는 이 제도가 발족하고 나서야 비로소 정확히 밝혀졌는데, 225만 명이었다.

강제보험의 장점은 모든 사람이 적용되는 것에 있었지만, 적용제한규정을 두어서 특정의 실업에 대해서는 급여를 제한하도록 되어 있었다. 즉, 쟁의에 의한 해고자는 급여대상에서 제외되었고, 부당행위 혹은 정당한 이유 없이 자발적으로 퇴직한 자에 대해서는 실업 후 6주간 급여지불을 정지하도록 되어 있었다(Raynes, 1960 : 190–91).

보험료부담은 3자 부담방식이었다. 노동자와 고용주가 각각 주 2.5펜스, 이 합계의 1/3을 국가가 보조하였다.

6) 사회보험의 재원 : 국민의 예산

로이드 죠지와 국민의 예산 1908년 아스퀴스가 수상직을 승계하면서 그의 후임으로 대장성대신이 된 자는 당시 상무성대신으로 있던 로이드 죠지(Lloyd George)였는데, 그는 1908년 이후 혹은 자유당사회개혁의 시대를 통하여 사회보험의 성립에 가장 중요한 역할을 수행한 사람이었다. 특히 국민건강보험의 성립에서 그의 역할은 절대적이었다.

그는 웨일즈 지방에서 태어나 지주들의 횡포를 겪으며 성장하였는데, 사회개혁 추진 과정에서 보여지는 그의 열정은 빈민에 대한 동정보다는 기득권 세력에 대한 분노가 그 원동력이었다는 것을 실감할 수 있다.

국민의 예산을 통과시키기 위한 활동의 일환으로 카나본에서 행한 그의 대중 연설에서, 폭풍우 뒤에 난방을 위한 나뭇가지를 주우러 다녔던 자신의 어린 시절을 회상하며, "이 폭풍우가 지나고 나면 노인이나 가난한 사람들의 방을 따뜻하게 해줄 많은 나뭇가지가 남게 될 것(Bruce, 1968 : 170–171)"이라고 말한 내용은 너무나 유명하다.

건강보험을 성립시키기 위해서는 막대한 재원이 필요하였다. 그 재원을 마련하기 위해 편성한 예산이 바로 그가 1909년 의회에 제출한 국민의 예산(People's Budget)이다. 그러나 국민의 예산은 단순히 사회개혁, 즉 사회보험의 도입에 필요한 재원을 마련하기 위한 재원조달의 수단이라는 차원을 넘어서서, 세제개혁과 나아가서는 의회의 개혁이라는 차원에서 논의될 수 있는 성질의 것이었다.

국민의 예산의 성립과 의의 로이드 죠지가 제출한 예산의 재원의 내용은 〈표 9－2〉에서와 같다. 그의 표현을 빌리면, 그 예산은 "수백만 명의 고통을 경감시키기 위하여 소수인의 쾌락에 과세함으로써 빈곤에 대한 타협 없는 전쟁을 완수하기 위한(Bruce, 1968 : 212)" 예산이었다. 그리고 그 재원은 기본적으로 토지 소유자들에 대한 과세의 신설 혹은 누진 적용과 저소득자에 대한 세금감면으로 이루어져 있다.[11]

---

11) 일찍이 1908년 6월 로이드 죠지는 의회에 다음과 같은 자신의 결의를 나타낸 바 있다. 즉, "나는 수중에 계란을 가지고 있지 않다. 나는 내년에 누군가의 양계장에 가서 계란을 훔쳐 오기로 하였다. 나는 가장 수중에 넣기 쉽고 내가 훔쳐 오더라도 가장 손해의 타격을 적게 받는 곳을 보아 두었다. 그 장소는 가장 많은 계란을 얻을 수 있는 곳일 뿐 아니라 가장 값싸게 얻을 수 있는 곳이다(Peden, 1985에서 재인용)." 로이드 죠지가 이미 물색해 둔 곳은 바로 토지 소유자들의 집이었던 것이다.

〈표 9-2〉 '국민의 예산'의 재원 내용

대상자	세 제	내 용
고소득자	기본 세율 인상 누진부가세 상속세 증액 토지세	• 파운드당 1실링 2펜스로 인상(기존 1실링) • 연간 3천 파운드 이상의 소득에 부과 • 5천만 파운드 이상의 재산에 증액 부과 • 토지매각 시 매매대금의 2%
저소득자	기본 세율 인하 아동수당 개발기금(20만 파운드)	• 파운드당 9펜스로 인하(기존 1실링) • 연소득 500파운드 이하 가족의 경우, 16세 미만 아동 1인당 10파운드 수당(1914년에 20파운드) • 식림, 자작농지공급에 의한 취업기회를 증대하기 위한 조치에 사용

* 간접세 부문에서 세율이 인상된 것은 맥주, 주류, 자동차, 담배, 가솔린에 대한 세금.

이 예산안이 성립되면 많은 부담을 해야 하는 대지주측은 예산반대동맹(Budget Protest League)을 결성하여 이 예산안의 저지운동을 전개하였고, 이후 이 동맹과 로이드 죠지 간에는 치열한 공방이 이루어졌지만,[12] 결국 국민의 예산은 성립되었고, 예산계획에서는 토지세를 제외하고는 모두 실행되었다.

〈표 9-3〉에서 보듯이 세수는 증가되어 로이드 죠지는 그의 보다 원대한 계획인 국민보험의 도입에 박차를 가할 수 있게 되었던 것이다. 이 예산은 영국의 현대적 예산편성의 효시(Gilbert 1976 : 1063)로 평가된다.

〈표 9-3〉 국민의 예산편성에 의한 세수 증가

구 분	예산편성 이전	예산편성 이후
총 세수 (그중 소득세)	1억 5,000만 파운드 (3,200만 파운드)	약 2억 파운드 (4,700만 파운드)

* 누진부가세에 의한 세수 증가는 2,500만 파운드.
자료 : Bruce, 1968, pp. 211-212; Gilbert, 1976, pp. 1063-1064를 참고하여 작성.

12) 국민의 예산의 성립과정과 그 내용 등에 관해서는 박광준, 1993; Peden, 1985 : Chap. 2를 참고할 것.

7) 자유당 사회개혁의 한계

광범위한 제도개혁이 이루어져서 사회보험이 도입되거나 사회적 서비스의 새로운 접근이 이루어지는 면이 있었음에도 불구하고 자유당의 사회입법은 또한 제한성과 보수성의 성격을 강하게 가지고 있었다. 이러한 일면이 가장 잘 두드러지고 있는 것이 무갹출 노령연금의 수급자격제한규정이다.

웹 부처는 구빈법에 의한 원조에서, 노령자에 대한 처우의 정책적 전환은 1890년대에 시작되었다고 주장하고 있다. 더욱이 이 시기에는 중앙의 정책전환에 근거하여 지방에서도 주 5실링의 원외구호를 제공하는 경우가 있었음을 명기하고 있다. 그리고 이와 같은 추세가 진전되어서 1908년에는 국민연금계획으로 발전해간다고 해석하고 있어서, 무갹출 노령연금이 개혁적이라고 할 수 없음을 시사하고 있다. 국민건강보험의 갹출은 저임금노동자에게 큰 부담이 되었다. 보험료는 고소득자에게는 저부담, 저소득자에게는 고부담의 형태였다.

또한 보험급여는 노동과 저축을 장려한다는 명분으로 매우 낮은 수준을 유지하였지만, 그로 인하여 저임금이나 불규칙한 고용 형태의 노동자들에게 가장 그 혜택이 적게 가는 결과를 초래하였다(Thane, 1982 : 98). 무갹출 노령연금의 급여액은 완전급여액이 5실링이었으나, 제도 시행 10년 전의 라운트리의 빈곤조사에서도 라운트리가 최저생계비를 7실링으로 정했다는 사실을 감안한다면 주 5실링의 연금이 생활보장에는 매우 불충분한 수준이었다.

5. 사회보험 탄생기의 특징

이미 언급하였듯이 19세기 말에 사회보험이 탄생한 것을 이해하기 위해서는 인구증가, 산업화, 도시화가 초래한 사회경제적 변화과정을 살펴볼 필요가 있다. 특히 그 자체가 사회개혁이면서 국가의 보호방법이었던 사회보험이 왜 19세기 말에 탄생했는가를 이해하려면 그 주요 대상이 정기적인 소득을 가진 노동자층이었다는 것에 주목할 필요가 있다. 사회보험이 노동자층에 대한 국가적 보호정책이지만 그러나 노동자들이 사회보험의 도입에 대하여 동일하고 일관된 태도를 취했던 것은 아니었다. 노동자들이 때로는 스스로 사회보험을 주장하기도 하고 반대하기도 하였다.

사회보험 탄생기의 가장 특징적인 현상은 노동자들이 선거권의 확대와 사회주의 정당의 탄생을 통하여 정치적 권력이 강화된 것을 배경으로 하여, 국가사회보험에 대하여 나름대로 이해관계자로서의 반응을 보였다는 점이다.

사회보험의 발달을 보면 독일이나 일본과 같은 봉건주의적인 성향이 강한 국가들의 경우에는 사회보험의 도입이 국가로부터 국민에 대한 배려라는 것으로 간주되어 별다른 저항 없이 도입이 되는 반면, 시민사회의 전통이 강한 미국과 영국에서는 사회보장의 근간이 되는 제도인 사회보험을 국가의 지나친 간섭으로 간주하여 그에 대한 반대운동을 불러일으키게 함으로써, 결과적으로 도입을 지연시키는 요인으로 작용하였다.

사회보험의 도입이 복지국가체제의 기원으로 평가될 수 있느냐에 대해서는 학자들 간에 일치된 견해가 없다. 혹자는 사회보험의 도입을 복지국가의 기원으로 평가하지만,[13] 복지국가의 기원은 1920년대 말의 불황과 그 극복을 위한 국가정책에 그 기원이 있다고 주장하는 연구자들도 있다.

복지국가의 기원을 무엇으로 보느냐는 대체로 3가지의 관점이 있다. 첫째는, 자유방임사회에서 국가개입의 시작을 그 기원으로 보는 것이고, 둘째는 1880년대 이후의 사회개량, 그리고 마지막으로는 양 대전 간 특히 1929년 세계공황에 의한 대규모의 실업과 생활불안의 극복책을 그 기원으로 보는 관점이다. 필자는 마지막의 관점이 타당하다고 평가하고 있다. 즉, 복지국가는 자본주의체제의 근본적인 모순과 약점을 경험하고서 성립된 체제인 것이다.

13) 영국 자유개량시대 사회보험의 도입을 복지국가의 기원이라고 평가하는 대표적인 견해는 길버트(Gilbert, 1966)의 견해이다. 또한 이 저작을 주로 인용하여 연구한 국내의 학자들도 이와 같은 견해를 따르고 있다.

사회보장의 성립과 세 개의 전형 -소비에트, 미국, 영국

10

1. 의미와 시대구분

시스템으로서의 사회보장 브리그스 여사는 복지국가 개념을 다음과 같이 규정하고 있다.

> 복지국가는 시장기제의 작동에서 오는 문제들을 수정하기 위한 노력의 일환으로 정치와 행정을 통한 조직화된 권력을 다음과 같은 세 가지의 방향에서 의도적으로 사용하는 국가를 말한다. 즉, ① 개인의 능력과 자산이 시장에서 갖는 가치와 무관하게 모든 개인과 가족에게 최소한의 소득을 보장한다. ② 개인과 가족에게 있어 위기를 초래하는 사회적 위험들에 대응할 수 있도록 사회적 보호를 통하여 위험을 감소시킨다. ③ 지위나 계층의 차이에 관계없이 모든 국민에게 일정 범위의 사회적 서비스를 가능한 최고의 수준으로 보장한다(Briggs, 1965 : 43).

복지국가의 핵심적인 개념은 이념적으로나 현실적으로 국민의 최소한의 생활을 국가가 보장하는 것에 있고, 또한 그러한 최저생활의 보장을 국가에게 요구할 권리가 국민에게 보장되어 있다는 데에 있다. 그런데 최소한의 생활을 보장하는 것은 구체적으로는 사회보장 프로그램에 의존하게 된다. 즉, 복지국가의 개념을 형성하는 가장 중요한 요인이 사회보장인 것이다.

사회보장(social security)이라는 용어는 러시아혁명 이후 소비에트의 사회보장 프로그램에서 사상 처음으로 사용되었다. 후술하는 바와 같이 러시아혁명 이듬해인 1918년에 소비에트정부는 노동자사회보장규칙이라는 법률을 공포하였는데, 이 법에서 사회보장(사치알로예 아베스뻬체냐)이라는 용어가 처음으로 사용되었던 것이다.

일반적으로 영어인 'Social Security'의 번역용어로서 사용되는 사회보장이라는 용어가 공식적으로 사용된 최초의 경우는, 1935년 미국의 사회보장법(Social Security Act)에서이다.

그런데 이러한 구성요소들은 그 각각이 고유의 역사를 가지고 있기 때문에 무엇을 사회보장의 성립으로 볼 것인가 하는 문제를 해명하지 않으면 안 된다. 이것을 해명하기 위해서는 다음과 같은 질문이 필요하다.

- 사회보장의 구성요소 중에 공공부조의 성립도 사회보장의 시작과 성립으로 볼 수 있는가?
- 다양한 사회보험 중에서 어느 한 보험의 성립으로 사회보장이 시작되었다고 평가할 수 있을 것인가?

사회보장의 어느 한 구성요소가 성립하였다는 것을 근거로 그것을 사회보장의 시작이라고 할 수는 없다. 사회보장은 그 구성요소들이 하나의 시스템으로서 체계화되었다는 점에 그 특징이 있고 이 시스템화라는 것이 사회보장의 핵심적 성격이다. 다시 말하면, 노령, 질병, 산업재해, 실업 등 사회적인 위험들을 정형화하고 그 다양한 위험들에 각기 대처하기 위해서는 그 위험들에 대처하는 시스템으로서의 사회보장이 필요하다는 인식이나 의도에 기초하여 시행되는 것을 그 출발점으로 보아야 한다는 것이다.

사회보장이 국민의 최저생활기준을 보장하는 성격의 제도라는 점에 대해서는 의견일치가 있지만, 그것이 포함하는 제도의 범위에 관해서는 학자들 간에도 의견차이가 있고 국가 간에도 다른 의미로 사용되기도 함을 우선 지적해 둘 필요가 있다. 예를 들어, 영국에서 'Social Security'라는 것은 사회보장 전반을 의미하는 것이 아니라 의료보장을 제외한 소득보장만을 의미한다. 영국의 의료보장제도는 사회보험으로서의 의료보험이 아니고 국민보건서비스(National Health Service : NHS)라고 불리는 서비스방식의 독특한 제도를 채용하고 있고 이 제도는 'Social Security'에 포함되지 않는다. 그러나 오늘날 우리가 사회보장이라고 할 때에는 통상 사회보험과 공적부조로 구성된다고 보거나 혹은 소득보장과 의료보장으로 구성된 제도라는 뜻으로 받아들여지고 있기 때문에 이 장에서는 광의의 개념으로서의 사회보장에 기초하여 논의한다.

시대구분 이 시대는 각국에서 사회적 위험에 대하여 단편적으로 시행되던 공공부조나 사회보험제도를 하나의 사회보장시스템으로 통합하여, 종합적인 사회복지대책을 수립하는 시기이다. 구체적으로는 1880년대에서 1900년대에 걸쳐서 단편적으로 사회보험이 도입된 이후, 1920년대의 심각한 대불황을 경험하고 제2차 세계대전을 거쳐서 복지국가가 성립된 대표적인 경우로 일컬어지는 영국에서 베버리지 보고서가 입법화되기까지의 시기이다. 이 시기 중에 탄생한 세계 최초의 사회주의국가 소비에트에서는 1917년 이후 일련의 사회보장 프로그램을 시행하였다. 이 장에서는 복지국가가 성립되어 가는 과정에서 중요한 소비에트, 미국, 그리고 영국의 사회보장의 형성과 복지국가의 성립과정을 고찰한다.

이 시기에 이들 국가에서 사회보장시스템을 필요로 하게 된 배경은 무엇보다도 자본주의체제의 근본적인 모순이 대규모로 그리고 항상적으로 존재하게 된 것이었다. 대불황은 자본주의국가의 근본적인 모순의 치유책을 필요로 함과 동시에, 대량의 실업자나 곤궁자의 구제라고 하는 보다 현실적인 과업을 효과적이고 종합적으로 수행할 수 있는 사회보장시스템을 필요로 하였던 것이다 또한 1917년 사회주의국가의 출현은 자본주의국가들에게 있어서 하나의 경쟁적인 존재가 되었고 체제의 유지를 위한 근본적인 제도를 필요로 하였다. 이러한 위로부터의 필요와는 별도로 노동자들의 성장과 정치세력화, 사회보장의 기본 이념이 생존권보장 사상의 보급 등에 큰 영향을 미쳤다.

2. 배 경

1) 생존권보장 사상의 대두

권리란 '상대방으로 하여금 어떤 작위 혹은 부작위를 요구할 수 있는 권능'으로서 상대방을 전제로 한 개념이다. 즉, 그것이 침해된 경우에는 법원에 그 보호나 구제를 요구하고 국가의 법적 강제장치의 발동을 청구할 수 있는 권능, 즉 회복적 권리나 청구권 등 국가의 법적인 강제장치의 존재를 전제로 한다는 특질이 있다.

국민이 자신의 권리보장을 위하여 국가권력에 대하여 작위를 요구하는가 아니면 부작위를 요구하는가에 따라 사회권과 자유권으로 구분된다. 사회권은 국가의 어떤 행위를 요청하는 권리로서 소위 '국가에의 자유'에 의해 보장된 인권이며, 자유권은 국가가 개인생활에 간섭하지 못하도록 보장받는 것으로 소위 '국가로부터의 자유'에 의해 보장된 인권이다. 사회권은 국가권력의 적극적인 배려와 관여를 요청하는 권리이다. 사회권에는 노동권, 교육권, 생존권 등이 있으나 국가에 대하여 일정한 조치를 청구한다는 사회권의 본질적 속성을 가장 강하게 가진 인권은 생존권이다.

생존권은 생존 혹은 생활을 위하여 필요한 조건들의 확보를 요구할 수 있는 권리이다. 국가에 따라서 그 정도의 차이는 있지만 국민의 생존권보장을 위하여 많은 사회입법이 제정되어 체계적인 제도들이 확립되어 있는데, 그 대표적인 것이 사회보장제도이다. 사회복지에서 선진국과 후진국의 차이는 생존권이 사회보장의 구체적인 권리로서 관념화되고 승인되고 있느냐 아니냐에 달려 있다고 해도 과언이 아니다.

사회보장을 시민권(citizenship)으로 파악하려고 하는 견해도 있다. 대표적인 논자는 마샬(T. H. Marshall)이다. 그에 의하면 시민권에는 3개의 요소가 포함되어 있다. 즉, 첫째로 시민적 권리, 둘째로 정치적 권리 그리고 셋째로는 사회적 권리이다. 시민적 권리라는 것은 법률하에서의 개인의 자유와 평등을 의미하고, 정치적인 권리란 선거권을 중심으로 한 권리를 지칭하며 그리고 사회적인 권리란 경제적 복지의 보장과 사회에 일반적으로 보급되어 있는 수준의 문화적인 생활을 영위할 권리를 포함하고 있다.

2) 사회경제적 상황

사회주의국가의 탄생과 대불황 제1차 세계대전은 주요 자본주의국가들이 경제적·사회적 곤란을 타개하기 위한 세계의 영토분할을 경쟁적으로 수행하던 상황에서 발생하였다. 그리고 전쟁 중이던 1917년 10월 러시아에서 최초의 사회주의혁명이 일어나고, 혁명정부는 사회주의체제에 의한 생존권보장을 시도하게 되었으며, 이러한 시도는 국제사회에 사회보장의 확립을 촉구하는 압력으로 작용하였다.

사회주의혁명은 비단 사회보장의 영역뿐만 아니라 서방국가의 전반적인 사회경제

운용에도 많은 영향을 주었다. 소비에트의 정책은 서방국가의 입장에서는 사회경제의 운용에서 하나의 경쟁상대로서 작용하였다. 그 대표적인 경우가 경제계획화의 경향이다. 즉, 소비에트체제하에서 1928년부터 제1차 5개년 계획이 시작되는 일련의 5개년 계획이 명백하게 성공한 것이 서방세계에 알려지면서, 서방세계에서도 소련의 계획경제의 성공에 의해 크게 고무되어 경제계획이 요청되었다.

또한 이 시기는 대불황 등 자본주의사회의 근본적인 모순이 현저하게 드러난 시기였다. 이 시기의 자본주의사회의 말기적 증상은 다음과 같이 요약될 수 있다(上田千秋, 1975 : 13–14).

① 대량의 실업, 만성적 실업이 존재
② 노동자 및 국민대중의 노동조건이나 생활조건이 두드러지게 악화되고 대중의 빈곤화가 한층 진행된 것
③ 계급 간의 대립과 투쟁이 격렬해지고 노동조합의 조직화가 진척되어 노동운동이 강해져서 정부나 자본에게 큰 압력이 되는 것
④ 세계 각국에서 사회주의정당이 정권을 잡는 국가가 증가하고, 혁명을 통하여 사회주의 국가가 탄생하였다는 것

전쟁의 경험　전쟁의 경험은 사회에 큰 변화를 가져왔다. 제1차 세계대전의 경험은 노동자세력의 증대를 가져왔다. 제2차 세계대전은 전면전이었기 때문에 전시체제는 산업에 대한 국가의 통제를 용이하게 하여 사회주의적인 정책에 대한 거부감을 누그러뜨렸다. 국가가 소위 국유화하지 않고 산업을 통제하는 방법을 발견한 것이다. 한편 전쟁의 경험은 국민생활에 직접적인 피해와 희생을 가져왔고, 전쟁이 지속되면서 국가는 국민들을 고무시키는 한 방법으로서 전쟁 이후의 새로운 사회 즉, 사회보장이 잘 갖추어진 사회의 건설에 대한 청사진을 필요로 하게 되었다.

영국에서는 베버리지를 위원장으로 한 베버리지위원회가 설립되었다. 베버리지 보고서는 사회보장(security)의 3대 지주로서 평화(peace), 소득보장(income security), 완전고용(full employment)을 들었다. 이것은 안정된 삶의 질을 유지하는 데에 평화가 얼마나 중요한 것인가를 대변하는 것이며, 또한 그것은 베버리지 보고서가 전시의 산물이라는

것도 동시에 시사해 주는 것이다.

전쟁의 경험이 사회복지의 충실을 위한 여론의 형성에 직접 영향을 끼치고 나아가 복지제도의 발전을 이루는 극적인 계기를 제공한 사례도 있다. 전쟁 중에 일어난 일 중에서 가장 극적이고 폭로적이며 사회의 관념이나 국가정책에 가장 큰 충격을 준 것은 아동의 피난(Bruce, 1968 : 476–477)이었다.

런던의 오래된 빈곤지역인 이스트엔드(East End)는 런던의 동쪽 끝인 템즈강 어귀에 위치하는 지역으로 그 일대는 많은 부두가 있어서 일고노동의 일자리를 제공하여 왔고 그것이 또한 슬럼 형성의 원인이기도 하였다. 그런데 전쟁 중에 독일의 공습이 잦았고 이 일대는 부두에 인접한 관계로 공습목표지역(Target Area A)이었기 때문에, 지역주민에 대한 공습의 피해를 우려한 당국은 이스트엔드 아동들을 다른 지역으로 피난(evacuation)시켰다. 이때 그 지역의 아동들을 받아들인 일반 가정에서는 아동의 빈곤이 너무나 심각하다는 인식을 하게 되었고 그것이 빈곤문제에 대한 대규모 국가적 개입으로 나아가는 계기가 되었다는 것은 드라마틱한 일이다.[1)]

3. 사회보장의 출현

1) 소비에트의 사회보장제도

혁명 이전의 제정(帝政) 러시아와 산업화 러시아혁명 이전의 제정 러시아 사회의 특징은 우선 러시아가 영국 등에 비하여 산업화가 늦게 시작되기는 하였으나 산업화가 큰 규모로 이루어지고 있었다는 점이다. 러시아는 영국, 독일, 프랑스, 미국과 비

1) 1939년 9월의 첫 3일간에 125만 명이 다른 지역으로 피난하였는데, 대부분은 아동들이었다. 그 후 이 수는 더욱 늘어나서 1941년까지 그 인구는 300만 명에 달했다. 그런데 이 아동들의 불결하고, 문명의 혜택을 받지 못한 비참한 모습은 비교적 유복한 생활을 하였던 국민들에게 큰 충격을 주었다. 한 진료소의 기록에 의하면 피난 온 320명의 아동 중 2/3가 몸에 이를 가지고 있었다. 이미 사회보험이 시작된 지 30년이라는 시간이 지난 시기였지만 '두 개의 국민'은 여전히 존재함을 뼈저리게 느끼게 하였던 것이다. 이것이 주택의 개선, 무료 의료서비스, 가족수당, 보육시설, 무료급식의 필요성의 여론을 형성하게 하였다(Cootes, 1966; Bruce, 1968 : 303).

교하여 후진국이었기는 하지만 1913년 시점에서 세계 제5위의 공업국가였다. 그러나 경제적 및 사회적인 측면에서는 후진성을 띠고 있었다. 빈곤과 기아는 매우 심각하였으며 문맹도 심각하였다. 농노제(農奴制)가 폐지된 것이 1861년의 일이었으며 특히 농촌 빈곤은 극심하였다. 농촌 인구의 80%는 소작농이었다. 많은 도시노동자는 농촌지역에서 도시로 이주하여 열악한 주거에서 밀집하여 살고 있었다(Thane, 1982 : 120–121).

러시아의 지배계층은 이러한 사회의 후진성을 급속한 공업화를 통하여 탈피하고자 하였는데, 19세기 말에서 20세기 초의 국가가 주도하는 급속한 산업화는 러시아 사회의 내부 모순을 더욱 심화시켰다.

당시의 러시아 노동자는 저임금과 장기간의 노동 등 열악한 노동조건하에 있었고, 공장관리자는 노동자에 대하여 봉건적 지배자로서 군림하고 있었다. 1905년 혁명[2]이 일어나기 전까지 노동자는 단결권과 쟁의권을 가지고 있지 못했다. 한편, 산업화가 진행되는 이 시기에도 봉건제적인 사고는 여전히 강하게 남아 있었고 짜르는 최고의 권위자이자 백성의 아버지라는 이미지를 강하게 가지고 있었다.[3]

러시아에서 빈민의 구제가 공적인 책임이라는 것이 인정된 것은 피터 대제의 재위기(1682~1725)였다. 그는 중상주의적 사고의 소유자로 노동 가능한 빈민의 부랑을 억압하면서 다른 한편 그들의 부양책임이 국가에 있음을 인정하였다. 이것은 빈민에 대한 사회적 의무를 국가가 최초로 인정한 조치였다(Rimlinger, 1971 : 279).

제도화된 국가적 노력은 대부분 일부 계층에 한정적으로 그리고 차별적으로 적용되었는데, 이것은 러시아 사회보호의 특징이라고 할 만하다. 교육제도와 보건제도는 대부분의 소작농과 도시 여성들을 제외시킨 채로 시행되었다. 국가에 의한 복지노력

---

2) 이 혁명은 노동자 해고에 대한 항의파업이 계기가 되어 페테르부르그의 노동자들이 황제에의 청원행진을 하였고, 그것에 대하여 소위 '피의 일요일'이라고 표현되는 군대의 유혈진압이 이루어짐으로써 촉발된 혁명이다.

3) 림링거는 이 시기 러시아의 봉건주의적 모습을 1905년 혁명 황제에의 청원행진의 청원서를 소개하고 있다. "폐하, 우리 페테르부르그의 노동자와 서민들, 부녀자들은 폐하께 정의와 보호를 요청하기 위해서 왔습니다. 우리 모두는 빈민들이고 압제받으며 과도한 노동제 시달리고 있습니다. 우리는 아무런 이유 없이 모욕을 받으며 인간이 아닌 노예로 취급되고 있습니다. 우리는 고통을 받으며 그것을 침묵으로 참아내야만 합니다." 이 청원자들은 짜르의 명령에는 복종할 것이지만 짜르는 자신들을 보호하고 고통으로부터 구해 줄 것을 호소하고 있다(Rimlimger, 1971 : 277-278).

은 소수의 공업노동자에 한정되어 있었다. 또한 인종차별도 심각하여 교육제도와 보험은 러시아인 이외의 사람들에게는 제공되지 않았다. 유태인은 1905년에 비로소 투표권을 얻었다. 대대적인 유태인학살이 일어났으며, 1906년에는 발틱지방(Baltic lands)의 경우 러시아어를 사용하지 않는 사람들은 학살은 면하였으나 교육이나 빈곤구제의 대상에서는 제외되어 있었다(Thane, 1982 : 121).

사회주의혁명과 사회보장의 탄생 1917년 10월의 사회주의혁명에 의해 세계 최초의 사회주의국가가 탄생하였다. 사회주의체제의 지도하에서 소비에트의 사회복지는 급속하게 신장되었다. 이미 혁명 전부터 레닌의 지도하에서 사회보장을 위한 투쟁이 혁명과 연계되어 있었기 때문에 이 과정에서 노동자들은 상당한 경험의 축적과 더불어 사회보장에 관한 명확한 방침을 가지고 있었다. 혁명 후 4일째에 세계에서 처음으로 8시간 노동을 결정하였으며, 6일째에는 완전한 사회보장제도의 구축을 공약하면서 사회보험에 관한 정부지침을 발표하였다. 이 지침에 나타난 사회보험의 원칙은 다음의 다섯 가지로 요약될 수 있다(Rinlinger, 1965 : 109; 柴田嘉彦, 1996 : 170-171).

① 모든 노동자, 도시 및 농촌 빈민을 보험의 대상에 포함시킬 것
② 노동력 상실의 모든 경우에 즉 질병, 상해, 임신, 출산, 장애, 노령, 과부, 고아, 실업의 경우에 보험을 적용한다.
③ 보험의 비용부담은 전액 기업주의 부담으로 한다.
④ 노동력 상실 및 실업의 경우에는 적어도 가득(稼得) 임금 전액을 보상한다.
⑤ 보험관리는 피보험자의 자치로 행하여진다.

1921년 3월 레닌 신경제정책(New Economic Policy : NEP)하에서 소비에트의 사회보장은 사회보험이 그 중추적인 역할을 담당하게 된다.

1922년에는 새로운 사회보험법이 공포되었는데, 이에 의하여 사회보험은 고용노동에 종사하는 모든 사람들에 대하여 그 노동의 성격, 노동기간, 임금지불의 방법에 관계없이 적용한다고 규정되었다. 이 시기에도 국가의 재정능력으로 말미암아 농민에 대한 사회보장은 확립되어 있지 않았고 그들은 상호부조에 의존하였다.

1926년부터는 소위 사회주의적 산업화와 농업집단화가 시작되었고 1928년부터는 제1차 5개년 계획이 시작되어 경제계획의 한 모델을 제공하면서 사회보장의 확충도 이루어졌는데 1928년에 처음으로 도입된 노령연금이 그 좋은 예이다.

사회주의 사회보험의 이념과 현실　소비에트의 저작자들은 이윤동기가 아닌 인간의 욕구충족이라는 사회원리에 의해 지배되는 사회주의사회에서만 노동할 수 없는 자를 위한 적절한 사회보장이 가능하다고 주장한다. 그러나 소비에트 사회복지는 그 이념에서는 전 국민에 대한 완전한 사회보장을 내세웠지만, 현실 역시 그 이념대로 실현되었는가 하는 점에서는 의문의 여지가 있다. 차별주의는 여전히 존재하고 있었다. 사회보장은 전통적으로 고용노동자에게만 적용되었다. 집단농민들이 공적연금프로그램에 적용된 것은 1964년의 일이었으며 그 시기까지 그들은 상호부조를 통하여 생활보장에 임할 수밖에 없었다.

1995년 소비에트연방 공산당 서기장이 된 고르바쵸프가 정보 공개(그라스노스티)와 개혁(페레스트로이카)을 진행하면서 사회보장제도의 열악성이 알려졌다. 그것은 사회보장제도가 제도화되었다고 하는 그 사실만에 의해서만 평가될 것이 아니라 그 제도의 시행과정과 제도의 질적 및 시행의 수준 등에 대한 그려가 동시에 가미되어 평가되고 해석되어야 한다는 교훈을 주고 있다.

노동자의 복지에 대해서는 그것이 국가와 공산당의 특별한 배려이며 그에 대해서 노동자는 어떤 충성심을 보여야 한다는 것은 소비에트를 위시하여 거의 모든 사회주의국가들의 사회보장제도 속에 내재하는 기본 전제이다. 그 충성심이란 바로 노동이며 노동의 의무이다.

소비에트에서 국가와 노동자의 상호적인 권리와 의무는 헌법에 명시되어 있었다. 1936년 헌법에는 소련의 국민은 노령과 질병 및 폐질의 경우에 생계유지의 권리를 갖는다고 규정하면서, "소련에서의 노동은 일하지 않는 자는 먹지도 말라고 하는 원칙에 따른 의무사항이자 모든 노동 가능한 시민의 명예이다"라고 규정하고 있다. 노동의 권리와 노동자의 생활보장을 규정한 헌법에서, 또한 노동의 의무도 부과하고 있는 것이다(Rimlinger, 1971 : 286).

2) 미국의 사회보장

뒤늦은 국가개입 미국이 그 경제수준에 비하여 사회복지의 실현 정도가 낮다는 것은 연구자들의 거의 일치된 견해이다. 개인주의와 자유에 대한 강한 가치를 가지고 있었으므로 국가의 개입은 늦었으며, 미국 자유주의의 전환에 최대의 분수령이 되었던 대공황을 경험하고 난 1935년에야 빈곤에 대한 국가의 책임이 명시되었다. 국가적 개입이 늦은 이유는 다음의 다섯 가지로 요약될 수 있다(Rose & Shiratori ed., 1986 : Chap. 2) : ① 연방주의, ② 민족이나 종교의 다양성, ③ 인종문제, 즉 흑인의 존재, ④ 개인주의적 성향, ⑤ 문제의 해결을 국가에 맡기지 않고 자주적이고 독립적인 기관이나 영리사업에 의해 행하는 경향

복지에 대한 국가개입을 늦게 한 요인으로 특기할 만한 것은 사회주의의 부재와 프론티어의 존재였다. 정치세력으로서의 사회주의는 미국에서는 1950년 이전에 이미 사라졌다. 사회주의적 이데올로기의 부재와 더불어 미국에서는 사회주의의 성향을 가진 노동운동의 모체가 되는 단체가 매우 취약했다는 것은 명백하다. 미국의 노동운동은 사회주의자를 조직 속에 포함시키고 있기는 하였지만, 사회주의적이 아니었고 사회주의적인 적도 없었다. 그 현저한 예로 들 수 있는 것은 노동운동의 기초를 세운 곤퍼스(Samuel Gompers)가 국민건강보험에 반대한 것인데, 그는 1916년 의회의 청문회에서 그것이 국가가 국민의 건강을 관리하는 제도를 만든다고 하는 극히 과보호적인 정책은 필요 없다고 주장하였다.

미국의 역사적 배경에서 사회복지의 발전을 더디게 한 요인은 프론티어(frontier : 변경지)의 존재였다. 프론티어의 존재는 자조의 정신과 노동능력만 가지고 있다면 자활할 수 있다고 하는 꿈을 제공하였다. 불황기에는 서부로 가라고 하는 풍조를 배경으로 하였던 프론티어의 존재가 동부의 연안공업지대에서 멀리 떨어진 미국 노동자에게 1세기간에 걸쳐서 사실상 공적인 구제를 제공한 것과 다름없었다(社會保障硏究所 編, 1989 : 9). 이러한 미국의 토양이 미국인 특유의 개인주의, 생활에 대한 개인의 책임과 자조의 존중이라는 전통적 정신의 기초를 이루었다.

대공황과 뉴딜 1929년의 대공황은 미국 경제를 붕괴시켰다. 몇몇 도시들에서는 실

업률이 40%에 달했고, 90%에 달하는 지역도 있었다. 1929년 1,030억 달러에 달했던 GNP는 1933년에 556억 달러로 떨어졌으며, 1929년 수준을 다시 회복한 것은 1941년이었다. 평균임금은 1929년보다 35% 하락하였고, 실업자는 급증하여 1930년 5월에는 460만 명, 그리고 9월에는 500만 명을 넘어섰다. 그 수는 계속 증가하여 1931년 봄에는 800만 명을 넘어섰고 1932년에는 고용되어 있던 자의 25%가 실업자가 되었고, 사회복지에 의존하는 이가 20%에 달했다.

이러한 불황 속에서 특히 그 충격을 보다 심각하게 받은 사람들은 히스패닉계 및 아프리카계 남성들이었다. 다음으로는 백인 여성들에 의해 가정부로 많이 고용되어 있던 흑인 여성들이었고, 그 다음은 백인의 블루칼라 노동자들이었으며 마지막으로는 식품산업과 의류산업에 종사하던 백인 여성들이었다.

불황이 악화되면서 시위와 파업 그리고 폭동이 전국적으로 일어났다. 1930년 3월에 수많은 도시에서 100만 명 이상이 구호를 요구하는 시위를 벌였다. 파업과 관련된 사고로 40명 정도의 노동자가 사망하였으며, 1933년과 1934년 16개 주에서 시위 진압을 위하여 군대가 출동하는 경우도 있었다.

1933년 3월 대통령에 취임한 민주당의 루즈벨트(Franklin Roosevelt)는 경제위기와 사회불안의 해소를 위하여 새로운 접근을 시도하였다. 무엇보다도 먼저 당시까지의 지배적인 이념이던 자유방임주의를 포기하고 뉴딜이라고 불리는 적극적인 국가개입을 실행하였다. 뉴딜은 카드를 다시 섞어 분배한다는 뜻으로 새로운 정책을 의미한다. 루즈벨트의 뉴딜정책은 흔히 3R정책, 즉 구호(Relief), 경제회복(Recovery), 그리고 개혁(Reform)의 정책으로 알려져 있다.

그러나 뉴딜정책은 장기간 계획된 것이 아니었고 루즈벨트 자신도 경제정책에 정통한 것은 아니었던 것으로 알려져 있다. 그러나 그는 경제회복의 열쇠는 케인즈 경제학(Keynesian Economics)에 있다고 믿고 있었다. 소비자들의 손에 돈을 쥐어 주어 구매력을 증가시키는 것은 경제회생의 출발점이라는 것이었다. 일하는 국민의 구매력 회복을 도모함으로써 유효수요를 창출하여 경기를 부양하는 접근이었던 것이다.

1931년 3월 후버 대통령은 전력과 비료의 생산을 정부가 직영할 필요가 있다는 주장에 대하여 다음과 같이 말한 바 있다. “연방정부가 그것－전력과 비료－의 생산과 분배를 시작한다는 것은 미국인의 창의성과 기업을 파괴하는 것이자 미국 국민의 기회균등을 파괴하는 것이다. 그것은 미국 문명의 기초에 있는 이상을 부정하는 것이다."

케인즈 이론과 긴급구호 뉴딜의 사상적 배경은 케인즈주의에 있었다고 할 수 있다. 영국의 경제학자 케인즈(John Maynard Keynes, 1883~1946)는 다음과 같이 자본주의의 수정의 필요성을 강조하고 있다.

> 문제가 되는 것은, 우리들이 19세기의 자유방임으로부터 자유주의적 사회주의의 시대에로 이행할 용의가 있느냐 없느냐 하는 것이다. 내가 말하는 자유주의적 사회주의란, 개개인이 존중되고 보호되면서, 즉 개개인의 선택의 자유, 개개인의 신앙, 사상, 표현, 기업심, 그리고 재산이 존중되고 보호되면서, 조직된 사회하에서 공통의 목표를 향하여 행동할 수 있는 그런 체제를 말한다.

자본주의의 근본적 수정의 움직임을 촉발한 것은 제1차 세계대전 후 불황의 심화와 그에 따른 실업자의 급증이었다. 19세기에는 불황 시에도 자본주의의 자기조절작용을 보였지만, 공급이 스스로 수요를 창조한다고 하는 세이의 법칙(Say's Law)[4]은 제1차 세계대전 이후의 심각한 불황 시에는 더 이상 통용될 수 없었고, 자본주의의 자기회복능력을 완전히 상실하였다.

이러한 상황에서 케인즈는 경제에 대한 국가의 개입과 경제계획화를 주장하였다. 그는 자유방임주의적 자본주의에 대한 비판을 가하였는데[5] 자유방임주의를 포기하고 정부가 경제활동에 적극적으로 개입해야 한다고 주장하였다.

---

4) 대륙의 아담 스미스로 불리는 고전파 경제학자인 세이(J .B. Say)가 주장한 법칙으로 다음과 같이 요약될 수 있다. 자본주의체제는 간섭이 가해지지 않는 한, 항시 완전하게 자기적응적(self-adjusting)이며 또한 자기규제적(self-regulating)이다. 왜냐하면 모든 생산행위가 항시 그 생산물을 구매하는 데에 필요한 유효수요를 만들어 내기 때문이다. 따라서, 첫째 일반적 과잉생산은 있을 수 없고 둘째, 경제는 완전고용을 용이하게 달성한다.

5) 케인즈 연구자인 딜러드(D. Dillard)는 다음과 같이 말하고 있다. "케인즈가 비판하고자 했던 것은 자유방임적 자본주의로, 그는 현재의 사회기구의 틀 내에서 사회적 통제의 여러 방책들을 실시함으로써, 경제적 개인주의가 가지는 최상의 장점을 살리면서도 실업이라는 요소를 배제하고 또한 소득과 부의 불평등이라는 불공정을 소멸시킬 수가 있다고 기대하고 있었다."

루즈벨트에 의한 긴급구호는 정부개입의 상징이 있다. 루즈벨트 행정부는 일자리가 없는 사람 중의 약 70%가 이 공공근로의 대상이 될 것으로 추계하고 있었으며 그들이 사적인 고용시장에 흡수될 때까지 공공근로를 제공하기로 하였던 것이다(Axinn & Levin, 1982 : 194).

1933년에 시작된 연방긴급구호(Federal Emergency Relief Act : 이하 FERA)는 연방정부의 재정에서 5억 달러를 확보해서 각 주가 행하는 구호사업에 보조금을 지불하는 것이었다. 배정된 자금은 처음에는 현금이나 식료품 등 직접구호의 방식으로 배분되었으나, 점차로 공공근로의 방식으로 권장되었고 또 그 방법으로 배분되었다.

전국산업부흥법(National Industrial Recovery Act : 이하 NIRA)은 생산, 가격 및 산업에서의 노동자의 권리를 연방정부의 통제하에 두고자 하는 프로그램이었다. 이 조치에 의하여 노동조합의 결성이 증가하여 1935년에는 노동조합이 370만 명의 회원을 가지게 되었다. 이 법은 소위 와거너법(Wagner Act)으로 알려져 있는 1938년 전국노동관계법(National Labor Relations Act : NLRA)에 의해 대체된다(Axinn & Levin, 1982 : 185). 이 노동관계법에 의해 노동기본권이 완전히 보장되고, 최저임금제, 최고노동시간제한, 아동노동의 금지 등의 조치가 이루어져서 노동자 지위가 향상되고 노동조건이 개선되었다.

사회보장법(Social Security Act)과 그 내용 1934년 6월 8일 경제보장위원회(Committee on Economic Security : CES)의 권고에 의해 기초된 사회보장법안은 자본가측의 반대와 7개월간의 의회토론을 거친 후 하원과 상원에서 압도적 다수의 찬성으로 통과되어 1935년 8월 14일부터 시행되게 되었다.

뉴딜정책 가운데서도 가장 어려운 장기적 사업이자 개혁 차원의 정책이 이 사회보장법이었다. 또한 소비에트에서 1918년 사회보장이라는 의미의 용어가 탄생한 것을 제외하고, 영어권에서 사회보장이라는 용어가 처음으로 사용된 법률이기도 하였다. 이 법은 다음과 같이 구성되어 있었다.

① 노령연금(Old Age Insurance : OAI) : 연방직영
② 실업보험(Unemployment Insurance : UI) : 주영
③ 공공부조

- 노인부조(Old Age Assistance : OAA)
- 시각장애인부조(Aid to Blind : AB)
- 빈곤아동부조(Aid to Dependent Children : ADC)
- 사회복지서비스(모자보건, 지체장애아동, 아동복지서비스)에의 연방보조금

사회보장법은 많은 부분에서 획기적인 사회보장제도라고 평가하기 어렵게 하는 요소를 가지고 있었다. 그 가장 핵심적인 취약점은 무엇보다도, 의료보험을 포함하지 않고 있었다는 것으로 판단된다. 이러한 근본적인 결함 이외에도 사회보장법은 제한적인 요소를 많이 포함하고 있었다.

농부와 가사노동자, 임시노동자, 비영리조직의 피용자와 자영업자는 노령연금과 실업보험의 적용대상에서 제외되었다. 사회보장급여의 최저수준이 정해지지 않았던 것도 사회보장법의 중요한 결함 중의 하나였다. 의회가 그것을 거부했던 것이다. 원래 최초의 사회보장법안에서는 공공부조에서 문화적이고 건강한 삶의 적절한 수준을 보장해야 한다고 명시되어 있었으나 법안성립과정에서 삭제되었다.

사회보장법은 혁신성과 보수성의 양면성을 가지고 있었는데, 우선 혁신성이란 소위 피어스원칙(Pierce Principle)의 폐기를 의미하는 것이었다. 피어스(Franklin Pierce : 미국 14대 대통령)원칙이란 미국의 지방분권주의의 상징으로서 공적구제 관련 예산의 재원을 주(州)가 연방에 요구하였을 경우 연방정부가 그것을 거부할 수 있는 원칙이었고 그 선례를 남긴 것이었다. 그러나 루즈벨트는 1934년 대통령이 의회에 보낸 사회보장교서에서 미국 역사상 처음으로, 헌법은 개인의 경제적 안정에 대한 권리를 함축하고 있다고 공식적으로 천명하였던 것이다.

사회보장법은 국민의 생활보장에 대한 연방정부의 책임을 명백히 한 것이었다. 또한 미국 사회권의 발전에 획기적인 계기를 마련한 것이었으며 그 영향은 미국 내의 사회보장발전에뿐만 아니라 많은 다른 국가들에게도 영향을 미쳤다.

사회보장법을 포함한 뉴딜정책이 사회사업의 입장과 지위를 상승시켰다는 사실은 특기할 만한 일이다(Axinn & Levin, 1982 : 204).

자산조사를 제외하고는 구제결정에서 정해진 지침이 없었기 때문에 사회사업가의

판별력에 근거하여 수급자격, 급여수준, 그리고 공공근로의 여부가 결정되었다. 이러한 활동들은 주로 민간자선기관에서 일하던 사회사업가들을 공적인 빈곤구호사업으로 끌어들이는 효과가 있었고, 결국 그것은 사회사업 및 사회사업가의 활동 영역의 확장을 획기적으로 가져온 효과를 가졌던 것이다.

사회보장법도 공공기관이나 시설에 의한 사회사업가의 고용을 촉진하였다. 예를 들면, 사회사업가에 대한 전문교육이 중시되어, 1937년에는 주에 고용된 현직 직원을 사회사업학교(대학)에 파견하는 기간 동안의 급료를 국고보조금으로 지급하는 것이 인정되었다.

4. 베버리지 보고서와 복지국가의 성립

1) 전간기의 경험

전간기의 의미 제1차 세계대전이 끝나고 제2차 세계대전까지의 기간, 즉 전간기의 정책적 경험은 복지국가의 발전에서 매우 중요한 기간이다. 양 대전 간 특히 1929년 세계공황에 의한 대규모의 실업과 생활불안의 극복책을 복지국가의 기원으로 볼 수 있기 때문이다. 영국 복지국가발전에서 이 시기가 결정적으로 중요성을 가지는 이유는, 이 시기에 노동당이 처음으로 두 차례 정권에 취임하였다는 것과, 극심한 산업불황의 결과 1926년의 총파업 등에서 보여주는 것처럼 자본주의적 질서에 대한 심각한 도전이 있었기 때문이다. 그리고 이러한 불황은 빈곤이나 실업 등 생활불안에 대한 기존의 제도들이 기능을 발휘할 수 없음을 명백히 보여주었다.

세계대전은 국가로 하여금 징병제를 시행하고, 산업의 국유화를 추진하지 않고도 산업계를 통제하는 방법을 실행하는 기회를 주었으며, 그리고 전쟁 말기의 식량 배급제 시행 등의 경험으로 국민생활에 대하여 국가가 깊이 개입한다는 측면에서 획기적인 계기를 제공하였다.

일반적으로 제2차 세계대전은 국가서비스의 확대에 가장 좋은 조건을 제공했다고 알려져 있다. 국민은 스스로 국가의 개입을 받아들이려고 하고 있었으며 사회의 계급적 갈등에 신경을 쓰지 않는 분위기가 성숙되어 있었다. 나치즘에 대항해서 싸운 많은 국가들에서는 사회보장에 대한 요구가 강했다.

당시의 국민보험과 구빈법의 한계도 명백해졌다. 한계는 두 가지였다. 첫째, 그것의 적용범위가 너무나 제한적이라는 것과, 둘째, 그것이 생활고의 원인보다는 그 결과를 다루는 것이었다는 것이다. 그러나 이 시기에 사회보험의 적용범위는 점차로 확대되어 1938년에 이르러서는 대부분의 국민이 커버되었고, 위험보장의 범위도 거의 대부분의 위험을 커버할 정도가 되었다. 또한 사회보장의 목표에서도 빈곤의 예방이라는 측면이 강조되어 명실 공히 사회보장의 면모와 기능을 갖추게 되었던 것이다. 사회보장은 1930년대 초의 경제불황의 산물이라고 일컬어지듯이, 이 시기를 계기로 하여서 사회보장은 그 적용범위뿐만 아니라 개념 자체도 확대되어 오늘날의 범위와 개념으로 확립되었다고 할 수 있다.

제도의 내용뿐만 아니라 제도의 관리에서도 그 한계가 명백해졌다. 1928년의 미망인, 고아 노령연금법에 의해 사회보험의 적용범위는 넓어졌지만 그 관리는 더욱 복잡해졌다. 사회보험의 각 제도가 각각의 목적을 가지고 각기 다른 방법과 기준으로 시행되고 있었기 때문에 시스템으로서의 통일적인 사회보장이 요구되었다.

노동당의 집권 전간기에서 사회보장의 성립과 추진은 모두 좌파정부에 의해 추진되었다. 즉, 덴마크의 경우 사회민주당정부에 의한 1933년의 사회개혁법(Social Reform Act), 사회보장이라는 용어를 처음으로 공식적으로 사용한 미국의 루즈벨트정부(민주당)의 사회보장법(Social Security Act), 뉴질랜드의 노동당정부에 의한 1938년 사회보장법 등이 그것이다(George, 1968 : 2). 그리고 이러한 경향은 제2차 세계대전에 의해 더욱 가속화되었다.

영국의 경우 전간기에 노동당이 집권하였다는 것은 획기적인 사실이었다. 그러나 두 번의 노동당정부는 사회보장제도에 대해 아무런 근본적인 변화를 시도하지 않았다. 노동당은 완전고용과 정기적인 임금, 그리고 포괄적인 사회복지서비스로 구성된 자본주의의 적극적 찬성자였다.

노동당은 지배계급의 이해에 반하면서 노동계급에 이익이 되는 정책을 취하려 하지 않았다. 노동당은 노동계급의 정당이 아닌 국민의 정당이라고 간주되기를 바라면서 계급적 성격의 정책보다는 국민적 성격의 정책을 보다 선호하였다. 노동당의 개량주의적 정책수단의 실행은 폭력적인 계급투쟁이나 큰 혼란 없이 가장 안전한 방법으로 생활보장을 제공하고자 하는 것이었던 것이다. 이러한 경향은 노동조합으로 하여금 의회주의적 노선으로 유도하는 역할을 하였다.

2) 베버리지 보고서와 원칙

베버리지위원회 베버리지(William Beveridge, 1879~1963)는 식민지 인도에서 판사로 있던 부친과 본국에서 인도에 관심을 가지고 있던 전직 교사인 모친 사이에서 태어나 인도에서 유복한 시절을 보냈다. 귀국한 후 옥스포드의 베리올 칼리지에 입학하여, 당시 사회문제와 그 대책에 관하여 많은 관심을 가지고 있던 옥스포드학파의 일원이 되었다.

그는 인보관운동에 관심을 가져 1903년에는 옥스포드학파의 사회개량운동의 상징이기도 하였던 토인비 홀의 부관장으로 사회에 첫발을 내딛게 된다. 그의 자서전(*Power and Influence*, 1953)은 그의 최초의 사회활동이었던 이 시기부터 시작되고 있다. 그 후 그는 사회문제 특히 실업문제의 전문가가 되었는데, 이미 이 점을 인정받아 1905~1909년 왕립위원회에서는 실업문제에 관한 비공식 소위원회의 일원으로 비아트리스 웹과 같이 일하였고 웹 부처는 베버리지를 당시 상무대신이자 실업보험의 창설자이기도 한 처칠에게 소개하여 직업소개소의 창설에 협력하게 하였다.

1919년에는 시드니 웹에 의해 런던대학 경제학부(LSE)의 학장에 부임하여 학교발전에 기여하였고 1937년까지 그곳에 머물렀다. 전쟁 중이던 1941년 6월 연립내각은 베버리지를 위원장으로 하여, 노동자의 보상을 포함하여 국민보험과 관련 서비스의 기존 제도를 조사하여 권고하도록 위원회를 임명하였는데, 그 위원회의 보고서는 그 1년 후에 발표되었고 이것이 베버리지 보고서(Beveridge Report : Social Insurance and Allied Services, 1942)이다. 이것은 복지국가체제의 청사진이었다. 이 보고서의 권고가 1945년 노동당정부에 의해 법제화되면서 영국 복지국가가 탄생하게 되는 것이다.

베버리지 원칙 베버리지 보고서의 사회보장계획은 다음과 같은 6개의 원리에 기초하여 고안되어 있었다(George, 1973 : 29–31).

첫째, 보편성(universality)의 원리. 국내의 모든 성인이 수입의 중단을 초래하는 모든 종류의 사회적인 위험에 대하여 강제적으로 보험으로 대처되어야 한다는 것
둘째, 보험(insurance)의 원리. 모든 보험급여는 피용자와 고용자, 그리고 국가에 의해 갹출되는 보험료징수에 의한 기금에서 지급된다는 것
셋째, 정액갹출, 정액급여(flat rate contribution, flat rate benefit)의 원리. 즉, 소득이 다르더라도 동일한 보험료를 내고 동일한 수준의 급여를 받는다는 것
넷째, 최저생계(subsistence)의 원리. 급여액은 물리적으로 생존하기에 필요한 최저생활비만을 지급한다는 것
다섯째, 국민최저한(National Minimum)의 원리. 국민이라면 누구라도 필요한 때 사회보험 혹은 자산조사를 전제한 공공부조에 의해 최저생활을 위한 급여를 받아야 한다는 것
여섯째, 행정관리의 일관성(administrative uniformity)의 원리. 사회보장을 관장하는 중앙부서하에 각 지역에 사무소를 설치하여 사회보험을 운영한다는 것

포괄적 사회보장 프로그램 베버리지는 우선 사회보장계획의 기본적인 원칙을 다음의 세 가지로 요약하고 있다. 그것은 첫째, 미래를 위한 어떠한 제안도 이해관계자 집단에 의하여 제약받아서는 안 된다는 것이었다. 둘째, 사회보험의 조직은 사회진보를 위한 포괄적인 정책의 한 부분으로 간주되어야 한다는 것이었다. 왜냐하면 사회보험은 소득보장, 즉 결핍(want)에 대한 공략일 뿐 소위 5대 악(Five Giant Evils)의 나머지인 질병(disease), 무지(ignorance), 불결(squalor), 무위(idleness)까지 해결할 수 있는 것은 아니었기 때문이었다. 베버리지는 포괄적인 사회보험과 더불어 나머지 네 가지의 악을 제거하기 위한 네 가지의 서비스체계, 즉 의료, 교육, 주택, 고용서비스가 제공되어야만 사회진보가 이루어지는 것으로 보았던 것이다. 셋째, 사회보장은 정부와 민간의 협력에 의해서 이루어져야 한다는 것이었다. 이 점은 매우 중요한데, 보고서는 다음과 같이 기술하고 있다. 즉, “사회보장제도는 국가와 개인의 협력에 의해 확립되어야 한다. 국가는 서비스와 생활보장을 제공해야 한다. 사회보장제도를 확립하는 데에 국가는 개개인의 사람들이 가진 동기, 기회, 책임을 무리하게 강제해서는 안 된

다. 말하자면, 국민최저한을 설정할 때, 각 개인이 자발적으로 자신이나 자신의 가족을 위하여 그 기준 이상의 수준을 준비할 수 있는 여지를 남겨두어야 한다."

〈표 10-1〉 베버리지의 사회보장 계획

주축제도(main methods)	보조제도(subsidiary methods)
강제적 사회보험 (Compulsory Social Insurances) 기본 원칙 1. 균일 생계비 지원 (flat rate of subsistence benefit) 2. 균일갹출(flat rate of contribution) 3. 행정책임의 통일 (unification of administrative responsibility) 4. 급여의 적절성(adequacy of benefit) 5. 포괄성(comprehensiveness) 6. 피보험자의 분류(classification)	국가부조 (National Assistance) 임의보험 (Voluntary Insurance)
3개의 전제 • 아동수당(Children's Allowances) • 포괄적 의료 및 재활서비스(Comprehensive Health and Rehabilitation Service) • 완전고용(Maintenance of Employment)	

자료 : Beverige Report, para. 17, pp. 300-309에 근거하여 작성.

〈표 10-1〉은 베버리지의 사회보장계획을 도식화한 것인데, 사회보장의 가장 중추적인 제도가 사회보험임을 알 수 있다. 사회보험은 소득의 중단과 상실, 출생, 결혼, 사망에 따른 특별지출에 대비하는 제도로서, 6개의 원칙에 근거하여 시행되도록 되어 있었다. 이 보고서가 높이 평가받는 이유는 그 사상과 제안의 독창성이 아니라 그 적용의 포괄성에 있다.

3) 베버리지 보고의 입법화와 의의

당시의 수상이던 처칠을 비롯하여 보수당은 베버리지 보고서를 현실성이 없다고 간주하였으나, 전쟁이 끝나고 맞이한 1945년 총선에서 노동당이 단독으로 정권에 취임하였다는 것은 영국이 급진적인 사회정책을 실행할 준비가 되어 있었다는 것, 즉 사회개혁에 대한 국민적인 '콘센서스'가 성립되어 있었음을 의미한다.

1945년 노동당정부는 사회보장제도의 완성에 노력하여 1945년 가족수당법(Family Allowances Act), 1946년 국민보험-산업재해-법(National Insurance-Industrial Injuries-Act), 의료보장의 새 지평을 연 1946년의 국민보건서비스법(National Health Service Act), 그리고 1948년에는 국민부조법(National Assistance Act)을 성립시킴으로써 사회보장체제를 일단 완성하여 복지국가 성립의 기초를 다졌던 것이다.

4) 구빈법의 해체

전후 베버리지의 새로운 사회보장체제하에서는 공적부조제도가 사회보험제도를 보충하는 보조적인 제도로서 규정되었다. 빈곤에 대처하는 제1선의 중요한 제도로서의 구빈법은 이에 새로운 사회보장시스템의 구축에 따라서 자연스럽게 해제되어 300년간 이상의 역사에 종지부를 찍게 된다.

구빈법체제의 해체를 촉진한 최초의 중요한 시도들은 1906~1914년 자유개량시대의 자유당정부에 의해 이루어졌는데 대표적인 것이 1908년의 노령연금법과 1911년 국민보험법의 시행이었다. 이후 이 제도는 1920년과 1938년에 걸쳐 그 내용이 확충되었다. 이것은 명백하게 구제의 가치가 있는 사람을 엄격한 구빈법의 적용에서 제외시켜서 새로운 제도에 흡수시킴으로써 결과적으로는 구빈법체제를 간접적으로 그리고 외부적으로 해체시키는 데에 일조하였다(박광준, 1993).

국민보험제도 역시 구빈법의 해체를 촉진하였다. 국민보험의 제1부 국민건강보험은 16세부터 70세까지의 모든 육체노동자 및 연간소득 160파운드 이하의 모든 사람이 강제적으로 적용되었는데 그 수는 1,400만 명에 달했다. 제2부 실업보험의 가입자도 225만 명이었다. 이 제도에 의해서 실업과 질병이라는 두 개의 중요한 빈곤사고는 구빈법이 아닌 사회보험으로 대처하게 되면서 구빈법의 기능과 적용범위는 줄어들었다.

사회보험의 성립은 구빈법의 적용인구를 외부에서부터 줄여서 구빈법의 해체를 촉진하였는데, 억제정책의 상징으로서의 구빈법에 대한 보다 철학적인 측면에서의 개선이 이루어지면서 구빈법은 그 상징성이 퇴색되었다. 그러한 개선의 대표적인 것은 1918년 구빈법의 적용을 받는 피구제빈민에 대해 시행하던 선거권박탈 조치가 폐지된 것이다. 1929년에는 지방자치법(Local Government Act)이 성립하여 구빈위원회가 폐지됨으로써 일단 형식상 구빈법은 폐지되었다. 그러나 그 실질적 폐지는 1948년 국민부조법(National Assistance Act)에 이르러서야 이루어졌다고 할 수 있다.

5. 복지국가 성립기의 특징

복지국가 성립기에서는 무엇보다도 사회보장이 출현하였다는 것에 그 특징이 있다. 사회보장은 흔히 공공부조와 사회보험으로 구성되는 것이지만 그 각각의 합이 곧 사회보장이 아니고, 사회보장이란 생활을 위협하는 다양한 사회적 위험들에 포괄적으로 대처하기 위한 사회보험 및 공공부조가 시스템화된 제도를 의미한다.

사회보장은 새로운 사회에 대한 희망으로서 등장하였다. 이것이 등장하는 배경과 그 시기는 국가에 따라서 다르지만, 그것이 큰 사회경제적 위기를 거치면서 그 위기가 끝난 후에 건설해야 할 새로운 사회에서 가장 중요한 제도로서 제시되고 실제로 실현되었던 것이다. 그 새로운 사회는 그 이전의 사회와는 근본적으로 다른 개혁된 사회였다.

소비에트의 경우 사회주의 혁명과정에서 노동자들의 생활이 완전히 보장받는 새로운 사회상이 사회보장이라는 이름으로 제시되었고 혁명이 성공한 후 곧 제도화되었다. 미국의 경우는 대공황을 거치면서 사회개혁의 차원에서 도입된 것이 사회보장이었다. 유럽의 국가들은 제2차 세계대전을 거치면서 전쟁 후에 건설해야 할 새로운 사회로서 사회보장이 충실한 복지국가가 제시되었고 전쟁 후 그것이 법제화되면서 복지국가가 성립하게 되는 것이다.

복지국가의 성립은 친노동, 친복지적 정당의 집권과 관련이 깊다. 복지국가 성립기는 친복지적 정당의 집권이 주기적으로 이루어지기 시작하는 시기와 거의 일치하고 있다고 보아도 무방할 것이다.

복지국가의 확충

1. 의미와 시대구분

이 시기는 제2차 세계대전이 끝난 후부터 세계적인 불황의 신호탄이 되었던 1973년의 오일 쇼크를 전후한 시기까지인데, 다양한 정치정당들이 모두 복지국가체제가 필요하고 중요한 역할을 하고 있으므로 그것이 유지되고 확충되어야 한다는 합의(consensus)를 가지고 있었다. 이 시기에 집권한 정치정당들이 모두 복지 성향에 관계없이 복지국가정책의 확충에 노력하였다. 그 배경에 지속적인 경제성장이 있었다.

다른 한편, 지속적인 복지확충의 배경에는 복지국가 확충을 요구하고 그것의 정당성에 관한 이론적 · 실증적 근거를 제시하는 일단의 연구자집단의 연구성과와 그것을 근거로 해서 사회복지의 확충을 요구하는 시민의 압력이 있었다. 이 연구집단들은 복지국가체제가 일단 성립하기는 하였지만, 여전히 빈곤은 해소되지 않고 있고 사회적 불평등 역시 심화되고 있다는 사실을 실증적으로 제시하고 따라서 복지국가의 제도적 보완을 서두르고 소득재분배정책을 보다 더 강화해야 한다고 주장하여 복지국가 확충을 요구하였다. 이 집단의 대표적인 것은 영국의 사회행정학파이다.

이 장에서는 복지국가 확충의 배경으로서의 경제성장과 정치적 합의, 사회행정학파, 그리고 그 대표적인 인물이었던 티트무스의 사상을 고찰하고, 이 기간 동안 확충된 복지국가의 내용을 고찰한다. 복지국가의 확충 내용은 서유럽의 경우 거의가 비슷한 길을 걸었다. 국가들 간에 차별성이 부각되는 것은 1970년대의 경제위기 이후 복지국가의 재편이 이루어지면서였다.

2. 배 경

1) 경제성장

복지국가의 황금기로 불리는 이 시기는 지속적인 경제성장이 이루어진 시기와 일치하고 또한 그것이 복지국가의 확충을 가능하게 한 중요한 요인 중의 하나였다. OECD 국가의 1950년대의 경제성장률은 연평균 4.4%였고 1960년대에는 5%의 높은 경제성장률을 기록하였다. 〈표 11-1〉에 나타난 것처럼 서방 7개국의 1963~1972년의 경제 관련 지표를 보면 높은 경제성장률을 기록하고 있는 반면 실업률은 낮은 수준으로 유지하고 있어서 사회복지비의 지출에 좋은 조건을 제공하고 있음을 알 수 있다. GDP 대비 복지비 지출도 증가하여 대부분의 국가가 20% 수준이거나 그 이상을 보여주고 있다.

〈표 11-1〉 구미 각국의 경제성장, 복지 관련 자료(연평균, %)

국 가	경제성장률		인 플 레		실 업 률		GDP 대비 복지비	
	1963~72	1973~82	1963~72	1973~82	1963~72	1973~82	1960	1975
스 웨 덴	3.9	1.8	5.4	10.0	1.9	2.2	12.3	34.8
서 독	4.4	2.4	3.2	5.2	1.1	3.8	17.1	27.8
프 랑 스	5.5	2.8	4.7	11.1	1.9	5.1	14.4	26.3
오스트리아	5.1	2.9	3.9	6.4	2.6	1.9	10.1	20.1
영 국	2.9	1.3	5.9	14.2	2.0	5.4	12.4	19.6
미 국	3.9	2.6	3.7	8.8	4.7	6.0	9.9	18.8
일 본	9.9	4.6	6.0	8.8	1.2	2.0	7.6	13.7

자료 : 김태성 · 성경륭, 1993, p. 114.

사회복지비 지출이 증가한 원인은 몇 가지로 분류해 볼 수 있다. 우선 사회보험을 포함한 사회복지비용의 자연증가의 발생이다. 두 번째는 사회복지제도의 적용범위의 확대이다. 적용범위의 확대는 국민의 일부에게만 적용되던 것을 모든 국민에게까지 확대한다는 의미와 더불어, 사회보험이 대처하는 사고의 범위를 확대하여 모든 사고에 적용한다는 의미가 있는데 양자의 경우가 모두 여기에 해당한다. 세 번째는 새로운 사회복지제도의 도입이다. 마지막으로 인구구조의 변화(demographic change)로서 인구고령화의 영향이다.

2) 복지국가 콘센서스

이 시기에는 국가−자본−노동 간에 형성된 '화해적 정치구조'가 지속되면서 경제성장−완전고용−복지국가를 한 묶음으로 보는 동의의 정치(politics of consensus)가 실현되었다.

이러한 합의의 정치는 지속적인 경제성장이라는 경제적 배경 속에서 이루어진 것이었다. 왜냐하면 복지국가정책에의 합의는 세금징수를 통한 복지재정의 확충이 전제되었고 복지재정의 확충을 가능하게 하였던 것은 경제성장이었기 때문이다. 그러나 조세부담의 증가에 대한 국민들의 태도는 국가에 따라 다르게 나타났다. 일반적으로 유럽국가의 경우에는 세금의 증가가 높은 복지서비스 수준을 유지하기 위해서 불가피하고 그것을 부담할 의지가 있다는 것이 일반적인 여론조사에서도 나타난다. 그러나 미국과 일본의 경우 세금부담이 가중되는 것에 대해서는 전통적으로 강한 저항이 있었고 이 시기에도 마찬가지였다. 미국과 일본에서 이 시기를 통하여 재정적자가 심화되었다는 것은 이러한 사실을 뒷받침해 주고 있다(Rose & Shiratori ed., 1986 : 10).

전후의 콘센서스의 형성은 친노동, 친복지정당이 정권을 잡는 것이 제도화됨으로써 가능하였다. 영국의 경우 노동당이 보수당과 번갈아 가면서 정권을 잡게 되었다. 미국의 경우 친복지정당인 민주당 집권기에 복지가 확대되는 경향을 보여주었다.

영국의 경우로 설명하면, 이 콘센서스는 세 가지 차원에서 검토될 수 있다. 즉, 첫 번째는 정치적인 변화이다. 노동당은 40% 이상의 지지율을 확보하고 있었고, 이 이후부터 새로운 이대정당제도가 확립되었다. 두 번째의 콘센서스는 정책의 변화를 포함한다. 베버리지 보고서가 제안한 소득보장정책, 케인즈에 의해 권고된 완전고용, 새로운 국민보건서비스, 양질의 교육서비스 등의 정책들이 불평등을 줄이기 위하여 시행되었다. 세 번째는 노동과 자본 간의 권력에서의 변화이다. 노동당은 노동조합의 중요성과 새로운 역할을 수용하였고, 이는 점차 보수당에 의해서도 수용되어 국가와 노동조합 간의 새로운 동반자관계가 성립되었던 것이다(Gamble, 1981 : 189-190).

국가와 노동조합 간에 동반자관계가 성립하였던 것은 매우 중요한 변화였다. 이에 따라 노동조합은 조합원 수의 증가와 교섭력의 증가를 배경으로 정부에 대해서 보다 큰 압력을 행사할 수 있게 되었던 것이다. 노동자계급을 제도적으로 포용함으로써 사회혁명은 피할 수 있었으나 그것은 동시에 자본주의의 순조로운 발전을 저해하는 결과를 가져왔고 후일 정당 간의 불씨로 남게 되었다.

3) 사회행정학파의 복지국가 옹호론

사회행정학파는 사회복지에 대한 경험적이고 실용적인 견해로 일컬어지는 입장이다. 이 학파는 티트무스로 대표되며 역사적으로는 부스, 웹 부처, 베버리지 등의 사상과 밀접한 연관을 맺고 있다. 이들의 관심사는 사회복지제도 자체의 이해에 있는 것이 아니라 빈곤이나 무주택 등의 구체적인 사회문제의 성격과 규모를 밝히는 데에 있다. 환언하면, 복지에 대한 연구를 개입주의적 관점에서 행하는 것이다. 그리고 연구의 목적이 제도적 개선을 위한 권고를 행하거나 사회문제에 대하여 사회가 어떤 선택을 하도록 하는 데에 있다(Mishra, 표갑수 · 장소영 역, 1982 : 3).

복지의 진보가 무엇보다도 중요한 그들의 관심이었기 때문에 이론적 구성에 상대적으로 관심이 적었다는 것은 자연스러운 일이다. 그러나 이러한 경향이 영국의 경험주의적 전통에 기인하는 것이라는 주장도 있지만, 복지국가의 확충이 이루어지는 이 시기에서는 다른 국가의 경우도 마찬가지로 이론으로부터 탈피하는 경향이 있었으므로 이것이 영국의 특이한 경향은 아니라는 지적도 있다.

미쉬라(R. Mishra)는 이 사회행정학파의 특징을 다음과 같이 요약하고 있다 : ① 국가정책에 관한 관심, ② 개입주의적이고 규범적인 접근, ③ 복지의 입법적 측면에 대한 관심의 집중, ④ 학문 위주보다는 분야 위주, 그리고 ⑤ 경험주의와 복지 관련 사실들에 대한 폭넓은 관심이다.

사회행정학파는 기존의 사회이론이나 사회적 관념들을 수정하고 논박하는 것에 관심을 둠으로써 사회와 복지의 관계에 대한 이해를 높이는 데에 기여하였다.

예를 들어, 영국에서 모든 국민이 지불능력에 관계없이 원칙적으로 무료로 병원을 이용하는 것을 보장하기 위한 국민보건서비스가 1948년에 제도화되었다. 그러나 사회행정학파는 여전히 상류층의 사람들이 보건의료서비스를 더 많이 이용하는 사회적 불평등 현상이 존재하고 있다는 것을 실증적으로 밝혀 냄으로써 국가로 하여금 그것을 시정하기 위한 새로운 복지제도를 도입하거나 기존 제도의 결함을 끊임없이 시정하도록 요구하였다. 많은 사회자원이 분배구조의 개선이나 빈곤의 해소를 위하여 투입되었음에도 불구하고 여전히 빈곤은 심각한 형태로 남아 있고 사회적 불평등은 오히려 심화되고 있다는 실증적 연구를 제시함으로써 국가가 끊임없이 제도를 개선하고 확충하도록 압력을 행사하였다. 그 영향력을 티트무스를 사례로 하여 설명할 수 있을 것이다.

4) 리차드 티트무스

티트무스의 생애 티트무스(Richard Morris Titmuss, 1907~1973)는 베버리지 방식의 복지제도, 즉 보편주의적 복지제도를 강력히 옹호한 사람이다.

티트무스는 1907년 웨일즈에서 농가의 자녀로 태어났다. 병약함과 경제적 사정으로 인해 어린 시절의 공부는 독학에 의존하였다. 1920년대 초에 고향을 떠나서 런던 교외로 옮겨 살게 되면서, 14세였던 티트무스는 공립학교를 중퇴하고 상업전문학교의 6개월 사무원 양성과정을 마치고 생업에 종사하게 된다.

때로는 인생의 안내자로 때로는 공동연구자로서의 역할을 해 주었던 5년 연상의 부인 케이(Kay)와 결혼(1937)한 이후 티트무스는 평범한 샐러리맨의 신분이지만, 사회문제나 정치문제에 관심을 가지고 연구하게 된다. 1938년에 티트무스는 『빈곤과 인구(*Poverty and Population*)』라는 저서를 출간하였는데 이것이 그의 티트무스 최초의 저서이다. 이 책에서 그는 영국과 웨일즈의 질병 및 사망통계를 지역별로 비교 분석하여 빈곤지역일수록 질병률이나 사망률이 높다는 사실, 인구와 빈곤 간에 높은 상관관계가 있다는 것을 실증적으로 밝혀 많은 사람들로부터 찬사를 받았다.[1)]

1) 예를 들어, 라운트리(Seabohm Rowntree)는 "이 책은 중요하고도 또한 경탄할 만한 것이다"라고까지 평하고 있다. 빈곤이 인구의 질과 양에 어떻게 영향을 미치는가를 밝힌 이 책의 분석에 나타난 빈곤 및 불평등에의 도전은 그 이후 티트무스의 연구를 관철하는 모티브가 되고 있다.

1950년 티트무스는 런던대학 정경학부(LSE)로부터 사회행정(Social Administration) 강좌 담당교수로 초빙을 받았다. 학력도 학위도 없는 티트무스가 석학 마샬(T. H. Marshall)의 뒤를 이어 런던대학 사회과학부의 주임교수에 취임하게 된 것이다. 그 이후 사망하기까지 20여 년간 티트무스는 사회행정학의 연구와 함께 런던대학 사회과학부의 발전을 위해 노력하였다. 1973년 티트무스는 65세의 나이로 세상을 떠났다. 암으로 투병하면서 자신의 저작 『사회정책』의 에필로그에서 자신과 같은 시간에 방사선치료를 받는 인도출신의 한 청년을 소개하면서, 누가 먼저 그 치료를 받는가는 그날그날의 교통사정 등에 의해 결정되는 것일 뿐 인종도 소득도 아니라고 하면서 NHS 제도를 찬양하고 있다. 자신이 그렇게 옹호하였던 보편주의적 사회제도에 대한 깊은 지지와 애정을 보여주는 대목이다.

연구자로서의 티트무스 1941년 티트무스는 전사(戰史)의 연구편찬에 종사하게 되었고, 이 기간에 그는 많은 자료나 문헌의 수집과 분석을 행하는 한편 공무원이나 보건담당관, 간호사, 교육자, 사회복지사들과 만나고 대화하며 나아가 병원이나 각종 사회복지시설을 방문하여 현장에서 많은 것을 배우게 되는데, 이 경험이 그 후 티트무스의 이론 연구의 측면에 크게 기여했다. 사실 그의 저작들을 보면 그 과학적인 통찰력에 놀라움을 금치 못하게 되지만 그와 동시에 그러한 분석들이 현장의 구체적이고 실제적인 문제들을 충분히 파악하고 있는 바탕 위에서 행해졌기 때문에 더욱더 설득력이 있다는 것을 알 수 있다.

이 시기에도 티트무스의 저작은 사회적 인정[2]을 받았다. 그의 저작들은 우선 사회행정이라는 학문의 정체성을 세우는 데에 중요한 역할을 하였다.

티트무스의 많은 저작 속에서 일관되게 문제의식으로 나타나고 있는 모티브는 우선 새로운 사회, 이상적인 사회였다. 구체적으로는 자본주의적 사회질서를 대신할

2) 그의 연구에 대한 사회적 인정은 후대의 연구자들에 의해서는 물론 당시의 석학들로부터도 받고 있었다. 예를 들어, 그의 전사 연구가 1950년에 『사회정책의 문제들』이라는 표제로 출간되자 마샬은 이를 '완벽한 걸작'이라고 찬사를 보내고 있다. 또한 경제적 부양이라는 측면에서 친자관계를 분석하여 자본주의가 가진 탐욕을 신랄하게 비판하였던 「경제적으로 본 친자관계의 종언」(1941)이라는 논문에 대해서 비아트리스 웹은 티트무스에게 찬사의 편지를 보내고 있다. 그의 저작은 참고문헌을 참고할 것.

것은 무엇인가 하는 문제의식이었다. 그는 자본주의에 비판적이었지만 마르크스주의적 사회주의에도 반대하는 입장으로, 영국의 경험주의 전통에 선 영국 노동당이 주장하는 사회주의에 가까운 입장을 취하였다. 그는 1941년 친구에게 보낸 편지에서 친자관계에 관한 연구를 통하여 자신이 사회주의적 성향을 가지게 되었지만 이 경우의 사회주의란 경제체제로서가 아니라 오히려 도덕적인 동기에 보다 가까운 의미라는 점을 밝히고 있다.

티트무스가 고안한 '사회적 시장(Social Market)'이라는 개념은 그의 사회윤리를 학문적으로 구축하려는 시도의 하나였다. 그에 의하면 사회정책은 경제정책과는 달리 사회생활에 관련되고 '경제적 시장'과는 원리를 달리하므로, 사회정책은 한편에서는 경제적 시장에 관계하면서도 다른 한편에서는 인간의 비경제적 요소를 포함하고 있는데, 이것을 사회적 시장이라고 명명하고 있다. 그는 경제적 시장이 상품의 상호 교환이라는 행위를 매개로 하고 있는 반면 사회적 시장은 증여교환(gift-exchange)에 의해 특징지어진다고 규정하였다. 그리고 이러한 새로운 사회질서가 자본주의적 사회질서보다는 우월하다는 윤리적인 입장이 그의 연구를 관철하고 있다. 연구에서 그의 이러한 철학적 입장을 나타내 주는 대표적인 저작이 『증여관계』(1970)이다. 이 저작은 수혈문제를 다룬 것으로서 사고파는 경제적인 시스템에서 혈액을 공급하는 경우의 한계와 단점을 밝히고 그에 대해서 이타적(altruism)이고 자발적인 헌혈시스템이 왜 중요한가를 규명하고 있다(Titmuss, 1970 : 220-235).

사회적 불평등 티트무스 연구들의 근저에 흐르는 나머지 하나의 모티브는 바로 빈곤과 사회적 불평등의 문제이다. 이 모티브는 그의 초기 저작에서부터 일관되게 발견되는 것이었다. 이미 언급한 바 있는 『빈곤과 인구』는 빈곤지역일수록 질병률과 사망률이 높다는 것을 실증적으로 밝힌 것이다. 『출생, 빈곤 그리고 부』(1943)라는 저술에서는 유아 사망률을 분석하여 그것이 부유층과 빈곤층 간에 차이가 있고, 더구나 그 경향은 보다 심화되었다는 것을 실증적으로 증명하였다. 그는 만약 1932년 시점에서 영국의 모든 계층들이 부유층과 같은 정도의 낮은 유아 사망률을 가진다고 한다면 유아기에 사망한 약 9만 명의 인간이 생존하였을 것이라고 추론하고 있다.

이것은 빈곤이 사회에 얼마나 나쁜 영향을 주고 사회적 낭비를 만들어 내고 있는가를 밝힌 것이었다.

티트무스는 빈곤을 단순히 생계비의 부족이라거나 경제적인 의미에서의 결핍이라는 것이 아니라 불평등이라는 개념으로 파악할 필요가 있음을 분명히 하고 있다. 사회변동 요인 및 불평등의 특성을 고려하지 않고서는 빈곤의 새로운 영역을 명확하게 밝힐 수 없다는 것이 그의 입장이었다. 또한, 그는 노동자계급의 자녀가 대학에 입학하는 비율은 현저하게 낮고 이러한 불평등은 매우 왜곡된 문제라는 점을 비판하거나, 여성의 사회적·경제적 불평등 문제를 제기하였다.

선별주의 비판 사회적 서비스에 관련된 보편주의(universalism)와 선별주의(selectivism)의 문제도 티트무스의 중요한 관심사였다. 이 보편적 사회서비스와 선별적 사회서비스의 논의는 원래 국민부조를 시작으로 하는 각종 자산조사가 빈곤의 스티그마와 연결되어 사회적 서비스의 수혜자를 이류의 시민으로 전락시키는 결과를 만들어 내고 있다는 데에 대한 비판이 그의 연구의 출발점이었다.

그가 선별주의를 비판한 근거는 다음의 세 가지로 요약될 수 있다.

첫째, 사회복지의 성격에 관련된 선별주의 비판이다. 즉, 현대 사회복지는 사회구조적 원인이나 사회변동의 결과로써 발생하는 바람직하지 않는 문제들(disservice, diswelfare)에 대한 보상이라는 성격을 가지고 있으므로, 사회적 서비스의 수급자에 대해서 도덕적 평가를 하거나 스티그마를 부여하는 것은 부당하다는 것이다.

둘째, 사회복지의 목적에 관련한 선별주의 비판이다. 즉, 사회복지의 중요한 목적이 사회통합인데, 선별주의는 이류의 시민을 위한 이류의 서비스를 의미하는 이중의 기준을 만들어 내어 사회적 통합을 손상시킨다는 것이다.

마지막으로 사회복지가 소득재분배를 통한 사회적 평등을 촉진하는 제도라고 하는 것이다. 그는 제2차 세계대전 전후의 복지서비스가 사회적 평등을 달성하지 못했으나, 그렇다고 선별주의를 도입하는 것은 앞서 언급한 첫째 및 둘째의 이유로 부당하다고 주장하면서, 여기서 중요한 것은 스티그마를 최소화하고 진정한 니드에 반응할 수 있는 적극적인 처우이며, 그 기저에는 보편주의가 존재하여야 한다고 주장하였다.

티트무스는 사상적으로 그리고 학문적으로 복지국가체제를 옹호했을 뿐만 아니라 복지국가정책을 입안하고 시행하는 다양한 정부위원회의 위원으로서, 그리고 노동당원으로서 노동당의 복지국가정책에도 큰 영향을 미쳤다. 또한 빈곤과 사회적 불평등에 관한 티트무스의 연구는 영국 사회에 빈곤이 대규모로 존재한다는 사실을 사회에 알리는 역할을 하였으며, 그의 사상은 복지권이나 아동빈곤퇴치운동 등의 사회운동에 이론적인 근거를 제공해 주었다.

3. 복지국가 확충의 내용

1) 영 국

복지국가의 콘센서스　이 시기에는 복지국가가 정치를 초월한 것으로 간주되었다. 마샬(T. H. Marshall)은 복지국가의 사회철학을 논하면서, "복지국가는 사실 모든 정당이 접근한, 중복된 정치 영역이 되었다. 복지국가는 보수당원에게도 진보적인 자유당원에게도 많은 급진주의자에게도 온건한 사회주의자에게도 어필할 수 있는 무엇을 가지고 있다"고 쓰고 있다.

영국의 모든 정당의 정치가는 복지국가체제에 대한 깊은 확신을 가지고 있었기 때문에 복지국가로부터의 이탈을 시사하는 그 어떤 정책공약도 선거전에서는 내놓지 못하고 있었다.

복지국가의 콘센서스는 다음의 네 가지로 요약될 수 있다. ① 빈곤한 사람들을 원조하는 것은 정부의 제1의 의무이다. ② 사회복지서비스는 계속적으로 확충되어야 한다. ③ 영국이 사회복지서비스를 확충함으로써 보다 평등한 사회로 나아갈 수 있다. ④ 합리적이고 진보적인 학자들이 사회복지의 확충을 지향하는 연구를 수행하면서 사회복지서비스의 개발과 유지에 공헌하며, 서비스의 담당자들을 교육한다(Donnison, 1987 : 237–238).

〈표 11–2〉를 참고하여 보면, 전후 노동당 정권이 수립된 이후 1979년 대처(Margaret Thatcher)의 보수당정부가 수립되기까지 보수당이 두 번 집권하였는데 그 기간 동안 노동당정부의 활동에 못지않게 사회복지 확충에 노력하였음을 알 수 있다.

〈표 11-2〉 전후 사회보장 확충과정

집권당	수 상	사회복지 확충의 내용
노동당 (1945～1951)	C. Attlee	국민보험법 가족수당법 국민보건서비스법 국민부조법
보수당 (1951～1964)	W. Churchill(1951～1955) A. Eden(1955～1957) H. MacMillan(1957～1963) A. D. Home(1963～1964)	사회보장급여 인상 가족수당 증액 국민보험법 개정 소득비례연금 도입
노동당 (1964～1970)	H. Wilson	단기급여에 소득보족 사회보장성(DHHS) 설립 국민부조를 보족급여로 전환 가족수당 증액
보수당 (1970～1974)	E. Heath	세대소득보족(FIS) 제정 연금생활자에 크리스마스 보너스
노동당 (1974～1979)	H. Wilson(1974～1975) J. Callaghan(1975～1979)	연금개선, 신연금법 아동급여 시행

자료 : Peden, 1985 등을 참고하여 작성.

사회복지의 질적 확충 사회복지의 지출증가는 사회복지의 양적인 팽창이 아니라 질적인 확충에도 기여하였다. 이것은 복지국가정책이 주택부문의 질적인 향상을 어떻게 가져왔는가를 살펴봄으로써 알 수 있다.

전후의 노동당은 쾌적한 공영주택정책을 강력히 추진하였다. 전후 건설된 공영주택은 높은 수준의 질을 가지고 있었으며, 19세기에 건설되어 옥내 화장실이나 욕실 등을 가지고 있지 않았던 수백만 호의 기준 이하의 주택들은 이 시기에 완전히 철거되고 쾌적한 기준에 충실한 주택으로 대체되었던 것이다(Rose & Shiratori ed., 1986 : 86). 〈표 11-3〉에서 알 수 있듯이 그 후의 노동당내각하에서도 공영주택보급은 정책우선순위로 추진되었고 그 비율은 착실하게 증가하여 1970년대에는 그 비율이 30%에까지 이르게 되었다. 한편, 사적 임대주택은 전체의 10% 정도까지 줄어들었고, 주택의 개인적 소유를 지향하는 정책은 보수당정부에 의해 보다 적극적으로 추진되어, 1970년대 말에는 개인소유주택이 전체의 60%를 육박하기에 이르러 그것이 가장 많은 입주 형태가 되었다.

〈표 11-3〉 주택수와 보유 형태별 비율의 연도별 변화

연도	주택총수(천 호)	개인소유(%)	공영주택(%)	민간임대주택 등(%)
1911	8,943	10.0	1.0	89.0
1951	13,831	29.5	18.0	57.4
1965	17,387	46.5	28.2	24.3
1970	18,731	49.5	30.5	20.0
1975	19,873	53.5	31.1	15.5

자료 : Annual Abstract of Statistics(1973, 1987).

노동조합의 영향력 이 시기 노동조합은 소위 '제4부'로서 막강한 힘을 발휘하여 자신들의 이해를 대부분 관철시켰다. 노동조합의 파업은 집권당에 큰 정치적인 위기를 가져왔으며 특히 탄광노조의 파업은 정권교체로 이어진다는 징크스가 생길 정도였다. 1970년의 보수당정부는 이러한 노동조합을 견제하는 정책을 취하였다. 노동조합 정책은 노동조합이 경제성장 및 경제근대화의 장애요소로 작용하지 못하도록 하는 것이었다. 히스정부는 노동조합의 영향력을 약화시키는 노사관계법(Industrial Relations Act, 1971)을 제정하여 노동조합법을 개혁함으로써 산업계가 임금 코스트를 억제하도록 장려하였다. 그러나 그것은 탄광노동자의 파업을 유발시켰고, 그 여파로 정권이 교체되고 영국 경제에 깊은 주름을 지게 하였다는 것은 아이러니이다. 파업에 의한 손실 노동일수는 보수당정부시대가 노동당정부시대보다 많았다.

그러나 1970년대에 들어서면 노동조합에 대한 국민의 불만이 높아졌고 복지에 대한 대중의 인식도 변화되었다. 결국 노동조합에 대한 이러한 불만은 1970년대 말에 이르러서는 폭발하였고 그것은 영국에서 복지국가 콘센서스 붕괴의 결정적인 요인이 되었다.

1979년의 보수당의 선거강령은 선거 후의 보수당정부가 최초로 수행해야 할 '5대 사업'을 선언하고 있는데, 그중의 제1은 영국의 경제적 및 사회적 생활의 건강을 회복하는 것이며, 이것은 인플레의 통제와 '노동조합에서의 권리와 의무의 공평한 균형

의 추구'라는 2개의 방법에 의해 달성되도록 되어 있다(The Conservative Manifesto, 1979). 노동조합이 영국 경제의 장애물이 되어 있다는 인식의 표현이다.

2) 미 국

불완전한 복지국가 미국은 1930년대에 사회보장법이 성립하면서 사회적 위험에 대한 사회보장체제를 정비하기 시작하였으나 그동안 큰 진전이 없었고 1990년대의 시점에서 볼 때 오히려 사회보장이 후퇴하였다는 평가가 나올 정도로 복지국가의 목표와는 거리를 가지고 있었다.

미국은 전 국민을 커버하는 공적의료보험은 없고, 공적인 의료보험제도나 의료부조제도가 커버하는 인구가 매우 한정되어 있기 때문에 민간의료보험제도가 발달했다. 65세 이상의 메디케어의 피보험자라고 하더라도 그 급여의 범위가 한정되어 있어서 자기부담이 많기 때문에 다시 민간의료보험을 구입하는 것이 일반적이다.

복지국가의 발전 정도는 국가에 의해 부여되는 사회권이 국민들의 시장에 대한 의존성을 얼마나 줄이느냐, 즉 탈상품화(decommodification)의 정도가 어느 정도인가에 달려 있다(Esping-Andersen, 1990 : 3)는 이렇게 본다면 미국은 탈상품화의 정도가 매우 낮은 불완전한 복지국가이다.

1935년 사회보장법이 성립하고 결정적인 결함을 가진 채 사회보장제도가 출범한 이래 미국은 1960년대 소위 '위대한 사회(Great Society)' 프로그램을 통하여 사회보장에 많은 자원을 투입하는 시기까지 사회보장 확충을 위한 노력을 거의 하지 않았다. 가히 복지정책 공백기라고도 할 수 있을 것이다. 그렇다면 이러한 공백기가 존재하였던 이유는 무엇인가? 그 이유는 미국이 군사적인 맹주로서의 역할을 하고 있었다는 점, 경제성장, 납세자 의식의 성장, 흑인문제 등의 요인으로 설명할 수 있다.

비록 이러한 결함을 지금도 가지고 있지만 복지국가 발전단계로 볼 때, 1960년대에는 다음과 같은 세 가지의 점에서 중요한 진전이 있었는데, 그것은 ① 미국 사회보장의 최대의 결함이었던 의료보장의 취약성을 보완해 줄 메디케어와 메디케이드라는 의료제도가 창설된 것, ② 빈곤을 획기적으로 감소하기 위한 각종 프로그램이 시행되었다는 것, 그리고 ③ 공민권법과 투표권법이라는 두 개의 중요한 법률이 제정되어 고용 및 교육에서의 인종차별을 위법으로 하는 차별 없는 새로운 사회입법에의 길을 열었다는 것이다(林健久 外 編, 1992 : 62–64).

메디케어(Medicare)와 메디케이드(Medicaid) 메디케어는 65세 이상의 고령자, 그리고 장애인을 대상으로 하는 공적 의료보험으로, 1965년 사회보장법 타이틀 XVIII로서 입법화되어 1996년 7월 1일부터 시행된 제도이다. 이 제도가 만들어짐으로써 기존의 국민연금 OASDI는 OASDHI(Old Age, Survivors, Disability, and Health Insurance)가 되었다. 이 제도는 파트 A와 파트 B라는 두 개의 프로그램을 가지고 있다. 파트 A는 강제적인 가입부분으로 OASDHI의 보험료로 자동으로 납입되고, 파트 B는 보다 부가적인 서비스를 위하여 선택적으로 가입하는 것이다(Day, 2000 : 319).

메디케어를 입법화하기 위한 노력은 1957년에 시작되었으나 주로 의사회의 반대로 많은 시간이 걸렸다. 1960년 민주당 케네디(John F. Kennedy) 대통령 취임 이후 의료보장제도의 확립에 대한 논의가 본격화되었고, 1964년 존슨이 대통령에 취임하면서 입안이 추진되어 성립되었다. 도입을 반대하던 미국의 사회와 공화당의 의견을 조정하여, 정부원안인 파트 A에 의사의 진료보수, 외래진료에 관한 보험인 파트 B를 덧붙여서 원 세트로서 제도가 성립되었다.

메디케이드는 저소득자에 대한 의료보호제도이다. 메디케어는 의료보장에서 매우 중요한 역할을 하는 제도이다. 1986년 기준으로 65세 이상 노인에 대한 연방정부의 총 복지지출의 23.5%를 차지하고 있다.

빈곤전쟁[3] 빈곤전쟁(War on Poverty)은 1964년 민주당의 존슨(Lyndon Johnson) 대통령이 선포한 대규모의 빈곤정책으로서 빈곤의 원인을 제거하자는 대규모의 시도였다. 입법근거는 경제기회법(Economic Opportunity Act of 1964)이었다.

이 빈곤전쟁 프로그램은 크게 지역사회 행동 프로그램(Community Action Program)과 고용

---

3) 이 부분의 내용은 拙稿, 1960年代におけるアメリカの貧困政策, 『佛敎大學大學院硏究紀要』 17號, 1989를 참고로 하였음.

기회 프로그램으로 대별된다. 지역사회 행동 프로그램은 3~5세의 저소득아동에게 초등학교 입학준비를 시키는 프로그램(Head Start), 법률구조 프로그램, 흑인 빈곤학생들을 대상으로 하여 대학진학의 기회를 제공하기 위한 프로그램(Upward Bound) 등이 포함되어 있었다. 고용기회 프로그램은 도시의 중퇴청소년들을 대상으로 하는 교육프로그램(Job Corps), 청소년을 위한 직업훈련 프로그램 등이 포함되어 있었다.

그러나 빈곤의 뿌리를 제거한다는 이 시도는 빈곤의 원인이 주로 개인에게 있다는 빈곤문화론(Culture of Poverty)의 관점에 서 있었기 때문에 성과를 거두지 못하고 실패로 끝났다. 예를 들어, 흑인 중퇴청소년을 대상으로 하여 많은 시간과 자원을 투입하여 직업훈련을 시켰으나 흑인에 대한 고용차별로 인하여 계속 실업자로 남아 있었다. 이것은 잘못된 가정에 근거한 정책의 개발이 어떻게 실패하는가를 잘 보여주는 사례이다.

정치적 상황 1964년의 공민권법(The Civil Rights Act)과 1965년의 투표권법(The Voting Rights Act)에 의해 흑인의 참정권보장이 이루어졌다. 미국에서 흑인의 투표권이 1960년대 중반이 되어서 비로소 보장되었다는 것은 놀라운 일이기도 하다. 이 법에 의해 교육, 고용, 복지 등에서의 차별이 금지됨으로써 새로운 사회입법과 새로운 복지문화의 길을 열었다는 점에서, 1960년대에 복지국가에 접근하기 위한 중요한 성과라고 평가될 수 있는 것이다.

미국의 정치는 민주당과 공화당이라는 양당제에 의하여 이루어지는데, 민주당이 친복지, 친노동정당이다. 그러므로 어렴풋하기는 하지만 민주당의 집권기에 사회복지가 확대되고 공화당의 집권기에 축소되는 경향이 있다. 사회보장법의 입법에 성공하였던 루즈벨트는 민주당 소속이었다. 그 후 1952년 공화당의 아이젠하워(Dwight Eisenhower) 집권기를 거쳐서, 1960년에 민주당의 케네디정권이 수립되었고, 그의 암살 후 존슨이 1968년까지 집권하였으며, 다시 정권은 공화당의 닉슨(Richard Nixon)정부(1969~1974)에 넘어갔다.

닉슨정부는 오일 쇼크가 오기 이전에 이미 사회복지를 축소시키는 방향의 정책기조를 세웠다. 베트남전쟁의 영향도 있었지만 공화당의 전통적인 정책을 일관되게 유지한 측면이 크다.

미국의 한 사회복지역사서는 닉슨정부의 시기를 '과거에로의 회귀'라는 제목으로, 그 개요의 소제목을 '복지국가로부터의 후퇴(Day, 2000 : 330)'로 표현하고 있다. 닉슨 이후 카터 공화당 정부가 집권하지만 1980년대부터 공화당의 레이건 행정부가 들어서고, 이 레이건정부에 의해 미국 복지국가체제는 매우 급진적인 후퇴의 양상을 보이게 된다.

3) 일 본

일본의 경우 1945~1970년대 초까지의 시기는 소위 복지국가의 형성기였다. 이 장은 복지국가 확충기이기 때문에 이 장에서 다루는 데는 문제가 있지만, 일본이 이 시기에 사회복지제도를 획기적으로 확충하여 복지국가로서의 면모를 갖추기 시작했기 때문에 이 장에서 다루기로 한다.

전사(前史) 일본에서 노동운동에 대해 사회보험을 통하여 회유한다고 하는 독일 비스마르크식 사회보험안이 소개되어 질병보험법안이 추진된 것은 1898년의 일이다. 그러나 시기상조라는 이유로 부결된 이래 사회보험의 도입논의는 1920년대로 넘어갔다. 그동안 일본에서도 자본주의적 산업화의 폐해가 나타나서 1911년에는 일본에서 처음으로 공장법이 제정되었다. 이 제도는 공장이나 탄광노동자에 대한 보호규정이 있었고 산업재해로 인한 부상이나 사망 시에는 사업주의 부담으로 본인이나 가족에 대한 부조가 행해지도록 되어 있었다.

일본 최초의 사회보험인 건강보험법안은 1920년부터 제안되어 1922년에 성립되었다. 준비과정에서 성립까지 매우 짧은 기간에 성립된 법안이다. 건강보험법은 육체노동자를 대상으로 하였고, 10인 미만 사업장노동자와 고소득자는 적용에서 제외되어 있었으며 직역보험의 성격을 가지고 있었고 산업재해 역시 이 보험의 적용범위에 포함되었다(橫山和彦 外, 1991 : 46-48).[4)]

4) 이 건강보험법은 원래 1924년 4월부터 시행될 예정이었으나 1927년 1월부터 시행되었다. 그동안 관동대지진이 발생한 사정도 있었지만 제도에 대한 반대도 있었다. 그 반대란 자유개업제도를 채택하고 있던 의사회의 반대, 급여내용이 빈약하고 의사의 차별 진료를 우려한 노동자의 반대, 그리고 부담의 증가 등을 우려한 사용자의 반대가 있었기 때문이다.

그 후 제2차 세계대전 중이던 1941년 노동자연금보험법안이 성립되었다. 이러한 사회보험의 도입은 그 동기에 있어서 노동력의 확보나 군인의 건강과 체력유지에 있었다는 것이 일반적인 평가다(Rose & Shiratori ed., 1986 : 65). 그러나 그 동기가 어디에 있었건 그것이 성립된 이후 국가의 통제에 의해 건강보험을 전 국민에게 적용시킨 경험은 전후의 사회보장제도의 확립에 큰 시사를 주는 경험이었음에 틀림없다.[5]

제2차 세계대전 패전의 영향 패전은 미증유의 사상자를 발생시켰고 일본 국부의 1/4이 파괴되어 사회는 극도로 피폐되었고 제대한 군인 이주자의 귀한 등에 의해 실업자 수가 최고 1,300만 명에 이르렀다. 일본의 사회보장제도 성립과정에 있어서 이 패전이 중요한 역할을 하였다는 것은 역사적인 아이러니이다. 패전국으로서의 일본은 약 7년간 전승국인 연합군총사령부(GHQ)의 통치하에 있었는데 이것은 비단 사회복지분야뿐만 아니라 사회의 모든 부문에 걸쳐 봉건적인 가부장제의 성격을 짙게 띠고 있던 일본 사회를 민주주의적인 분위기로 이끄는 데 큰 역할을 하였던 것으로 평가되고 있다.

연합군의 점령정책은 일본의 파시즘과 군국주의 부활을 저지하기 위하여 '비군사화와 민주화'가 기본 방침이 되었고 노동기본권의 인정, 정치범 석방 등의 민주화정책이 시행되었다. 그 내용을 보면, 점령군의 민주화정책에 의하여 농업에 직접 종사하지 않는 농업지주는 1헥타르만을 제외하고는 모든 농지를 다른 소작인에게 양도해야 하는 등 전통적인 계급 구분은 완전히 폐지되었다. 미쯔이(三井), 미쯔비시(三菱), 스미토모(住友) 등의 독점적인 재벌들은 많은 독립회사와 금융기관으로 분할되었다. 동시에 엄격한 독점금지법이 제정되었고 노동조합이 조직되었으며 대부분의 대기업에서는 노사협의제가 설치되었다(Rose & Shiratori ed., 1986 : 66-67).

사회복지에 있어서는 점령군사령부의 정책은 바람직한 지침을 제공하였다. 즉, 1946년에 생활곤궁자에 대한 긴급한 구호를 시행함에 있어서 세 가지 원칙을 일본 정

5) 일본의 연구자 丸尾直美는 일본 복지국가의 발전 단계를 세 단계로 나누고 있는데, 사회보험이 부분적으로 성립하였던 이 시기를 제1 단계, 전후에서 1973년까지를 제2 단계, 그리고 소위 복지원년체제가 완성된 1973년부터를 제3 단계라고 하고 있다.

부에 강제하였는데, ① 보호의 무차별평등, ② 보호의 국가책임의 명확화, 그리고 ③ 최저생활 보장의 원칙이 그것이다. 그리고 이러한 원칙에 근거하여 1946년 생활보호법이 성립되었고, 그것으로 모든 생활곤궁자는 이 법에 의해 통일적으로 보호되게 되었다(橫山和彦 外, 1991 : 71-73). 뿐만 아니라 생활보호법과 더불어 소위 복지3법이라고 일컬어지는 아동복지법과 신체장애자복지법 역시 이러한 원칙에 기초하여 제정되었고, 이러한 원칙이 사회보장제도의 기본틀이 되었던 것이다.

복지제도 확충의 내용 1950년부터 이루어진 사회복지제도의 확충의 내용은 다음의 〈표 11-4〉와 같다.

〈표 11-4〉 전후 복지원년까지 일본의 사회복지입법

연 도	내 용
1946	생활보호법의 성립
1947	새 헌법이 제정되어 국민의 건강하고 문화적인 생활을 할 권리가 명시됨, 일본 최초의 실업보험법, 산업재해보상보험법, 아동복지법
1948	신체장애자법, 사회보장제도심의위원회 제정
1949	신체장애자복지법
1951	사회복지사업법
1953	일고(日雇)노동자 건강보험
1954	후생연금보험 개정
1958	신 국민건강보험법(전국민 건강보험화)
1960	정신박약자복지법
1961	국민연금법(전국민 연금화)
1963	노인복지법
1964	보자복지법(복지6법 완성)
1969	동경도(東京都) 65세 이상 노인 의료무료화 실시
1970	심신장애자대책기본법
1971	아동수당법
1973	국민보험개정, 70세 이상 고령자 무료의료제도

사회복지의 독자적 발전과 이중성 일본의 사회복지발전과정을 보면 서방국가들에게서는 볼 수 없는 일본만의 독자적인 경험을 볼 수 있는데, 그것은 '가부장적인 특징이 가족이나 기업, 그리고 커뮤니티에 강하게 남아 있는 전근대적인 국가에서 민주적이고 평등적인 개혁이 갑자기 이루어진 경험'이었다. 앞서 언급하였듯이 봉건적인 성격이 다분히 남아 있는 일본 사회에 민주주의를 원칙으로 하는 점령군정책의 강제가 '가부장적인 동시에 민주적인' 이중성을 가지게 하였고 이러한 이중성은 사회복지체제뿐만 아니라 노사관계에도 존재하고 있다. 이로 인하여 일본은 가부장적인 관행이 남아 있으면서 선진서구제국과 같은 평등적이고 민주적인 사회체제를 이루게 되었다는 것이다.[6)]

〈표 11-5〉를 보면 Ⅰ은 근대화 이전의 일본 사회로서 정치적으로는 비민주적이며 사회조직은 가부장적인 반(半)봉건적인 공동체이다. 이는 근대 이전의 유럽 사회(예를 들면, 스웨덴) Ⅱ와는 그 성질을 달리한다. 따라서 Ⅰ의 성격에서 Ⅲ의 성격으로 발전한 일본 사회는 민주화를 진척시켜 오면서도 사회관계에서는 고도의 합리화가 이루어지지 않고, 전통 공동체적인 특성이 지금도 가정과 기업 그리고 지역사회에 남아 있다.

〈표 11-5〉 유럽과 일본의 양자택일적인 사회발전의 형태

	비 민 주 적	민 주 적
공동체(community) (게마인샤프트)	Ⅰ 반(半)봉건적 사회	Ⅲ 강한 공동체적 요소를 가진 민주적 사회(일본)
결사체(association) (게젤샤프트)	Ⅱ 합리적인 전제사회	Ⅳ 민주적이며 고도로 합리적인 사회(스웨덴)

자료 : Rose & Shiratori ed., 1986, p. 67.

6) 일본의 계급 구분이나 계급의식은 유럽제국에서 만큼 두드러지지는 않는다. 일본인의 중류계급 귀속의식은 80% 이상이며, 회사에서도 화이트칼라와 블루칼라가 통상 같은 노동조합에 가입하고 있다. 화이트칼라나 블루칼라, 사용자와 노동자의 구별도 유럽보다 약하다. 일본 경영자연맹이 행한 한 조사에 의하면, 대기업 이사회의 멤버 중 약 16%는 이전에 노동조합의 3역(위원장, 부위원장, 서기장)의 경험이 있는 것으로 나타나는데 이는 일본의 독자적인 노사관계를 잘 나타내 주는 것이라고 사료된다(Rose & Shiratori ed., 1986 : 67).

경제성장 1950년대 이후 일본이 사회보장제도를 확립할 수 있었던 배경에는 우선 경제성장이 있었다. 1960년 이케다(池田)내각 성립에서 1972년 사토(佐藤)내각의 총사퇴까지의 시기는 고도경제성장기이자 국가의 안정기였다(田口富久治 編, 1989 : 202). 1965년 10월부터 1970년 7월까지 유례없는 호경기가 있었고, 1972년까지 5%를 넘어서는 GNP의 실질성장을 기록하였으며 그에 수반하여 실질임금지수도 8.1%(1971), 11.0%(1972)라는 높은 상승률을 나타냈다. 그리고 이와 같은 고도경제성장의 결과 인플레가 진행되어 소비자물가지수는 1971~1972년에 걸쳐 5%를 초과하는 높은 상승률을 보였다. 이 때문에 급여수준이 정책적으로 인상되어 후생연금보험과 국민연금은 임금과의 격차가 확대되고 그 실질적인 가치가 떨어져서 연금이 고령자의 생활보장이라는 기능을 사실상 수행하지 못하고 있었고, 이를 인식한 정부는 1972년의 『경제백서』에서 '새로운 복지사회의 건설'이라는 부제를 붙일 만큼 복지향상에 관심과 의욕을 나타내고 있었다. 물론 여기에는 고도경제성장에 따른 정부세입의 증가라는 요인이 전제가 되었다. 즉, 일반회계세입에서의 조세 및 인지수입은 1969년 22.1%, 1970년에 20.9%, 1971년 19.6%, 1972년 6.7%, 1973년에 25.2%로 증가하였던 것이다(橫山和彦 外, 1991 : 208-209).

한편, 사회복지급여수준의 향상에 따르는 재원으로서, 공적연금의 경우에는 당시까지의 적립금이 상당한 수준에 달해 있었다는 점도 간과할 수 없을 것이다. 즉, 당시의 공적연금제도는 재정방식을 사전적립방식을 취하고 있어서 흡사 강제저축으로서의 역할을 하였던 것이다. 이러한 적립금이 1960년대 후반이 되면 고도경제성장에 의한 임금상승에 수반된 적립금의 급격한 증가와 대폭적인 조세수입에 의하여 연금수급자의 급여액을 인상할 수 있었던 것이다. 이러한 적립금은 눈덩이처럼 불어나서 1972년 말을 기준으로 후생연금보험 6조 6천 736억 엔, 국민연금 1조 1천 761억 엔에 달했고(橫山和彦 外, 1991 : 213-215), 이로써 연금수준의 인상과 대폭적인 급여개선이 있을 수 있었던 것이다.

정치적 요인 : 혁신자치단체의 출현 일본에서는 자유민주당(自民黨)이라는 하나의 정당이 전후 거의 모든 선거에서 승리를 거두었다. 자민당은 이 30여 년간의 정권담당 기간에 복지지출을 대폭 증액시키고 경제성장에 부응하는 사회보장비를 확대했지만

기본적인 정책노선은 경제성장우선정책이었다. 유럽형의 복지국가를 지향하였던 민사당(民社黨)과 공명당(公明黨)은 유권자의 지지를 받지 못하였다(Rose & Shiratori ed., 1986 : 9). 그러나 1973년 자민당은 획기적으로 복지를 확대하는 정책을 추진하였는데 그 직접적인 배경에는 혁신자치단체의 등장이 있었다.

혁신자치단체란 쉽게 말해서 그 지방자치단체의 장으로 선출된 시장이나 지사가 혁신정당 출신이거나 그러한 성향을 가진 인사인 경우를 말한다. 전국적인 규모에서 시민운동이나 주민운동이 활발하게 일어나고 도시를 중심으로 하는 지방자치단체에 혁신세력의 시장이나 지사가 당선되는 곳이 두드러지게 많아졌고, 국회에 있어서는 야당세가 급격히 부상하는 것 등을 배경으로 혁신연합정권의 수립을 지향하는 움직임이 이 시기에 있었던 것이다. 혁신자치단체는 1963년의 지방총선거에서 많은 혁신시장이 탄생한 이래, 1964년에는 22개 시의 시장으로 구성된 전국혁신시장회(全國革新市長會)가 결성되었는데, 1966년에는 81개 시로 급증하였으며, 1967년에는 도쿄(東京都)에서, 1971년에는 오사카(大阪府)에서 혁신지사가 탄생함으로써 일본의 제1, 2의 도시단체장이 혁신시장이 되었다.

한편 중앙의 정치동향을 보면, 1972년 선거에서 자민당이 후퇴하고(의석률 62.3%에서 57.8%로), 사회당의 회복과 공산당의 급신장(의석률은 합쳐서 21.4%에서 32.1%로)으로 국회에서 여야세력의 백중세가 점차 실현되어 가고 있었다.[7] 또한 1973년을 전후하여 가장 큰 반향을 불러일으킨 것으로 일컬어지는 공산당의 민주연합정부강령안을 위시하여, 사회당의 국민연합정부강령안, 공명당의 중도혁신연합정권구상, 민사당의 혁신연합국민정권구상 등의 혁신연합정권구상이 줄이어 발표되어 모든 야당이 스스로를 자민당을 대신할 수 있는 혁신세력으로 규정하는 현상이 나타났다(박광준, 1992).

이러한 정치적인 요소가 복지원년의 결정적인 배경이었다고 할 수 있는 것은 사회

7) 이러한 동향의 원동력으로서 특기할 만한 사실은 가히 폭발적이라고 할 수 있는 주민운동의 전개였다. 한 연구자가 1972년 1월 1일부터 1973년 12월 31일까지 각종의 문헌에서 어떤 형태로든지 소개된 주민운동을 정리한 결과에 의하면 1,566회의 주민운동이 있었고, 그중 40% 이상이 대도시에 집중되어 있었으며, 직접 개발정책에 관련된 것이 1/3, 복지를 포함한 생활환경에 관한 것이 약 2/3였다(田口富久治 編, 1989 : 208-209).

복지의 확대를 강조한 1970년대 초의 2개 정부문서에서 무엇보다 잘 확인할 수 있다. 즉, 1970년에 내각의 결정으로 공표된 신경제사회발전계획은 그 첫머리부터 사회적 긴장의 고조를 강조하며 충실한 경제력에 어울리는 국민생활의 안정과 복지의 실현을 목표로 하는 사회보장의 충실을 강조하였다. 오일 쇼크 이전인 1973년 2월에 발표된 경제사회기본계획도 사회보장 등에 대한 국민의 불만이 고조되었다는 점을 지적하고, 이러한 국민적 요구와 요망에 부응할 수 있는 정책의 전환이 필요하다고 역설하고 있다.

복지원년체제의 성립과 내용 '복지원년'이라는 말은 1973년을 지칭하는 것으로서 그 해에 사회복지가 획기적으로 확충되었으므로 사회복지의 새로운 시대를 여는 첫 해라고 하는 의미로 일컬어지는 말이다. 일본의 사회복지제도는 1973년에 노인복지법을 개정하여 노인의료비 무료조치를 단행한 것을 위시하여, 사회복지에서의 획기적인 발전이 있었다. 예산편성 단계부터 선진국 수준의 사회복지, 복지원년 등으로 선전되었는데, 그 내용을 정리해 보면 다음과 같다(橫山和彦 外, 1991 : 31-33).

① 생활보호에서 생활부조기준의 인상
② 노령복지연금의 43% 증가
③ 가족수당, 아동수당의 발족
④ 70세 이상 노인의 의료비 무료화 : 이를 위한 국고보조는 약 110억 엔
⑤ 건강보험을 중심으로 한 의료보험의 개정
⑥ 후생연금보험을 중심으로 한 연금보험의 개선
⑦ 실업보험의 개정에 의한 고용보험의 발족
⑧ 노인복지를 확대하여 노인복지비 53.7% 증가

4. 복지국가 확충기의 특징

이 시기는 복지국가체제를 수립하거나 혹은 수립된 체제의 내용을 보다 확충하는 시기였다. 선진국가들이 공통적으로 이러한 정책기조를 유지할 수 있었던 이유는 무엇보다도 '복지국가 콘센서스'가 존재했기 때문이었다. 즉, 복지국가체제는 자본주의와 사회주의라는 이념적인 틀을 초월한 하나의 바람직한 국가체제의 한 모습으로 간주되었고 복지국가의 등장은 곧 '이데올로기의 종언'을 의미하는 것으로까지 이해되었다.

복지국가의 성립과 확충에서 친복지정권의 성립이 중요한 역할을 수행하였던 것이 사실이다. 영국에서는 노동당이 보수당과 더불어 번갈아 가면서 정권을 잡는 정당이 되어 친복지정당이 제도화되었으며, 미국에서는 민주당이 사회보장체제의 성립이나 복지국가정책에 적극적이었다.

복지국가의 확충에는 많은 재원이 소요되고 따라서 조세수입의 증가가 복지국가 확충의 조건이었는데 이 시기는 전후의 호황으로 지속적인 경제성장이 이루어지던 시기였다.

복지국가의 재편과 선택 -복지국가를 둘러싼 공방

1. 의미와 시대구분

이 시기는 1970년대 중반 이후 사회경제적 측면, 정치적 측면, 그리고 복지문화적 측면에서 경제위기 등을 배경으로 하여 기존의 복지국가체제가 재편성을 시도하는 시기이다. 복지국가의 재편은 완성된 것이 아니라 현재에도 계속 시도되고 있기 때문에 이 장의 시대적 범위는 1970년대 중반 이후부터 현재까지의 시기가 된다.

복지국가 재편은 복지국가 콘센서스 붕괴를 배경으로 하여 이루어졌는데, 복지국가에의 합의를 붕괴시킨 요인은 무엇보다도 경제불황이었다. 그런데 그 경제불황의 원인이 어디에 있는가에 대해서는, 복지국가체제가 지나친 재정지출과 그에 따른 과중한 조세부담 및 사회보장부담, 그리고 노동의욕의 감소가 경제불황의 원인이 되었다는 주장과 경제불황은 경제정책 실패의 결과일 뿐 사회복지정책 영역의 확대와는 무관하다는 주장이 대립하였다. 결과적으로 복지국가의 재편이 이루어졌다는 것은 전자의 주장이 받아들여진 것을 의미한다.

복지국가 옹호자들에게 있어서 치명적인 약점은 복지국가체제가 그동안 엄청난 사회자원을 투입하였음에도 불구하고 사회적인 불평등이 오히려 심화되는 경향을 보이고 있었다는 사실이었다. 결국 '시장의 실패'를 해결하기 위한 복지국가체제는 '국가의 실패'를 가져온 것이 아닌가 하는 인식이 사회에 확산되면서 어떤 형태로든 복지국가체제에 대한 수정이 이루어졌다.

2. 배경 : 복지국가의 이상과 현실의 괴리

복지국가 위기론과 그 징후 복지국가의 확충은 1970년대 중반까지 계속적으로 확대되다가 그 이후 확대의 폭이 줄어들거나 어떤 국가들의 경우에는 오히려 축소되는 현상을 보이게 된다. OECD 회원국 전체를 볼 때, 1960년대에서 1975년 사이에 사회복지지출비용은 매년 8%씩 증가하였는데 1975년에서 1981년 사이에는 이 증가율이 4%로 줄어든다. 이러한 사회복지지출의 정체 혹은 감소는 수치 이상의 의미가 있다. 왜냐하면 복지국가의 사회지출을 보면 인구고령화에 의한 자연증가분이 포함되어 있기 때문이다.

일반적으로 복지국가의 위기란 복지국가체제를 의문시하거나 붕괴시킬 수 있는 사태, 징후, 과정, 현상 등을 일컫는 개념이다(현외성 · 박광준 외, 1992 : 24). 복지국가의 위기라고 부를 수 있는 문제의 양상을 복지국가체제에 관한 연구자 미쉬라는 다음과 같이 요약하고 있다 : ① 스태그플레이션(stagflation)의 시작과 경제성장의 종식, ② 완전고용의 종말과 대량실업, ③ 정부세입은 감소되면서 재정지출은 증가되는 재정위기, ④ 사회서비스 예산의 삭감, ⑤ 복지국가 사회체제에 대한 일반적 신뢰의 상실

미쉬라가 제시한 것은 경제적 측면에 치중되어 있는데, 정치적 · 문화적 측면에서의 위기적 징후들도 나타난다. 정치적인 측면의 징후들은 정부활동에 대한 신뢰의 저하, 관료적 행정기구의 비효율성, 이익집단 중심의 다원주의적 정치풍토의 가속화, 국수주의적인 국제관계 등이며 사회 문화적 측면에서 위기의 징후들은 사회적 아노미현상, 계층적 및 성적 갈등현상, 사회적 연대감의 약화, 복지국가 정당성의 약화 등을 들 수 있다(현외성 · 박광준 외, 1992 : 28–29).

케인즈주의 복지국가의 한계 전후의 케인즈주의 복지국가는 경제 측면에서의 케인즈주의, 사회 측면의 지주로서 베버리지의 사회보장체계를 기초로 하여 구축된 체제였다. 케인즈주의는 시장경제에 대한 적절한 개입을 통하여 공공지출을 증가시킴으로써 완전고용을 달성하는 정부의 조정자 역할을 전제로 하고 있다. 그런데 실업과 인플레가 동시에 지속되는 스테그플레이션이 장시간 동안 해소되지 못한 채 남아있게 된 것이다. 이것은 〈표 12–1〉에서 잘 나타나 있다.

〈표 12-1〉 1960~1981년 OECD 국가의 거시 경제지표(%)

경제지표	1960~1973	1973~1981
실업률	3.2	5.5
인플레이션	3.9	10.4
GNP 성장률	4.9	2.4
생산성 증가율	3.9	1.4

자료 : Pierson, 1991, p. 145.

이러한 현상들을 이유로 복지국가 비판자 특히 신보수주의 내지 신자유주의자들은 경제정책의 우선순위는 완전고용의 달성이 아니라 인플레이션의 억제에 있어야 한다고 주장하고 인플레이션의 억제정책에 수반되는 실업의 확대는 불가피하다고 주장하였다.

케인즈주의 복지국가의 한계를 바르게 인식하기 위해서는 무엇보다도 복지국가가 1930년대의 문제를 해결하기 위한 체제였을 뿐, 복지국가체제의 한계와 부적절한 결과들을 예측할 수 없었다는 사실을 상기해야 한다. 케인즈는 경제학자로서 정치적인 문제는 고려사항이 되지 못했는데, 점차 국제정치의 영향을 많이 받는 복지국가체제는 케인즈가 예측할 수 없었던 문제들에 의하여 도전받게 되었던 것이다.

복지국가제도상의 문제들과 정당성의 약화 복지국가체제는 제도상의 문제를 가지고 있었는데, 그 대표적인 문제의 하나가 실업자와 취업자 간에 소득의 차이가 없거나 어떤 경우 오히려 실업자가 높은 경우도 있다는 것이었다. 예를 들어, 〈표 12-2〉에서 보는 바와 같이 복지국가체제의 복잡한 사회보장제도와 세제로 인하여 실제의 순소득은 오히려 낮게 되는 경우가 있었다. 다른 하나는 실업자 A와 취업자 C 사이에 순소득의 격차가 거의 없다는 사실이다. 이러한 현상은 실업기간 중 실업급여를 받는 단기간 동안의 현상이기는 하지만 이러한 제도상의 문제에 대한 국민의 불신이 높아진 것도 복지국가 재편의 배경이 되었던 것은 틀림없는 사실이다.

〈표 12-2〉 취업자와 실업자의 총소득, 순소득 비교(영국)*

구 분	실업자 A	취업자 B(주급 80￡)	취업자 C(주급 100￡)
고용총소득	—	80.00	100.00
실업수당	46.00	—	—
보충수당	8.45	—	—
육아수당	13.70	13.70	13.70
주택수당	22.95	14.69	11.17
가족수당	—	10.00	—
무료학교급식비	2.60	2.60	—
무료우유제공	1.54	1.54	—
세금, 사회보험료	—	-13.00	-20.80
기 타	—	-5.65	-5.65
순소득	95.44￡	103.88￡	98.42￡

* 1985년 3월 기준, 부부 및 자녀 2인 가족의 경우임.
자료 : T. Buxton, *Work Traps and Poverty Traps*, 1985.

3. 복지국가에 대한 사상적 도전과 그 영향

복지에 대한 이데올로기의 관점들 복지국가의 위기는 복지국가에 대한 이데올로기적 논의를 다시 촉발시켰다. 복지국가체제가 경제불황과 연계되어 위기의 원인이 복지국가체제의 내적인 모순에 있다는 비판이 우익과 좌익의 진영에서 제기되었던 것이다. 복지국가체제에 대한 사상적 공격이 가해지는 이러한 현상은 '이데올로기의 종언의 종언'으로 표현될 수 있을 것이다.

사회복지에 대한 이데올로기적 관점들의 다양성과 그 내용에 대해서는 많은 학자들이 나름대로 독자적인 주장을 해 왔다. 이념적 입장을 반집합주의자(The Anti-Collectivists), 소극적 집합주의자(The Reluctant Collectivists), 페비안사회주의자(The Fabian Socialists), 그리고 막시스트(The Marxists)로 분류하여 설명한 죠지 등의 연구가 대표적인 것이고 또한 매우 간명한 분류이다.

윌리엄즈(Williams, 1989)는 복지국가에 대한 태도를 중심으로 하여 반집합주의, 사회개혁주의, 그리고 복지의 정치경제라는 세 가지로 분류하고 그 내용과 인물을 제시하고 있는데, 그것은 〈표 12－3〉에서 보는 바와 같다.

〈표 12-3〉 복지에 대한 다양한 관점들

<table>
<tr><th colspan="2">유 형</th><th>복지국가에 대한 태도</th><th>정치적 전통, 인물</th></tr>
<tr><td colspan="2">반집합주의</td><td>사회복지는 개인의 자유, 창의 선택을 제한하고 과도한 복지수요를 만들어 낸다. 복지는 가족 등의 비공식부분과 민간부문의 역할이 중요하다.</td><td>우익, 시장의 자유,
경제적 자유주의, 신우익
(Hayek, Friedman)</td></tr>
<tr><td rowspan="3">사회개혁주의</td><td>비사회주의적 복지집합주의</td><td>국가 복지급여는 국민적 효율, 박탈의 경감을 위해서 필요하다. 그러나 복지는 민간부문으로부터도 제공되어야 한다(복지의 혼합경제, 복지다원주의).</td><td>정치적 자유주의, 사회민주주의
(Beveridge, Keynes, Pinker, Owen)</td></tr>
<tr><td>페비안사회주의</td><td>복지국가는 부의 재분배를 통하여 보다 평등하고 공정한 사회를 만들기 위하여, 그리고 사적 시장의 불평등현상들에 대처하기 위해서 핵심적으로 중요하다.</td><td>사회민주주의, 페비안사회주의
(Tawney, Titmuss)</td></tr>
<tr><td>급진적 사회행정</td><td>복지국가는 부와 자원의 급진적 재분배, 그리고 평등의 추구로 구성되는 사회적으로 계획된 사회의 중핵이다.</td><td>페비안사회주의,
민주적 사회주의, 막시즘
(Townsend, Walker)</td></tr>
<tr><td colspan="2">복지의 정치경제</td><td>복지국가는 자본과 노동계급 간의 근본적인 갈등의 결과이지만, 자본주의체제하에서는 복지니드에 대처하는 것이 불가능하다.</td><td>막시즘
(Gough, Offe)</td></tr>
</table>

자료 : Williams, 1989, p. 16.

이러한 세 가지의 이데올로기가 복지국가체제와의 양립 가능성이 어느 정도인가를 그림으로 나타내 보면 [그림 12－1]과 같다. 반집합주의와 복지의 정치경제는 복지국가체제와의 양립 가능성이 거의 없으며 사회개혁주의의 세 가지 형태는 비슷하게 높은 정도로 복지국가체제와의 양립 가능성을 나타내 주고 있다.

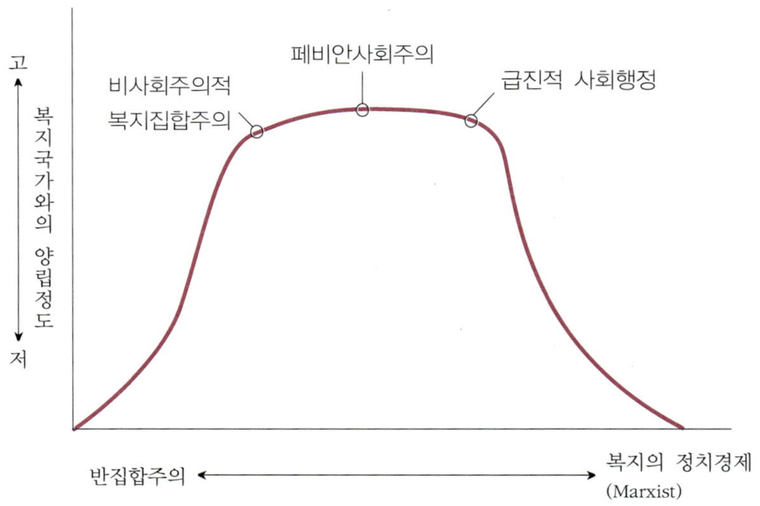

[그림 12-1] 이데올로기와 복지국가

자료 : Williams, 1989 등을 참조.

신자유주의와 그 복지관 1970년대 후반에 들어서면서 반집합주의는 신자유주의 내지는 신보수주의라는 이름으로 등장하여 사상적으로도 그리고 실제의 정책에서도 큰 영향을 미치게 되고 이 주장에 근거한 복지국가 재편은 가장 급진적인 것으로 복지국가체제의 심각한 동요를 가져왔다.

신자유주의 내지 신보수주의라는 용어는 1979년의 영국 대처정권의 탄생(Thatcherism)과 1980년의 미국 레이건정권의 탄생(Reagonomics)을 가시적인 계기로 하는 경제 사회정책의 사상적 조류를 지칭하는 말로서 이해된다. 1970년대 중반 이후 일본의 자민당 정부, 특히 나카소네(中曾根)내각의 경제사회정책(Nakasonerism)도 상당히 전형적인 경우이다.

신보수주의는 1990년대 초까지 신자유주의(Neo Liberalism)와 거의 유사한 의미로 사용되었다. 신자유주의는 현재 지구자본주의의 심화 내지 세계화의 진행과 더불어 강력해진 자본주의적 시장질서를 대표하는 용어인데, 최근에는 신보수주의라는 용어 대신 신자유주의가 보다 일반적으로 사용되고 있는 것으로 보인다.

신자유주의 정책에 내재되어 있는 복지에 대한 관념은 다음과 같이 요약될 수 있을 것이다.[1)]

- 여러 선진제국에서 보여지는 경제침체의 주된 원인은 복지국가체제의 실패, 즉 국가의 실패에 있다.
- 케인즈주의에 입각한 복지정책은 본질적으로 특히 인플레와 노동의욕의 상실로 인한 경기침체로 말미암아 국가재정의 파탄에 직면할 운명을 가지고 있었다. 따라서 국가재정의 건전화를 기하기 위해서는 작은 정부를 지향해야만 한다.
- 많은 사람들은 공적 부문의 지원과 보호 없이도 충분히 생활할 수 있다. 따라서 국가의 부조를 받는 사람은 진정으로 생활이 곤란한 자에 한정되어야만 한다.
- 모든 개혁은 지금까지 국가가 맡아 오던 것을 시장경제에 이전하는 것에 주안점을 두어야 한다.

이러한 신자유주의정책의 이론적·철학적 근거를 제공한 인물들로는 통화주의(Monetarism)의 총수격인 프리드만(Milton Friedman), 경제이론보다는 사회철학적인 측면에서 큰 영향을 끼쳤던 하이예크(F. A. Hayek), 그리고 역진적인 세제개혁의 이론적 근거를 제공한 라퍼(A. B. Laffer) 등이 있다.

두 개의 국민 전략 신자유주의적 정책의 추진은 사회불평등을 심화시키는 결과를 가져올 수 있다. 그러나 신자유주의자들에게 있어서 사회적 불평등은 불가피하게 사회에 존재해야만 하고 그러한 불평등은 사회체제의 활성화를 위해서 필요한 것으로 간주되므로 심각한 사회문제가 아니다.

빈곤층의 반대에도 불구하고 1970년대 말 이후 그 정책이 지속적으로 추진되었던 것은 소위 '두 개의 국민 전략'이라는 정치적인 전략이 있었기 때문이었다. 신자유주의자들은 국민을 두 개의 부류로 분해하여 자신들의 정권유지에 필요한 부류의 국민

1) 신보수주의적 복지국가재편에 관해서는 현외성·박광준 외, 복지국가의 위기와 신보수주의적 재편, 대학출판사, 1992, 졸고, 신보수주의와 한국사회의 정책지향, 경제와 사회 18호, 한국산업사회연구회, 1993을 참고할 것.

만의 지지를 통하여 정권을 유지하고자 하였다. 이것이 두 개의 국민 전략이다.

이 전략이 성공을 거두느냐 아니냐는 노동자계층과 중간계급의 이해관계에 기초한 태도의 변화 여하에 달려 있다. 중간계급에게 신보수주의적 정책의 경제적인 이점들을 제공하여 그들의 지지를 획득하게 된다면, 사회복지의 축소에 의해 생활에 위협을 받는 일부의 빈곤층과 노동자들이 집권정당에 반대투표를 계속 하더라도 정권을 유지할 수 있기 때문이다. 영국의 경우 이 전략이 성공한 것은 중간계급이 이러한 정책에 동조했기 때문이다. 반대로 스웨덴의 경우 이러한 시도는 실패로 끝나고 복지국가체제는 큰 체제적 훼손 없이 유지될 수 있었는데, 그것은 중간계층이 이러한 국민분리 전략을 지지하지 않았기 때문이다.[2)]

프리드만과 선택의 자유 작은 정부(minimum government)는 신자유주의의 정책이념이다. 자유시장의 존중, 규제완화, 재정수지의 균형 등을 추구하는 정책은 기본적으로는 정부의 역할이 작을수록 바람직하다는 생각을 바탕에 깔고 있다.

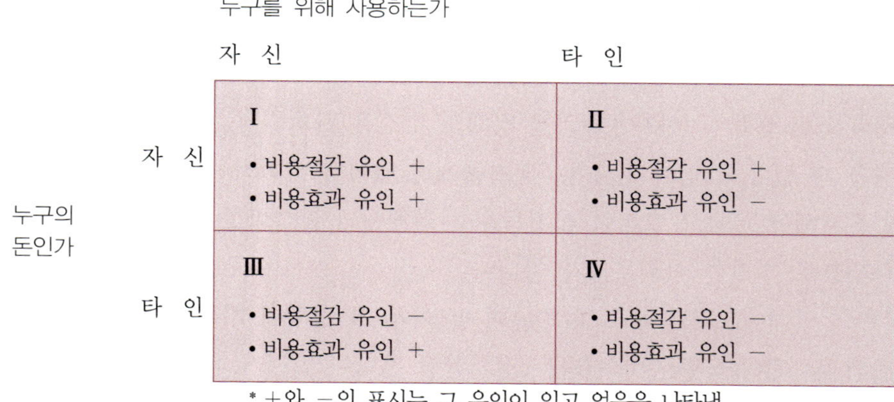

[그림 12-2] 복지지출의 낭비요인

자료 : Friedman, 조덕구 역, 1985에 근거 작성.

2) 이러한 관점에서 복지국가의 재편이 국가에 따라 어떻게 다르게 나타나는가를 설명하는 연구는 다음과 같다. 김영순, 1995.

이러한 입장은 통화공급관리에 의한 인플레 퇴치와 작은 정부를 지향하는 통화주의의 총수인 프리드만에 의하여 잘 대변되고 있다. 그는 복지국가는 가부장적이고 권위적이기 때문에 사람들에게 선택의 기회를 갖지 못하게 하는 방식으로 자유를 위협하는 것이며, 선택의 기회를 가장 효과적으르 제공하는 것은 시장이라고 주장한다. 개인의 자유와 인센티브를 중시하며, 복지국가의 낭비적이고 비효율적인 측면에 대한 그의 비판은 [그림 12－2]의 설명에서 잘 나타나고 있다. 즉, 사회복지는 '타인의 돈으로 자신이나 타인을 위하여 사용'하는 조합 Ⅲ과 Ⅳ가 대부분이므로, 비용절감유인이 없기 때문에 낭비를 초래하여 재정파탄을 초래한다는 것이다.

하이예크와 예종에의 길 복지국가에 대한 보다 이념적인 측면에서의 비판은 하이예크에 의하여 이루어졌다. 그는 근본적으로 복지국가는 개인의 자유를 제한하고, 개인생활에 대한 국가의 간섭은 국가의 권력을 지나치게 크게 하여 국민은 국가의 노예 상태로 전락하게 될 것이라고 다음과 같이 주장한다.

> 자유주의적 주장은 사물을 있는 그대로 방임하여 두자는 주장이 아니고 인간 노력을 조정하는 수단으로서의 경쟁력을 최대한으로 이용하자는 입장이다. 이 주장은 경쟁이 효과적으로 이루어질 수 있는 조건이라면 개인의 노력을 촉진시키는 일이 다른 어떠한 방법보다도 더 훌륭한 방법이라는 확신을 그 기초로 하고 있다(Hayek, 정도영 역, 예종에의 길(상) : 65－66).

이러한 주장의 배경에는 인간은 사회를 계획할 능력을 가지고 있지 못하다고 하는 자유주의자들의 인식이 강하게 자리잡고 있다. 하이예크는 만년에 동양사상 특히 노장(老壯)사상에서 자신의 입장과 유사성을 발견하여 그것을 소개하곤 했던 것으로 알려져 있다. 즉, 노장사상에서 말하는 "타오(道)는 인간이 만드는 것이 아니다. 인간은 그것을 발견할 뿐이다"라는 것은 개인의 지혜와 능력의 한계를 직시하게 만드는 아주 중요한 가르침이라는 것이다. 여기에는 인간은 인간의 활동들을 조정하고 어떤 의도적인 결과를 낳도록 계획할 능력이 없다고 하는 인간의 지혜에 대한 한계가 상정되어 있다. 이것은 인간의 계획능력에 대한 깊은 믿음을 가진 케인즈주의의 인간관과는 상극을 이루는 것이다.

4. 복지국가 재편의 내용 : 민영화를 중심으로

민영화의 의미 위기 이후 복지국가는 크게 나누어 신자유주의적 재편과 조합주의적 재편이 이루어졌고 그 내용은 서로 다르기 때문에 공통적인 특징을 도출하기는 힘들다. 이 가운데 정도의 차이는 있지만 민영화(privatisation)는 1980년대 이후 복지국가에서 보여지는 일반적인 경향의 대표적인 예가 될 수 있을 것이다.

원래 복지국가체제는 자유방임체제의 모순을 인정하고 사적 시장경제가 가정하고 있던 사회구성원들 간의 개인적 관계가, 실제에서는 사적인 것이 아니라 사회적 관계라고 하는 새로운 인식을 바탕으로 하여 성립되었다. 그러나 신자유주의자들은 이러한 사회적 소유를 사적 소유로 환원시킴으로써 시장경제의 활성화를 통해서 작은 정부를 실현시키려고 하였는데, 사회적 소유를 사적 소유 형태로 환원시키는 조치가 바로 민영화(privatisation)가 가진 개념의 요체로 판단된다.

민영화란 일반적으로 '복지서비스에서 사적 생산 혹은 사적 재정의 상대적 역할증가'를 의미하는 것이다. 사회복지와 관련지어 본다면, 국가급여의 양이나 범위를 축소시킨다거나 어떤 프로그램에 대한 국가의 지원이나 보조를 삭감하는 것, 혹은 국가가 운영하던 제도를 시장기능에 맡기는 조치 등 사회복지제도가 가지는 '사회성'을 부분적으로 혹은 전면적으로 부정하고, 적극적인 국가개입에 의해 이루어진 사회복지체제에 대하여 국가개입의 범위나 정도를 축소시켜서 그 부분만큼 사적 시장경제의 원리를 도입해 가는 일련의 조치를 뜻하는 용어이다.

민영화의 목적과 형태 사회복지부문에서 민영화 정책을 추진한 목적은 국가재정의 안정적 확보라는 측면과 보다 이데올로기적인 측면에서 민간부문의 효율을 촉진하고 국가에 대한 의존성을 감소시킨다는 것, 두 가지이다. 먼저 국가재정안정을 위해서는 보조금지출의 삭감, 적자로 운영되는 공영기업의 정리, 국유 자산의 매각을 통한 국가재정의 안정이 지향되었다.

민영화의 두 번째 목적은 효율의 추구이다. 신자유주의적 복지국가 재편을 단행한 국가들에게 있어서는 경제적인 측면에서의 효율성의 확보보다는 효율 그 자체가 가진 이데올로기적인 측면이 보다 강조되었다. 이들 국가에서는 민영화의 주목적이 효율과 경쟁이라고 밝히고 있었다. 예를 들어, 공영주택을 시세보다 저렴한 가격으로 매각한 것은[3] 매각에 따르는 재정의 확보뿐만 아니라 주택을 소유하는 것은 선이요 국가가 제공하는 주택에서 산다는 것은 국가에 대한 의존성을 의미하는 것이라는 이데올로기적인 요소를 강하게 품고 있다.

사회복지 분야를 포함한 사회 경제활동에 대한 국가의 개입은 그 어떤 것이든 다음의 세 가지 형태, 즉 공여(provision), 보조금지급(subsidy), 그리고 규제(regulation)로 이루어진다. 민영화란 위의 세 가지 형태의 국가개입을 축소하는 것으로 나타나기 때문에 민영화의 내용 역시 위와 같은 세 가지 형태로 범주화하여 살펴볼 수 있다.

민영화의 첫 번째 형태는 국가적 공여를 축소시키는 것이었다. 예를 들면, 공영주택을 매각하는 것, 민간의료 영역을 확대하는 것, 건강보험이나 NHS의 급여범위를 축소하는 것 등이 여기에 해당된다. 두 번째는 국가에 의한 보조금을 삭감하는 조치였다. 공영주택입소자들에 대한 보조금을 삭감하는 것, 건강보험 등에서 개인부담범위를 확대시키는 것, 학비보조금을 학비융자로 대체하는 것, 공공운송기관에 대한 보조금을 삭감하는 것 등이 그 예이다. 세 번째 범주의 민영화조치는 사회복지의 민간제공자에 대한 규제의 완화였다. 복지서비스 분야에 민간기업의 참여를 허용하는 것 등의 조치가 여기에 포함된다.

민영화의 사례 : 대처의 주택부문 민영화 정책 급진적인 민영화 정책의 사례로 들 수 있는 것은 대처정부의 주택부문 민영화 정책이다. 그 내용은 ① 공영주택의 매각, ② 주택보조금의 삭감, 그리고 ③ 주택 관련 보편적 사회서비스를 잔여적 서비스로 바꾼 것이다.

3) 예를 들어, 1979~1984년 사이에 매각된 공영주택의 실질시장가치는 11조￡를 상회하였다. 그러나 이 주택들이 실제로 매각된 가격은 총 6.4조￡였으므로 결국 할인된 가격은 4.6조￡에 달하였다. 이것은 공영주택이 평균 약 42%의 할인율로서 매각되었음을 의미한다(Flynn, 1988 : 293-294).

공영주택(council house)은 1979년 이후 대규모로 매각되었다. 국가자산 중 영국통신이나 영국가스 등이 매각되기는 하였으나 단일항목으로는 공영주택이 최고의 매각이었다.[4] 매각된 공영주택의 수는 1980년에 85,700호, 1982년에 207,050호로 1979년과 1983년 총선 사이에 거의 50만 호가 매각되는 드라마틱한 변화를 가져왔고, 이후 매각은 계속되어 1984년에 106,930호가 매각되었다. 또한 공영주택건설보조금은 대폭 삭감되어 공영주택건설도 격감하였다. 주택부문에서의 예산삭감은 로빈슨(Robinson, 1986)의 분석에서 보다 알기 쉽게 나타나는데 1979~1980년을 기준으로 그것을 100으로 정했을 때 1984~1985년의 경우에는 45.3으로 나타나고 있다.

주택부문에서의 이러한 대처의 정책은 한마디로 주택서비스의 '잔여적 서비스화(Residualization)'라고 할 수 있다. 잔여적 서비스화란 공공의 주택부문이 빈곤, 노령 등으로 인하여 민간 영역에서는 적절한 주거를 확보할 수 없는 특정의 사람들만을 위한 안전망을 제공하는 것에로 그 성격이 이행되는 것이며, 서비스 수급에 따르는 스티그마를 강화하고 수급자의 사회적 지위를 저하시키는 것이다(Flynn, 1988 : 308).

공영주택의 임차인이 그 주택을 구입할 경우 최고 60%까지의 가격할인과 특별한 금융지원혜택이 뒤따랐다. 그나마 그러한 주택을 구입한 사람은 경제적인 능력을 어느 정도 갖춘 사람들이었다. 그들은 이러한 국가의 특별지원을 받아 공영주택을 소유할 수 있었고 그에 따라 부를 축적할 수 있었다. 그러나 문제는 국가의 특별지원에도 불구하고 공영주택을 구입할 수 없었던 사람들이다. 물론 전자의 경우 중에도 무리하여 공영주택을 구입하였던 수많은 저소득자들은 이후의 경기후퇴로 직업이나 수입의 위협에 봉착함에 따라 심각한 경제적인 어려움을 겪는 등 문제가 없었던 것은 아니지만 후자의 경우는 다중적인 불이익에 직면하게 되었다.

우선 그들은 공영주택을 구입한 사람들이 막대한 정부의 지원을 받았던 데에 비하

4) 공영주택의 매각을 촉진하기 위해서 법적, 제도적 조치들이 시행되었다. 1980년의 주택법(Housing Act of 1980)은 공영주택거주자에게 저렴한 가격으로 그들이 현재 살고 있는 공영주택을 구입할 법적 권리를 부여함으로써 공영주택의 매각을 촉진하였다(Hill, 1983 : 235). 공영주택의 구입을 용이하게 하기 위하여 시장가격의 33%에서 최고 50%까지의 가격인하조치를 단행하였고, 1984년의 주택 및 건축통제법(Housing and Building Control Act 1984)은 최대할인율을 50%에서 60%로 규정하였다.

여 상대적으로 불이익을 당하였다. 그리고 그들은 집세의 인상과 집세보조금의 삭감 등으로 더 한층 경제적인 어려움을 겪어야 했다.

공영주택을 매입하지 못하고 계속 임차의 형태로 공영주택에 머무를 수밖에 없는 사람들이 겪어야 하는 또 하나의 중요한 불이익은 바로 '공영주택에 머무를 수밖에 없는 지위라고 하는 대중의 인식에서 오는 스티그마'였다. 공영주택 중 보다 양질의 것이 매각되었고, 연금생활자, 편부모세대, 실업자, 기타 공영주택을 구입할 가능성이 없어 보이는 사람들의 비율이 증가함으로써 공영주택의 입주가 저소득층의 표식이 되었던 것이다.

5. 새로운 사회복지환경과 복지국가의 선택

1) 경제적 환경

복지국가와 경제성장 전후 복지국가체제가 성립하여 확고하게 뿌리를 내릴 수 있었던 것은 지속적인 경제성장에 힘입은 것이었다. 경제성장은 한편에서는 복지국가체제의 막대한 재정지출을 감당하게 해 주었으며, 다른 한편에서는 개인에게도 경제적 풍요를 가져오게 하여 무거운 과세 및 사회보장부담에 대하여 관대한 태도를 가지게 함으로써 복지국가가 뿌리내릴 수 있는 사회적 조건과 분위기를 제공하였던 것이다. 경제성장의 이러한 측면을 미쉬라는 다음과 같이 표현하고 있다.

> 요컨대, 경제적 번영이란 양날이 있는 칼과 같다. 한 면은 복지에 대한 국가의 역할을 감소시키고 서비스의 민영화를 촉진하는 원리를 제공하는가 하면, 다른 면은 해마다 부가 증가함으로써 그만큼 더 관대한 사회계획을 마련할 수 있다는 것이다. 국가수입의 증대는 사회적 경비와 개인적 수입을 모두 늘릴 수 있다. 개인적 풍요와 사회적 관용은 잘 어울릴 수 있는 것이다(Mishra, 김한주 · 최경구 역, 1987 : 17)

그러나 이미 1970년대 후반 이후 자본주의경제는 저성장시대로 접어들었다. 그러나 복지국가체제의 기본적인 골격을 유지하기 위해서는 어느 정도의 경제성장이 계속 필요하다는 것에 복지국가의 고민이 있다. 인구고령화에 수반되는 사회지출의 자연적인 증가를 충당하기 위해서는 어느 정도의 경제성장이 필요하고, 인구고령화에 의한 추가적인 지출증가는 피할 수 없는 것이기 때문에 지속적인 성장이 없다면 사회복지의 확대는 불가능하다.

복지국가의 선택 이러한 상호 모순된 과제를 동시에 해결하기 위해서, 다시 말해서 복지국가체제와 지속적 성장과의 양립 가능성을 높이기 위해서 복지국가가 선택할 수 있는 정책은 한정될 수밖에 없다. 또한 지속적인 성장의 수준이 어느 정도인가도 매우 불확실한 문제이다. 더욱이 지구자본주의의 심화에 의해 경제상황은 이미 국내의 경제적 환경에 의해서만 영향받는 것이 아니라 국제적인 경제환경 및 정치환경으로부터 더 큰 영향을 받을 수 있기 때문에 경제성장을 쉽게 예측할 수도 또한 성장의 목표를 달성하기도 매우 불확실한 상황에 처해 있는 것이다.

경제성장이 앞으로 지속될 것이라고 가정하고 복지국가의 사회제도나 서비스를 계획하는 것을 선택할 수 있다. 이것은 리스크가 큰 선택이며, 세대 간의 불공평문제를 야기할 수 있다. 왜냐하면 연금제도의 경우에서 흔히 볼 수 있는 것처럼 성장을 가정하고 그에 상응하는 부담을 행했음에도 자신이 그 제도의 수급자가 되었을 때 상대적으로 적은 급여를 받게 되는 계층의 반발이 있을 수 있기 때문이다.

경제성장이 거의 없을 경우를 가정하고 사회지출을 억제하는 것으로 미래에 대처하는 방법도 선택할 수 있을 것이다. 그러나 이러한 선택은 개인 혹은 가족의 책임으로 생활문제에 대처하는 가족의 재(再)가부장제화를 촉진하는 결과를 가져올 수 있다.

2) 인구의 고령화

인구고령화의 영향 이미 1982년 빈에서 열린 국제고령자문제회의에서 21세기에는 선진국뿐만 아니라 지구적 규모의 고령화가 사회구조의 대전환을 가져올 것이라고 하는 점이 지적된 바 있다. 복지국가의 발전은 자본주의의 발달이라는 측면과 밀접하게 관련되어 있었다. 그런데 자본주의라는 요소와 가장 관련이 적으면서 복지국가의 재편과 앞으로의 정책 선택에 큰 영향을 주는 요인이 이 인구고령화이다.

인구고령화의 속도가 빠르면 상기와 같은 충격을 더욱 강력하게 받을 수밖에 없기 때문에 더욱 심각한 문제가 된다. 급격한 인구구조의 변화는 연금제도, 의료제도, 경제성장과 같은 국가정책 수립에 매우 중요한 영향을 주며, 특히 연금제도에서는 고령화의 속도가 세대 간 재분배의 형평문제를 야기하는 중요한 문제이다.

인구고령화는 국가재정에뿐만 아니라 소득재분배에 악영향을 주는 것으로 지적되고 있다. 즉, 일본이나 대만의 경우 1980년대의 소득불평등의 심화는 인구고령화에 그 원인이 있다는 지적이 제기되고 있다(예를 들어, 大竹文雄, 1999). 또한 인구고령화가 저출산과 결부되면 노동력의 심각한 부족현상을 야기할 수 있다.

복지국가의 선택 경제의 저성장과 인구고령화는 서로 다른 방향에서 국가재정에 영향을 준다. 전자는 국가재정지출을 줄이도록 하는 압력요인으로 후자는 재정지출을 늘리도록 하는 요인으로 작용하는 것이다.

이미 독일과 일본, 그리고 한국은 노인의료비의 급증에 따른 장기요양보호(long-term care)라는 욕구에 대처하기 위하여 사회보험제도를 도입하였다. 그런데 이러한 선택에는 많은 의견조정이 필요하였고 조세를 통한 공비부담방식으로 대처해야 할 것인가 아니면 사회보험방식으로 대처해야 할 것인가를 둘러싸고 큰 대립이 있었다. 이것은 복지국가 재편 이후 한편에서는 국가의 책임이 후퇴되어 가는 경향을 보이면서도 국민들 간의 의견대립을 조정하기 위하여 국가의 역할이 크게 요구됨을 의미한다.

인구고령화의 영향을 가장 많이 받는 제도인 연금에 대해서도 많은 국가들은 연금수급개시 연령을 미룬다거나 연금수준의 산정기준이 되는 소득수준에서 비교적 높은 수준인 퇴직 전의 몇 년간의 평균보다는 전생애소득을 기준으로 삼아 연금급여 수준을 낮추는 조치를 취하고 있다. 인구고령화의 속도가 빠른 경우에는 급속한 인구고령화에 의해 연금제도에 필요한 보험료부담과 실제의 연금수급 수준 간에 상당한 차이가 존재할 수 있고 상대적으로 이익을 보는 계층과 상대적으로 불이익을 보는 세대 간에 긴장이 발생할 수 있는데, 이에 대한 조정자로서의 국가역할이 강화되지 않을 수 없을 것으로 보인다.

3) 냉전의 붕괴

사회개발정상회의와 인간개발 냉전의 붕괴는 복지국가체제에 다양한 정도로 영향을 주고 있다. 무엇보다도 UN의 관심이 사회복지로 쏠리게 하는 데 냉전의 붕괴가 작용하였다. 즉, 제2차 세계대전 이후 성립된 UN의 일차적인 과업은 전쟁의 방지였다. 그런데 냉전체제의 붕괴로 대규모 전쟁의 위험이 현저히 줄어들게 되자 UN의 주된 활동분야가 사회개발부문으로 옮겨졌다. 코펜하겐에서 1995년에 개최된 UN의 사회개발정상회담(World Summit for Social Development, Copenhagen, Denmark, 3월 6~12일, 1995년)은 UN 창설 50년이 지난 시점에서 그 기구의 우선과업이 사회개발에 두어져야 한다는 것을 선언한 것이었다. 선언문에 포함된 다음의 문구들은 앞으로 사회개발을 촉진하기 위한 국제적인 협력을 강조하고 있다.

> 인구, 지속적인 경제성장, 사회개발, 지속 가능한 발전, 안전, 그리고 평화 등은 상호 의존적이고 상호 보완적임을 인식하고, 급격한 인구증가의 억제, 빈곤타파, 환경보호, 고용창출 및 실업억제, 그리고 사회통합 증진 등을 위한 노력이 경주되어 장애인과 특히 여성을 포함한 모든 사람들이 정치, 경제, 사회, 문화의 모든 영역에서 충분하고 평등하게 참여할 수 있도록 한다.…… 사회개발에 관한 한 '20대 20의 원칙(국가예산의 20%를 사회개발부문에 투입하여야 하고, 국제협력금액의 20% 규모를 후진국의 사회개발 원조에 충당해야 한다는 원칙)'이 빈곤을 타파하고 개발협력을 추진하는 데 유용한 개념임을 확인한다.

UN의 사회개발활동은 불균형의 시정이 그 목표가 되어 있는데, 불균형이란 선진국과 후진국과의 불균형, 경제개발과 사회발전과의 불균형, 빈부격차, 그리고 남녀간 지위의 불평등 등으로 압축될 수 있을 것이다. 이러한 불균형에 대한 국제적 관심을 불러일으키고 있는 또 하나의 시도는 인간개발보고서(UNDP, Human Development Report)의 발간이다.

인간개발의 사상에는 다음의 네 가지의 요소가 포함되어 있다(Human Development Report, 1995). 첫째는 생산성(productivity)으로 인간은 자신의 생산성을 높이고, 소득을 산출하는 과정에 참여해야 한다는 것으로 경제성장이 인간개발의 일부분임을 인정하는 것이다. 둘째는 공평(equity)으로서 모든 인간에게 기회가 보장되어야 하고 그 기회에 접근할 수 있어야 한다는 것이다. 셋째, 지속 가능성(sustainability)으로서 기회의 보장은 현세대만이 아니라, 다음 세대에도 보장되어야 한다는 것이다. 마지막으로 권능부여(empowerment)로서 개발은 인간을 위해서 있어야 할 뿐 아니라, 인간에 의한 것이어야 한다는 것이다.

복지국가의 선택 : 국제적 협력 사회문제들, 예를 들어 빈곤이나 실업 등의 문제는 점차 한 국가 내의 문제가 아니고 국제적인 문제가 되어 가고 있다. 국가 간 상호 의존성이 강화되기 때문이다. 개발도상국들의 삶의 질이 어느 정도 확보되지 못한다면 선진국의 발전도 더 이상 불가능하다.

지구적 규모에서 인간개발과 사회개발을 추진하고자 하는 국제적인 움직임은 바람직하다. 특히 인구구조의 변화로 인하여 노동력 부족에 시달리는 국가가 노동력 과잉상태인 후진국가의 노동력을 노동이민으로 활용하는 문제는 지구적 규모에서 균형 잡힌 발전을 촉진하는 계기가 될 뿐만 아니라 복지국가의 현실적인 문제를 해결하는 방법이기도 할 것이다. 그러나 전문인력의 해외유출은 해당국가에게 심각한 영향을 줄 수 있음에 유의해야 한다. 예를 들어 필리핀 간호사의 해외이동은 필리핀 국내 의료계에 간호사 부족이라는 중대한 문제를 불러일으키고 있다.

4) 환경문제와 지역 중심적 대처

지속 가능한 발전 복지국가체제는 지속적인 경제성장을 전제로 한 체제였다. 그러나 경제성장과정에서 자원의 고갈과 대량의 폐기물의 양산 등의 문제가 심각해져서 이대로 방치하면 성장 그 자체도 불가능하다는 것이 이미 일반적인 견해가 되어 있다. 따라서 복지국가는 사회가 앞으로도 지속적으로 성장할 수 있는 범위 내에서 성장할 수 있도록 성장의 속도를 늦추지 않으면 안 된다는 사실을 인정하고 있다. 이것이 곧 지속 가능한 발전(sustainable development)의 사상이다.

글로벌리제이션의 경향은 한편으로는 어떤 문제에 대하여 지역 차원에서 대처하는 경향을 동시에 보이고 있다. 생활단위인 지역사회를 모든 문제의 해결단위로 보는 경향인 것이다. 어떤 사회변화가 한 지역 내에서 특정의 인구층에게 불리한 영향을 주는 것에 대한 인식도 점차 확산되고 있다. 예를 들어 '모터리제이션(motorization)'의 문제가 그 대표적인 것이다. 대규모의 슈퍼마켓이 자동차를 이용해야만 접근 가능한 지역에 위치하게 되고, 사람들이 그곳을 더 많이 이용함으로써 지역에 위치한 소규모의 식료품점이나 잡화점의 수가 점차 줄어들어서 자동차를 이용할 수 없는 장애인이나 고령자 등에게 있어서는 물품구매의 접근성을 악화시키는 문제이다. 식품사막(food desert)이라는 말은 이러한 배경에서 생겨났다.

이러한 경향은 지역공동체적 발상을 촉진하는데, 그것이 복지국가정책과 때때로 마찰을 일으키기도 한다. 환경을 중시하는 많은 도시들이 식료를 가능한 한 자신의 지역에서 확보하는 것에 초점을 두는 도시계획을 서두르고 있다.

복지국가의 선택 : 복지문화의 양성 지속적인 성장을 통하여 완전고용을 유지하는 것이 복지국가의 전제이지만 환경문제의 제약으로 말미암아 그 성장의 속도를 늦추지 않을 수 없는 상황이 복지국가의 딜레마이다. 환경문제에 대처하는 과정에서 더욱 현저해진 지역 중심적 문제해결 경향은 주목할 만하다.

지역의 책임을 강화하는 이러한 경향은 국가책임의 약화, 즉 복지국가의 후퇴로 간주되기도 한다. 그러나 국민의 삶의 질, 사회복지의 질이 어느 정도인가 하는 문제는 그것을 확보하기 위한 국가재정의 투입에 의해서가 아니라 그 사회 자체의 질에 의해 크게 영향을 받는다는 사실을 간과해서는 안 될 것이다. 코펜하겐에서는 버스에서 노인이나 장애인이 타고 내릴 때 주위의 건강한 사람이 부축한다는 것이 상식화되어 있다고 한다. 이러한 지역공동체적 시스템과 장애인의 외출을 돕기 위하여 복지기관의 직원을 파견하는 시스템을 비교해 보는 것은 재미있다. 후자는 많은 자원을 장애인 외출을 보장하기 위해서 투입하지만 장애인의 삶의 질이 전자에 비해 높다고는 볼 수 없는 것이다. 이러한 사례는 사회복지의 질이 지역공동체적인 생활양식, 바꾸어 말하자면 복지문화의 성숙 정도에 따라서 크게 좌우된다는 사실을 일깨워 준다. 그러므로 복지국가체제가 지역공동체적 생활질서가 정착되고 복지문화가 더욱 성숙될 수 있도록 지원하는 것은 재정부담 없이 사회복지의 질을 유지하는 하나의 대안이 될 수 있을 것이다.

03

한국의 사회복지발전

제 3 편

사회복지발전의 국제적 요인과 한국문화

13

1. 사회복지발전의 국제적 요인

사회복지발전의 요인들 사회복지는 왜 도입되는가? 이 문제에 대해서는 두 가지의 연구 경향이 있어 왔다. 하나는 국내적 요인을 중심으로 그 문제의 해명을 시도하는 경향이 있다는 점이다. 국내적 요인으로서 중시되고 있는 인구고령화는 소위 새로운 사회적 리스크(new social risks)의 대표적인 것으로 사회복지체제의 근간인 사회보험제도의 유지 발전에 큰 압력으로 작용하며 노등, 교육, 의료, 주거, 복지서비스 등 사회전반에 큰 영향을 주는 요인이다.

다른 하나의 경향은 복지제도의 기원이나 사회적 역할에 관한 많은 설명들이 결정론적인 관점에 서 있다는 것이며, 어떤 하나의 원인으로 사회복지도입을 설명하려는 경향이 보여진다는 것이다.

사회복지의 도입시기와 내용이 왜 국가에 따라 다른가의 문제에 대해서는 많은 연구자들이 설명을 시도해 왔지만, 여기에서는 국내적 요인에 대해서보다는 '국제적 요인'을 중심으로 볼 필요가 있다는 점을 강조한다. 현대사회에서는 국제기구나 국제협정 등이 사회복지의 확산에 중요한 영향을 주고 있다는 것이 널리 인식되어 있지만 그것은 현대사회에 국한되는 경향이 아니라 사회복지발전의 초기단계에서도 그러했다.

사회복지 도입의 시기와 내용에 대해서는 '국가 간 학습 내지 확산(diffusion)'의 관점에서 설명할 필요가 있다. 콜리어 등(Collier & Messick, 1975)은 70여 개 국가의 정책확산의 유형을 '지리적 근접에 의한 확산'과 '커뮤니케이션에 의한 확산'으로 구분하고 어떤 국가가 먼저 사회보장을 도입한 국가의 제도를 모방하는 것에 영향을 주는 요인은 지리적 근접, 공통의 언어, 식민지의 경험이라는 세 가지 요인이며, 그중에서도 중요한 요인은 '언어'라고 주장하였다.

사회복지는 이러한 국내적 요인에 의해서만 도입 발전되는 것이 아니라 다른 나라의 복지제도를 학습하거나 혹은 국제적 영향으로 정책을 도입하는 등 국제적 요인에 의해서 크게 영향받는다는 점을 염두에 두어야 할 것이다.

사회복지도입의 국제적 요인과 세계화 어떤 정책을 시행하기 전에 다른 나라의 경험을 검토하고 그 시사를 얻고자 하는 작업은 현재에도 과거에도 있어 왔다. 프랑스는 대혁명 이후에 영국의 구빈법을 연구하였고 비스마르크는 사회보험입법을 위하여 프랑스의 고령자보호사례를 연구하였다. 또한 로이드 죠지는 영국의 사회보험을 위하여 비스마르크와 벨기에의 사회보험을 모방하였다. 1898년 이탈리아의 사회보험(노령연금과 의료보험)은 프랑스와 벨기에의 제도를 통합한 것이며, 오스트리아의 연금제도는 독일모델이었다. 일본은 메이지 이후 다른 나라의 제도 도입을 성공적으로 한 좋은 사례이다. 1869~1882년 사이에 일본은 프랑스로부터 육군편재 등 5개 영역, 영국으로부터 해군 등 4개의 영역, 미국으로부터 의무교육제도 등 3개의 영역을 도입하였으며 독일과 벨기에로부터도 하나씩의 제도를 도입하였다.

정책혁신의 국제적 확산의 배경은 크게 두 가지로 생각할 수 있다. 하나는 한 국가가 국제적인 압력의 결과로 정책을 도입하는 경우이며, 다른 하나는 국가가 자율적인 판단하에 다른 나라의 정책을 모방하여 도입하는 경우이다. 국제적 수준에서의 발전이나 환경변화는 어떤 경로를 통하여 개별 국가의 국내정책에 반영되는가를 다양한 형태의 정책확산을 선행연구를 참고로 유형화한다면 다음의 네 가지 패턴을 확인할 수 있다(朴光駿, 2006).

정책혁신이 국제적으로 확산되는 첫 번째 유형은 국제적 강제(penetration)이다. 이것은 전후의 일본과 독일이 점령군사령부(GHQ)의 정책을 받아들이는 것으로, 일방적 강제의 형태로 시행되는 것이다. 일제식민시대에 일본의 정책이 식민지조선에서 시행된 경우, 또한 미군정기의 한국에서 시행된 정책들의 사례가 이에 해당한다.

두 번째의 유형은 국제적 강요(imposition)이다. 국제적인 영향에 의해 특정 정책을 실시한다는 점에서는 국제적 강제와 유사하지만, 그 정책을 도입하는 국가의 입장에서 본다면 어떤 이익이 있다는 점에서 다르다. 1997년 경제위기 이후 한국정부가 IMF의 구조조정프로그램을 도입한 것이 그 예이다.

세 번째는 국제적 보조맞추기(harmonization)이다. 이것은 정부가 지금까지 견지해 온 국내정책을 다국가 간의 기준에 맞도록 의도적으로 수정하는 것을 의미한다. 1990년대에 들어 한국에서 UN의 인권규약의 비준과 관련하여 시행된 복지발전이 이러한 유형에 속한다.

네 번째 유형은 자율적 도입(diffusion)이다. 어떤 압력이나 의무에 의해서가 아니라 국가의 자율적인 판단에 의하여 도입을 결정하며, 도입하는 정책의 내용도 도입국에서 결정하는 유형이다. 이러한 유형에 있어서는 특히 언어적인 유사성이 크게 작용하는데, 1970년대 한국의 의료보험제도에서 일본모델을 도입한 것이 그 좋은 예이다.

국제적인 관점은 한국의 사회복지발전을 논의하는 데에 있어서 특히 중요하다. 한국은 고대로부터 중국에서 많은 문물을 받아들여 왔으며, 빈민구제나 사회제도의 틀이 중국을 모델로 삼는 경향이 강하였다. 그 후 일제식민지와 미군정기에는 국내적 요인으로는 도저히 설명하기 어려운 방식의 복지발전이 이루어졌다. 한국전쟁과 그 이후의 개발독재체제도 세계적인 냉전체제와는 분리시켜서 생각하기 어려운 일이며, 한국사회복지발전의 획기적 계기로 평가되는 1990년대 말의 경제위기도 신자유주의적 세계화와 밀접하게 관련된 일이다.

복지제도의 단절과 연속성에 관하여 한국사회복지의 역사를 논의하는 데에 있어서 고려해야 할 중요한 차원은 사회복지제도의 연속성과 단절에 관한 것이다. 한국의 복지제도는 삼국시대 이후 고려와 조선을 거치면서 시대에 따라 제도의 변화가 있었지만 유교적 통치구조 속에서 국왕의 인정(仁政)의 방편으로서 빈곤구제가 행해져 왔다는 점에 있어서는 큰 변화가 없는 연속적인 과정이었다고 생각된다. 그러나 근대화의 시작인 개항을 전후하여 조선은 격동의 국제정세하에 놓이게 되고 결국 일본의 식민지로 전락하였다. 식민지시대에는 말할 것도 없이 일본의 사회제도들이 그대로 이식되었다. 근대적 형태의 사회복지의 많은 부분들이 이 시기에 도입되었다. 36년간의 일제통치로부터 해방되자마자 다시 미군점령기 3년을 경험하였다.

그런데 현재 한국의 사회복지를 보면, 그 기원이 일제시대의 복지제도에 있는 경우도 있지만, 일제에 의해 도입된 제도들이 모두 그대로 남아 있는 것이 아니다. 그렇다면 한국사회복지의 기원은 어디로 보아야 할 것인가의 논의가 필요하다. 그래서 특히 식민지시대와 미군정기의 복지를 다루는 데에 있어서는 사회복지역사의 단절과 연속이라는 관점을 가지는 것이 중요하다.

1990년대 이후 경제학과 정치학, 사회학의 분야에서 신제도론, 혹은 신제도주의(new institutionalism)가 대두되었다. 신제도주의는 제도와 그 변화를 둘러싼 전략적 행위와의 관계를 규명하고자 하는 것에 관심의 초점을 두며, 제도의 생성이나 변화를 가져오게 하는 중요한 요인으로서 그 제도의 결정에 관여하는 액터의 이익이나 목적에 대해서가 아니라 그 액터의 행위를 규정하는 제도환경을 중시하는 입장을 취한다. 따라서 신제도주의는 제도가 어떻게 지속되는가, 제도는 왜 국가 간에 다른 모습을 하는가를 보다 잘 설명할 수 있는 강점을 가진다.

역사적 제도주의에 있어서 제도변화의 설명도구로서 개발된 대표적인 개념이 '경로의존성(path dependency)'이다. 경로의존성이란 '정책결정자에게 놓여 있는 정책선택의 폭이 이미 존재하는 구조의 형태에 의해 한정된다는 것(Bonoli, 2000 : 42)'이다. 이 개념은 1990년대 말부터 예를 들어 각국의 연금제도개혁에서 왜 구조적인 개혁이 이루어지지 못하고 미시적이고 계수조정적인 개혁만이 이루어지고 있는가를 설명하는 논의에 자주 동원되었다.

기본적으로 어떤 제도가 형성되면 본질적으로 안정성과 계속성을 가지면서 변화에 저항하기 때문에 그 제도가 지속된다는 것이 역사적 제도주의의 입장이다. 다만, 사회제도는 급격한 사회변화에 의하여 중단되거나 근본적인 변화가 있을 수 있다는 점은 역사적 제도주의자들도 인정하고 있다.

그렇다면 일제시대나 미군정기에 형성된 사회복지제도의 유산이 현재 한국의 사회복지제도에 남아 있는가라는 문제를 제기해 볼 수 있다. 1960년대 이후에도 한국은 자발적으로 사회복지의 일본모델을 도입하는 경우가 있었다. 그리고는 1990년대 말 이후 사회복지의 제도적 체계가 형식적으로 완성되어 가면서 일본식의 복지모델로부터의 탈피가 두드러졌다.

한국사회복지발전의 시대구분 한국의 사회복지발전의 연구대상을 근대 이전부터 현재까지로 삼고 있는 연구는 아직 필자로서는 발견하지 못했다. 거의 유일한 연구인 구자헌(1970)의 연구는 고대부터 1960년대까지를 그 연구범위로 삼고 있다. 구자헌은 크게 '고제민생구휼사(古制 民生救恤史)'와 '근대적 사회복지'로 시대구분하여, 전자는 삼국시대와 고려시대, 조선시대로 나누어 민생구휼제도를 소개하고 있고, 후자에 대해서는 일제시대와 해방 후의 사회복지로 나누어 고찰하고 있다. 비록 연구의 체계성의 관점에서는 높이 평가받기 어려운 연구일지 모르나 1970년의 시점에서 한국의 사회복지역사를 정리하고 논의하였다는 점에서 매우 가치 있는 연구라고 평가할 수 있을 것이다.

본 연구에서는 근대 이전의 사회복지제도에 대해서는 별도의 시대구분을 하지 않고 개괄적으로 소개하는 것에 그치지만, 다른 한편, 근대 이전의 제도가 가지는 사회복지발전상의 의의가 무엇인가라는 관점에서 두 개의 중요한 문제를 제기한다. 그것은 첫째, 조선시대 법전에서 규정하고 있는 지방관의 구빈책임을 빈곤구제의 국가책임으로 인정할 수 있는가의 논의이며, 둘째, 국민의 대다수가 이용한 빈곤방지 대책인 환곡제도를 어떻게 보아야 할 것인가의 논의이다.

근대 이전의 시대와 일제시대, 그리고 미군정기의 사회복지는 시대별로 따로 기술되어야 할 만큼 제도의 성격이 구분될 수 있고, 본 연구에서도 그렇게 시기구분하고 있다. 문제는 미군정 이후 현재까지의 사회복지발전을 어떤 시대구분에 근거하여 논의하여야 하는가에 관한 것인데, 여기에서는 주목할 만한 두 개의 선행연구의 시대구분을 소개하기로 한다.

우선 이혜경(2006)은 한국의 사회복지 60년사를 다음과 같이 4개의 단계로 나누고 있다 : 첫째, 권위주의적 보존국가와 해외 의존적 응급 구호(1945년부터 1959년까지), 둘째, 권위주의적 발전국가와 선성장 후분배 정책(1960년대서 1987년 6월 민주항쟁까지), 셋째, 민주화의 실험과 소극적 복지국가(1987년에서 1997년 외환위기까지), 넷째, 민주화와 생산적 복지(외환위기 이후)의 단계이다. 한편, 이영환(2004)의 저서는 계급정치라는 관점에서 해방 이후 한국사회복지발달단계를 ① 계급정치의 억압과 복지부재단계(1945~1961), ② 계급정치의 억압과 복지형성단계(1961~1987), ③ 저항의 폭발과 복지개혁단계(1987~1997), ④ IMF

경제위기와 의사조합주의 실험단계(1998년 이후)로 구분하고 있다.[1)]

이러한 두 개의 시대구분은 연구의 관점은 다르다고 하더라도 결과적으로 시기구분은 거의 일치한다. 어쩌면 이것은 한국에서는 비교적 자명한 시대구분일 수 있을 것이다. 본 연구에서는 1960년대 이후의 사회복지발전단계를 권위주의 시대, 민주정부의 시기, 경제위기 이후라는 세 개의 시기로 구분하여 논의하는데, 이 시기구분은 결국 위의 두 선행연구와 시기적으로 일치한다. 다른 것이 있다면, 국내적 요인을 경시하지 않으면서 국제적 요인과 영향이라는 관점에서 복지발전을 논의하고 있다는 점이다.

각각의 단계에 있어서 국내요인으로서는 정치적 배경과 경제적 배경을 중시하고 있고 그 각각의 시대의 구조적 사회문제를 논의한다.

2. 한국사회복지발전에 영향을 미치는 문화적 특성

강한 민족적 정체성 한국은 유라시아대륙에 연결된 동쪽 끝부분의 반도에 위치해 있다. 이러한 지정학적인 특징으로 인하여 한국은 중국으로부터 오랫동안 분리해서 생각하기 어려울 정도로 밀접한 영향을 받아왔다. 유교와 불교 등의 종교와 기타 많은 문명제도는 중국으로부터 도입되었다. 일본과도 많은 교류를 거듭해 왔다.

조공과 책봉으로 특징지어지는 동아시아의 질서는 한(漢)나라 시기로부터 형성되었다고 알려져 있다. 한국은 삼국시대부터 이러한 질서, 즉 중국을 중심으로 하여 그 주변국이 조공을 바치는 체제에 편입되었다. 그것은 약소국인 중국 주변의 국가가 중국의 직접적 지배로부터 국가를 보호하기 위하여 취한 외교적인 관례였는데, 그 질서가 위계적이었다는 것은 부정할 수 없는 일이다. 하지만 그것이 곧 중국에 의한 주변국의 직접 지배를 의미하는 것은 아니며, 조공행위가 곧 예속적인 상태를 의미한다고 보는 것은 무리가 있다. 오히려 그것은 중국과의 사회 전반에 걸친 교류였으

1) 이상의 두 연구는 시대구분과는 별도로 해방 이후 한국사회복지발전을 폭넓은 시야에서 조망하면서 논의한 중요하고 수준 높은 연구이다.

며, 중국을 중심으로 한 보편적인 외교규범이었다. 영국이 중국에 외교를 요구할 경우에도 조공의 형식을 취했었다. 그만큼 19세기까지 동아시아의 국제질서에 있어서 조공과 책봉에 의한 평화의 유지는 보편적인 외교규범이었다. 이삼성(2009상)은 이것을 '위계적 안보레짐(hierarchical security regime)'이라고 표현한다.

그런데 동아시아관계를 살필 때 유념하지 않으면 안 될 것은, 중국이라는 존재 그 자체가 시대에 따라 국력이나 영토가 유동적이었다는 사실이다. 현재 중국이라고 불리는 지역 내에서도, 역사적으로 보면 농경문화의 중원(中原)과 유목문화의 북방민족 간에는 주도권 싸움이 끊이지 않았다. 과거 2000년을 보더라도 북방민족이 중국을 지배한 기간이 그 절반이나 된다. 또한 한(韓)민족을 포함하여 중국의 동북지역에 기반을 둔 국가들도 한때 강성해져서 중국을 넘보는 경우가 있었다. 삼국시대에 이 지역을 차지하고 있던 고구려는 한때 동아시아 최대의 국가의 모습을 보였다. 수나라는 고구려와의 책봉관계를 강요하려다가 오히려 고구려에게 멸망당하는 결과를 가져왔고, 당나라도 책봉관계로 인하여 고구려와 많은 전쟁을 치렀다. 그 후에도 중국은 수차례에 걸쳐 그 주인이 바뀌는 과정을 거쳤고, 그때마다 한국은 새로운 왕조의 성립에 영향을 받아왔다.

중요한 것은 수천년 동안 중국과 지리적으로 연결되어 있었음에도 불구하고 한국은 중국에 흡수되지 않고 지속적으로 민족국가를 유지해왔다는 사실이다. 그것은 한국인이 가진 민족적 정체성이 지극히 강했다는 것을 의미하는 것이다. 국권을 완전히 상실한 일제시대에도 민족적 정체성은 여전했다. 그러나 이러한 민족적인 정체성이 자연스럽게 유지되었다기보다는 민족적 정체성을 위협하는 세력에 대한 수많은 사람들의 저항과 투쟁에 의한 것이라고도 할 수 있을 것이다.

사대주의적 경향 강한 민족적 자부심은 다른 민족에 대한 이해를 결하거나 배타적인 경향을 띠기 쉽다. 조선시대에는 명나라에 대한 지나친 숭배경향과 더불어 그 이외의 나라나 민족에 대한 멸시적인 태도가 두드러진 시기였다. 민족적 차별의식은 현재도 한국 사회의 심각한 문제로 지적되고 있다. 조선은 명나라를 섬겼다. 경국대전의 예전(禮典)에는 '사대(事大, 큰나라를 섬김)'의 조항이 있고, 그 예가 구체적으로 기술되어 있다.

명나라가 쇠퇴하면서 중국에서 본다면 동쪽, 한반도에서 본다면 북쪽에 여진족(만주족)의 나라인 금나라(후에 청나라)가 강대해져 조선을 압박하였다. 조선은 만주족을 멸시하는 태도만을 가지고 있다가 병자호란을 당하고 급기야 '삼전도의 치욕'을 겪었다. 국토는 짓밟힌 채 인조는 삼전도(三田渡, 지금의 서울 송파)에서 청 태종에게 신하의 의복을 입은 채로 세 번 절하고 아홉 번 머리를 조아리는 예를 강요당했고, 세자는 볼모로 잡혀갔다.

그러나 그러한 굴욕에 대한 조선지배층의 반응은 정신병적인 것으로, 소위 '소중화주의(小中華主義)'라는 것이었다. 진정한 중화는 명나라였고, 명이 야만족인 청에게 멸망했기 때문에 남아 있는 조선이야말로 진정한 중화라고 하는 생각이다. 조선지배층의 이러한 무위와 무능이 조선을 일제의 식민지 상태로 떨어뜨린 진정한 원인일 것이다.

사대주의적 사고는 주체적 사고와 주체적 활동의 결핍을 의미한다. 20세기 초 한국을 여행한 외국인은 한국의 가로수가 모두 마로니에로 심어져 있는 사실에 한편에서는 놀라워하고 다른 한편에서는 우려를 표하고 있다. '가로수라고 하면 마로니에'라고 하는 고정관념이 그렇게 급속히 확산되고 수용되는 것은 어떤 의미를 가지는가? 이러한 현상은 '급속한 동조현상과 급속한 변화의 수용으로 인한 혼선(김일철, 2003 : 11)'이라는 표현으로 설명될 수 있을 것이다. 사회구성원의 주체성이 약할 때, 군중은 집단적으로 동원되기 쉬운 것이다.

사대주의적 성향은 소위 '유학파'에 의해 심화되기도 한다. 그들 일부는 당해 국가에 관한 정보를 보다 많은 국민의 복리향상에 사용하기보다는, 자신만의 권위나 지위보전에 사용하려고만 하는 경향이 있어 왔기 때문이다.

사대주의적 경향은 사회복지라는 사회제도에 어떤 영향을 끼쳤을까? 그 영향의 하나는 복지문제의 진단과 그 구체적인 해결방법의 소재를 끊임없이 외국의 예에서 구하는 것에서 관찰된다. 그런데 사회제도란 그것이 생긴 사회의 풍토를 반영하는 것이므로, 다른 선진국가의 제도가 한국의 제도로 바로 정착되기는 어렵다. 현대사회에서는 특정 국가의 사회복지 프로그램은 정책주도자(Policy Entrepreneurs)에 의해 다른 나라에 도입된다. 그 정책주도자가 전문가나 학자인 경우, 관료가 정책주도자인 경우보다 정책 확산의 속도가 빠른 경향(Mintrom, 1997 : 739)이 있다. 1990년대 이후 한국사회복지의 급속한 발전이 이 경우에 해당될 수 있으며, 정책주도자가 관료인 일본에서 복지제도가 쉽게 변하지 않는 현상도 마찬가지의 논리로 설명될 수 있을 것이다.

이러한 현상은 다르게 표현하자면 한국의 역사문화전통 속에서 이루어진 많은 사회복지 관련 제도나 사상에 대한 관심이 부족하거나 이를 경시하는 풍조라고 표현할 수 있을 것이다. 한편으로는 문맥을 고려하지 않고 외국 문헌의 일부만을 잘라내어 자의적으로 인용하는 경향이 강하며, 다른 한편에서는 국내연구를 제대로 평가하는 데에는 인색한 경향이 있다.

유교적 사회와 차별문제 역사적으로 볼 때 한국 사회는 중국을 통하여 들어온 종교의 영향을 많이 받았다. 삼국시대와 고려시대에는 불교의 영향이 강했고 특히 고려시대에는 불교를 국교로 한 국가정책이 국민생활에 큰 영향을 끼쳤다. 그러나 그로 인한 폐해로 말미암아 조선건국과 더불어 국가는 불교를 억제하면서, 유교를 국가정책의 근본으로 삼는 정책을 취했다. 그러한 정책기조는 수백 년간 지속되어 왔기 때문에 한국은 지금도 '유교적인 나라'라고 불리고 있다. 그러나 '유교적' 사회라고 할 때, 그 의미는 공자나 그 제자들의 가르침과 사상 그 자체와 반드시 같지는 않다. 유교는 지도층의 윤리규범적인 요소를 가지고 있었는데, 후에 군주에 의한 절대적 지배의 정당성을 확보하기 위하여 변질되어, 본래의 가르침과 그 성격을 달리하게 되었기 때문이다.

조선시대의 지배이데올로기는 유학 특히 성리학이었다. 원래 성리학은 사회의 윤리인 우주나 인간의 심성과 같은 형이상학적 탐구를 근거로 한 것이기 때문에, 사물을 고정적으로 파악하고, 사물이나 관계의 생성, 발전, 소멸과 같은 운동성을 인정하지 않는 입장에 서 있다. 성리학은 조선 건국 이후 조선의 지배이데올로기로 채택되었는데, 물론 이것은 지배계층에 한정된 사상이었다. 성리학 그 자체가 민중의 실생활에 어떤 도움이 되는 사상이 아니었다. 따라서 조선시대에는 사대부의 문화와 민중문화가 완전히 분리되어 있었다. 그러한 문화는 말하자면 성리학을 신봉하는 생활에서 만들어진 조선사회의 상부구조문화였다. 상부구조문화란 '지배질서인 하부구조문화를 조직화하고 합리화하는 문화(고영복, 1972 : 46)'이다. 조선시대에는 양반계급은 자신의 지배력을 조직화하기 위하여 신분사회를 엄격히 유지하고 통혼을 금지하는 등의 행위를 실천했다. 그들은 형식적이고 극단적인 예법을 강조하였다.[2] 신분사회에서 피지배관계에 있는 사람들로 하여금, 신분사회의 정당성을 확보하기 위해서는 지배관계의 정당성을 제공하는 이데올로기가 필요하다. 그 한 예가 '삼강오륜(三綱五倫)'이라고 할 수 있을 것이다.

유교문화는 권위적이고 수직적인 인간관계의 풍토를 만들었다. 이러한 사고방식은 복지문화의 기본인 인간평등에 반하는 풍조이다. 그 영향은 다음의 세 가지이다.

첫째, 관존민비(官尊民卑)의 풍조이며, 이러한 풍조는 복지제도의 설계 시에 공직자를 우대하는 관행을 만들어왔다. 복지제도를 시행함에 있어서 그 대상이 되는 집단 중 가장 먼저 공무원을 그 적용대상으로 삼는 것이 그 예이다.

둘째, 남존여비(男尊女卑)의 문화이다. 유교의 원래 가르침은 남녀'유별(有別)'일 뿐 결코 차별이 아니라고 하는 유림(儒林)의 항변이 있기는 하지만, 그것은 어디까지나 명분일 뿐 현실로 나타나는 것은 심한 차별이었다. 이러한 문화는 여성의 사회경제적 활동참가를 제약하였다. 국가는 그것이 어디까지나 여성의 일이라는 방관자적인 태도의 경향을 보이기 때문에 여성의 출산과 육아에 대한 사회적 지원은 늦게 시작되었고 덜 발전하였다. 이것이 한국의 극단적으로 낮은 출산율의 가장 중요한 원인이다.

셋째, 지역차별문제이다. 조선시대 지방의 최고위급 관리들은 중앙에서 파견되었다. 국가관리가 지역의 지배층과 결탁하는 것이나 법집행의 정실화(情實化)를 방지하기 위하여, 관리가 자신의 고향에 부임하지 못하게 하는 소위 '피천(避薦)'제도가 마련되어 있었고, 게다가 고급관리가 한 지역에 오래 머물지 못하도록 인사이동이 잦았다. 그러나 이러한 제도가 오히려 지역을 피폐시키는 경향이 있었다. 곧 그 지역을 떠나는 관리는 당해지역의 발전에 관심을 가지기보다는, 지역을 수탈의 대상으로만

2) 경국대전의 예전(禮典)에는 오복(五服, 상례 때에 입는 다섯 가지 복장)의 규정이 있다. '사망자와의 관계'에 따라 상복의 색깔이나 상복 입는 기간을 정한 것이다. 그런데 그 관계는 극단적으로 자세히 구분되어 있다. 필자가 그 관계의 수를 세어보니 68가지나 된다. 부모부터 친척, 형제자매 등에 이르기까지 모두 남자인가 여자인가, 모계인가 부계인가 등에 따라 구분되어 있고, 자식이라도 장손인가 아닌가에 따라 구분되어 있다. 언어발달은 사회문화의 반영이다. 촌수관계에 관한 용어가 많다는 것은, 그만큼 남녀차별 등이 강한 문화였다는 것을 증명하는 것이다(이하 본서에서 인용하는 『경국대전』은 윤국일(1998), 『신편경국대전』을 참고함).

삼을 수 있다. 이러한 문화는 '지역 간 격차 내지 불균형 발전'을 심각하게 보지 않고 예사롭거나 당연한 일로 여기는 풍조를 만들어내었다고 생각된다. 지금도 한국은 서울과 지방의 격차가 극심하며, 북한을 보면, 극도로 피폐한 지방의 상황에는 아랑곳없이 평양만이 번창한다는 느낌을 지울 수 없다.

지역차별의 또 다른 차원은 특정 지역에 대한 근거없는 차별 현상이다. 한국의 지역차별은 역사문화적인 뿌리가 깊다. 예를 들어 조선시대에 서북지방이라고 불린 평안도에 대한 차별은 극심했다. 과거시험의 자격도 주어지지 않았다. 홍경래(洪景來)가 '평한(平漢, 평안도놈)의 한을 풀어보자'고 외친 그 배경을 이해해야 한다.

정치적 사회 조선시대는 고도로 중앙집권화된 사회였다. 그러나 그것은 왕권이 국가 전체에 철저하게 미쳤다는 것을 의미하는 것은 아니다. 국왕의 권력은 막강하였지만 조선은 양반계급을 중심으로 한 지배층의 권력이 더욱 강대하였다. 말하자면 조선은 '약한 국가에 강한 지배층'으로 특징지어질 수 있다.

조선 사회는 효를 사회질서의 기본으로 삼았다. 효(孝)를 '자식이 부모를 정성껏 돌보는 것' 정도로 해석한다면 효란 인간사회의 보편적 규범이다. 이러한 의미라면 효의 가치를 가지지 않는 사회란 없을 것이다. 그러나 유교 사회에서의 효란 가족 간의 관계에 관한 윤리일 뿐 아니라, 모든 사회관계의 기본원티이기도 하였다는 점에 그 특징이 있다. 즉, 부모에 따르지 않는 자는 임금에 따르지 않는 신하와 같이 취급되었고 따라서 사회질서에 반하는 행위로 강력하게 통제되었다. 이러한 태도는 1791년의 이른바 '진산사건'에서 잘 드러난다. 이 사건은 두 사람의 천주교도[3]가 조상의 신주를 불태우고 제사를 모시지 않았다는 죄목으로 참수형에 처해진 사건이다. 그런데 『정조실록』에 의하면, 그로 인하여 그들이 살던 진산군(珍山郡, 지금의 錦山郡)은 5년 동안 현(縣)으로 강등되었고 진산군수는 감독소홀의 책임을 물어 유배당했다(이이화, 2008 : 160).

3) 희생이 된 윤지충과 권상연 두 사람은 천주교의 평신도로서는 한국 최초의 순교자이다. 이를 계기로 박해가 심해져서 1801년부터 1870년까지 박해사망자가 10만 명에 이른다고 기록되어 있다. 박해의 이유는, 유교적 사회질서를 위협한다는 것, 구체적으로는 천주교가 무부무군(無父無君)의 사학비류(邪學匪類)라는 것 이외에, 천주교탄압을 막기 위해 프랑스에게 군대파병을 비밀리에 요청하는 등 외국침략의 앞잡이 노릇을 한다는 것 등이었다.

성리학의 기본사상은 덕치주의였고 군주의 역할을 백성을 골고루 잘 살게 하는 것에 두고 있었다는 것은 주목할 필요가 있는 대목이다. 왜냐하면 그것이 국민생활에 군주가 직접 관여하는 것을 일상화하였기 때문이다. 현대적 용어로 말하자면 복지문제에 대한 국가의 개입주의가 성리학의 입장이었다. 이러한 점에서 성리학은 사회주의나 공산주의정책과 친화성이 강하며, 자본주의적 사고에는 거부적이었다. 흔히 비황정책, 구황정책으로 일컬어지는 제도들의 이용자는 현대자본주의사회에서는 상상하기 힘들 정도로 많은 수였다. 그것은 국민생활에 항시 공적인 관계가 개재된다는 것을 의미한다. 그만큼 그 국가정책이 국민생활에 미치는 영향이 직접적이었기 때문에 국가의 정책에 대한 관심이 클 수밖에 없다. 저자는 이러한 역사적 경험이, 해방 이후 현대사회에서도 보여지는 정치에 대한 높은 관심이라는 사회문화형성에 작용하였을 것으로 짐작하고 있다. 김일철(2003)은 한국 사회는 정치권력에 의하여 영향을 많이 받는 '정치적 사회'라고 하고 있다. 정치권력의 변동이 일반시민의 생활에 미치는 영향이 선진사회보다는 훨씬 심하다는 것이다.

가족주의와 연고 유교 사회에 있어서 사회의 기본단위는 가족이다. 가족주의에 해당하는 영어 단어는 'familism' 혹은 'familialism'이다. 한국인의 가치관을 연구한 김태길(1985 : 165)에 의하면, 'familism'이라는 용어는 어떤 이론체계의 이름이 아니라 '가족에 대한 애착이나 관심이 다른 의욕과 행동을 압도하고 행동의 주도권을 잡는 생활태도'를 의미한다.

한편, 사회복지 영역에서 말하는 가족주의는 주로 '가족(본인 포함)이 복지문제의 책임을 우선적으로 지는 것이 바람직하다는 생각'을 의미하는데, 이것은 'familialism'이라는 개념에 해당한다. 사회복지적인 의미에서 사용하는 가족주의는 후자에 보다 가깝지만, 원래 이 두 가지의 용어가 서로 분리되기 어려운 성격이 있기 때문에 두 용어 모두 가족주의라는 의미로 사용해도 무방할 것이라고 생각된다.

사회복지 영역에서의 가족주의는 보다 구체적으로 말하면 가족부양우선주의로 표현할 수 있다. 문제는 '가족 전체의 책임이라기보다는 가족 내 여성의 책임과 부담'으로 복지문제가 대처된다는 것에 있다. 이러한 현상은 나아가 '가족이데올로기'라고 표현된다. 이것을 이데올로기라고 표현할 수 있는 것은, 가족의 힘으로 가족 내의 복지문제를 해결하지 못하는 것에 대한 부당한 스티그마가 부여되기 때문이다(박광준, 1994). 그런데 이러한 사고방식은 자연발생적인 것이 아니라 국가의 정표정책(旌表政策, 바람직하다고 판단되는 일을 사회성원에게 널리 알리는 정책)의 결과로 만들어진 것이며, 그렇기 때문에 이데올로기라는 표현이 가능하다.

또한 한국에서는 연줄이라는 것이 문제대처에 자주 동원된다. 연줄이란 지연이나 학연 등 특수적이고 폐쇄적인 관계이며, 연줄주의란 '경계가 명확하고 그 구성원들이 집단정체성을 갖고, 집단의 이해를 공유하며, 집단 내의 관계를 통하여 상호 이들을 볼 수 있다는 의식(김용학, 2003 : 102)'을 주관적인 선호로 하는 것이다. 연줄망 속에서는 자원이 동원되고 분배되는 명확한 기준이 없다. 그것이 상호부조망에서부터 발전했기 때문이다. 따라서 보편적인 행위규범을 무너뜨리고 제도의 예측가능성을 낮추기 때문에, 연줄이 크게 작용하는 자원배분이 일어나면 국가에 대한 신뢰는 낮아질 수밖에 없다.

동창회나 종친회와 같은 조직들의 상호부조활동을 홍경준(1999 : 제9장)은 '연복지(緣福祉)'라고 명명하고 그러한 비공식적 결속이 구성원들에게 복지욕구를 일정 정도 충족시키고 있다는 문제제기를 하였다. 비공식조직이 가진 그 조직구성원에 대한 복지기능을 제기한 것이다.

가족주의는 두 가지의 측면에서 사회복지의 성장을 억제해 왔다. 첫째는 국가복지 특히 사회복지시설의 발전의 억제이다. 다른 하나의 측면은, 가족주의문화가 현대사회에서 그 중요성이 가중되고 있는 시민사회의 성장을 억제함으로써 사회복지의 다양한 발전에 걸림돌 역할을 하는 것이다. 가족주의는 혈연관계가 사회적 결속의 중요한 형태가 되는 사회이며, 그로 인하여 보다 넓은 사회적 연대에 기초한 자발적 결사의 성장을 억제하는 것이다.

한국의 과중한 사교육비 문제는 자녀의 성공 정도가 부모의 노후생활을 질을 결정하는 대가족 제도의 정신적 유산이다. 이것은 곧 노인문제이기도 한데, 왜냐하면 사교육비는 노후준비에 가장 큰 걸림돌로 작용하고 있기 때문이다. 사교육비 지출을 위하여 억제하고 있는 지출항목의 제1순위가 노후준비이다.

'인볼루션'과 식민지 경험 인볼루션(involution)은 어원으로 해석한다면 '안으로 돈다'는 뜻이다. 구르다는 뜻의 'volve'에 안쪽 방향의 'in'으로 구성된 단어이다. 이 단어의 반대어는 진화(evolution)인데, 진화는 역사의 바퀴가 바깥쪽(e=out)으로 도는 것을 의미하는 것으로 역사의 발전을 의미한다. 혁명 역시 같은 어원이다. 혁명(revolution)은 지금까지의 방향과는 거꾸로의 방향(re)으로 도는 것이다. 인볼루션은 사회의 에너지가 사회발전이라는 바깥 방향으로 향하지 못하고 안으로 향하여 자기파괴적으로 작용하는 현상이다. 경제현상으로서의 '디플레이션스파이럴'과 유사하다고 할 수 있을 것이다. 고용의 축소가 생산의 축소로, 그것이 다시 고용의 축소로 이어져 나선과 같은 형태로 안으로만 파고 들어가면서 축소되는 악순환 현상이다.

이 용어는 인류학자 기어츠(C. Geertz)가 『*Agricultural Involution*』(1963)[4]이라는 저작에서 인도네시아의 농업을 특징짓는 것이 '인볼류션'이라고 주장하였던 것에서 유래하였다. 한정된 토지에 많은 인구가 투입되었고, 임금이 저임금으로 유지되었기 때문에 새로운 기술혁신보다는 재래식의 기술을 사용하는 것이 더 많은 이익을 가져다주었으므로, 인구압력은 노동집약의 고도화로 대처되어 결국 외적인 발전을 성취하지 못하고 내적으로 빈곤을 공유하게 되었다는 것이다. 그 후 20세기 전반의 중국농촌을 인볼루션으로 설명한 연구도 출간되었고, 이삼성(2009)도 중국에 산업혁명이 발생하지 않았던 상황이나 조선조 병자호란기의 상황을 인볼루션으로 설명하였다. 최근에는 중국공산당의 행태가 발전이 아닌 인볼루션이라고 지적하는 연구도 있다. 본 연구에서 주시하는 것은 커밍스(2012)의 견해이다. 그는 후기 조선 사회를 '토지귀족이 실권을 장악하고 국가권력을 이용하는 약한 국가'로 보았는데, 그러한 경향은 식민지로 전락하기 직전까지 이어졌고, 국가와 토지귀족은 사회발전을 위한 궁리는 거의 하지 않았다. 커밍스는 조선왕조의 이러한 지배구조를 논하면서, 그것은 농업의 인볼루션과 마찬가지로 '정치의 인볼루션'이었다고 평하고 있다. 국가재원이 부족하면 농민을 더욱 착취하는 행태가 되풀이되었다.

---

4) 한국어 번역본은 김형준 역(2012), 『농업의 내향적 정교화 : 인도네시아의 생태적 변화과정』(일조각)으로 출간되었다. '내향적 정교화'라는 번역어 이전에는 퇴행(退行) 등이 사용되었고 발음 그대로 인볼루션으로도 사용된다. 일본학자 중에는 '퇴축(退縮)'으로 번역하는 경우도 있다.

안으로만 향하는 지배층의 관심은 외적의 침입에 대응하는 능력의 상실을 의미한다. 결국 조선은 1894년 동학혁명이 일어난 시점에서는 이미 국가라고 할 수 없었다. 농민으로 구성된 집단을 제압하지 못하여 청과 일본에 원군을 요청할 지경인데 어찌 조정이니 나라라고 할 수 있을 것인가? 국가재정도 파탄상태였다. 1907년 이후 조선은 재정적으로 파탄되어 변제할 방도가 없음에도 일븐정부로부터 엄청난 돈을 빌렸다.

결국 1910년 조선은 공식적으로 일본의 식민지가 되었다. 그것은 가혹한 경험이었다. 특히 일제 초기에는 무자비한 무단(武斷)정치가 행해졌다. 나라 구석구석까지 미치는 압제는 느슨한 국가 속에 익숙했던 민중에게 엄청난 충격이었으리라 짐작할 수 있다. 학생시절 평양에서 3.1운동에 참가했던 함석헌은 '대한독립만세'를 목청껏 부르짖었는데, 마치 '그동안 마신 대동강물이 다 도로 나오는 듯'한 것이었다고 회고하였다. 그만큼 맺힌 한이 컸었던 탓이리라.

일제로부터의 해방은 비록 우리의 힘만으로 얻어진 것은 아니었지만, 식민지의 굴욕적 경험은 해방 이후 한국의 경제사회발전에 중요한 에너지를 제공했다. 다시는 그러한 굴욕을 당하지 말아야겠다든지, 일본에게는 질 수 없다는 등의 정신구조가 그것이다. 한 중국학자(李稲葵)는 캐나다의 뭉크토론회에서 20세기 중반 이후의 중국의 발전과 앞으로의 발전을 가능하게 하는 첫 번째 요인으로 '에너지'를 들었다. 그 에너지란 19세기 서구열강의 중국진출과정에서 중국이 맛보았던 굴욕을 설욕해야 한다고 하는 '의욕'에 다름 아닌데, 그러한 굴욕에 대한 반응(혹은 과잉반응)이 공산당의 성립과 개혁개방 이후의 경제발전의 첫 번째 요인이라는 것이다. 이러한 관점은 한국에도 마찬가지로 적용될 수 있으며, 그것은 21세기가 된 지 오래인 지금도 그러하다고 생각된다.

14 근대 이전 사회복지제도와 그 성격

이 장에서는 조선시대까지의 시기에서 사회복지와 관련된 중요한 사회제도들을 소개하고, 그러한 사회제도를 어떻게 볼 것인가에 관하여 새로운 문제제기를 행한다. 그 문제제기는 첫째, 빈곤예방책으로서의 환곡은 강제저축과 같은 성격의 제도였는가, 빈곤구제로서의 '진휼(賑恤)'의 수많은 이용자 수를 어떻게 볼 것인가, 둘째, 빈곤구제의 '지방관의 책임'은 빈곤에 대한 국가책임의 천명으로 간주할 수 있을 것인가, 셋째, 조선시대의 복지사업의 한 사례인 '무연고아동의 보호사업'이 매우 관대하였던 배경은 무엇인가의 세 가지이다.

이 시대의 사회복지제도 고찰의 기초자료는 무엇보다 국사편찬위원회에서 번역한 『조선왕조실록』이 있다. 아동보호의 중요한 법률인 「자휼전칙」도 한글로 번역되어 있다. 승정원일기 등의 번역도 가까운 장래에 이루어지기를 기대한다.

근대 이전 한국사회복지제도의 역사적 발전과정에 관한 선행연구로서는 우선 이각종(李覚鍾, 1921)이 〈朝鮮〉이라는 잡지에 연재한 '조선에 있어서의 구제사업의 연혁'이 있다. 이 연구는 조선시대의 빈곤구제정책을 비황(備荒), 구황(救荒), 보양(保養, 아동이나 노인의 보호), 의료, 고조(顧助, 왕족이나 사족의 관혼상제비용의 보조), 인보(隣保, 촌락의 상호부조)의 여섯 가지로 분류하여 비교적 자세하게 소개하고 있다. 그 후 1933년과 1936년에 조선총독부는 『조선의 사회사업』이라는 단행본을 각각 간행하는데, 거기에는 '합방 이전의 구빈제도'라는 절을 만들어 조선까지의 구빈제도를 소개하고 있으나, 그 내용은 이각종의 여섯 가지 분류에 근거하고 있고 내용도 대동소이하다. 또한 조선총독부 사회과장이었던 유만겸(兪萬兼, 1933, 1934)은 「조선의 사회사업」이라는 제목의 일련의 연재(8회)를 사회복지 관련 잡지에 게재하였는데, 그것 역시 이각종의 연구나 조선총독부의 단행본과 거의 같은 내용이다.

최익한(1947)의 『조선사회정책사』는 중요한 문헌이다. 특히 고대사회의 기근문제를 경제사적인 관점에서 신분제도 등과 연관지어 예리한 분석을 하고 있는 연구이다. 한국사회복지사를 체계적으로 연구한 시도로는 구자헌(1970)의 연구가 있다. 이 연구는 삼국시대 이후부터 1970년까지의 복지흐름을 정리한 것인데, 특히 조선시대까지의 복지적 제도를 사료(史料)에 근거하여 비교적 자세히 정리하고 있다. 하상락 편집의 연구(『한국사회복지사론』, 1989)는 고려 이후 조선시대, 식민지시대, 미군정시대 등의 사회복지제도를 본격적으로 다룬 중요한 참고문헌이다.

1. 고대사회복지연구의 성격과 선행

연구의 부진과 그 이유 고대에서 조선조까지의 기간 중에도 현대사회에서 말하는 '사회적 약자'를 보호하기 위한 많은 제도들이 시행되었다. 그러한 제도들은 왕의 명령에 의해 임기응변적으로 이루어진 경우도 있었고, 법률에 의거하여 정규적으로 행해지는 경우도 있었다. 그러나 그 어느 경우나 사회복지역사의 관점에서 그러한 사료들을 정리하고 현대적으로 해석하는 노력이 지금까지 충분하게 이루어진 것은 아니다. 그 원인의 하나는 하상락(1989)이 지적하듯이, 근대 이전의 한국역사가 한문으로 기록되어 있고 한문을 읽을 수 있는 학자들이 한정되어 있다는 점이었다. 그러나 이러한 한계는 차츰 극복되어가고 있다. 『조선왕조실록』을 비롯한 많은 역사기록 등의 한글번역이 상당한 수준으로 진행되어 있기 때문이다. 문제는 그러한 자료들에 대한 관심이다.

한국사회복지의 역사연구가 부진한 또 하나의 원인으로서 지적할 수 있는 것은, 사회복지학이라는 학문 분야에서 역사학 등의 인접학문의 연구성과를 활용하려는 노력이 부족하다는 것이다. 특히 경제사적인 관점은 사회복지사연구에 있어서 매우 중요하다. 서구의 사회복지역사 연구는 대부분 경제사와의 밀접한 관련 속에서 기술된 것이 많다. 그러한 역사서들이 비교적 쉽게 이해되는 것은 사회경제사적인 분석의 기초 위에서 기술되었기 때문이라고 생각된다. 관련 제도의 내용에 관한 나열이나 해설만으로는 쉽게 이해되지 않는 것이 사회복지역사이다.

예를 들어, 조선시대 초기의 호적에는 여성의 이름도 등재되었고, 성별에 관계없이 출생 순으로 등재되었다. 그러나 17세기에서 18세기가 되면 호적에서 여성의 이름이 제외되기 시작한다. 이러한 자료는 보는 관점에 따라서 판이한 해석이 가능하다. 사회문화적인 관점에서 본다면 성리학적인 유교의 통치구조가 확립 혹은 강화되면서 여성차별현상이 심해진 것으로 해석될 수 있다. 그러나 경제사적으로 본다면 이것은 토지에 대한 인구압력문제에 직면한 조선사회의 궁여지책이었다는 관점도 성립한다. 미첼(Michell, 김혜정 역, 1989 : 30)의 지적대로 이 시기는 토지에 대한 인구압력이 극히 높아지는 시기였기 때문에 작은 토지를 여러 사람이 분배하기는 어려워지는 현실 속에서 여성을 우선적으로 분배구조에서 제외시키는 시기라고 볼 수 있다.

빈곤구제의 동기 : 덕치(德治)와 책기(責己) 이미 중국의 고전 『예기(禮記)』는 곤궁하여 의지할 곳 없는 불쌍한 사람으로서 네 가지의 유형의 궁민인 사궁(四窮), 즉 환(鰥, 나이 든 홀아비), 과(寡, 과부), 고(孤, 부모 없는 아이), 독(獨, 자식이 없는 노인)을 언급하고 이들에 대해서는 국가에서 의료를 지급하도록 설하였다. 한국에서 이 환과고독이라는 용어는 이미 『삼국사기』의 신라본기(서기28년)에 등장하고 있다. 조선 태조의 『즉위교서』(1392)에도 '환과고독은 왕정으로서 마땅히 우선적으로 구휼해야 될 것이다. 지역의 관사(官司)는 그 굶주리고 곤궁한 사람을 진휼하고 그 부역을 면제한다(『조선왕조실록』, 「태조편」)'고 규정하고 있다.

삼국시대부터 빈곤구제의 동기는 국왕의 덕치(德治)였다. 곧 백성을 고루 잘살게 하는 것이 국왕의 덕이라고 하는 생각이므로, 성리학의 세계관은 사회주의적 복지제도와 친화적이며, 따라서 자유방임적 사회관과는 상극을 이룬다. 자연재해나 기근으로 인한 대규모 빈곤이 발생하면 하늘을 대신하여 나라를 다스리는 국왕은 그것을 자신의 '부덕의 소치'로 받아들인다. 그러한 생각을 구체적으로 나타내 주는 사례도 이미 삼국시대부터 있었다. 소위 '책기감선(責己減膳)'이라는 것으로 백성의 고통에 대하여 자신의 책임을 느끼고 식사를 줄이는 등 근신생활을 한다는 의미이다. 예를 들면, 신라 흥덕왕 7년(832)의 봄과 여름의 큰 가뭄 때에는 왕이 정전(正殿, 원래의 거처)을 피하여 거처하고, 식사를 평소보다 줄였으며, 고구려 평원왕 5년(563) 여름에 큰 가뭄이 있자 왕이 식사를 줄이고 기도 하였다(하상락 편, 1989 : 45). 각종의 재난은 왕 자신에게 책임이 있으므로 자신을 죄인으로 여겨 보다 누추한 곳으로 거처를 옮기는 등의 삼가는 생활을 하였던 것이다. 이러한 동기에서 사회복지가 발생한다고 보는 것이 소위 '책기론'이라는 가설이다.

사회복지제도 변천의 동기로서 책기론의 문제제기는 김상균(하상락 편, 1989 : 제2장)에 의해 이루어졌다. 김상균은 책기론이 '한국의 사회복지제도를 서구의 것과 비교할 때 나타나는 체계적 발전 혹은 질서적 진화의 부족과 같은 현상의 원인을 설명해 낼 수 있다'고 지적한다. 민생구휼제도가 지속성을 가지지 못하고 임기응변식으로 단절되는 특징을 가진 것은, 구휼사업의 동기가 책기에 있기 때문이라고 설명될 수 있다는 것이다.

필자는 결국 책기론의 논의는 유교적인 덕치를 다르게 표현한 말이라고 본다. 유교적 덕치가 빈곤구제의 동기라고 하는 것은, 결국 빈곤을 사회적인 문제라고 보지 않았다는 의미가 될 수 있다. 그러므로 빈곤을 항상적인 문제로 보고, 국왕의 부덕이 아닌 사회의 결함에서 발생한다고 하는 관점이 결핍될 수밖에 없고 그것이 진화적이고 항상적인 사회복지제도발전으로 나아가는 데에 장애로 작용하였을 것으로 생각된다.

2. 중요한 복지제도들[1)]

빈곤예방제도 우선, 사회복지의 관점에서 볼 때 중요한 사회제도로서 소개되어 있는 제도들을 간략히 소개하기로 한다. 〈표 14-1〉은 이각종(1921)이 조선조까지의 사회복지제도 분류와 그 내용을 표시한 것이다. 거의 모든 제도를 망라하고 있으므로 이 분류에 근거하여 각 제도를 간략하게 소개한다.

---

1) 이하의 내용은 구자헌(1970), 하상락 편(1989), 조성린(2011)을 위시하여 위에서 제시된 참고문헌들, 그리고 역사학계의 연구서 등을 참고로 하였는데, 그 각각에 관한 일반화되어 있는 내용의 출전은 따로 명기하지 않는다. 각각의 제도에 대해서는 많은 역사서들이 소개하고 있지만, 위의 참고문헌에도 비교적 자세히 소개되어 있다.

〈표 14-1〉 조선조까지의 사회복지제도의 분류

복지제도	내 용
비황	상평창, 의창과 환곡, 교제창과 제민창, 사창
구황	견면(蠲免), 진대, 진휼, 시식, 조적 및 방곡, 구황방, 원납
보양	부양, 류양, 수양, 양로
의료	대비원, 제생원, 혜민서, 월령의(공의) 등
고조(顧助)	왕족이나 사족의 관혼상제비용의 보조
인보(隣保)	촌락의 상호부조

출처 : 이각종, 1921에 근거하여 필자 작성.

첫째, 기근에 대비하는 비황제도이다. 상평창 등의 창(倉)과 환곡제도가 있었다. 상평창은 물가조절, 기민구제, 농업장려를 표방하여 설치한 것으로 고려 성종 12년(993)에 도입되었다. 풍년시에는 쌀을 고가로 매입해서 모아 두었다가 흉년 시에는 염가로 판매하여 곡물가격을 안정시키는 역할을 한 상시적 제도이며 농업발달에 있어서도 가장 중요한 역할을 하였다. 조선 세종 이후에는 보다 확대하여 곡물 이외에 면포를 추가하여 물가조절을 행하였다.

의창은 고려 성종 5년(897) 흉년에 대비하여 각 도에 설치한 것이 그 기원이다. '의(義)'는 복지적인 제도의 명칭에 흔히 사용되는데 '공동'이라는 의미가 있는 것으로 보인다. 의미(義米), 의도(義渡, 공용 나루터), 의숙(義塾) 등의 용법이 그 예이다. 의창은 곡식의 잉여분을 모아 두었다가 빈민에게 빌려주는 것이었으나, 고려 말에는 민란이나 흉년이 이어지면서 그 기능을 잃었다.

환곡은 조선조에 국고의 각종 곡물 중 절반은 보관하고 나머지는 민간에 무이자로 대부하여 추수 후에 갚도록 하는 제도였다. 그러나 불행하게도 후일 곡물의 대부에 이자를 붙이면서 지방관리들이 이 제도를 백성을 수탈하는 수단으로 악용하게 되었다. 환곡은 사회복지 역사상 매우 중요한 제도이므로 그 내용과 의의에 대해서는 뒤에서 상세히 검토한다.

사창은 촌락사회에서 공동으로 기근에 대비하여 곡식을 저장하는 것이다. 조선에서는 숙종 10년(1685)에 사창조례를 제정하였는데, 100가구를 한 개의 사(社)로 하고,

한 개의 사에 한 개의 창을 두었다. 의창과 환곡이 지방관에 의해 운영되어 후일 부정부패의 온상이 되기도 한 반면, 사창은 주민의 연대책임으로 자치적으로 관리하는 시스템이었다.

둘째, 빈곤이 발생했을 때의 구황제도로서, 진대와 진휼 등이 있었다. 우선 견면이 있는데, 조세부담 등을 경감하는 제도였다. 흉년 시에 세금이나 부역, 환곡의 부담을 면하는 제도이다. 진대(賑貸)는 고구려에서 시행한 것으로 흉년 시에 농민에게 종자와 곡식을 빌려주고 풍년에 그것을 갚게 하는 제도로서, 환곡의 기원이 된 제도이다.

진휼(賑恤)은 빈곤한 자의 직접구제로서 가장 오래된 구제형태이다. 빈민에게 식량이나 소금, 옷 등을 제공하는 것은 삼국시대 이후의 전통이었다. 『경국대전』에는 지방관이 진휼의 책임을 진다는 것이 명기되었다. 이에 대해서는 후술한다.

한편 홍수 등의 재해로 인하여 궁민이 발생할 경우 지방의 수령이 의창 등의 곡식을 꺼내려면 관찰사를 경유하여 국왕의 승인을 얻어야 하므로 상당한 시간이 걸렸다. 그래서 위급한 상황에는 중앙에서 진휼사를 파견하여 대응하도록 하는 제도를 조선 초기에 운용했다(조성린, 2011 : 328).

시식(施食)은 행려자를 위하여 큰 길가의 역이나 사찰에 식탁을 마련하고 밥이나 죽 등을 제공하는 것이다. 굶주린 자가 마을에 들어가 식량을 약탈하는 것을 방지하는 의미도 있었다.

경적(경적은 조적의 적) 및 방곡은 궁민에게 곡식을 염가로 제공함으로써 곡물가격의 인상을 방지하는 제도이다. 곡물의 매점매석을 방지하였다.

구황방(救荒方)은 곡식의 대용식물을 조사하여 국민에게 알리는 것이다. 흉년에 몸에 해로운 독초 등을 섭취하는 것을 방지하고 곡물의 절약을 도모하기 위한 것이었다.

셋째, 보양(保養)의 정책이다. 이것은 소위 사궁(四窮)인 환과고독에 대한 보호인데, 부양, 유양, 목양, 양로 등으로 나누어져 있었다.

부양(扶養)은 친족부양의무의 범위를 규정한 것이었는데 그 범위는 매우 넓었다. 동거가족은 물론, 혈족의 경우는 10촌까지, 인족(姻族)의 경우는 9촌까지, 그리고 3촌 이내의 배우자 등으로 규정되었다.

유양(留養)은 부양의무자가 없는 아동을 관청에서 수용하여 보호하는 것이다. 주로 유기된 아동이나 고아의 보호로, 고려 때부터 실시되었으나 정조 7년(1784)에 「자휼전칙(字恤典則)」에 의해 진휼청(賑恤廳)의 사업이 되었다. 이에 대해서는 후술한다.

목양(牧養)은 민가에서 유기아동 등을 보호하는 것이다. 고려시대에는 사찰의 사업이었으나 조선에서는 민가에서의 수양(收養)을 금하였다. 그러나 자연재해로 인한 기근발생과 그로 인한 기아발생에 대비하여 경국속전(經國續典)에 민가수양이 규정되었다.

양로(養老)는 삼국시대 이래의 전통으로, 국왕이 몸소 노인을 공경하는 행위(의복지급, 연회, 장수고령자 우대 등)를 보임으로써 경로문화를 조성하기 위한 사업이다.

의료제도 등 네 번째는 의료제도이다. 의료제도는 고려시대 1036년 동서의 대비원(大悲院)를 설치하여 빈곤자의 의료를 시행하였는데, 조선시대에는 태조 원년(1392)에 동서에 활인서(活人署)를 설치하여 빈곤의료사업을 행하였다. 그 후 의서의 편찬이나 약물조사, 여자의사의 양성을 위한 제생원(濟生院)이 태조 6년에 설치되었는데, 1715년에 혜민서(惠民署)로 대체되어 일반 서민의 의료도 행하여졌다. 숙종 때에는 월령의(月令醫)제도가 만들어졌다. 월령의는 공의(公醫)로서, 정부부서나 경성의 5부에 배치되어 일반서민의 의료에 종사했다. '앓고 있는 사람이 긴급히 의원에게 구원을 청하면 즉시 가서 치료를 해야 하며, 그렇지 않을 경우에는 환자의 집에서 신고하게 하여 죄를 다스리도록 한다(『경국대전』의 「예전」, 「혜휼」 규정)'고 규정되어 있다.

다섯째, 고조(顧助)는 왕족이나 사족(士族)의 관혼상제를 지원하고 규정하는 사업이었다. 특히 혼인과 장제 지원을 행하였다.

마지막으로 인보(隣保)는 촌락의 상부상조사업이다. 이것은 서구복지발전에서 있었던 인보활동(Settlement Movement)과는 그 성격이 다른 것이다. 구자헌(1970)은 이것을 '국영의 지방자치제도'라고 하고 있다. 이는 중국이나 일본 등 동양사회에서 보여지는 것으로 호수(戶數)를 기준으로 지역을 세분화하고 그 지역 내의 성원이 공동연대책임을 지고 생활문제에 우선적으로 대처하게 하는 것이었다. 조선 세조 때에 다섯 가구를 하나의 통으로 하는 오가통(五家統)이 실시되었는데, 각통에는 통주(統主)를 두었고, 5개의 통에 이정(里正)을 두고 통솔하게 하였다(『경국대전』의 「호전」). 그 후 숙종 원년(1674)에 '오가통절목(五家統節目)'이 제정되었다. 1600년경 율곡 이이의 제안으로 시행된 향약은 인보의 대표적인 것이다.

한편 농민의 공동체로서의 두레제도도 특기할 만한 것이다. 그런데 구자헌(1970 : 53)이 지적하듯이 이상과 같은 많은 제도들은 대개 새로운 왕조가 시작할 때나 개혁적인 군주의 시기에는 활발한 실천을 보였지만 그 이외의 시기에는 부패, 동란, 당쟁, 세도 등 각종 정치적·사회적 폐단을 낳게 되어 본래의 취지대로 제도가 시행되지 못하고 오히려 제도가 악용되어 사회적인 약자를 수탈하는 수단이 되기도 하였다는 것은 매우 안타까운 일이다.

한편 이상과 같은 제도들은 대부분 중국에서 만들어진 것을 도입하거나 수정한 것들이며, 일본에서도 유사한 제도들이 발견된다. 또한 조선시대에도 법률의 편찬에 있어서는 대명률(大明律) 등이 참고되었고, 법률에 따로 정해지지 않은 항목에 대해서는 대명률의 준용 등으로 대처했다. 고대사회에서도 사회복지제도의 도입에는 국가간 학습이 중요한 역할을 수행했던 것이다.

3. 환곡제도의 운영과 그 성격

환곡의 운영 환곡은 국가가 각종 곡물을 거두어 창고에 보관하여 기근에 대비하며, 그 절반은 그대로 두고 나머지 절반은 매년 봄에 농민들에게 빌려주어 가을에 반납하게 하는 제도이다.

그런데 주목해야 할 것은 환곡제도의 취지나 그 기원보다는 그 이용자의 규모이다. 그 이용자의 수가 극히 많다는 것은 환곡제도의 의의를 깊이 생각하게 한다.

〈표 14-2〉는 1725년 환곡의 규모를 지역별로 나타낸 것이다. 이를 보면 이 해의 환곡출납량이 거의 300만 석에 이르고 있다. 한 석(石, 섬)은 통상 성인 한 사람이 1년 동안 소비하는 양으로 알려져 있다. 그러나 당시의 만성적인 식량난을 생각해 보면 한 사람당 1년간 곡물소비량은 한 석에 크게 미치지 못했을 것이다. 예를 들어 커밍스는 식민지조선의 1인당 쌀소비량을 추계하였는데, 불황기였던 1930년에서 1933년 사이의 1인당 곡물소비량은 0.45석이었다. 만약 이 수치를 적용시켜 본다면 환곡의 양

은 약 650만 명의 1년 식량분에 해당하며 당시의 거의 모든 곡물생산량이 환곡의 대상이 되어 있다는 것을 의미한다. 1인당 0.45석의 소비는 이 시기보다 200년이 지난 시기이므로 당시의 곡물소비량은 더 적었을 것으로 생각할 수 있고, 그렇다면 그보다 훨씬 많은 사람을 먹일 수 있는 곡물이 출납되고 있었다는 것이 된다. 1720년대의 조선의 인구는 약 1,200만 명으로 추산(Michell, 김혜정 역, 1989 : 85의 표)되는데, 그 이용규모가 얼마나 큰지를 알 수 있다. 이 환곡규모에 관한 수치는, 1807년(순조 7년)의 총환곡량은 1,000만 석, 분급량은 402만 석이었고, 1862년(철종 13년)의 총 환곡량은 800만 석, 분급량은 410만 석(김재호, 2001 : 65의 표5의 수치)이었다는 사실과도 합치하므로 신뢰할 수 있다.

〈표 14-2〉 환곡 수(1725)

지역(도명)	쌀(석)	잡곡(석)	계(석)
경기	20,328	377,376	397,604
충청	51,417	488,533	539,945
강원	45,346	258,406	303,752
황해	3,842	117,918	121,760
전라	80,874	137,404	218,278
경상	85,200	847,457	932,657
평안	71,725	65,663	137,385
함경	16,065	230,486	246,555
계	374,694	2,523,242	2,897,936

출처 : 이각종, 1921, pp. 88-89.

대다수국민의 제도이용 즉, 조선왕조 환곡의 특징은 평상시에도 매년 농민에게 지급하고 환수하는 것을 지속하였다는 점이다. 조선 초 의창의 분급기준에는 매년 농사철에 궁민에게 양식과 종자를 지급하도록 규정되어 있었다. 하층농민들은 평시에도 농업에 필요한 생산요소, 즉 종자와 식량, 때로는 소까지를 국가에서 지급받았다. 종자의 항상적 분급은 고려의 의창과 구별되는 조선왕조 환곡운영의 특징이었다.

이렇게 대다수의 농민이 환곡을 이용하고 있었기 때문에 김재호(2001 : 66)는 환곡이 '강제저축'과 같은 역할을 수행하였다고 주장한다. 그 주장의 근거로서 그는 다음과 같은 사례를 제시한다. 1448년(세종 30년)에 정부는 전국적으로 스스로 종자를 준비한 자를 조사하도록 하였는데, 양주군의 경우 군 전체에서 오직 두 사람이 가진 60석이 전부였다는 것이다. 즉, 두 사람 이외의 농민에 대해서는 국가가 환곡을 통한 종자제공을 해야 하는 상황이라는 것이다. 농민이 허위보고하는 경우를 감안하더라도 환곡의 이용자가 그만큼이나 많았던 것이니 강제저축이나 다름없다는 것이다.

나아가 이러한 상황은 또 하나의 문제제기를 가능하게 한다. 그것은 조선사회가 농민들에게 있어서 '공산주의적 사회'였는가 하는 것이다. 이미 성리학의 세계관은 공산주의와 친밀성을 가진다는 점을 지적하였다. 만약 그렇다고 한다면 그것은 조선시대에 시장의 성장을 억제한 가장 기초적인 요인으로 간주할 수 있을 것이다.

이각종(1921 : 89)은 그렇게 많은 사람이 이용하는 환곡제도가 가져온 영향 내지 폐해를 다음과 같이 지적하였다 : 첫째, 백성이 국가구제에 완전히 습관화하여 나약하게 되었다는 점, 둘째, 정부가 많은 농작물과 경지를 영유하여 민간산업의 자유로운 발전을 방해하였다는 점, 셋째, 지방관리의 횡포를 도와주고 사적으로 이자를 붙이는 편법을 만들게 해서 오히려 백성을 착취하게 하는 폐단을 만들었다는 점.

4. 고대의 사회복지제도에 관련된 문제제기

지방관의 빈곤구제책임 조선시대의 법전에는 빈곤구제에 대한 '지방관의 책임'이 규정되었다. 그것이 곧 빈곤에 대한 국가책임의 천명으로 간주할 수 있는가에 관해서 검토한다.

조선시대에는 법전편찬사업이 매우 활발하였다. 태조의 『경제육전(經濟六典)』에 이어 성종(成宗) 16년(서기 1485)에는 『경국대전』(經國大典)이 완성되었다. 이것은 1894년 갑오개혁에 의해 폐지되기까지 조선왕조의 기본법령으로서 국왕도 그 내용을 바꾸지 못하는 대법전이었다. 경국대전은 이전(吏典), 호전(戶典), 예전(禮典), 병전(兵典), 형전(刑

典), 공전(工典)의 육전(六典)으로 나누어져 있었는데, 그 속에는 사회복지적인 제도라고 할 수 있는 규정들이 포함되어 있다. 특히 호전에는 빈민구휼의 책임이 지방관에게 있음이 명기되어 있다. 예를 들어, 다음과 같은 규정이다 : '각 진(鎭)에서는 수군으로 하여금 소금을 굽고 미역을 따게 하여, 그 수를 자세히 적어 관찰사에게 보고해야 하며, 관찰사는 각 계절의 마지막 달에 임금에게 보고한다. 각 고을은 백성들로 하여금 흉년구제의 물자를 준비하게 한다. 고을의 수장이 흉년구제에 관심을 돌리지 않아 굶주린 백성이 많이 죽었음에도 숨긴 채 보고하지 않을 경우에는 중죄에 처한다(『호전』의 「비황」 규정).' 또한 가족이 모두 전염병 등으로 사망한 경우, 지방관이 장제의 책임을 지도록 규정되었다.

이러한 법적인 규정은 '빈곤구제의 책임은 국가에 있다'는 것을 명시한 것으로 간주할 수 있는가?

『경국대전』에서 구휼에 대한 지방관의 책임을 명기한 것은 엘리자베스구빈법의 약 1세기 전의 일이다. 『경국대전』의 규정을 '빈곤구제의 국가책임'으로 인정한다면 세계의 사회복지역사를 다시 쓰는 것이 된다. 일부의 학자는 빈곤에 대한 국가책임이 서구보다 오히려 한국이 빨랐다고 주장하기도 한다. 이 점에 관해서는 대상자 선정, 재원마련의 장치, 행정기구라는 세 가지 측면에서 경국대전의 규정을 어떻게 보아야 하는가를 살펴보는 것이 중요하다.

첫 번째, 대상자 선정의 경우 『경국대전』의 규정을 브면, '궁민'이라는 구휼사업의 대상자는 부양의무자가 없는 빈곤자를 의미하는데, 그 대상자들의 속성에 따른 분류는 없다. 부양의무자란 혈족의 경우 10촌까지이기 때문에 매우 그 범위가 넓다. 그들이 대량으로 발생하였을 경우, 그 대상자를 어떤 방법으로 선정하였는지는 확인하기가 어렵다.

두 번째, 그 재원조달의 방법에 관해서이다. 당시의 급여는 곡물이나 장류(醬類), 미역 등이었기 때문에 지방관의 책임으로 그것을 마련하도록 규정되었다. 그러나 그것을 마련하는 재원에 관한 규정은 없다. 그러한 현물의 급여를 마련하는 데에는 군인이나 백성의 사역이 이용되었다는 것을 느끼게 한다. 그 예산이 지방재정에서 따로 편성되지는 않은 것으로 보인다.

세 번째, 급여의 전달체계라고 할 수 있는 행정기구에 관해서이다. 경국대전의 당시에는 급여의 전달체계에 관한 규정이 구체적이지 않았다. 다만 17세기 말이 되면 비교적 잘 정비되어, 구휼사업의 종류에 따라서 급여를 신청하는 기관과 신청받은 기관의 대처방식 등은 비교적 명확히 규정된다.

결론적으로 말하면 구빈의 책임을 지방관으로 규정한 것은 선언적인 의미가 크다고 할 수 있는 것이다. 이것은 빈곤구제가 국가사업에서 차지하는 비중이 매우 높았다는 사실을 반영하는 것인데, 국가의 입장에서는 지역의 책임으로 적절한 대책을 강구하도록 강제하는 의미가 크다고 본다.

아동보호사업의 경우[2] 당시 무연고의 아동을 길러서 노비로 삼는 것은 민가의 관행이 되어 있었다. 그러나 인신매매나 유괴 등의 폐단이 있었기 때문에 조선조 초기에는 민가수양(民家收養, 현대 용어로 말하면 가정위탁보호, foster care)을 인정하지 않았다. 그러나 흉년 등의 시기에 늘어나는 기아 등의 문제를 해결하기 위하여 점차 그것을 제도화하여 감독하는 방향의 정책을 시행하게 된다. 그 대표적인 것이 1696년(숙종 22년)의 '임시수양사목(臨時收養事目, 사목은 업무처리규칙을 말함)'의 규정이다.

이 제도에 의하여 걸식아동은 부모나 친척이 없는 경우, 노비는 주인이 없는 경우, 당해 아동의 부양을 원하는 사람이 있을 때, 그 아동에게 부모나 부양의무자가 있는지를 철저히 조사한 후 진휼청(賑恤廳)에 보고하여 등록하고 허가를 얻은 후에 민가수양을 하도록 하였다. 또한 개인적으로 부양이 허가된 경우라도, 그 친부모와 친척이 아동을 데려가기를 원하면, 수양기간이 3개월 이하인 경우에 한하여 허락하였고, 그 경우 그동안 아동양육에 든 양곡의 두 배를 갚도록 하였다. 다만 가정양육이 시작되어 3개월이 지난 후에는 친부모라고 하더라도 가정입양된 아동을 다시 데려갈 수 없었다. 구자헌(1970)은 이것을 '부양책임자의 태만에 대한 강력한 경종'의 의미가 있다고 강조한다.

2) 이하의 내용은 「자휼전칙」(1783. 우리말로 번역되어 국사편찬위원회의 데이터베이스에 실려 있다)과 구자헌(1970 : 121-137)의 연구를 주로 참고하였고, 그 밖의 연구를 인용한 경우에만 따로 출전을 명기하였다.

「자휼전칙」에 의하면, 친족이나 주가(主家, 노비의 경우 그 주인집)가 있는 경우는 찾아서 아동을 맡길 것, 친족 등이 없는 경우는 무자녀 가정 등에 맡기는 방법이 허가되었다. 세 살 이하의 아동에 대해서는 풍년이나 흉년에 관계없이 발견되는 대로 진휼청 유접소(留接所, 서울의 경우)와 진장(賑場, 임시구호소, 지방의 경우)에서 수용보호하는데, 세 살 이상의 아동에 대해서는 반드시 가족관계 등을 조사하여 무의무탁의 경우에 한하여 국가가 보호하고, 부랑아는 한겨울에는 보호하고 봄이 되어 일하고 밥을 얻어먹을 수 있게 되면 다시 놓아주는 것이 상례였다. 부랑아동을 수용보호하는 곳은 진휼청의 부속건물로 주로 임시적인 주거였다. 아동의 보호내용은 진휼식례(式例)라는 급식기준에 의하여 이루어졌는데, 쌀과 장류와 미역이었다.

제도적 특징 : 단절된 복지발전과 온정주의 삼국시대부터 한국은 현대의 사회복지제도의 기원이라고 볼 수 있는 중요한 국가시책을 시행해 왔다. 비록 빈민구제와 예방을 주로 하는 국가시책이 주로 왕의 덕치(德治) 실현이라는 이념하에 이루어진 것이지만, 매우 정교하게 시행되기도 하였다는 점은 주목해야 할 것이다. 문제는 그러한 시도들이 현대적 복지제도에로의 진화적 발전을 이루지 못하고 단절되어 왔고, 특히 조선 말기에는 사장되어 버리거나 혹은 오히려 백성을 착취하는 도구로 전락하는 사례가 있었다는 것은 안타까운 일이다. 구자헌은 다음과 같이 말하고 있다 : "우리나라의 고대의 민생구휼제도에는 현대적 사회복지사업의 전신 혹은 기원이라고 할 만한 이상적인 것을 찾아볼 수 있지만, 애석하게도 이상적인 제도들을 계승적 제도로서 오늘에 이르기까지 꾸준히 발전 보존하지 못하고 대개 동양적 전제왕정의 특징인 임기응변적 제도로서 단절되는 폐단이 있었고, 왕정과 불교의 성쇄에 따라 기복이 있었으며, 서양의 구빈제도와 같이 질서적인 진화가 이루어지지 못했다. 그것은 구휼제도에 있어서도 마찬가지였다."(1970 : 48–49)

한편 환곡의 운영에서는 소위 도덕적 해이의 문제가 있었음도 지적할 필요가 있다. 환곡은 종자나 곡식을 빌린 사람이 추수 후에 그것을 도로 갚는 것을 전제로 한 제도였다. 그러나 상환능력을 상실한 사람이 발생하면 어쩔 수 없이 상환을 연기하거나 마지막 수단으로 탕감하는 조치를 취했다. 그러나 중앙정부가 농민의 상환능력의 진상을 파악하기는 어려웠고 지방관에게도 농민에 동조하여 상환을 탕감 받으려고 하는 유인이 있었다. 결국 상환불능분이 누적되면 국왕의 명령으로 탕감되는 것이 하나의 관행이 되었고 작황에 관계없이 빌려준 곡물의 회수가 점점 어려워졌다.

또 하나 지적해야 할 것은 지방관의 책임과 중앙정부의 책임과의 관계에 관한 것이다. 구빈행정에서 지방관의 역할은 중대하였다. 그러나 지방으로서 대처하지 못하는 대량의 기근이 발생하는 등의 사태에는, 중앙정부의 지원이 결정적이었기 때문에 기근대책에서는 중앙집중적인 성격이 매우 강했다는 것이다. 이러한 구조였기 때문에 지방관의 입장에서는 언제나 중앙정부에 실상을 보고하고 지원을 받을 선택이 열려 있었고, 따라서 구빈을 억제하려는 인센티브는 약했다. 또한 영국 구빈법과 같이 구빈사업이 지역주민의 세금을 재원으로 하지 않았기 때문에 지역빈곤과 지역주민의 이해관계는 약했으며, 그것이 빈곤구제에 대하여 관대한 태도를 가지게 하였고, 결과적으로 조선시대에 왜 그렇게 많은 구빈수급자가 있었는가를 설명할 수 있다고 생각된다.

15 일제식민시대의 사회복지

이 장에서는 일제식민시대에 시행된 다양한 복지제도들을 고찰하고 식민지가 끝난 후에 그러한 제도들은 어떤 형태로 그 영향을 남겼는지에 대하여 논의한다.

일제시대의 사회복지에 관련된 중요한 자료는 일본에서 간행된 『식민지사회사업자료집』(1999)인데, 그중 『조선편』은 모두 25권이다. 총독부의 통계자료나 조사자료도 있고, 사회사업 관련 공무원의 구빈사업의 소개 혹은 개인적인 견해표명, 그리고 에세이 등을 게재한 사회사업 관련 잡지 등 당시의 관련 자료를 거의 망라하고 있다. 다만, 총독부 정책 내용을 선전하거나 그 정당성을 피력하는 논지의 글이 적지 않게 포함되어 있기 때문에 이 자료의 인용에는 주의가 필요함을 인식하고 신중하게 참고한다.

커밍스(2012)의 연구에 실려 있는 방대한 자료는 이 시기의 사회상을 이해하는 데에 매우 중요한 문헌이다. 일본어로 된 연구로서 높이 평가할 수 있는 연구는 愼英弘(1984)의 연구이다. 식민지조선의 방면위원제도 시행을 중심으로 고찰한 연구서이지만 이 시기 사회복지 전반을 커버하는 치밀한 연구이다. 서문에서 스스로 재일조선인 2세라고 밝히고 있는 저자는 시각장애인인데, 방대한 자료를 독자적인 시각으로 해독한 치밀한 연구에는 경의를 표하지 않을 수 없다. 그 밖에 일본어로 된 문헌으로서는 오오토모(大友昌子, 2007)와 박정란(朴貞蘭, 2007)의 연구가 비교적 충실하다.

한국어 문헌은 비교적 부족한 편인데, 류진석(1989), 신은주(1989)의 글이 하상락 편(1989)에 실려 있다. 여기에서는 이상의 참고문헌과 더불어 경제사 분야 등의 국내외의 선행연구와 문서자료 등을 참고한다.

1. 식민지 시기를 전후한 제도의 연속성과 단절성

식민지 직전의 조선사회 전근대적 사회로부터 근대적 사회에로의 전환이 시작되는 시점은 개항으로 볼 수 있다. 쇄국과 양이(攘夷, 오랑캐를 배척함)의 정책기조를 가지고 있던 조선은 1876년 강화도조약으로 개항했다. 일본의 압력에 의한 불평등조약이었는데, 개항에 대해서는 그 이전부터 내재적인 논의가 있었으므로 개항 그 자체는 자주적 결정이라고 보는 견해도 있는 것 같다.

이 시기 민중의 생활은 극도로 피폐했다. 삼정(三政)의 문란(紊亂)은 이 시대의 사회상을 적나라하게 보여준다. 농사에 대한 세금과 군역의 의무에 관련해서, 관리들은 온갖 구실을 붙여서 법으로 정해진 세금 이상의 부담을 민중에 지웠다. 양반을 '민중의 피를 빨아먹는 기생충'이라고 표현한 서양인 여행자의 표현은 오히려 자비스러울 정도이다.

그렇다면 이러한 상황에서 조선에게 자주적인 발전의 가능성이 존재했는가? 오늘날 한국은 비교적 선진적인 산업국가에 속하는데, 그러한 근대화의 기점은 어디로 보아야 하는가? 이러한 물음은 근본적으로 역사학적 물음이지만, 이에 대한 입장은 사회복지발전의 관점을 결정할 수 있는 중요한 것이기 때문에 필요최소한의 입장표명은 필요하다.

이에 관련된 논의는 '조선사회정체론', '식민지수탈론', '내발적 발전론' 내지 '자본주의 맹아론', '식민지근대화론' 등과 관련된다. '조선사회정체론'은 일제시기 관학(官學)으로부터 배포된 것으로 조선은 정체된 사회였고 자본주의적인 맹아는 없었고 그 근대화는 일본의 손으로 이루어졌음을 강조하는 논의이며, 식민지가 한국발전에 기여했다는 식민지기여론이다. 식민지시대에 한국역사는 한국사력(韓國事歷)으로 폄하되어 가르칠 수도 논의할 수도 없었다. 해방 이후 식민지에 관한 연구는 이러한 관점의 비판으로부터 시작되었다. 소위 '식민지수탈론'이 그것으로, 일제의 무자비한 수탈이 강조되었다.

1960년대가 되면 남북한 모두에서 '내발적 발전론'이 대두되었다. 이것은 조선 말기에는 이미 조선에 자본주의적 발전의 맹아가 있었다는 것이다. 그러나 이것은 유광호(2007 : 25-26)의 지적대로 민족주의적 사고에 치우친 것으로, 이론으로 성립하기에는 허점이 많은 가설에 불과하다. 조선의 국제단계, 지도층의 경제인식, 사적 소유권, 자본축적, 기술수준, 기업가의 역량 등을 고려해 본다면 말기 조선은 자본주의적 발전 요소를 거의 구비하지 못했다.

식민지근대화론과 '개발 없는 개발'의 검토 해방 후 한국에서는 식민지수탈론이 득세했다. 그러나 수탈론은 지나치게 민족주의적 경향을 띤 나머지 역사적 사실을 왜곡하거나 일부 사실을 지나치게 과장하는 경향이 있었던 반면, 수탈을 실증할 수 있는 치밀한 연구결과는 내지 못했다. 그로 인하여 한국의 역사학에 대한 국제사회의 신뢰가 흔들렸다.

그런데 1990년을 전후하여 한국에서는 '식민지근대화론'이 제기되었다. 이 논의는 우선 식민지수탈론자들에 의한 역사왜곡을 지적하고 지나친 그들의 민족주의적 관점을 비판하여, 안이하고 감정적인 역사연구의 경향에 경종을 울렸다는 점에서는 의미가 있는 논의였다. 그들은 1910~1940년간 식민지조선의 경제성장률은 3.7%였고, 같은 기간 중 인구증가율이 1.3%였으므로 실질소득은 연평균 2.4% 증가하였는데, 이러한 성장의 혜택을 일본이 모두 차지한다는 것은 있을 수 없는 일이며, 식민지조선도 그 혜택을 분배받았다고 주장한다.

그러나 사회복지의 시각에서 본다면 식민지근대화론자의 주장에는 받아들이기 어려운 논지가 있다. 첫째, 식민지근대화론의 논지는 그것이 공리주의적이라는 점에서 비판의 여지가 크다. 식민지시대에는 통계수치로 볼 때 생활의 개선이 있었다 하더라도 백성들 간의 삶의 격차가 심해지고 다수의 극빈자층을 만들어내었다고 한다면, 비록 그 발전의 합이 커졌다고 하더라도 그것을 사회발전이라고 평가하기 어렵다.

둘째, 식민지수탈론자에 대한 근대화론자의 비판은 산업혁명에 관한 토인비와 아슈톤의 논쟁을 연상시키는데, 왜냐하면 사회의 상태는 반드시 통계자료에 의해서는 증명하기 어려운 무엇이 있다는 중요한 사실을 그 논쟁이 상기시켜 주기 때문이다. 생활수준이 향상되었음에도 불구하고 일제에 항거하는 민중운동, 그 대표적인 3.1운동은 왜 일어났는가, 소작투쟁은 왜 격화되었는가? 또한 농지를 떠난 농민이 급증하고 대규모의 인구이동이 일어난 것을 어떻게 설명할 수 있는가? 당시의 국민들이 가졌던 '감정'에 대한 고려가 결코 경시되어서는 안 되는 것이다. 강만길(2004)의 지적대로 식민지로 전락한 국민의 차별감정을 가볍게 보고 근대화만을 무겁게 본다는 것은 본말이 전도되었다는 생각을 갖게 한다. 근본적으로 식민지라는 주제와 근대화라는 주제는 분리될 수 없는 주제인 것이다.

그런데 근대성의 기원을 식민지시기에서 찾을 수 있다는 주장에 대한 논박으로서 허수열(2011)은 식민지시대의 개발은 '개발 없는 개발'에 불과했다고 주장한다. 식민지 근대화론자들이 민족개념을 비교적 무겁게 다루지 않음에 비하여 허수열은 "민족이야말로 식민지조선 경제를 이해하는 데 가장 기본적인 것"이라고 주장하고, 일본과 조선민족 간의 불평등의 심화문제를 강조하였다.

그러나 이 주장에도 다음과 같은 점에서 비판이 가능하다. 첫째, 허수열의 논의가 1910년을 식민지와 그 이전의 경제분석의 분기점으로 삼고 있다는 점이다. 왜냐하면 조선은 그 이전부터 사실상 식민지상태였고 1910년 시점에서는 이미 많은 규모의 일본자본이 조선에 들어와 있었다. 더욱이 대한제국 조정은 1907년부터 일본으로부터 많은 돈을 계속 빌리고 있었다. 결국은 공식적인 합병과 더불어 그 부채는 탕감받았는데, 그 금액이 1911년 조선총독부 총예산의 30%를 넘는 규모였다. 두 번째의 비판점은 결국 이러한 논의는 한국 근대화의 출발이 어디인가에 대한 견해를 제시하지 못한다는 점이다. 결국은 감정에 치우친 민족주의적 논의라는 평가를 들을 수밖에 없는 것이며, 식민지의 문제를 '우리의 문제'로 삼는 것이 아니라 '일본의 문제'로 삼고 있다는 한계를 가진다. 그리고 식민지문제를 오늘날 우리 사회에서도 관찰되는 우리의 문제라는 사회적 성찰을 방해할 수 있다.

위의 검토를 통하여 얻을 수 있는 결론은, 일제시기에 시작된 다양한 제도들이 한국근대성의 시작인가 아닌가의 논의는 구체적인 사안별로 검토될 때 그 답을 얻을 수 있다는 것이다.

2. 전통적 빈곤문제의 심화

토지조사와 그 영향 1910년부터 1918년까지 일제는 막대한 자금과 인력을 투입하여 식민지조선에 대한 대대적이고 철저한 토지조사를 실시하였다. 그리고 토지조사를 토대로 하여 토지에 관련된 권리 중에서 소유권만을 인정하고, 오랫동안 관행으로 보장되어 왔던 농민의 경작권은 인정되지 않았기 때문에 많은 농민이 소작농으로 전락하게 되었다.

토지조사의 목적은 다방면에 걸쳐 있지만 식민지를 상대로 한 토지조사이므로 그것이 넓은 의미에서 수탈을 위한 조사였다는 것은 명약관화한 일이다. 토지조사사업은 일본인이나 기업이 농지를 구입하기에 유리하도록 하는 법적인 기반을 조성하는 사업이었다. 이미 조선시대에도 토지는 사실상 사유가 인정되어 매매의 대상이었지만, 토지소유를 법적으로 보장하는 등기제도가 없었다. 또한 토지경작권자에게도 다양한 권리가 부착되어 있었다. 그러한 복잡한 토지제도는 일본자본의 토지소유를 가로막는 요인이었고, 일제는 토지소유권만을 법적으로 인정하고 그 이외의 각종 권리, 예를 들면 도지권 등은 인정하지 않았고 아무런 보상도 하지 않았다. 그렇게 함으로써 일제는 일본자본의 토지취득을 용이하게 하였고, 이를 통하여 조성된 국유지를 일본인 이주자에게 불하하여 쉽게 정착이 가능하도록 하였다. 이것이 곧 토지 수탈이다.

다른 한편, 토지소유를 명확하게 하고 소유자에게 법적인 권리를 부여하는 것은 근대자본주의의 근간을 이루는 사유권 절대의 원칙이 실현된 것으로 볼 수 있다. 만약 일제가 식민지조선을 자본주의체제, 혹은 국제적인 시장체제에 편입시키는 것이 일본자본주의의 발전에 유리하다고 판단하였다면, 이러한 측면이 보다 중요한 목적이 될 수 있을 것이다.

현실적으로 볼 때, 토지조사는 식민통치의 재원이 되는 토지세를 확보하기 위한 조치였다. 세수를 증가시키기 위해서는 가능한 한 국유지를 확보하고 그 이용에 대해서 세금을 징수하는 것이 필요하다. 총독부가 미간지를 적극적으로 점유하려고 한 것은 그러한 이유 때문이었다. 다만, 식민지가 끝날 때까지 식민지조선은 재정자립이 되지 않았고 예산의 일부는 일본정부로부터의 교부금에 의존하였다.

빈곤의 심화와 소작농 식민지시대에도 자연재해는 여전히 빈곤의 주된 원인이었다. 자연재해로 인한 빈곤자 구제는 식민지기간을 통틀어 중요한 사업이었다. 1919년의 대가뭄이나 1925년의 대홍수는 물론이거니와 국지적인 자연재해는 매년같이 발생하였다.

〈표 15-1〉 1919년 이재민 구휼 상황

	구휼				구휼금액					
	회수	호수	인원		국비	지방비	임시 은사금	은사이재 구조기금	하사금	합계
			실인원	연인원						
수해	67	5,383	10,542	62,695	–	7,762	10,099	–	6,431	24,322
화재	11	512	1,905	2,156	–	1,754	23,078	–	–	24,832
가뭄	26	10,366	42,784	326,672	9,753	3,066	12,885	769	5,095	31,568
계	104	16,261	55,231	391,523	9,753	12,612	46,062	768	11,526	80,722

자료 : 『朝鮮總督府統計年報』, 1919.

사회경제적 배경으로 발생하는 빈곤으로서 중시할 것은 소작농의 급증과 도시빈민층의 형성이다. 그런데 이와 관련하여 지적해 두고 싶은 것은, 이 시기에 빈곤이 급증한 것은 틀림없으나, 빈곤의 유형 그 자체는 이 시기에 갑자기 나타난 것이 아니라 한국의 역사문화적 유산으로서 오랫동안 존재해 온 문제라고 하는 점이다.

일제시대 한국의 소작농은 세계에서도 유례를 찾아보기 힘든 극도의 착취와 비참한 생활을 하였다고 지적된다. 식민지기간을 통하여 소작은 증가하였고 특히 그 초기에 급증하였다. 농업인구를 지주, 자작농, 반소작농(자작겸 소작농), 소작농의 4계층으로 분류해 본다면, 식민지기간 중의 변화의 특징은 '반소작농의 감소와 소작농의 증가'로 표현할 수 있다. 그것은 많은 반소작농이 소작농으로 전락한 것을 의미한다. 지주층과 자작농의 경우에는 큰 변화가 없었다. 완전소작농의 경우 1913년 32.4%였으나 1932년에는 54.2%로 증가하였고, 반소작농의 경우는 동 기간 중 41.7%에서 26%

로 감소하였다(조선총독부 자료).

당시 통상의 소작료는 수확량의 절반 정도였다고 알려져 있지만, 비옥한 농토의 경우 70~80%의 소작료를 지불하는 경우도 있었고, 소작인의 수탈이 심했던 전라북도의 경우는 소작료가 90%인 경우도 있었다고 한다. 소작료뿐만 아니라 소작변경도 놀랄 만큼 잦았다. 매년 소작변경이 20%에서 40% 정도였다(Comings, 2012). 극도로 불안한 노동조건이었다. 지주계급의 수탈은 일제시기에도 전혀 바뀌지 않았고 오히려 소작인 비율이나 소작료 등에서 더욱 악랄해진 것이라고 할 수 있을 것이다.

토막민문제에 관하여 1920년대 이후 도시빈곤의 상징과 같은 것이 '토막민'의 존재였다.[1] 그들은 하천 제방 등과 같은 감시가 없는 국유지역 혹은 민유지의 한지(閑地)를 무단점거하고 하룻밤 사이에 작은 집을 짓고 거주하다가 점차 고착하여 소위 토막생활을 하는 사람들이었다. 토막이란 땅을 파서 공간을 만들고 간단한 지붕을 덮은 주거이다. 그 수는 1931년 1,538가구 5,092명이었는데, 1938년에는 3,316가구 16,644명으로 급증하였다(조선총독부 자료). 다만, 토막민이라고 해도 그중에는 극빈층인 경우가 있는 반면, 그것이 복덕방이라고 불리는 중개업자를 통하여 전매되는 경우도 있었다고 한다.

토막민은 단순한 빈곤층의 생성이라는 것뿐 아니라 한국 사회의 전통적인 주거의 열악성을 상징하는 것으로 보아야 할 것이다. 조선 말기 한국을 두루 여행한 비숍(신복룡 역, 2000) 여사는 수도 서울의 너무나 빈약한 주거 상태를 기록으로 남긴 바 있다. 그런데 필자가 확인한 범위 내에서 말하면 한국 일본을 막론하고 토막민에 관한 모든 선행연구에서 '토막민'이라는 용어가 일제시대에 만들어진 용어라고 하고 있다. 그러나 그 주장은 '토막에 사는 사람들'이라는 사회계층적 의미인 경우에만 사실이다. 왜냐하면 '토막'이라는 용어 자체는 적어도 1600년 초부터는 사용되고 있었다는 것이 역사적 사실이며, 그것을 통하여 주거방식으로서의 토막이 존재하고 있었다고 유추할 수 있기 때문이다. 예를 들면, 1603년(선조 36년) 8월 11일 함경도관찰사 한효순

1) 토막민에 관한 참고문헌으로서는, 善生永助(1933), 총독부사회과(総督部社会課)의 「토막 및 불량주택조사」(1939, 1942, 1944), 그리고 경성제대의학부(京城帝大医学部)의 「토막민의 생활과 위생」(1940), 『長郷衛二』(1939)가 중요한 참고문헌이다. 이 자료를 정리한 것으로는 尹晸郁(1996)의 연구가 있다.

(韓孝純)의 장계(狀啓)에는 '토막'이라는 용어가 다음과 같이 명확히 사용되고 있다: "…… 북청부(北靑府)에서는 7월 18일에 사나운 바람이 크게 일고 비가 그치지 않아 냇가의 토막(土幕)이 죄다 떠내려가고 사람과 가축이 빠져 죽었습니다…… 휼전을 거행해야 하겠습니다(北靑府, 今七月十八日, 狂風大作, 雨勢不止, 川邊土幕, 盡爲漂流, 人畜或有渰死 …… 所當恤典擧行)."(『조선왕조실록』 선조 165권. 밑줄은 인용자)[2)]

당시에는 유랑민이 도성의 토지를 점유하여 토막을 짓는다는 것은 생각할 수 없는 일이었기 때문에 토막이 집단적으로 형성되지는 않았을 것이다. 다만 많은 걸인이나 유랑민이 있었으므로 그들은 일시적인 주거형태로 도성 밖의 하천 등에 토막과 같은 주거를 이용하였을 것이라고 생각된다. 그러나 일제의 토지조사가 끝나는 1920년대가 되면 몰락한 농민이 농촌을 떠나게 되면서 토막민의 '집단주거'가 형성되었던 것이다. 서울시의 성립과정을 보면(염복규, 2005), 당시에 토막이라는 것이 모두 불법으로 여겨져 철거대상이 되었던 것이 아니라 토막에 대한 과세도 이루어지는 경우가 있었음을 알 수 있다.

3. 식민통치와 사회복지사업의 시작

식민지시대의 시기구분 1910년 대한제국은 일본의 공식적인 식민지가 되었다. 한일합방조약 공포일인 1910년 8월 29일 칙령324호 「조선에 시행해야 할 법령에 관한 건」이 공포되었다. 조선총독에게는 제령권(制令權)이 주어졌는데, 같은 날 제령 제1호로 발포된 것이 「조선에서의 법령의 효력에 관한 건」이다. 이 법은 당분간 옛날 대한제국법령과 통감부령도 효력을 가진다고 규정되었다. 일본헌법은 식민지조선에는 적용

2) 경성제대의학부의 「토막민의 생활과 위생」(1940)이라는 조사보고서에는 '토막'이라는 용어의 유래가 언급되어 있는데, 그 용어가 총독부가 편찬한 『조선어사전』(1919)에도 실려 있지 않다고 하면서 나름대로 유추하여 그 의미를 설명하고 있다. 그 후 토막민문제를 언급하는 연구자들은 이 조사결과보고를 그대로 인용하면서 이 용어가 일제시대에 탄생한 것으로 알려진 것으로 보인다. 하지만 이 용어와 이러한 주거형태는 적어도 그 300년 전에 있었다. 또한 토우(土宇)라는 용어도 토막과 유사한 의미로 사용된 것으로 확인된다. '토우 및 가가(假家)를 마련한다'와 같은 용법이 사용되었다.

되지 않았다. 필요한 경우 식민지조선에 적용하기 위한 법률이 제정되기도 하였다.

1910년을 식민지 시작으로 보면 식민지시기는 공식적으로 36년간이다. 대부분의 연구자들은 이 기간을 몇 개로 나누어 시기구분을 하고 있는데, 그러한 구분에는 의문의 여지가 있다. 근대조선과 일본과의 관계는 '일본제국주의의 상식 이상의 폭력성과 조선인민의 끈질긴 저항(姜德相 編, 1966)'으로 집약된다. 식민지조선의 통치방법은 무단통치(武斷統治)였으며, 식민통치기간 중 그러한 정책기조가 바뀐 적은 없었고, 군인 이외의 인물이 총독이 되는 일도 없었다. 그럼에도 대부분의 연구에서 보여지는 전형적인 구분은 ① 1910년부터 1919년까지를 '무단통치' 기간, ② 1920년부터 1931년까지를 '문화정치' 기간, ③ 그 이후의 '대륙침략병참기지' 기간이라는 세 가지 시기구분이다. 더 자세한 시대구분도 있지만 어떤 경우나 1920년부터의 10여 년간을 '문화정치기'라고 하고 있다.[3)]

3.1운동 직후에 새로 부임한 사이토(斉藤実) 총독은 스스로가 '문화정치'를 한다고 표명한 바 있다. 역사가들의 시대구분은 사이토 총독의 말에 근거하고 있는지 모르지만, 이 용어는 정치적인 레토릭에 불과한 것이며, 식민지기간 전체는 본질적으로 무단통치였다. 사이토 총독은 실제 헌병 수도 증가시켰다. 그가 이전의 총독과 다른 점이 있다면 조선독립운동가의 매수를 적극적으로 행했다는 점이다.[4)]

만약 일제통치기간에 있어서 굳이 시대구분을 하려 한다면 필자는 중일전쟁과 국가총동원법(1938)에 의해 다양한 강제동원과 징용이 이루어진 시기를 경계로 그 이전과 이후로 구분할 수 있다고 본다. 소위 15년 전쟁체제를 분기점으로 보는 것이다. 복지문제의 근원인 인구이동의 본질이 그 시기를 경계로 달라졌다고 생각하기 때문이다. 그러나 본 연구에서는 시대구분을 하지 않고 사회복지사업과 관련된 역사적 사실들을 몇 개의 영역별로 나누어 서술하기로 한다.

3) 필자가 본 연구와 관련해서 확인한 범위에서 말하면, 많은 선형연구들 중에서 이러한 시기구분에 따르지 않고 연구자가 독자적인 시기구분을 하고 있는 경우는 愼英弘(1984)의 연구가 유일하다.

4) 야마베(山辺健太郎, 1966)는, 독립운동가들이 총독부에 매수됨으로써 조선의 독립운동은 점차 공산주의자가 주도권을 장악하게 되었다고 보고 있다. 사회주의자이자 역사가였던 그는 만약 사이토 총독이 조선을 위하여 한 것이 있다면, 이 매수공작의 결과 공산주의자가 독립운동의 주도권을 잡게 한 것이었다라고 평하고 있다.

은사금이라는 사회복지재원 조선총독부에서 오랫동안 근무하였고 재무국장을 역임한 미즈타(水田直昌)의 구술자료[5]에 의하면 1911년의 조선총독부 예산은 약 5,000만 엔이었는데, 그중 4분의 1인 약 1,250만 엔을 일본본국으로부터 무상으로 보조받는 상황이었다. 1910년의 한일합방 당시 일본정부가 식민지조선에 무이자로 대여해 주고 있던 1,500만 엔은 탕감되었다. 일본의 방침은 이러한 보조금을 줄여서 궁극적으로는 조선이 재정적으로 자립하도록 하는 것이었지만 일본정부로부터의 보충금은 해방될 때까지 이어졌다. 여기에는 결코 조선의 세금으로 총독부 공무원의 월급을 주는 것이 아니라고 하는 정치적인 메시지가 담겨 있었다고 술회하고 있다. 당시의 총독부직원들은 어떻게 해서라도 본국으로부터 더 많은 보조금을 얻으려고 노력하는 분위기였다고 한다.

식민지의 복지제도는 식민본국의 사회복지를 초월하지 못하는 법이다. 사회복지의 분야에서도 조선의 경우는 일본식의 사회복지가 이식되었는데, 그 시대의 사회복지란 공적복지에 황실의 특별한 배려라는 이미지가 혼합된 방식이었다. 식민지조선의 사회복지도, 일본의 경우와 마찬가지로 국민의 권리로서가 아니라 '황실의 특별한 배려'의 성격으로 시작되었다. 1910년 8월 조선총독부 총독은 '임시은사금(恩賜金) 배분에 관하여(훈령)'라는 '통감유고(統監諭告)'를 발표하였다. 그것은 일왕이 식민지조선을 위하여 하사한 은사금을 어떻게 배분할 것인가에 관한 것이었다.

일왕의 임시은사금 총액은 3천만 엔이었다. 1911년도 조선총독부 특별회계 세출예산(경상비와 임시경비 포함)이 48,741,782엔이었으므로 1년 예산의 약 62%에 달하는 거액이었다.

은사금은 직접 사업비로 사용하는 것이 아니라 그것을 기금으로 삼고 그 이자수입으로 사업비를 충당하는 형식을 취하였다. 은사금의 30% 가까운 금액은 식민지통치의 협력자나 고급관료에 대한 퇴직금이나 연금 등으로 지출되었다.[6] 또한 노인의 공

5) 이 자료는 주로 일제시대의 재정 금융상황에 관한 구술자료인데, 「조선재정여담」(147페이지 분량)이라는 이름으로 『조선근대사료연구』(財団法人友邦協会編, 友邦シリーズ第4巻 : 財政・金融, 1981)에 수록되어 있다. 당시의 재정 상황에 관한 중요한 자료이다.

6) 이 돈의 대부분은 조선 내의 토지구입에 사용되었다고 알려져 있다. 다만 이러한 새로운 지주층은 전체적으로 볼 때 많은 부분을 차지하지 못했다.

경, 효자나 효부(孝婦)의 표창 등 정표(旌表)정책을 적극 시행하여, 임시은사금의 일부를 그에 사용하고 있음을 표에서 확인할 수 있다. '양반유생 출신으로 사표(師表)가 되는 노인 3,150명'에 대한 사업으로 30만 엔(1인당 평균 약 100엔)을 배정하고 있다.

은사금의 용도 중 가장 큰 몫을 차지하는 것은 '수산(授産)[7]과 교육, 기근구제의 항목(약 58%)'인데, 이 항목은 사회복지사업과 직접적으로 관련된다. 그런데 자활지원사업의 목적과 그 대상에 관하여 통감유고는 다음과 같이 규정하고 있다 : '자활지원은 우선 양반, 유생과 같이 항산(恒產, 정규적인 수입)이 없는 자에 대해서 산업을 부여하는 것을 취지로 하는 것으로, 그러한 자들의 혜휼(惠恤)을 제1의 목적으로 한다.' 말하자면 조선의 지배층 내지 지식인층의 안정된 생활보장이 그 목적이라는 것이며, 당시의 대규모의 극빈층은 그 대상이 아니었다. 이 사업은 식민통치의 기반을 공고히 하기 위한 것이었다고 단언할 수 있을 것이다.

공공부조제도의 시행 이 시대의 중요한 사회복지법률 중 중요한 것은 무엇보다 공공부조에 관한 법률이었다. 그런데 일본과 식민지조선과의 빈곤에 대한 적용법률은 그 적용시기가 달랐고 보호 내용에 있어서도 차이가 났다. 우선, 식민지조선의 경우, 1916년 「부조규정」이 최초의 공공부조법이었고, 그것은 1943년 「조선구호령」에 의해 대체되었다. 일본의 경우는 1874년 최초의 구빈법인 휼구규칙이 제정되었고, 그 후 1934년에 구호법이 제정되었다.

1916년의 「부조규정」은 1874년 제정되어 당시 일본에서 시행되고 있던 휼구규칙의 내용과 거의 같았지만 대상자의 범위나 그 급여내용에 있어서 두 법률은 약간 다르다. 일본에서는 만 70세 이상이 대상자가 될 수 있는 데 반해 식민지조선에서는 60세 이상으로 되어 있다는 것이 식민지조선에 대한 우대조치라고 선전되기도 하였지만 사실상 의미가 없는 것이었다. 왜냐하면 그 어느 것이든 실제의 궁민 보호라기보다는 선언적인 제도에 불과했다고 보여지기 때문이다. 그것은 그 급여대상자 수를 보면 알 수

7) 授産(일본어로 쥬산)이라는 말은 생산능력을 부여한다는 뜻으로, 현대 용어로는 '자활지원'에 가장 가까운 말이라고 생각된다. 일본에서는 장애인복지시설의 작업장운영 등을 수산시설이라고 칭해 왔는데, 이 용어가 적절하지 못하다는 인식으로 점차 사용되지 않고 있다.

있다. 「부조규정」에 의한 수급자수를 보면, 1915년에 535명, 1916년에는 35명, 1918년 1,521명이었다. 수급자수가 가장 많은 1927년에 1,855명(그중 일본인 2명)이다(조선총독부 통계서). 이러한 상황은 일본에서도 거의 마찬가지였다. 그 대상자는 극소수였다.

한편, 일본에서 휼구규칙에 대신하여 1934년 시행된 구호법은 빈곤구제의 국가책임을 명기하였다는 의미를 가진 법으로 이 법의 적용으로 인하여 수급자는 상당히 증가하였지만, 강한 억제정책적 성격을 가지고 있었다. 예를 들어 그 수급자는 선거권이 박탈되었다.[8] 신구빈법의 열등처우의 원칙(principle of less eligibility)을 적용한 전근대적인 입법이었던 것이다. 이 법을 「조선구호령」이라는 이름으로 식민지조선에 적용한 것은 종전 직전인 1944년이므로 일본과 식민지조선은 적용시기에 차이가 난다. 대부분의 연구들은 그것을 식민지에 대한 차별이라는 관점에서 소개하고 있다.

조선구호령은 1944년 제정되어 시행되었는데, 그 적용대상은 ① 65세 이상의 노쇠자, ② 13세 이하의 아동, ③ 임산부, ④ 불구, 폐질, 질환, 기타 정신 혹은 신체적 장애로 인하여 노동에 지장이 있는 자로 규정되었다. 급여내용은 ① 생활부조, ② 의료, ③ 조산, ④ 생업부조가 있었다. 신청주의였으며 자산조사가 전제되었고, 거택보호를 원칙으로 하면서 불가피한 경우 시설보호 등을 행하는 것이었다. 전달체계는 중앙정부의 사회과가 전체적 사무를 관장하고, 지방의 경우는 도지사와 읍면장의 책임으로 되어 있었다. 재정은 국가가 2분의 1 혹은 12분의 7 이내에 보조하고, 도(道)는 4분의 1을 보조하며, 나머지는 읍면이 부담하게 되어 있었다. 이것이 1961년 한국에서 생활보호법이 제정될 때까지, 한국의 공공부조의 근간이 되었다.

이 법의 적용으로 일본에서는 공공부조의 수급자 수가 급증하기는 했지만, 여전히 전국민의 0.3% 정도의 소수였다. 그러나 조선의 경우는 시행과 더불어 해방을 맞이하였기 때문에 새로운 법 적용의 효과는 거의 없었다. 그러니 이 법의 적용이 일본보다 늦었다는 것이 큰 차별인 것처럼 주장하는 것은 별 의미가 없다. 조선의 빈곤이 너무나 광범하였다는 것, 자산조사 등에 필요한 인력 부족 등의 요인으로 구호법을 일본과 같은 시기에 시행하기는 어려웠을지 모른다. 혹은 빈곤조사 등을 수행할 수

8) 당시 일본에서는 25세 이상의 남성에게는 선거권이 부여되어 있었다.

있는 인력의 한일 간의 비교에 있어서는, 조선에서는 직접적 보호방법이 아니라 경제원조사업이나 공공취로사업을 수단으로 하는 일시적인 빈민부조가 큰 규모로 행해지고 있었다는 점을 고려해야 할 것이다. 동시적 적용이 아니면 차별이라는 주장은 지나치게 안이하고 단순한 주장이다. 식민통치 자체가 근본적으로 차별적이었기 때문에 이러한 개별 사안의 차별을 강조하기보다는 빈곤정책 전반을 비교하는 차원에서 차별이 논의될 때, 비로소 차별의 본질이 밝혀질 수 있다고 생각된다.

실업문제와 취로사업 : '궁민구제토목사업' 농민과 토지의 역사적 분리, 즉 자본의 원시축적의 상황을 영국의 예에서 본다면, 엔클르져에 의해 토지를 떠난 농민의 대부분은 도시의 저임금노동자를 형성하였다. 그러나 당시 조선의 상황은 달랐다. 산업혁명이 일어나는 조건 중 중요한 것은, 자본의 축적과 자유로운 임금노동의 창출, 공장에 의해 생산된 상품을 흡수하고 소비할 시장의 존재인데, 당시의 조선은 이러한 조건을 가지지 못했기 때문에 도시로 몰린 빈곤층이 산업인력으로 흡수되지 못했다.

일제시대의 인구이동 상황을 살펴보자.[9] 1910년 광업과 제조업세대는 0.81%에 불과하였다. 농업세대는 84%였다. 1932년에는 산업노동자수가 38만여 명이었는데, 1945년에는 1,321,713명으로 급증하였다. 1935년에서 1945년 사이에 농민층의 약 10%가 산업노동자로 흡수되었다. 조선인이 산업노동자가 된 것은 크게 두 가지의 경로가 있었다. 하나는 1920년대에서 1930년대 초기 토지소유의 집중으로 농지를 잃은 농민의 농지이탈이었다. 1930년대 일본이나 만주로 건너간 사람들의 대부분은 이러한 농민이었다. 다른 하나는 1937년 중일전쟁 이후 1938년의 국가총동원법에 의해 다양한 강제동원과 징용, 근로보국대, 애국단체에의 참가 강요에 의한 인구이동이었다. 이로 인하여 여성과 아동을 포함한 대량의 사람이 일본으로 이주하였다. 1945년에는 전 노동력의 32%가 조선인 노동력이었다고 한다.

빈곤문제가 사회주의운동의 원인이 된다는 것은 이미 일본에서 경험할 수 있는 현상이었고, 조선의 경우는 거기에 더하여 독립운동의 격화를 가져올 수 있다는 우려

9) 인구이동과 산업화에 관한 통계는 커밍스(2012)에 근거하고 있다.

를 총독부가 가지고 있었다는 것은 확실하다. 이러한 상황을 배경으로 하여 일제는 경제적 자립을 통한 빈곤구제에 눈을 돌렸다. 1920년 총독부는 「임시은사금관리규칙」을 개정하여 사회구제사업을 확대하도록 지시하였는데, 거기에 「경제보호사업」이 추가되었다. 경제보호사업은 '직업소개, 자활지원, 숙박보호, 주택공급, 공설목욕탕, 공설시장, 공설전당포, 공중식당, 공익이발소, 공설세탁소, 소농생업자금대부'의 11개 사업이었다. 1935년 시점에서 사회사업은 총 289개 사업, 그중 거의 40%에 해당하는 115개 사업이 경제보호사업이었다.

한편 1934년 일본정부는 '조선인이주대책의 건'이라는 각의결정을 내려 조선인의 일본이주를 억제하는 조치를 취했지만 이주는 계속 증가하여, 1930년대 초에는 동경에 모여든 조선인 노동자가 도시슬럼을 형성하여, 토지의 무단점거, 열악한 주거, 철거문제로 인한 마찰, 지주와의 마찰 등의 문제가 발생하였다. 이러한 상황에서 일자리를 구해서 조선인이 일본으로 몰려드는 것을 억제하기 위해서는 조선 내의 일자리 창출이 필요하였다. 1930년을 전후하여 조선북부에 산업이 발전하고 있었지만 실업자를 모두 흡수하기는 역부족이었다. 일자리창출의 수단의 하나는 취로사업의 성격을 가진 토목공사 등 공공사업이었다.

일본에서 구호법이 시행되기 시작하던 시기에 조선에서 시행된 '궁민구제토목사업'은 주목할 만한 사업이다. 그것은 1931년부터 1933년까지(실제로는 1934년까지) 시행된 농촌의 인프라 정비와 취로사업이라는 두 개의 목적을 가진 사업이었다. 3년간의 사업비는 65,226,200엔으로 총사업비의 64%는 국고보조였는데, 그 총사업비는 1931년도 모든 도비(道費)지출의 1.4배를 넘었다. 주로 도로망, 어항, 하천정비 등을 가능한 한 기계를 사용하지 않고 공사하는 것이 지침이었으므로 총사업비에서 차지하는 노동자임금의 비율이 높았다. 1931년의 경우 40% 이상, 1932년에는 52% 이상이었다. 3년간 1일 평균 88,500명이 고용된 셈이었다.

다만, 조선인 노동자는 일본인 노동자의 절반 정도의 임금을 받는 등의 차별처우가 여전히 있었고, 이 사업 자체가 3년간의 단기사업이었다는 한계가 있었다.

4. 구빈행정과 공사관계

구빈행정의 정비 1910년 이후 구휼 및 자선사업은 총독부의 지방국 지방과에서 담당하였다. 그 후 1921년 7월 내무국에 사회과가 신설되었는데, 사회과가 담당하는 사회사업의 범주에는 사회교육사업(도서관, 청년단체의 지도 등), 임시적 사회구제사업(수해피해 등), 일반사회사업(민간사회사업), 경제보호사업(지방의 임시은사금사업) 등이 포함되어 있었다. 1932년 2월 사회과는 내무국에서 학무국으로 개편되었는데, 이때 종래의 구빈방빈부문, 보건진료부문, 아동보호부문에 노동보호, 농촌진흥, 자력갱생운동 등의 사회교화사업이 급속하게 확장되었다.

그 후 1938년에는 각도에 사회과가 신설되어 전국적인 전달체계가 만들어졌고, 1940년에는 사회과에서 노동행정사무를 분리하여 노무과가 신설되었다. 이러한 체제가 해방 때까지 이어졌고 이후 한국사회복지전달체계의 기초가 되었다.

그런데 사회복지행정의 정착과정의 이해를 위해서는 그 시대적 배경으로서 '교화(敎化)사업'을 이해할 필요가 있다. 일본에서 '교화'의 사전적 의미는 '사람을 도덕적·사상적 영향을 주어 어떤 방향으로 향하게 하는 것'이다. 쉽게 말하자면 국민들을 일왕의 신민으로 세뇌(洗腦)시키는 것이었다. 당시 일본에서는 쌀소동, 제1차 세계대전 후의 불황과 관동대지진 등으로 인한 사회적 불안, 민주주의와 사회주의사상의 대두 등에 대처하여 1923년 일왕은 '국민정신작흥조서(作興詔書, 조서는 일왕이 발급하는 최고문서임)'를 발표했다. 이것을 계기로 이 조서의 독서회나 강독회 등이 만들어졌고 교화운동을 추진하기 위하여 '중앙교화단체연합회'가 결성되어 1928년까지 전국적인 조직화가 이루어졌다. 조선총독부는 조선에도 이러한 교화단체의 조직화를 시도하였다. 이미 1921년에는 '조선사회사업연구회'가 결성되어 1923년부터 월간지 〈조선사회사업〉[10]을 발간하고 있었다. 이 연구회의 목적은 조선지역에서 사회사업의 연구조사, 선전, 회원 간의 친목을 위한 것으로 회원이 가장 많았을 때 200명 정도였다고 한

10) 이 잡지는 1935년부터 「동포애」(同胞愛)로 개명되었고, 1940년에는 다시 「조선사회사업」으로, 그리고 1943년에는 「조선후생사업」으로 이름이 바뀌었다.

다. 연구회를 모체로 하여 1929년 조선사회사업협회가 만들어졌는데, 그 목적에는 '사회사업의 연락'이라는 것이 추가되었다. 그 '연락'의 의미는 사회복지 관련 단체나 인사의 조직화와 통제라는 의미가 강하게 스며 있다. 민간의 복지사업에 대한 통제가 이를 통하여 보다 강화되었다. 협회사무소는 총독부 내에 있었고 협회장은 조선총독부 정무통감이었으므로, 용어상으로는 연구회나 협회이지만 총독부의 활동 그 자체라고 해도 과언이 아니다. 조선사회사업협회는 현재 한국사회복지협의회의 전신이다.

국가시설운영과 민간시설보조 이상의 공공전달체계와는 별도로 총독부 직속사업으로서 1911년 6월 '제생원규정(조선총독부 부령 第77호)'에 의해 제생원(濟生院)이 설치되어, 양육부와 맹아부(盲啞部)로 나누어서 아동과 장애아동을 보호하였다. 식민지 이전의 조선에는 23개의 민간복지시설이 있었고 유일하게 이필화(李苾和)가 1906년 설립하여 90여 명을 보호하던 경성고아원이 있었다. 경성고아원을 인수하는 방식으로 설립된 것이 제생원이다.

일본에서와 마찬가지로 민간의 사회복지활동에 보조금을 지급하는 방식의 '사회복지공사관계' 역시 식민지조선에 이식되었다. 개항 이후 조선에는 선교사들이 중심이 된 다수의 사회복지시설이 설립되어 있었는데, 이러한 복지실천에 대해서는 정부보조금이 지급되었다. 조선총독부의 1936년도 '사설사회복지사업단체 보조금현황'에 의하면 29개 단체에 38,100엔의 보조금이 지급되었다.

보조금제도를 활용하여 민간에 복지사업을 위탁하게 하는 형식은 사회복지시설의 운영에 국한된 것이 아니라 일시적인 복지사업에 있어서도 행해졌다. 예를 들어 토막민 구제사업도 민간단체에 정부보조금을 지급하는 형식으로 진행되었다.

방면위원제도 구빈행정과 관련하여 또 하나의 중요한 움직임은 방면위원제도의 시행이었다. 방면위원제도의 기원은 1917년 오카야마(岡山)의 '제세고문제도', 1918년의 '오사카부방면위원규정'에 근거한다. 방면위원은 민간독지가의 신분으로서 빈곤자의 생활을 조사하고 필요한 원조를 제공하였는데, 그 배경에 자본주의 모순에 의한 사회불안이 있었다. 이 제도를 식민지조선에 시행하려고 하는 시도는 '경성부방면위원규정(경성부고시 제49호, 1927. 12. 5)'에 의해 이강혁 등 두 명의 방면위원을 위촉하면서 시작되었다. 이 규정(8조로 구성)에 의하면 방면위원의 임무는 지역 내의 빈곤생활자 조사를 위시하여 복지문제와 관련된 제반 조사였다. 방면위원은 경성부에 의해 위촉되었는데 무급의 명예직이었다. 그들은 대개 교육과 경찰, 행정기관, 사회사업의 관계자들이었다.

이들은 처음 모두 조선인으로 위촉되었는데 특이한 점은 방면위원을 지도감독하는 신분으로서 '방면고문'을 두고 있었다는 점이다. 방면고문은 거의 대부분 일본인으로 구성되었는데,[11] 경찰서장이나 보통학교장이 위촉되었다. 이것은 방면고문의 지도하에서 사실상 국가공무원과 유사한 역할을 하고 있었음을 의미하는 것이다. 빈민의 '사상적 측면'에 유의해야 한다는 지침은 방면위원의 관련 문서에는 자주 등장한다. 1931년 현재, 서울에는 동부, 북부, 서부, 남부, 용산의 다섯 개의 방면구(方面區)가 설정되어 각각 15명, 12명, 12명, 12명, 11명씩, 계 62명의 방면위원이 임명되었다. 그 후 전시체제로 편성되면서 방면위원제도는 확대재편되어 군국주의협력체제의 성격을 더욱 강하게 띠게 된다.

5. 일제시대의 유산

사회복지의 기반과 유산 일제의 식민지통치방법은 한마디로 분할통치였고, 그것은 민족 간의 심각한 분열을 가져왔으며 그 영향은 식민지기간이 끝난 후에도 오랫동안 심각한 후유증을 가져왔다. 사회복지의 전시동원에는 조선인 경찰이나 관리를

11) 愼英弘(1984)에 의하면 방면고문 중 유일하게 조선인으로 위촉된 사람은 오긍선(吳兢善)이라는 인물이다. 세브란스병원의전(醫專)의 부교장(후일 교장)으로 매우 우호적인 친일파로 평가된다. 한편 처음으로 방변위원에 임명된 이강혁(李康爀)은 강원도 양구 등의 군수를 지낸 사람으로 후에 사회복지분야에서 활동하면서 소위 친일단체인 '국민협회'의 이사를 비롯하여 재향군인회 등의 단체에서도 활동한 사람이다. 이들은 모두 국사편찬위원회의 친일파 관련 인사에 이름이 올라있다.

앞장세웠기 때문에 그들은 민중의 증오대상이 되었다. 해방 이후 조선인관리나 경찰에 대한 습격사건은 그러한 증오심의 표현이었다. 그리고 사회의 지도층이라는 위치에 있는 사람들은 식민통치협력자인 경우가 많았으므로, 지도층에 대한 민중의 불신은 쉽게 가실 수 있는 것이 아니었다. 해방 이후 미군정문서는 국가건설(state building)에 필요한 경험과 식견을 가진 조선인 인력이 매우 부족함을 곳곳에서 지적하고 있다. 그것은 총독부의 수많은 조선인 관료들이 대부분 지시대로 움직이는 수준의 하급직이었다는 것을 반영한다.

한편, 일제가 남긴 것 중 한국발전의 초석이 된 것이 없는 것은 아니었다. 커밍스(2012)는 일제가 남긴 것으로 '비교적 잘 발달된 교통망,[12] 세계시장시스템과 조선을 연결시킨 것, 근대적인 기술을 가진 인력, 고도로 체계화된 관료조직'을 들고 있다. 그중에서도 중요한 것은 조직된 관료조직과 기본교육의 보급이다. 일제에 의한 학교설립은 자발적이라기보다는 조선인민의 교육 열기에 대한 반응이었다. 의무교육제는 실시되지 않았고, 중등 이상의 교육기관의 설립에 총독부가 매우 소극적이었다는 것은 잘 알려진 일이다. 하지만 이 기간 중에 이루어진 교육수준의 향상이 인적 자본의 형성이라는 측면에서 장차 한국의 국가발전에 밑거름이 되었음은 부정할 수 없다.

사회복지제도의 기반에 관한 부분에서도 변화가 있었다. 예를 들면 호적제도가 확립되었는데, 그것은 백정의 신분도 호적을 갖게 됨을 의미하였다. 인간차별이 일상화되어 있었기 때문에 보수색채가 강한 지역에서는 백정제도의 폐지에 대한 반대운동까지 있었지만 제압되었다. 형평운동 등 차별받아 온 민중 자신들에 의한 적극적인 차별철폐운동이 일어난 배경에는 이러한 사회분위기가 작용했을 것이다. 경제영역에서는 자본주의적 경제질서가 강화되었고, 사유재산제도가 정착되어 갔다. 사법의 영역에서는 법치적 문화가 강화되었다.

잔여적 복지모형과 사회복지의 새로운 시도 당시 일본의 사회복지는 부국강병, 식

12) 당시 조선의 철도망은 아시아에서 일본에 이어 두 번째의 수준이었다. 공업화가 추진된 북한지역만을 본다면, 1인당 철도길이는 일본을 능가하였다. 이것은 역사가들의 지적대로 '필요 이상'의 수준이었는지도 모른다.

산흥업, 전시체제와 깊이 유착되어 발전하는 양상을 보였다. 따라서 사회복지는 극단적으로 억제되었고, 구체적인 사회복지프로그램은 '총후정책'[13]의 일환으로 시행되는 경향이 강하였다. 당연히 군인이나 그 가족, 그리고 전쟁수행에 협력하는 직업의 노동자 등이 우선적으로 보호되었다. 일본에서는 해당 이전까지 공공부조의 대상자는 선거권이 박탈될 정도로 사회복지수급에 대한 스티그마가 강했다. 현대용어로 말하자면 높은 정도의 잔여적 복지모형이었는데, 그것이 식민지조선에 이식되었고, 그 일부는 역사적 유산으로 남았다.

제생원사업을 예로 들어 보자. 제도의 연속성이라는 관점에서 본다면, 제생원사업과 관련하여 주목할 것은 두 가지이다. 하나는 사회복지사업실천에 있어서 국가직영사업의 한 모델을 만들었다는 것이다. 제생원의 경우는 하나의 상징으로서 높은 수준의 복지실천을 제시함으로써 일제가 사회복지에 관심이 있음을 선전하는 도구로 삼았을 것이다. 일제는 상징적 시설로서 하나의 시설을 운영했을 뿐 이와 유사한 아동복지시설을 확충하는 노력은 행하지 않았기 때문이다. 또 하나 주목할 것은 제생원의 사업에서 장애아동에 대하여 시설보호차원에서 벗어나 정상적 학교체제로 개편하려는 노력을 기울이지 않았다는 것이다. 말하자면, '조선에도 맹아교육이 있다'는 선언적인 모양새를 유지하는 것에 급급하였고, 장애인학교의 설립과 같은 발전이 없었던 것이다.

이상의 두 가지 특징을 통하여 내릴 수 있는 결론은, 일제의 복지실천이 '바람직한 복지실천의 모델'을 제시하지 못했고, 결국 그것을 통하여 선별주의적이고 잔여적인 복지모델을 한국 사회에 이식하는 결과를 가져왔다는 것이다.

한편, 복지제도의 발전이라고 볼 수 있는 변화의 조짐도 있었다. 그것은 첫째, 복지문제에 대한 새로운 대처방식이 시도되었다는 것이다. 그 대표적인 예는 농번기 탁아소의 운영이다. 예를 들면 농번기 탁아소의 개설상황을 보면 1938년 충남지역의 경우, 농번기 탁아소에서 보호한 아동의 연인원이 248,646명에 이르고 있다(朴澈, 1939).

13) 총후정책(銃後政策)이란 전시체제를 후방에서 지원하는 정책을 의미한다. 예를 들면, 전쟁미망인에게 일자리를 제공하는 것은, 전쟁에 나간 군인을 안심하고 싸우게 하는 일이라고 규정하는 정책이다. 군사원호사업은 그 대표적인 것이다.

또 하나의 발전은 사회복지문제에 대한 과학적인 조사가 진척되어 빈곤이나 장애인문제, 주택문제 등에 관한 기초자료가 축적되었다는 것이다. 그리고 사회복지의 수급상황이나 재정상황 등 국가정책의 중요한 통계들도 비교적 충실히 작성되어, 복지실천의 근거를 제공하였다.

16

미군정기, 한국전쟁과 사회복지

이 장에서는 미군정기부터 한국전쟁의 종결 시까지의 사회복지를 고찰한다. 특히 미군정기의 사회복지에 관해서는 그 이해에 있어서 매우 중요한 원전들을 중심으로 소개하기로 하고 그 의미를 논의한다.

미군정의 정책기조를 이해할 수 있는 가장 중요한 문서는 1945년 10월의 'SWNCC176/8(미군점령하의 조선지역에서의 민정에 관한 미국육군최고사령관에 대한 기본지령)'이 있다. 이 자료는 마이크로 필름화(State-War-Navy Coordination Committee and State-Army-Navy-Air Force Coordination Committee case files, 1944~1949)되어 공개되어 있다. 군정기의 일반적인 상황을 이해하는 데에는 『자료대한민국사』(국사편찬위원회 데이터베이스)가 해방 당일부터 날짜로 기록한 자료가 참고가 되며, 마찬가지로 동기간의 중요 사실들을 날짜별로 기록한 최영희의 『격동의 해방 3년』(1996), 森田芳夫(1968)의 기록이 좋은 참고자료이다. 미군정청이 제정 공포한 법령들은 거의 대부분 국사편찬위원회의 데이터베이스에 실려 있으며 매우 중요한 자료이다.

미군정기의 사회복지에 관련된 중요한 참고문헌으로는 우선 신상준(1992)의 연구를 들고 싶다. 그리고 이혜원 등(1998), 전호성(2004), 박보영(2005), 황병주(2000), 이영환(1989), 아산사회복지사업재단 편(1979, 제2장), 濱田康憲(2010) 등이 있다.

한국전쟁과 사회복지에 관해서는 문인숙(1990)의 연구가 있다.

1. 시대적 배경과 사회문제

해방직후의 사회혼란과 빈곤문제 일본의 통치는 끝났지만 점령군이 한국으로 들어오기까지는 적어도 3주일이 걸렸다. 그 기간 중 국가관리는 조선총독부에게 맡겨졌다. 1945년 9월 8일 하지(J. R. Hodge) 중장이 인천에 상륙하여 9월 9일 오후 4시 일본항복문서조인식이 거행되었으므로, 형식상으로 보면 해방 후 3주일간은 조선총독부가 존재했다. 그러나 그 기간 동안 총독부는 명목상의 존재였다.

당시 경찰의 상황을 보면 조선에 있던 일본인경찰은 거의 징병으로 동원된 상태였으므로 대부분의 경찰은 조선인이었다고 한다. 그런데 해방 직후 경찰은 치안 유지에는 거의 손을 놓고 있었다. 미군은 자신들이 한국에 도착할 때까지 일본군이 철도나 전력, 수도, 곡식창고, 교도소 등을 경호하도록 명령을 내렸지만, 총독부는 현실적으로 한국 사회를 통제할 수 없었다. 8월 15일 오후에는 전국의 헌병대와 경찰서에 억류되어 있던 2천 명 이상의 사상범, 경제범 등 독립운동가가 석방되었다. 경찰의 무기고도 민간인의 손에 넘어갔고 철도도 마찬가지였다.

군정기를 통틀어서 중대한 사회문제는 무엇보다 대규모의 전재민(戰災民)의 발생이었다. 일제시대에 불가피하게 고향을 등지고 나라를 떠났던 사람들이 한국으로 돌아오는 경우가 가장 많았다. 그들 중에는 강제동원된 전재민이나 군인도 있었으며 일본이나 만주지역 등으로부터 돌아온 노동자층도 있었고, 소련이 점령한 북한지역으로부터 월남한 사람들도 있었다. 〈표 16-1〉은 1945년 10월 이후 1947년 12월까지 남한으로 들어온 귀환자 수를 나타내고 있다. 238만여 명, 당시 남한 인구의 15%를 넘는 수치이다. 이들 중 다수는 응급구호를 필요로 했다.

〈표 16-1〉 남한에의 인구유입(1945. 10.~1947. 12.)

유입출발점	귀환자 수	남한 인구에 대한 비율*
북한	859,930**	5.4
만주	304,391	1.9
일본	1,110,972	7.0
중국	71,611	0.5
기타	33,917	0.2
계	2,380,821	15.1

* 1945년 5월 현재, 38선 이남의 인구를 1,580만 명으로 추산한 비율임.
** 북으로부터의 피난민 388,694명, 나머지는 남쪽이 고향인 사람의 귀환.
자료 : 커밍스, 2012, p. 83.

당시의 심각한 문제는 실업문제와 쌀을 비롯한 물자부족문제였다. 조선은행 통계에 의하면 1946년 1월 현재, 실업자 수는 110만여 명이었는데, 전재실업자 73만여 명, 일반실업자 46만여 명으로 이는 당시 경제활동인구의 20~30%에 해당한다. 국토가 38선으로 나누어진 것은 특히 남한에게 심각한 경제적 타격을 주었다. 해방 당시 한반도 제조공업의 94%를 일본인이 소유하고 있었고, 산업기술자의 80%가 일본인이었다. 공업제품의 자급률은 72%에 불과했다(커밍스, 2012). 이러한 상황에서 해방과 일본인의 철수는 한국에 큰 경제적 타격을 줄 수밖에 없었다. 더구나 공업시설의 대부분은 북한지역에 있었기 때문에 농업이 주산업이었던 남한은 극심한 공산품 부족을 겪었다.

대중정치의 시대 : 정치적 상황 해방 이후 대한민국정부 수립까지의 기간은 '대중정치의 시대'로 불린다. 그만큼 정치에 대한 대중의 관심이 컸으며, 대중은 어떤 형태로든 정치참여를 시도하였다. 이러한 사회분위기를 잘 표현한 것으로 보이는 당시의 한 여론조사의 결과를 보자. 이 조사는 미군정 여론국에서 행한 것으로, '일신상의 행복을 위해 가장 중요한 것은 무엇인가', '찬성하는 이념은 무엇인가'에 관한 것인데, 그 응답내용은 다음과 같다(『자료대한민국사』, 1946. 8. 13) (최영희, 1996 : 250).

> '일신상의 행복을 위해 가장 중요한 것은 무엇인가?'
> – 생활안정 41%, 정치적 자유 55%, 모른다 4%
>
> '찬성하는 이념은'
> – 자본주의 14%, 사회주의 70%, 공산주의 7%, 모른다 8%

일신상의 행복을 위하여 가장 중요한 것으로 '정치적인 자유'라고 응답한 비율이 55%로 '생활안정'이라는 응답을 상회하고 있다. 군정사령관 하지가 극동사령부에 제출한 조선의 정세에 관한 보고에는 다음과 같은 문장이 있다(커밍스, 2012 : 제6장) : '조선인은 내가 지금까지 접촉해 온 어떤 국민보다도 어떤 사물을 정치적으로 생각하는 사람들이다. 모든 움직임, 모든 언어, 모든 행위가 정치적으로 해석되어 그 가치가 측정된다(1945. 12. 16).'

위의 여론조사결과에서 더욱 주목할 만한 것은 찬성하는 이념으로서 절대다수가 사회주의적 이념을 선호한다는 사실이다. 일제시대에는 독립운동의 사상이란 사회주의사상과 거의 같은 의미였다. 더욱이 3.1운동 이후 일제가 독립운동가의 매수를 추진하면서 이러한 경향은 더욱 심해졌다. 이러한 경위가 있었으므로 해방 이후의 대중정치활동의 주도권이 좌익에게 있었다는 것은 쉽게 짐작할 수 있다. 다른 각도에서 보면, 국민의 77%가 사회주의적인 이념을 선호한다는 조사결과는 당시의 사회가 '경쟁적인 사회, 시장이나 상업화'에 대해 강한 거부감을 가지고 있었다는 의미가 된다. 미군정은 통치기간 중 자유시장의 형성에 노력하였지만 그러한 노력은 대부분 실패로 돌아갔다.

우선 해방 당일날 소위 좌파의 주도로 건국준비위원회의 중앙조직이 탄생하였고 곧 지방지부로 확산되었는데, 며칠 이내에 전국 13도 전체에 건국준비위원회가 만들어졌고, 그 2주일 후에는 이미 145개의 지방지부가 탄생하였으며, 3개월 이내에 모든 행정조직수준에서 인민위원회가 생성되었다. 북한에서는 인민위원회가 사회주의 정권수립의 대중적 기반이 되었다. 인민위원회는 치안의 유지나 식량의 통제, 소작분쟁의 조정 등의 활동을 수행하였다. 해방 직후에는 우익이 아직 생성되지 못하고 있었지만, 우익의 힘이 서서히 커지면서 지역의 주도권을 둘러싸고 좌익과 우익 간의 국지적인 싸움이 벌어지게 되었고 그것은 한국전쟁 때까지 이어졌다.

2. 미군정기 점령정책의 기조

미군정과 정책결정 구조 1945년 8월 15일 일본은 연합국에 무조건 항복했고 조선은 해방되었다. 한국의 힘에 의한 해방이 아니었다. 한국임시정부는 1941년 대일선전포고를 하였지만 조선은 전승국으로 인정받지 못했다. 승전을 주도한 미국은 전후 세계를 자본주의적 자유경제체제로 재편하는 전략을 가지고 있었다. 따라서 이 시기 한국을 둘러싼 중대한 사회적 · 경제적 · 정치적 변화는 미국의 세계전략이라는 요인을 무시하고는 논의할 수 없을 것이다.

미군정기는 점령군 사령관인 하지가 9월 9일 남한의 점령을 선포한 시기부터 1948년 8월 15일 남한만의 총선거에 의해 대한민국정부가 수립된 1948년 8월 15일까지의 기간이다. 전면적인 군정이 실시된 것은 1946년 1월 4일부터이다.

미군정의 지휘계통은, 군정에 관한 미국정부의 결정이 연합국최고사령관(SCAP)을 통하여 재한미군사령관(C. G. USAFIK : Commanding General, United States Army Forces in Korea, 하지)에 전달되고 그것이 미군정(USAMGIK : United States Army Military Government in Korea)으로 하달되는 구조였다. 하지는 9월 12일 아놀드(A. V. Arnold) 소장을 미군정청장관에 임명하였다.

미군정은 민중의 억압과 착취에 관련된 일제시대의 법들을 폐지시킨다는 원칙을 가지고 있었다. 군정청장관 아놀드는 9월 22일 지령으로서 일제하의 일부 악법 폐지를 공표하였다. 그로 인하여 폐지된 법률은 다음과 같다 : '치안유지법, 조선사상범 보호관찰령, 조선사상범 예비구금규칙, 조선임시보안령, 임시자금조치법, 국방보안법, 정치에 관한 범칙자처벌에 관한 건, 수출입품 등 임시조치법, 출판법, 신사에 관한 제지령, 조선통독부중추원 관제(자료대한민국사, 1945. 9. 22).'

미군정의 정책기조 해방 직후부터 일본이나 만주 등 국외로부터의 귀국자뿐만 아니라 북한으로부터의 이주자들도 남한으로 쇄도하였다. 그들을 위한 식량과 주거의 확보는 내일을 기다릴 수 없는 시급한 과제였다. 한국에서 장기적인 관점에서 지속가능한 사회복지체제를 구상하는 것은 무리였다. 또한 갑작스러운 남한 진주의 역할을 맡은 미군정관계자들이 한국에 대한 기본지식이나 사회복지계획에 관한 식견을 가지고 있었다고 보기 힘들었다. 눈앞의 혼란을 수습하고 사회를 안정시키는 것이야말로 공산주의로부터의 방어를 가능하게 한다는 인식, 북한을 점령하고 있던 소련과의 정책적 경쟁, 국제사회에서의 책임, 눈앞의 기아문제에 대처하지 않을 수 없는 현실적 상황 등을 배경으로, 미군정은 실업자나 빈민 혹은 전쟁이재민의 구제에 집중하지 않을 수 없었다고 보아야 한다.

미점령군의 정책기조를 확인할 수 있는 중요한 문서는 「남한 민정에 관한 초기기본지령」(Basic Initial Directive for Civil Affairs in Korea, SWNCC176/8, 이하 '기본지령'으로 표기함)이다. '기본지령'은 미육군최고사령관인 맥아더에 대하여 남한군정에 대한 기본지침을 규정한 지령인데, 미육군최고사령관 맥아더가 재한미군사령관인 하지에게 권한을 위임한다는 의미에서 하지에게 송부된 것이었다. 미군정의 정책기조는 이 문서에 의해 결정되었다. 이하 이 문서를 통하여 정책기조를 살펴보자.

'기본지령'은 제1부 일반사항 및 정치, 제2부 경제 및 민생물자공급, 제3부 금융 등 총 3부로 구성되어 있는데, 여기에서 말하는 '조선'이란 미군점령하에 있는 남한을 의미한다고 하면서 '일본 항복 후부터 신탁통치수립 이전의 초기기간 중에 조선의 민정에 관하여 가질 수 있는 권한과 지침이 되는 정책을 규정한다'고 기술되어 있다.

정치적 · 행정적 재편성의 지침으로서는 '점령 초기에 실제로 활용할 수 있는 한국의 법률을 존속시키며, 목적 달성에 저해될 우려가 있는 모든 법률이나 조례, 법령을 폐지'하도록 규정되었다. 그리고 '형사 및 민사재판소에서 일본인 그리고 일본인에게 협력했던 조선인을 가능한 한 빨리 해고할 것, 경찰기관에서 일본인 및 일본인에 협력했던 조선인을 점차 추방할 것'이 명시되었다. 그러나 불가피한 경우 일시적으로 그러한 유형의 사람들을 고용할 수 있음을 다음과 같이 명시하였다 : '다만 치안상의 견지에서 자격 있는 조선인 혹은 기타 인물이 발견되지 않을 때, 전문적인 자격이 있기 때문에 꼭 필요하다고 판단될 경우에는 일본인 그리고 일본인에 협력한 조선인을 일시적으로 임용할 수 있다. 그러나 그 경우 가능한 한 조선인으로 대체할 수 있도록 조선인의 인력보충과 훈련에 모든 노력을 기울인다. 그리고 일본인이나 바람직하지 않은 조선인을 임용할 경우 그러한 임용이 일시적인 것이라는 점을 조선민중에게 주지시키도록 해야 한다(제1부 F항).'

구호정책과 재정운용에 대한 '기본지령'의 내용에 대해서는 후술한다.

3. 사회복지의 내용

규제정책 : 소작제도의 개혁과 아동보호 사회복지정책의 중요한 두 개의 수단은 규제와 급여이다. 미군정기의 급여는 거의 일시적이고 구호적인 성격이었다. 그런데 전자, 즉 규제에 관련해서는 빈곤의 예방이라는 차원의 정책이 시행되었는데, 그 대

표적인 경우가 소작문제의 개혁이었다. 「조선경제연보」(1948)에 의하면 당시 남한인구의 약 80%가 농업에 종사하고 있었는데, 농가의 70%가 농지를 전혀 가지고 있지 않거나 그에 준하는 상태에 있었다.

당시 소작료문제는 농촌빈곤의 구조적 원인이었다. 미군정은 소작문제의 개선을 주도하였는데 그 배경은 두 가지였다. 하나는 토지개혁과 소작제도개혁에 대한 농민의 요구가 엄청났다는 것이다. 해방 직후 결성된 일부의 인민위원회가 우선적으로 대처한 문제도 토지문제와 소작문제였다. 따라서 소작문제의 해결노력은 빈곤문제에 장기적이고 구조적으로 접근한 사례라기보다는 사회안정책의 성격이 강했다. 착취적 소작료라는 고질적인 문제는 일본통치기간 중 개선은커녕 오히려 심화된 채로 해방을 맞았던 것이다. 소작제도개혁의 또 하나의 배경은 북한지역을 점령한 소련의 토지정책이었다. 소련에서는 이미 최고소작료의 규정 등이 시행되고 있었고, 그러한 정보는 조선민중에게 알려져 있었다. 미군정은 북한의 소련군정의 정책과 경쟁관계에 놓여져 있었던 것이다.

미군정이 시작된 직후, 군정청은 토지와 소작료에 관한 중요한 두 개의 법령을 제정했다. 첫 번째는 '최고소작료의 규정(군정청법령 제9호, 1945. 10. 5)'이다. 군정청은 '소작인에 대한 가혹한 소작료와 이자 등으로 소작인이 반노예화 상태가 되어 있으며 그 생활수준이 군정청의 목적수준 이하에 있기 때문에 조선에 국가비상사태를 포고한다(동법 제1조)'고 밝히면서 다음의 두 가지 중요한 규정을 시행했다 : ① 소작료는 어떤 형태로 지급되든 생산물의 3분의 1을 초과할 수 없다는 것(제2조), ② 정당한 사유 없이 지주가 소작지계약을 일방적으로 파기하는 것은 무효라는 것(제4조). 그리고 이 법령에는 벌칙(제9조)이 규정되었다.

이러한 법령에 근거하여 미군정은 쌀의 자유상품화를 시도하였으나 실패로 돌아갔다. 당시의 민중은 '시장'이라는 사상을 받아들일 준비가 되어 있지 않았다. 미군정의 쌀정책은 자유시장정책과 배급정책을 오가는 시행착오를 거듭하였다. 식량 부족은 미군정기를 통틀어 매우 시급한 과제였고 그로 인한 민중의 소요 또한 심각했다.

한편, 이상의 소작 관련 제도의 개혁 이외에 미군정이 시행한 규제정책으로서 '아동노동의 보호'가 있었다. 「아동노동법규」(미군정청법령 제112호, 1946. 9. 18)는 14세 이하 아동의 고용을 금지하는 것 등을 그 내용으로 하였다. 그러나 그 이외에도 16세 이하의 중공업 고용 금지, 18세 이하 아동의 위험한 중공업이나 교육상 해로운 일에의 고용을 금지하는 내용이 있었다. 이 법령의 시행에 있어서는 상당한 시행착오가 있었지만 아동노동보호에 대한 미군정의 관심을 반영하고 있다.

일반구호사업 소작과 토지문제의 해결이 빈곤문제의 구조적 접근이라고 본다면, 그 이외의 빈곤정책은 크게 두 가지로 나누어진다. 하나는 통상의 공공부조제도의 운영인데, 이것은 일반구호사업으로 불려졌다. 다른 하나는 전재민이나 월남민에 대한 응급적·구급적 차원의 구호정책이었다.

1947년 현재 남한의 귀향전재민과 요구호궁민의 규모를 나타낸 것이 〈표 16-2〉이다. 이에 의하면 요구호재민(災民)과 요구호실직빈궁민을 합한 200만여 명이 요구호상태였다. 한편, 1949년 『경제연감』에 의하면 1948년 3월 말 현재 요구호대상자 수는 약 159만 명이었다. 그중 재난빈민이 56.7만 명, 토착빈민이 46.3만 명, 재난실업자 31.1천 명, 토착실업자 24.7만 명이었다. 이러한 상황은 미군정 3년 동안 계속되었다.

〈표 16-2〉 남한의 전재민 및 요구호궁민 (1947년 3월 현재)

지역	귀향전재민	요구호재민	요구호실직빈궁민	계
서울	105,626	40,415	45,203	191,244
경기도	71,591	27,539	60,132	159,262
충청북도	111,814	55,786	175,307	342,907
충청남도	151,096	80,601	89,040	320,737
전라북도	208,653	80,448	97,822	386,923
전라남도	298,180	149,675	35,331	483,186
경상북도	489,173	202,542	214,000	905,715
경상남도	599,331	319,492	255,924	1,174,747
강원도	51,738	22,257	46,614	120,609
제주도	40,201	7,785	9,516	57,502
계	2,127,403	986,540	1,028,890	4,142,833

자료 : 『厚生』 제3호. 아산사회복지재단 편, 1979, p. 47에서 재인용.

당시의 공공부조의 기본법령은 1944년 시행된 「조선구호령」이었고, 미군정기에도 그대로 살아 있었다. 그러나 미군정은 조선구호령으로 빈민의 급여를 행한 것이 아니라 군정청 나름의 규칙을 제정하여 그것으로 빈민구제를 행하였다. 그 이유는 아마도 조선구호령에서는 실업자가 그 대상자가 될 수 없었기 때문인 것으로 보인다. 실업자를 포함시킨 것을 제외한다면 미군정의 구호는 조선구호령에 근거하고 있다고 할 수 있다.

미군정하의 구호준칙으로는 후생국보 3호(1946. 1. 12)와 후생국보 3A호(1946. 1. 14) 및 후생국보 3C호(1946. 2. 7)를 들 수 있다.[1] 후생국보 3호의 C항은 공공부조(public relief)를 규정하고 있는데, 조선구호령과 유사하게 구호의 대상으로 ① 65세 이상 된 자, ② 6세 이하의 부양할 소아를 가진 자, ③ 13세 이하의 소아, ④ 불치의 병자, ⑤ 분만 시 도움을 요하는 자, ⑥ 정신 또는 육체적 결함이 있는 자로서 구호시설에 수용되지 않고, 가족이나 친지의 보호가 없고, 노동할 수 없는 자로 규정하고 있다. 구호내용으로는 식량, 주택, 연료, 의료, 매장(埋葬)으로 분류하고 있다. 후생국보 3A호는 이재민과 피난민에 대한 구호를 규정하면서 구호내용으로는, 식량, 의류, 숙사, 연료, 주택주보, 긴급의료, 매장, 차표제공 등을 들고 있다. 후생국보 3C호는 궁민과 실업자에 대한 구호규칙으로서 거택구호 시 세대인원에 대한 지급한도액을 규정하였다.

사회복지시설 부문에 있어서 특기할 것은 아동복지시설 수와 보호인원이 크게 늘었다는 것이다. 아동복지시설의 보호자가 증가한 것에는 미성년자아동보호법의 시행과 함께 14세 이상 아동을 고용하지 못하게 됨에 따라 직장에서 해고되는 아동을 복지시설에 보호하는 경우가 많았음이 포함되어 있다. 서울시 후생국에서는 해고된 아동이 부랑화하는 것을 우려하여 아동을 해고하기 전에 후생국에 통지하여 아동복지시설에서 보호할 수 있도록 고용주에게 협력을 구하는 신문기사가 보인다. 1945년에 1,819명이었던 아동시설보호자는 1948년에 7,393명으로 증가하였다.

전재민 구호사업 해방 직후 전재민이란 일제의 동원에서 돌아온 사람을 의미했

1) 이 구호준칙은 장인협(1982)의 「공적부조제도에 관한 연구」에서 기술되어 그 후 많은 연구자들이 이 부분을 인용하고 있다. 그 내용 등은 여기에서는 하상락 편(1989)에서 재인용하였다. 필자로서는 아직 이 두 개의 문서를 확인하지 못했는데, 그 내용과 배경에 대해서는 보다 세밀한 연구가 필요한 것으로 보인다.

으나 보다 넓게는 만주나 중국 등지에서의 귀환자도 포함되었다. 또한 북한지역으로부터 남하한 사람은 월남민 혹은 월남귀환자로 불리었는데, 월남민은 1947년경부터 급격하게 많아졌다. 이 당시에도 자연재해로 인한 요구호자가 상당수 발생했는데, 그들은 이재민(罹災民)으로 불리었다. 그러나 이들을 합하여 재민(災民)으로 칭하기도 하고 전재동포, 전재귀환자 등의 용어도 사용되었다. 이러한 범주의 사람들은 무엇보다 주거를 가지고 있지 않았기 때문에 우선 수용보호하고 난 후, 주택제공, 취업알선, 귀향지원, 귀농사업 등의 복지활동이 전개되었다.

전재민 수용시설로서는 국립전재민수용소와 각 지방의 구호소가 있었다. 전재민에게 주거를 제공하는 것은 시급한 과제였다. 왜냐하면 대규모의 전재민은 사회질서의 측면에서 본다면 매우 위협적이었기 때문이다. 미군정은 텐트나 가설주택 등으로 대처하기도 하였지만 전재민을 위한 주택건설에 노력하였다. 전재민 주택건설의 실적은 〈표 16-3〉과 같다. 1946년과 1947년 사이에 3만 채 이상의 주택이 건설되었다.

〈표 16-3〉 전재민 주택건설 상황

	무주택호수	배당호수	완성호수	비고
1946년*	54,655	28,520	19,707	1946년 9월말 현재
1947년**	110,868	12,030	12,309	1947년 7월말 현재
1948년	36,816	5,476	–	1948년 5월 현재

* 미건설 수는 지방부담자금 부족으로 진행 부진 중.
** 초과된 호수는 도가 스스로 증설한 것임.
자료 : 대한민국공보부 『시정월보』 창간호, 전호성, 2004, p. 239에서 재인용.

전재민실업자를 포함한 실업대책은 크게 세 가지로 나누어진다. 직업소개소의 운영을 통한 직업알선, 귀농사업, 그리고 취로사업이 그것이다. 예를 들어 전시 중에 파괴된 중요 도로를 수선 개축하는 동시에 실업자 고용창출을 위한 총 공비 2억 원의 큰 토목사업도 동년 8월 시작되었다. 이 사업은 서울과 부산 사이의 국도 320마일을 네 구로 나누어 파괴도로를 수축하는 것인데 고용노동자는 연인원 320만 명으로 추산하고 있다(『자료대한민국사』, 1946. 8. 27. 같은 날짜의 동아일보 및 조선일보).

민간단체의 전재민구호활동 이러한 빈약한 재정의 미군정하에서 체계적인 복지정책의 계획을 수립하거나 시행하는 것은 무리였다. 구빈재정을 보충하기 위하여 일반국민의 자선을 촉구하지 않을 수 없었는데, 1947년 9월 10일자 보건후생부장의 통첩으로 각 지방에 지시된 「후생시설의 운영강화에 관한 건」의 내용을 보면 다음과 같다 : '국가재정으로 보아 수많은 요구호자에 대하여 전적으로 국비에서 충분한 보조를 하기는 불가능하므로 지방관민의 뜻있는 사람과 긴밀한 경제적 연락하에 당해 시설의 지역별 또는 개별적 후원단체를 구성하게 하여 이용가능한 인적·물적 자원은 유감없이 개발 활용하여 자립 자족할 수 있도록 적극 추진한다(구자헌, 1970 : 198, 문장을 약간 수정).'

한편, 전재민구호에 있어서는 많은 민간단체들도 중요한 역할을 하였다. 전재민에 대한 민간구호단체로서는 1945년 8월 31일 '조선재외전재동포구제회'가 결성되었고 뒤이어 20여 개의 구호단체가 설립되었다. 그 활동에는 우익단체나 좌익단체 등이 가담하는 등 복잡한 양상을 드러내었다. 이러한 민간활동에 대해서 미군정은 통제적인 태도를 취했다. 그 배경에는 구호운동의 정치적 색채에서 오는 부담도 작용했겠지만, 구호자금의 집행 등 구호단체의 운영에 대한 불신감도 있었다.

군정청장관 러취는 1946년 3월 19일 기자회견에서 다음과 같이 말하고 있다 : "사설원호단체에는 두 가지 종류가 있다. 하나는 고아원, 양로원, 수용소 등이고 또 하나는 전재민구호회이다. 그런데 지금 조선에 있어서 첫째 부류에 속하는 기관은 대단히 성적이 우수하다. 둘째 부류에 속하는 기관은 유감스럽지만 그렇지 못하다…… 전재민구호회에서는 비용을 낭비하는 경향이 농후하며 더구나 방대한 인건비를 지출하고 있다…… 극단적인 예이지만, 어떤 구호회의 위원 3명이 최근 군정청에서 알선하는 구호물자를 사적으로 횡령한 죄로 유죄판결을 받았으며 현재 유사한 혐의로 조사를 받고 있는 구호회관계자가 21명이나 된다. ……이런 이유로 군정청에서는 사설원호단체를 이용은 하되 그 재정은 엄격한 군정감독하에 두려고 한다(『자료대한민국사』, 1946. 3. 19, 서울신문, 1946. 3. 20).'

구빈행정기구의 계승, 재편, 확립 미군정의 구호활동의 전달체계는 총독부의 행정기구를 바탕으로 하였다. 아베 조선총독을 해임한 1945년 9월 12일 하지는 경성부민

관에서 정치문화단체 약 600명을 대상으로 한 연설에서 다음과 같이 말하고 있다: "한국인의 인권과 종교상의 권리를 보호하며, 안녕질서를 유지하여 수립된 정부에게 한국을 맡기는 것이 중요한 사명이다. 카이로 선언에 한국의 독립이 '곧'이 아니라 '적절한 시기에'라고 표현되어 있는데, 그 시기는 한국이 건전하게 성장하느냐 아니냐에 달려 있다. 정부는 민주주의에 입각해야 한다. 언론은 자유이다. 총독부는 일본인의 착취기구이지만 당분간 사용할 기관이 달리 없기 때문에 그것을 활용한다."(每日新聞, 1945. 9. 13.) (밑줄은 인용자)

미군정은 총독부의 조직을 기본으로 삼으면서 구호자의 규모나 사회문제의 변화에 대응하여 구빈행정의 개편을 거듭하여 간다. 구빈행정의 확립과정은 일련의 군정청법령을 통하여 확인할 수 있다.

군정청법령 제1호(「위생국 설치에 관한 건」 1945. 9. 24)는 위생국을 새로 설치하여 지금까지 경무국 위생과의 업무를 이관하게 하는 것이었다. 그 약 한달 후, 군정청법령 제18호(「보건후생국 설립 공포」, 1945. 10. 27)는 사회복지행정체제를 다음과 같이 재편하고 있다. 우선, 위생국이라는 명칭을 보건후생국으로 개칭하면서 학무국 사회과, 경찰국방호과 재민계(災民係), 관방외사과 보호계, 광공국의 조선노무자 및 전재민구호회의 제반의무, 직무, 문서, 재산 및 직원을 보건후생국으로 이전하였다(동 법령 3조).

군정청법령 제25호(「각 도 보건후생부 설치」, 1945. 11. 7)는 중요한 조치인데, 지방의 보건복지행정의 정비에 관한 것이었다. 또한 군정청법령 제107호(「부인국 설치령」, 1946. 9. 14)에 의해 보건후생부 내에 부인국이 설치되었는데, 부인국장은 부인으로 임명되게 되어 있었다.

한편, 노동부가 설치된 것은 중요한 발전이었다. 군정청법령 제97호(「노동문제에 관한 공공정책 공포 노동부 설치」, 1946. 7. 23)는 급증하는 노동쟁의 등에 대한 반응이기도 하였다. 이렇게 사회복지부문과 노동부문의 행정조직이 총독부 조직을 바탕으로 하여 재편, 확립되었고, 이러한 틀은 필요에 의한 개편이 거듭되어 왔음에도 불구하고 현재까지 유지되고 있다.

4. 대한민국 정부수립과 한국전쟁

대한민국 정부수립과 농지개혁 1948년 5월 10일 제헌국회의원 선거에 의해 5월 31일 개원한 2년 임기의 제헌국회는 헌법을 제정하여 7월 17일 대한민국헌법을 공포하였다. 제1공화국이 탄생한 것이다. 헌법 제19조는 '노령, 질병, 기타 근로능력이 없는 자는 법률이 정하는 바에 의하여 국가의 보호를 받는다'고 규정하여 국민의 생존권을 규정하였다. 그러나 생존권보장의 대상에서 '실업자'가 제외되어 있었다. 이미 언급한 대로 해방 이후 미군정은 당시의 공공부조 기본적 법률이었던 조선구호령의 대상에 실업자가 포함되어 있지 않았기 때문에 별도의 법령을 제정하여 구호정책을 시행했었다. 그러나 미군정이 끝나고 우리 손으로 만든 헌법에서는 그러한 법정신이 계승되지 못하고 다시 조선구호령의 시대로 돌아가고 말았다.

제한적이기는 하지만 헌법에 생존권보장이 명기된 것은 발전이었는데, 그러한 헌법정신에 의한 관련 법률이 정비되기도 전에 한국전쟁이 발발하여 구호정책은 대응불능의 상태에 빠졌다.

이 기간 중 사회복지와 관련된 움직임 중 중요한 것은 무엇보다 농지개혁을 단행하여 많은 소작농이 자작농으로 전환되었다는 것이다. 제헌헌법은 농지개혁을 선언하여 '농지는 농민에게 분배하며 그 분배의 방법이 소유의 한도, 소유권의 내용과 한계는 법률로서 정한다'라고 규정하였다. 그리고 1949년 6월 농지개혁법이 성립되었는데, 그 개혁방식은 '무상수용에 유상분배'였다. 즉, 농지소유상한을 3헥타르로 정하고 그 이상의 농지는 지주로부터 무상으로 수용하여, 소작인에게는 유상으로 분배하였다. 이로서 형식상으로는 남한의 농민은 모두 자작농이 되었다. 지주제는 소멸하였고 모든 경작지의 96%가 자작지로 되었다. 이승만이 농지개혁을 단행한 목적은 물론 국민의 대다수인 농민들로부터 지지를 얻기 위한 정치적인 목적이 있었지만, 그 영향은 컸다. 그 영향이란, 자작농이 된 농민의 입장에서 보면 자신에게 '지켜야 할 무엇'인 소유재산이 생겼다는 것이다.

한국전쟁과 그 여파 한국전쟁은 엄청난 규모의 사상자를 내었고, 해방 이후 그나마 남아 있던 산업의 대부분은 파괴되었다. 3년간의 전쟁에 의한 사상자는 1945년에 마감된 일본의 15년 전쟁의 희생자와 거의 같은 수준이었다. 그만큼 전쟁이 격렬했다는 것이다. 민간인의 사상자가 많았다는 것도 그 특징이다. 전쟁 개시 두 달만에 북한군은 경상도 일부를 제외하고 남한을 점령하였다. 점령한 지역에선 인민위원회를 기초로 한 공산주의적 정책실험을 행하였고 상당수의 지주나 경찰과 군인 및 그 가족이 반동분자라는 죄목으로 희생되기도 하고 납치되기도 하였다. 그 후 점령지역이 한국군에 의해 수복되면, 북한군점령에 협력했거나 단순히 부역하였던 주민들까지 다시 무자비하게 처벌되고 법적인 절차 없이 처형되는 일도 부지기수였다. 때로는 이념적 대립, 때로는 지주와 농민의 대립, 때로는 집안과 집안의 대립의 형태로 감정을 앞세운 비극적인 복수가 행해져서, 세계사적으로도 유례가 없을 정도의 치열한 양변학살은 엄청난 수의 민간인 사망자를 만들어 내었다.

이미 이승만정부는 반공주의를 내세워 1948년 12월 국가보안법을 제정했다. 일본이 1925년 공산주의운동을 탄압하기 위하여 일본과 식민지조선에 시행하였던 치안유지법은 미군정에 의해 1945년에 폐지되었는데, 국가보안법은 이 치안유지법을 모델로 하여 만들어진 것으로 알려져 있다. 치안유지법의 부활인 셈이다. 국가보안법은 사회복지에 있어서도 매우 중요한 의미를 가진다. 왜냐하면 이 법은 한국 사회에서 이념정당의 형성을 기본적으로 불가능하게 만들었고, 사회복지와 같은 분배문제가 정치쟁점화하는 것을 근본적으로 봉쇄했기 때문이다. 그로 인하여 정치집단들은 이념적이고 정책적인 대결을 벌이지 못하고, 특정 지역에 기반을 둔 정치대립의 경향이 심화되었고, 보다 깊은 곳에 뿌리를 둔 지역차별문제를 치유하기는커녕 오히려 자극하게 되었다.

사회복지의 관점에서 보면 우선 전쟁으로 인한 많은 피난민과 전쟁으로 발생한 고아를 보호하는 것이 가장 시급한 과제였다. 국방부의 자료에 의하면 1951~1952년의 피난민 수는 남한 내의 피난민이 421,228가구에 1,714,992명, 북한으로부터의 피난민이 135,745가구에 618,721명으로 합계 556,973가구에 2,333,713명이었다.

이 시기 무엇보다 보호를 요하는 아동의 증가로 인한 아동복지시설을 비롯한 사회복지시설의 정비가 필요하였다. 아동보호문제는 외원단체의 최우선 관심사였고 많은 자원들은 아동보호사업에 투입되었다. 전쟁고아의 대량발생을 배경으로 하여 아동복지시설은 휴전(1953. 7. 27)의 시점에서는 440개소에 53,964명의 아동이 시설보호되고 있있다(구자헌, 1970 : 202). 또한 당시 정부에 등록된 아동시설의 명칭을 보면 기독교적인 것이 대다수인데, 아동시설의 운영책임자의 다수가 기독교인이기도 하지만 국내교회와 외국원조를 의식한 데에서 비롯된 것이라는 평을 듣기도 한다(문인숙, 1990 : 20).

한편, 이성기(1991)의 지적과 같이 이러한 활동이 한국의 의존적 구호방식을 심화시킨 측면도 있다. 문인숙(1990 : 22)은 외원기관 구호활동의 긍정적 · 부정적 양면을 다음과 같이 평가하고 있다 : "외원기관들이 많은 재정을 투입하고 많은 시설을 설립하는 한편 많은 사람들을 위해 구제활동을 함으로써 혼란했던 한국 실정에서 크게 이바지한 것은 사실이지만, 그 복지사업의 운영과정에서 주로 외국단체들만이 협의하고, 의사결정에서도 주도적 역할을 함으로써 시설들의 의존성을 필요 이상으로 연장시켰다고 볼 수 있다. 그럼에도 불구하고 전체적으로 볼 때, 긍정적 측면에서는 국제적인 이웃정신을 보여주었고, 사회복지시설의 확충으로 한국사회사업발전의 계기를 마련하였다고 평가할 수 있다."

5. 사회복지발전의 특징

미국의 원조에 절대적으로 의존한 사회복지 일제식민지기간 동안 조선의 재정자립은 실현되지 않았다. 국가재정에서 차지하는 조세의 비율은 1940년에 17.2%에 불과했다. 나머지 대부분은 관업(官業)의 수입(52.4%)이 있었고 일본으로부터의 재정보조금이 있었다.

조선은행조사부의 통계에 의하면, 조세수입과 관업 재산수입은 1946년의 경우 각각 6.1%와 58.2%, 1947년 18.5%와 56.9%, 1948년에는 14.6%와 56.3%였다(박보영, 2005 : 74). 미군정은 1945년 10월부터 1946년 3월말까지의 첫 회계연도에 세출 11억 7천6백만 원, 세입은 3억 2천8백만 원으로 8억 원 이상의 적자예산을 운영하였고 1947년까지의 재정적자는 141억 5천8백만 원에 달했다.[2] 이러한 재정적자는 국채 등의 발행으로 메워진 것이 아니라 조선은행의 은행권 발행을 통하여 보전되었기 때문에 심각한 인플레가 유발되었다.

그러나 점령기의 국가정책에서 미국은 그 재정책임을 최소한으로 억제한다는 원칙을 가지고 있었다. 「기본지령(SWNCC176/8)」의 제2부 B-25항은 '민생물자 공급방침 및 공급기준'을 규정하고 있는데, 그 골자는 '현지물자의 보충에 관해서뿐이며, 점령군을 위험에 빠뜨리거나 군사행동에 지장을 초래할 수 있는 질병이나 혹은 광범위한 민생불안의 방지에 그 보충이 필요한 경우에 한한다. 그 수입품은 식량, 연료, 의료위생품, 기타 필수품목의 최소한의 양으로 한정한다……(a~e항의 요약. 밑줄은 인용자)'는 것으로 재정책임을 최소한으로 한다는 미군정의 방침이 잘 나타나 있다.

그러나 국가예산에 포함시키지 않은 미국의 경제적 원조의 규모는 매우 큰 것이었고, 그것은 원칙대로 일시구호적인 사업에 충당되었다. 국가예산으로 대처되는 대상자 이외의 많은 구호대상자는 미국원조에 의한 직접현물급여 등에 의해 대처되었다.

미국의 원조는 두 가지로서 모두 미국방성이 관장하는 것이었다. 하나는 '점령지역 통치구호원조(GARIOA : Government and Relief in Occupied Areas)'인데 무상원조였고, 다른 하나는 '해외잉여물자 청산원조(OFLC : Office of the Foreign Liquidation Commissioner)'로 차관이었다. 차관의 경우는 향후 20년에 걸쳐서 연 2.375%의 이자로 상환하는 조건이었다. 1945년 9월에서 1948년 12월까지의 원조금액은 표에서 보듯이 무상원조가 4억 9백만 달러, 차관원조가 약 2,500만 달러, 합계 4억 3400만 달러였다(신상준, 1992). 그런데 달러로 표기된 4.3억 달러의 미국원조가 어느 정도 규모인가를 시산해 보자. 1948년 한국의 1인당 국민소득은 33,150원으로 달러로 환산하면 7달러 수준이었다. 이 기준이라면 1달러의 환율은 4,735원이다. 같은 방식으로 계산해 보면 1945년은 4,570원, 1951년은 4,777원이므로 거의 비슷한 환율수준이다. 이 환율을 그대로 적용해서 미국의 경제원조를 한국원으로 환산해 본다면, 무상원조에 한정시키더라도 1조9천억

2) 국사편찬위원회의 한국사데이터베이스자료에 의하면 1946년 군정청예산은 세입 약 80억 원, 세출 약 118억으로 37억 원의 재정적자였다. 일제 마지막 해인 1945년의 예산이 32억 원이었으므로 1946년의 예산은 그 4배의 규모이다. 그만큼 긴급한 재정지출을 요하는 문제가 많아졌다고 짐작할 수 있다.

원을 상회하고, 차관을 포함하면 2조 원을 넘어서고 있다.[3] 1947년도의 경우 정부세출규모가 약 190억 원 정도였으니 그 규모가 얼마나 큰지를 짐작할 수 있다. 수많은 구호대상자가 있었음에도 불구하고 미군정청의 공식예산으로는 그 일부만이 수급자가 되어 있었음은 위에서도 확인되었는데, 그것은 압도적 다수의 요구호자들에 대한 구호사업이 미국의 원조금에 의해 이루어지고 있었기 때문에 가능한 것이었다.

군정기 사회복지의 평가 미군정의 빈곤정책의 기조는 한마디로 응급적·구급적 대처였다. 그것은 「기본지령」에서도 분명히 확인된다. 그리고 그러한 방침은 군정이 시작된 2년 후에도 전혀 변하지 않았음이 웨더마이어보고서의 내용을 통하여 확인된다. 거기에는 남한에 교육에 특별한 열의가 있다는 것과 보건과 공공복지활동은 일본통치시대보다 높은 수준을 유지하고 있다는 것을 인정하면서도 남한의 심각한 상황을 다음과 같이 지적하고 있다: '남한의 경제상태가 최악이라는 것, 적절한 관리자와 기술자가 극히 부족하다는 것, 군정당국이 미국에 거액의 차관을 요청하여 1948년 7월부터 부흥5개년 계획을 세우고 있지만 남한에 자립경제가 이루어진다는 것은 생각할 수 없을 정도로 어렵기 때문에 원조는 차관이 아니라 구제의 형태로 행할 필요가 있다는 것(밑줄은 인용자).'

남한에서의 자력경제는 당분간 불가능할 것이라는 인식은 아마도 미군정청 관계자들 간에는 퍼져 있었던 것으로 보이는데, 그것이 미군정의 구호정책을 장기적이고 지속가능한 복지계획의 수립에 노력하기보다는 응급적인 대책으로 일관하게 했던 요인의 하나라고 할 수 있을 것이다. 아니면, 남북한의 군사적 긴장뿐만 아니라 남한 내에서도 이념갈등이 깊어지는 상황 속에서, 엄청나게 불어나는 구호대상자의 긴급한 욕구에 대처하지 않을 수밖에 없는 상황에서 현실적으로 응급구제 이상의 것을 계획할 여유가 없었다고 할 수 있을 것이다. 따라서 이영환(1989)의 지적과 같이 이 시기의 사회복지정책은 한국복지정책의 이념적·제도적 근대화에 아무런 공헌을 하지 못했다.

3) 이 시산은 국민소득을 달러로 환산했을 경우의 환율로 필자가 계산해 본 것이다. 물자원조의 경우 실물가치를 원으로 환산했을 때 어느 정도였는지는 확인할 수 없었기 때문에, 미국원조의 규모를 이해하기 위한 참고자료로 작성한 것이다. 보다 정밀한 규모 추산이 필요하다고 생각된다.

17 1960년대 이후의 사회복지발전

1. 권위주의 시대의 사회복지

이 시기는 경제성장을 통한 빈곤해소를 가장 중요한 국가목표를 둔 시기이며 국민의 정치적 자유는 경제성장에 저해된다는 이유로 현저하게 제약된 시기였다. 이혜경(2006)은 이 시기를 '권위주의적 발전국가와 선성장 후분배 정책'의 시대로 규정하고 있다. 민주화 요구가 억압되는 가운데 많은 사회복지입법이 이루어져서 사회복지의 형식적인 법체계가 갖추어지는 시기이다.

한국의 사회복지가 태동하는 이 시기의 중요한 참고문헌으로서는 무엇보다 손준규(1983)의 연구를 들 수 있다. 사회보장심의위원회의 활동을 중심으로 한 1960년대와 1970년대의 한국사회보장형성과정을 1차 자료와 인터뷰기록을 기초로 한 것으로, 해방 이후 한국의 사회복지발전 연구의 가장 중요한 문헌이라고 해도 과언이 아니다. 최천송(1977)의 연구도 참고가 된다. 비교적 최근의 연구로는 양재진 외(2008)가 있는데, 연금 등 4대 사회보험과 공공부조의 정책결정과정을 인터뷰 등의 자료를 바탕으로 밝히고 있다. 이성기(1991), 조흥식(1996), 백종만(1996) 등의 연구도 참고가 된다.

1) 시대적 배경

정치상황 : 제2공화국에서 제5공화국까지 1953년의 휴전협정 후 정치의 혼란은 계속되었다. 이승만은 미국의 묵인 아래 국내의 좌파세력을 철저하게 억압하였다. 1954년에는 소위 '사사오입개헌'을 통하여 대통령의 3선금지조항을 고쳐서 1946년 3기 연속 대통령에 당선되었다. 그러나 강압적인 정치, 부정부패의 문제 등으로 인하여 '4.19 의거'에 의해 권좌에서 물러나 곧 미국 망명길에 올랐다. 이혜경(2004)은 4.19혁명을

'의무교육제도의 12년간 시행에 의해 보급된 서구의 평등, 민주주의사상과 권위주의적 부정부패가 상호작용한 결과'라고 평하고 있다. 1960년 4월 26일 이승만의 하야 이후 단기간의 과도정부를 거쳐서 6월 15일 헌법 개정을 행하여 내각책임제를 채택하여 8월 23일 장면내각이 성립하면서 제2공화국이 성립한다. 그러나 출범 9개월만에 박정희에 의해 주된 5.16군사혁명으로 막을 내렸다.

군사혁명에 의하여 성립한 제3공화국(1962~1971)은 절대빈곤으로부터의 해방을 공약으로 내걸고 경제성장을 통한 근대화에 국가의 모든 자원을 투입하였다. 박정희는 1969년 삼선개헌을 통하여 3기 연속 대통령에 당선되자 국민의 큰 저항에 직면하는데, 그에 대하여 박정희는 계엄령 선포와 의회해산 등의 조치를 취하였고, 이를 통하여 간접선거제도를 도입한 유신헌법이 성립되었다. 그러나 개발독재에 대한 다양한 모순이 축적되었고, 노동자 계층과 민주화를 요구하는 국민대중에 대한 억압적 조치에 대한 국민의 저항이 강화되어 1970년대는 정치적인 상황이 매우 불안정하였다.

1979년 10월 26일 박정희는 측근에 의해 암살되었고, 그 직후 다시 12.12 군사쿠데타가 발생하여, 제5공화국(1980~1987)이 성립되었다. 전두환은 1980년 광주사태를 무력으로 진압하고 많은 희생자를 내면서 1981년 10월 27일 헌법 개정을 통하여 대통령에 취임하게 된다. 대통령은 간접선거였다. 제5공화국은 '복지사회의 구현'을 국정지표로 제시하였지만 그것은 선언적인 의미가 강하다고 평가되고 있다. 민주화운동에 대한 무자비한 탄압은 1987년 6월의 국민적 민주화항쟁을 불러왔고 결국 그해 6월 29일 당시 대통령후보 노태우를 통하여 대통령직접선거제를 골자로 하는 개헌, 언론자유화, 지방의회의 창설 등의 내용 포함한 '6.29선언'을 하지 않을 수 없었다. 그리고 이를 통하여 한국의 정치는 권위주의체제에서 민주주의체제에로 이행하게 된다.

산업화와 경제발전 제3공화국의 박정희정부는 경제발전을 통한 빈곤의 추방을 국정의 최우선 과제로 삼았다. 당시는 국민의 40% 이상이 절대빈곤상태에 있었다. 1961년 7월에는 경제발전의 사령탑이라고 할 수 있는 경제기획원이 설치되었고 1962~1966년 제1차 경제개발5개년계획이 시행되었다. 제1차 계획의 목표는 모든 사회경제적 악순환을 시정하고 자립경제달성을 위한 기반을 구축하는 것이었다. 그리고 1964년 경부터는 외자도입에 의한 수출지향적 공업화로 방향을 전환하여, 국가가 주도하여 자본의 동원과 할당, 경제개발을 추진하였다. 제1차 계획 기간 중 연평균 경제성장률은 7.8%였다. 그리고 제2차 계획 기간 중에는 연평균 10.5%, 제3차 계획 기간 중에는 연평균 11.2%의 경제성장을 이루었다. 많은 문헌들은 이 시기를 한국의 경제성장의 기점으로 보고 있지만, 그 이전의 이승만정부의 경제정책과 그 성과를 그 기점으로 보아야 한다는 견해도 있다.

제3공화국의 경제성장은 1980년대까지 지속되었다. 통계청의 『한국통계연보』에 의하면 1963년의 1인당 GDP는 100달러였는데, 1969년에는 200달러를 넘어섰고(210달러), 1974년에 554달러, 1977년에는 1,034달러를 기록하여 처음으로 1,000달러를 넘어섰다. 박정희는 1980년에 국민소득 1천 달러 시대를 열겠다고 약속했는데 조기달성한 셈이다. 그리고 민주화로 이행되는 1987년에는 4,968달러까지 상승하였다. 상대적으로 절대빈곤인구는 1965년 40.9%에서 1970년 23.4%로, 그리고 1976년에는 14.6%로 감소하였다(서상목 외, 1981 : 33). 더구나 그 과정에서 비교적 공정한 분배가 이루어진 것으로 나타나고 있다. 『한국의 사회지표』에 의하면 1965년의 지니계수는 0.344였는데, 1985년에는 0.363이었다. 이렇게 본다면 1980년대 말까지의 한국의 경제발전은 그 자체가 성공적이었으며 또한 그 과정에서의 불평등도 최소한으로 억제한 성공적인 모델이라고 할 수 있을 것이다. 흔히 경제성장의 과실은 고용 등을 통하여 국민에게 나누어진다고 하는, 성장주의자들이 강조하는 '점적효과(trickle down effect)'가 한국에서는 명백하게 있었다고 할 수 있을 것이다.

빈곤문제와 주택문제 이 시대의 대표적인 사회문제라고 하면 빈곤문제와 주택문제였는데, 이는 급속한 도시화와 깊이 관련되어 있었다. 통계청의 「인구주택총조사」(각 연도)에 의하면 1960년의 도시화율(동 인구 기준, 읍 인구 제외)은 28.0%였으나 1966년 33.5%, 1970년 41.2%, 1975년 48.4%, 1980년 57.3%, 1985년 65.4%, 1990년 74.4%로 상승하였다. 상당수의 이주민은 도시빈곤층을 형성하였다.

빈곤문제에 대처하는 공공부조제도인 생활보호제도의 수급률을 보면, 1966년 전

국민의 11.5%가 생활보호수급자였으나 그 비율은 점차 줄어들어 1980년대 후반이 되면 5%대에서 안정되었다. 또한 경제성장기와 일치하는 이 기간 중의 실업률은 거의 전 기간이 완전고용상태였음을 알 수 있다.

한편, 주택문제는 주택부족문제, 열악한 주거 수준의 문제, 철거민문제 등이 있었다. 1970년대 이후 서울과 그 위성도시, 그리고 다른 대도시에로의 인구집중으로 도시부의 주택공급 상황은 급격하게 악화되었다. 정부는 1972년 주택건설촉진법을 제정하여 제3차 계획 기간에 80만호, 제4차 계획 기간에 120만호의 공급계획을 책정하였고 1981년 이후 1995년까지 다시 500만호 건설이라는 장기적인 목표도 가지고 있었다. 이러한 공급확대로 주택보급률은 개선되어 1980년 71.2%였던 것이 1995년에는 84.2%로 증가하였다. 그러나 이러한 급격한 주택공급은 부동산투기라고 하는 또 다른 문제를 야기하기도 하였다.

2) 사회복지의 전개

개발독재와 사회복지 박정희정부는 경제성장을 이루기 위해서는 정치적인 안정이 필요하다는 논리로 국민의 정치참여 등 민주주의를 억제하였다. 이러한 정치행태는 1980년대에 개발독재(developmental dictatorship)로 표현되었다. 왜냐하면 개발독재의 특징이 그러하듯이 경제성장의 목표를 이룸으로써 정권의 정당성을 확보한 것으로 보았기 때문에 사회복지에 많은 자원과 노력을 기울일 필요가 없었기 때문이다.

그러므로 많은 법률이 성립하였으나 그것은 선언적인 의미가 강했다. 그러나 이 시기에 제정된 많은 복지입법은 이후 한국사회복지법제의 기초를 이루었다. 개발독재의 특징적 현상의 하나는 정권의 안정에 필요한 공무원이나 군인에 대한 충성을 확보하기 위하여 이들에 대한 특별한 복지제도를 만들거나 사회보험의 적용에서 그들을 가장 우선적으로 적용하는 특징을 보인다는 것이다. 연금보험제도나 의료보험제도에 있어서 가장 먼저 적용을 받는 집단은 공무원과 군인이었다. 이것은 분단국가로서 사회주의를 의식한 국가정책을 시행하면서 권위주의적 국가체제를 유지하고 있었던 타이완에서도 그대로 확인되는 특징이다.

손준규(1983)에 의하면, 군사정부의 초기에는 민생고를 해결한다는 것 이외에 사회복지에 대한 공약이 없었는데, 민정이양을 앞두고 만들어진 국가재건최고회의의 기본정책방향에는 의료균점을 확립하고 보조와 보험을 근간으로 하는 사회보장제도의 기틀을 마련하여 국민생활향상과 복지사회를 건설한다는 것, 사회보장제도를 수립함으로써 빈곤과 질병, 실업과 인구과잉 등 사회불안의 요인을 제거하고 사회정의를 실현하여 복지사회건설에 매진한다는 정책방향이 수립되어 있었다고 한다.

1960년대의 사회복지입법과 그 의의 최천송(1977 : 182)은 4.19 이후 성립한 민주당 정권하에서의 복지동향 중 특기할 일로서 1960년의 '종합경제회의'[1]의 개최를 들고 있다. 여기에서 건의된 사회보장제도 심의위원회의 설치는 5.16 이후 1962년 3월 각령(閣令) 제469호로 사회보장제도 심의위원회규정이 제정되었다. 이 위원회는 분과별로 사회보장제도의 연구와 도입을 위한 시행준비에 노력하였는데, 그 노력이 1963년 12월 「사회보장에 관한 법률」(법률 제1437호)의 제정으로 이어졌다. 그러나 그 법률은 후속조치가 이루어지지 못하여 실효를 거두지 못했다.

1960년에 공무원연금법이 성립된 후 1962년에는 전면개정하였으며(법률 제1133호), 같은 해 군인보험법을 제정하였다. 여기에는 복무 중의 군인 사망이나 전역 후 본인 및 가족의 생활안정을 위한 조치들이 포함되었다. 그리고 1963년에는 군인연금법(법률 제126호)이 성립되었다. 군인보험법과 군인연금법은 중복되는 등의 운영상 문제점이 있었다.

한편, 1961년에 생활보호법(법률 제913호)이 성립한 것은 주목할 만한 일이다. 한국에서 처음으로 공공부조의 근거 법률이 만들어졌기 때문이다. 생활보호법 부칙에는 이 법에 의해서 조선구호령이 폐지된다고 규정하고 있으므로 1961년 이전까지 한국의 공공부조기본 법률은 1944년 일제시대 말기에 성립된 「조선구호령」이었던 셈이다.

1) 이 회의는 학자, 기업가, 노동자, 언론인, 교육자, 종교가, 지방대표 등 모든 분야를 망라하는 대규모 회의로 7개 분과에 500여 명이 참가하였다. 이 회의의 '고용 및 생활수준분과'에 참가했던 최천송은 이 회의를 '건국 이래 처음 갖는 대규모학술회의'라고 표현하고 있다. 각 분과회의에는 당시의 장면 총리와 윤보선 대통령이 참석한 가운데 이루어졌는데, 이 회의에서는 모든 노동자의 생활보장을 위한 사회보장제도를 도입할 것이 건의되었고 사회보장제도 도입을 위한 연구 심의를 위하여 사회보장제도 심의위원회의 설치를 건의하였다고 한다. 이 심의회의 설치와 활동에 관해서는 최천송(1977 : 제8장)을 참고할 것.

사회보험분야에서 주목할 것은 1963년에 성립한 산업재해보상보험법(법률 제1438호)이다. 같은 해 의료보험법(법률 제1623호)이 성립하였지만 강제가입이 아닌 임의가입의 제도였기 때문에 엄격한 의미에서 사회보험이라고 평가하기 어려운 제도였다.

한편 사회복지서비스 부문에 있어서도 많은 입법이 성립되었다. 1961년에 아동복리법(법률 제912호), 갱생구호법(법률 제730호), 윤락행위등방지법(법률 제771호), 보호시설에 있는 고아의 후견직무에 관한 법률(법률 제703호)이 제정되었다.

1970년대와 1980년대의 복지입법 사회보험부문에서 중요한 발전은 강제가입을 전제로 한 의료보험의 시행과 국민연금의 시행이었다. 1976년 의료보험법의 전문개정(법률 제2942호)을 통하여 사회보험으로서의 의료보험이 시행되었다. 그 배경으로 전남진(1987 : 34)은 다음의 요인들을 들고 있다. 즉, 정치적으로는 유신체제의 도전에 대한 체제유지를 도모한다는 것, 경제사회적으로는 경제성장 일변도의 정책이 빚은 사회부조리 등이 저소득환자가 의료서비스를 받지 못하는 사태가 다수 발생했다는 것에 대한 사회적 반성으로 성장에 따른 개발이익의 사회환원이 시급한 과제였다는 점이다. 그로 인하여 당시 집권당인 공화당은 사회통합을 위하여 의료보험을 적극적으로 추진하게 되었다는 것이다. 이와 더불어 당시 진행 중이던 남북적십자회담도 남북한의 체제경쟁과정에서 의료보험을 촉진하게 된 원인이라고 지적하였다.[2)]

의료보험제도의 실시에 있어서는 의료를 가장 필요로 하는 계층부터 그 적용대상으로 한 것이 아니라 보험료징수가 용이한 계층부터 적용하기 시작하였다는 것은 한국의료보험발전의 큰 특징이다.

한편 1973년 국민복지연금법이 성립되었으나 그 시행은 연기되어 1988년부터 시행되게 된다. 1973년에는 사립학교교직원연금법(법률 제2514호)이 제정되어 공무원과 군인에 이어, 사립학교교직원이 공적연금제도의 적용대상자가 되었다.

2) 남북적십자회담에서 남한에 의료보험이 없다는 것이 북측으로부터 비난되어 그것이 의료보험 시행을 촉진하게 한 하나의 요인이었다는 주장의 첫 진원지가 어디인지는 확실하지 않으나 많은 연구들에서 이 점을 인용하고 있다. 그러나 그 견해를 뒷받침할 수 있는 증거가 있는지는 의문이 있다. 양재진 등(2008)도 이 점을 지적하고 있다.

공공부조부문에 있어서는 1977년 의료보호법이 제정되어 생활보호대상자뿐만 아니라 저소득층의 의료보호가 제도화되었다. 그리고 1970년에 재해구제로 인한 의사상자구호법(법률 제2216호)이 제정되었다.

사회복지서비스 부문에서는 우선 1970년 사회복지사업법(법률 제2191호)이 제정되었다. 이 법은 사회복지사업에 관한 기본적인 사항 규정, 운영의 공정과 적절을 기함으로써 사회복지증진을 도모함을 그 목적으로 하였다(제1조). 이후 사회복지사업에 관련된 법률이 제정될 때마다 그것을 하부법으로 정하는 내용의 사회복지사업법의 개정이 이루어졌다.

사회복지서비스가 정비된 것은 1981년이 UN이 정한 '세계장애인의 해'였다는 것과 무관하지 않다고 생각된다. 1981년에는 아동복리법을 개정하여 아동복지법(법률 제3438호)으로 명칭을 변경하였으며 심신장애자복지법(법률 제3452호)과 노인복지법(법률 제3453호)이 제정되었다. 이 두 법은 이성기(1991 : 26)의 지적대로 노인복지사업과 장애인복지사업에 대한 임의규정의 성격을 가진 것으로 실천적 의미보다는 선언적 의미가 강하며 정부의 지원보다는 가정에 책임을 전가시킨 특성이 있다. 1982년에는 유아교육진흥법이 제정되어, 내무부 산하에 새마을유아원이 설립되었다. 이러한 일련의 법률이 성립됨으로써 사회복지서비스의 분야별 법적 정비가 이루어진 것은 중요한 의미가 있다. 왜냐하면 이러한 입법에 의하여 소의 '부조와 서비스의 분리'가 이루어지기 시작했기 때문이다. 즉, 그 이전에는 사회복지서비스의 대상자가 곧 공공부조(생활보호제도)의 대상자였다. 저소득자가 아니면 사회복지서비스를 수급할 수 없었고, 이것은 바꾸어 말하면 사회복지수급자는 곧 빈곤자라고 하는 스티그마가 있었다. 이상의 법들은 비록 제한적인 성격은 여전히 가지고 있었음에도 불구하고 서비스수급의 전제조건으로서 소득제한을 두는 조치에서 벗어나서 대상 인구층이라면 소득에 관계없이 이용할 수 있는 보편적인 시스템으로서의 발걸음을 내딛게 되었던 것이다.

한편, 이 시기 여성의 사회발전 참여 기회가 신장되었다는 것도 지적할 필요가 있다. 정부는 1983년 한국여성개발원을 설립·운영하였으며, 국무총리를 위원장으로 하는 여성정책심의위원회를 발족하였다. 그리고 제5차 경제사회개발계획(1982~1986)에서는 여성개발부문 계획위원회를 설치하여 여성인력 활용과 능력 개발을 추진하게 되었다.

3) 사회복지발전의 특징

늦게 시작된 복지제도 한국의 근대적 사회복지발전이 늦었다는 것에 대해서는 어쩌면 특별한 설명이 필요 없을지도 모른다. 1945년 이후 1960년대까지 한국의 국가체제는 모든 측면에서 미국에 크게 의존하는 상황에 있었다. 1961년 박정희정권이 탄생했던 그해 한국정부예산을 보면 그 52%가 미국원조에 의한 것이었다(朴光駿, 2004b). 재정 상황을 보나 인적자원의 상황으로 보나 사회보장을 체계적으로 시행할 수 있는 조건이 형성되어 있지 않았다. 따라서 한국에서 사회보장도입이 다른 나라들에 비하여 크게 늦어진 것은 결코 부자연스러운 일이 아니다.

1934년부터 1960년까지의 사회보험제도 시행상황의 국가별 비교연구(Cutright, 1965)에 의하면 이 기간 중 사회보험제도를 전혀 실시하지 않은 국가는 한국을 포함하여, 라오스, 몽골, 네팔, 예멘의 5개국뿐이었다. 국민복지연금법이 제정된 1973년에는 이미 70개국의 개발도상국을 포함하여 127개국이 국민연금제도를 도입하는 등 세계적으로 보편화된 제도가 되어 있었다. 특수직역의 연금으로서는 1960년 공무원연금법, 1963년 군인연금법, 1973년 사립학교직원연금법(1975년 시행)이 성립되었다.

권위주의와 일본모델의 수입 한국의 연금제도는 거의 제3세계에서 보여지는 국가개발전략의 맥락에서 도입되었다. 1962년부터 일련의 경제개발5개년계획이 시작되는데, 그 추진세력은 1961년 확대개편된 경제기획원, 그리고 사실상 경제기획원의 자문기관이었던 한국개발연구원(이하 KDI로 표기함)이었다. KDI는 중화학공업의 개발을 주 내용으로 하는 제3차 경제개발5개년계획의 실시에 필요한 국내자원 동원의 수단으로써 국민복지연금의 실시를 제시하고 1972년부터 그 검토에 들어가서 1973년 말에 국민복지연금법이 완성되었다(전남진, 1987).

한편 그 내용을 보면 한국사회복지정책결정과정의 특징과 밀접하게 관련되어 있음을 알 수 있다. 그 특징이란 장기적인 계획의 일환으로 사회보장정책이 계획되는 것이 아니라 정책결정자의 의도에 의해 단기간에 성립한다는 것이다. 보건사회부와 경제기획원의 두 개 부서로부터 동시에 그 실시권고를 받은 박정희 대통령이 두 부처가 협력해서 1974년부터 실시하도록 지시를 내린 것은 1973년 1월이었는데, 그해

12월에 국민복지연금법이 성립되었다(朴光駿, 2006). 이러한 단기간의 제도성립은 개발도상국에서 일반적으로 보여지는 현상(Rimlinger, 1971)이다. 개발도상국의 경우 사회보장제도가 왜 필요한가에 대하여 국민을 설득할 필요가 없다. 선진국의 제도 중에서 어떤 제도가 국가발전목표에 가장 적합한가를 결정하고 사회경제적 질서에 적절한 형태를 선택하면 되기 때문이다. 한국의 상황에서 주목해야 할 것은 단기간의 성립이 제도의 내용에 특별한 형태의 영향을 주었다는 것이다.

단기간에 연금제도의 실시를 목표로 한다면 이미 같은 제도를 실시하고 있는 다른 선진국의 정책을 많이 참고하지 않을 수 없다. 국민연금제도의 성립과정을 보면 실시준비의 부족이 명백하였고 그로 인하여 1973년에 여러 선진국의 국민연금시행상황을 조사하기 위하여 국제시찰을 행했는데, 그 당사자는 여러 나라의 제도 중에서 일본의 제도가 가장 많은 참고가 되었다고 술회하였다(손준규, 1983 : 133-134). 이것은 1980년대까지 한국에서의 사회보장 도입이 권위주의정부의 정치적 동기에 의한 급작스러운 결정에 의한 것이었다는 사실과 깊이 연결되어 있다. 이러한 사정으로 인하여 결과적으로 국민연금은 일본의 모델을 대폭 참고하지 않을 수 없었다는 것이다.

선입법 후시행의 관행 한편, 이러한 의의가 인정됨에도 불구하고 당시의 입법들은 국민의 복지요구에 대한 체제적이고 계획적인 대응이 아니라 정치적인 목적이 크게 작용하고 있었다는 점, 당시 한국의 재정부담 능력이 극히 미미하여 미국의 원조에 크게 의존하고 있었다는 점, 사회복지의 확립에 관여하고 조언하는 전문가와 관료들이 확보되어 있지 않았다는 점 등의 요인에 의하여 입법화된 제도들이 연기되거나 법률 간의 상호 연계가 부족하였던 등의 운영상 문제를 가지는 경향이 있었다. 이 시대의 입법과 시행에서 나타난 중요한 특징은 선입법 후시행으로 요약될 수 있다고 본다. 다만 이것은 의도된 것이었을 수도 있고 당시의 재정 상황 등에 의한 현실적인 선택이었을 수도 있을 것이다.

우선, 1962년 선원보험법이 성립하였는데, 그 시행은 유보되었다. 1963년에는 사회보장에 관한 법률이 성립되었지만 사회보장에 대한 국가의 책임을 명기한다는 입법취지와는 달리 입법과정에서는 그러한 중요한 내용이 대부분 삭제됨으로써 기본법으로서의 역할을 상실하였다. 의료보험법 역시 강제보험이 아니라 임의보험의 형식으로 성립됨으로써 명분상의 제도가 되었다. 그 후 1970년에 의료보험법을 개정하여 강제보험과 임의보험의 병행을 추진하였다. 즉, 종래의 근로자 이외에 군인, 공무원, 자영자 등 전국민이 의료보험 혜택을 받을 수 있도록 문호를 개방하고, 노동자, 군인, 공무원을 강제가입 대상자로 하는 반면, 자영업자계층을 임의가입대상자로 규정하였으나 그 시행을 위한 후속 조치가 이루어지지 않았기 때문에 실효를 거두지 못했다. 의료보험법이 강제보험제도로서 성립하게 되는 것은 1977년의 일이다.

1973년에 성립된 국민복지연금법도 시행이 연기되어 연기 중에 두 번의 개정을 거친 후 1988년부터 시행하게 된다. 이것은 사회복지를 권력의 정당성 확보라고 하는 정치적 목적을 그 중요한 요인으로 하여, 극도로 취약한 재정상태하에서의 국가건설이라는 목표를 가진 국가체제, 만연된 빈곤하에서 저임금이라도 정기적인 소득을 가진다는 것에 만족하는 대다수 노동자의 성향, 장지적인 사회복지 비전을 제시하고 그것을 실현할 구체적인 계획을 입안하고 조언할 전문가와 관료의 부족 등이 상호작용한 결과라고 보아야 할 것이다.

2. 민주정부하의 사회복지발전

이 시기는 개발독재 혹은 개발주의 일변도의 국가정책에 대한 국민의 대규모 저항으로 민주주의를 획득한 이후 경제위기를 맞이하기까지의 시기이다. 민주정부라고는 하지만 제6공화국의 첫 대통령이 군 출신이었기 때문에 제5공화국의 연장과 같은 의미가 있었고 따라서 민주화는 제한적이었다. 그러나 지방자체제도가 시행되는 등 사회복지발전에 중요한 정치적 환경변화도 있었다. 노태우정부와 마찬가지로 뒤이은 김영삼정부도 사회복지에 대해서는 소극적으로 대응했고, 변화하는 국제환경질서에 적절히 대응하지 못하고 경제위기를 초래하였다.

한편, 사회민주화와 더불어 국민의 생존권운동이 가시화하기 시작한다. 농민들을 주축으로 한 의료보험 시정운동이나 생활보호에 관련된 헌법소원도 이루어졌다. 그리고 이 시기부터는 사회복지 국제환경의 영향이 국내 정책에 뚜렷이 영향을 미치기 시작한다.

이 시기의 사회복지에 관해서는 대부분 제5장의 참고문헌이 해당된다.

1) 시대적 배경

정치민주화로의 이행 이 시기의 민주화 욕구란 단적으로 표현하면 최고권력자인 대통령을 국민의 직접선거로 선출하는 시스템이었다. 전두환의 제5공화국은 간접선거를 통해 시작되었으며 대통령이 '체육관'에서 선출되었다는 사실이 국민의 정치적 소외감을 증폭시켰다. 전두환정권은 간접선거제도를 근간으로 하는 헌법제도의 유지(호헌조치) 방침을 고수하여 국민의 대대적인 저항을 불러왔다. 그 저항이 곧 6월 항쟁이다. 당시 집권당 후보 노태우는 '6.29선언'을 통하여 연내에 개헌하여 대통령 직선제를 실시한다는 것을 밝혔다. 이것은 국가권력에 대한 시민사회의 승리로 표현될 수 있다. 이렇게 해서 1987년 12월 시행된 대통령직접선거에서 89.2%의 투표율에 36.6%의 득표율로 군 출신인 노태우가 당선되어 집권여당이 재집권하게 되었다. 그러므로 제6공화국의 시작은 제5공화국의 군사정부의 연장과 같은 의미가 강했고, 그러한 의미에서 매우 제한적인 민주정부였다. 사회복지에 대한 태도는 소극적이었다.

권위주의의 해체는, 노동운동을 억압하여 임금상승을 억제하던 제5공화국의 노동정책의 해제를 의미했고, 이로 인하여 노동자의 요구는 한꺼번에 분출하여 노사분규가 급증하였다. 1960년대에서 1990년까지의 기간 중 노동조합조직률에서는 큰 변화가 없는 반면, 제6공화국이 성립된 1987년 이후의 3년간은 노동분규가 폭발적으로 증가하였다.

한편, 1992년 선거로 성립된 김영삼정권은 제6공화국 내에서도 군인 출신의 대통령이었던 노태우정부와 차별화를 강조하여 '문민정부'라고 이름 붙였다. 그리고 노태우정부의 제6차 경제사회발전5개년계획(1988~1992)과는 차별화하여 '신경제5개년계획(1993~1997)'으로 이름을 바꾸었는데, 그 내용은 후술하지만 거시 경제정책은 실패했다. 무엇보다도 세계자본주의의 흐름에 대응하지 못하여 1997년의 외환위기를 불러온 장본인이

이 문민정부라는 것이 그 증거이다.

한편 지방자치제의 시행도 민주화의 중요한 내용이었다. 지방자치제도가 한국사회복지에 미치는 영향은 시행 후 곧 가시적으로 나타나는 것이 아니기 때문에 그것을 객관적으로 평가하기는 어렵다. 그 영향은 장기적이기 때문이다. 따라서 1990년대 초에는 지방자치제도가 사회복지에 긍정적인 영향을 마칠 것인가 아니면 부정적인 영향을 미칠 것인가에 관한 문제에 관심과 논의가 집중되었다.[3] 그러나 장기적으로 본다면 지방자치제도는 지방정부로 하여금 지역의 복지문제에 대하여 지역의 실정에 맞는 해결책의 제시를 촉진할 것으로 생각할 수 있다.

시민사회의 성장과 사회복지운동 6월 항쟁을 통하여 정치민주화를 전진시킨 것은 시민사회의 승리였다. 그러나 사회개혁이나 취약계층의 목소리를 대변하는 사회운동은 국가보안법에 의하여 강력하게 억압되고 있었다. 국가보안법은 분배나 복지문제를 중시하는 이념정당의 형성을 방해하였을 뿐만 아니라, 인보운동과 같은 지식인들의 빈곤개선활동의 활성화를 제약하였다. 하지만 '86아시안게임과 '88올림픽의 준비과정에서 나타난 철거민문제가 심화하여, 철거민당사자들의 저항운동이 조직화되면서 그들을 대변하는 시민사회의 목소리도 점차 사회저변으로 확대되어 간다. 여기에는 문학이나 예술가들의 활동이 큰 기여를 하였다.

원래 사회문제는 자연스럽게 혹은 자동적으로 사회의 관심사로 부상하는 것이 아니라, 그 문제에 의해 고통 받는 당사자, 지식인, 매스컴이나 사회운동가, 문학자 등에 의하여 그것이 전체 사회의 관심으로 부상하거나 고조 혹은 가속화되어 그것이 사회복지발전의 기초를 이룰 수 있다는 것은 영미의 사회복지발전과정에서 확인할 수 있는 역사적 사실이다. 그것은 한국 사회에서도 마찬가지였다. 예를 들어 조세희의 소설 『난장이가 쏘아올린 작은 공』은 한국의 철거민의 생활 실상에 대한 사회의 관심을 고조시켰다. 정태춘의 노래 '우리들의 죽음'은 소위 달동네 빈곤층의 심각한 아동 보육문제를 사회에 울분으로 호소하였다. 부모가 일 나간 사이 화재로 숨진 어

3) 한국에서 지방자치제도의 실시가 '단기적으로' 사회복지에 미친 긍정적 · 부정적 영향에 관한 논의는 박광준(1999)을 참고할 것.

린 남매의 목소리를 빌린 노래였다. '낮엔 테레비도 안 하고 우린 켤 줄도 몰라, 밤에 보는 테레비도 남의 나라 세상, 엄마, 아빠는 한 번도 안 나와 우리 집도 우리 동네도 안 나와……'라는 일절은 소외된 그들의 삶을 사회에 극적으로 호소했다. 이러한 운동은 공적인 보육서비스의 형성에 큰 영향을 주었다. 시민운동의 저변이 확대되어 국가권력에 대항할 만한 세력을 형성하게 되는 것은 사회복지발전에 있어서 매우 중요한 환경을 형성했다.

이영환 등(1996 : 154)은 1990년대의 사회복지운동의 특징을 다음의 두 가지로 들고 있다. 첫째, 각 부문별 운동에서 시민운동적 연대운동에 이르기까지 운동의 양과 질에서 확대되었고 그에 따라 참여자들의 폭도 확대되었다는 점이다. 즉, 장애인, 노인, 산재노동자 등 부문별 복지대상자들의 주체적인 투쟁이 조직화되고 활동의 폭이 넓어졌을 뿐만 아니라 사회복지 분야에 종사하는 복지노동자들의 노동조합결성 운동이 활발해졌다는 것인데, 나아가 경제정의실천연합이나 참여연대와 같은 시민운동단체들도 사회복지운동에 참여하기 시작하였다. 둘째, 사회복지운동의 내용이 부분별 요구운동에서 복지예산확보 등 정책지향의 근본적 개혁을 요구하는 것으로 확대됨과 동시에 사회복지정책을 규율하는 복지입법들을 개정하거나 법내용 실현을 사법적으로 추구하고 있다는 점이다.

2) 사회복지의 발전

사회보험의 전국민 확대 노태우정부의 사회보장부문의 정책 중 가장 중요한 것은 국민연금제도의 시행이다. 1973년 국민복지연금법이 성립되었으나 그해 제1차 석유위기가 발생하였고, 보험료 등 연금보험운용에 관련된 기술적 문제 등으로 인하여 그 실시는 연기되었다. 그 후 연금제도실시에 관한 논의는 1981년 제5차 경제사회발전5개년계획에 의해 재개되어 1984년에는 대통령령에 의해 국민복지연금실시준비위원회가 구성되었다. 1986년 사회민주화에 대한 국민의 요구가 거세지는 분위기 속에서 전두환정권은 국민연금제도의 실시를 국민에게 약속하여 1988년 1월 1일부터 실시되게 되었다. 국민연금은 다음과 같이 설계되었다(권문일, 2005) : ① 국민연금과 사적

연금의 역할분담을 통한 삼층의 보장체계, ② 소득계층 간 세대 간 재분배를 통한 사회계층 간의 연대, ③ 연금재정의 장기적인 안정, ④ 적립방식에서 부과방식으로의 점진적인 전환, ⑤ 적용대상자의 점진적 확대.

실시 초기에 그 적용대상은 10인 이상을 고용하는 사업소의 노동자였다. 1992년에는 5인 이상 상시고용 사업장으로 그 범위가 확대되었고 1995년부터는 농어촌지역주민, 그리고 1999년부터는 도시지역주민으로까지 확대되었다. 국민연금은 공무원연금, 사학연금, 군인연금의 가입자를 제외하고, 지역이나 직역에 관계없이 전 국민을 커버하게 되어 형식적으로는 전국민연금보험이 달성되었다.

의료보험제도는 1988년에 농어촌주민을 대상으로 확대하였고 1989년에는 도시지역주민과 자영업자를 그 대상으로 포함하게 됨으로써 1977년 공적 의료보험 실시 후 12년만에 전국민의료보험이 달성되었다.

고용보험법은 1993년 제정되어 1995년부터 시행되었다. 그 대상은 상시 근로자 30인 이상의 사업장 노동자를 강제적용하게 되었다. 그 후 1998년 영세사업장인 4인 이하의 사업장으로 확대하여 전 노동자를 커버하게 된 것은 1998년의 일이다. 고용보험법의 성립으로 소위 4대 사회보험체제가 확립되었다.

사회복지서비스의 확충 이 시기는 고령화의 진행으로 장차 한국이 급속한 고령화의 영향을 받을 것이라는 지적이 이루어지기 시작하고 복지문제에 대한 국제적인 관심이 고조되면서, 이미 성립된 사회복지서비스 관련법을 확대하거나 새로운 제도를 도입하는 등 사회복지서비스의 확충이 이루어졌다. 사회복지서비스의 확충은 서비스와 부조의 분리를 가져왔다. 즉, 사회복지서비스 이용의 조건으로서 설정되어 있던 소득제한규정이 점차 철폐되었다.

노인복지 분야의 경우부터 살펴보자.[4] 노인을 대상으로 하여 재가복지서비스를 시행하기 시작한 것은 1980년대부터인데, 1980년대 말이 되면 재가노인을 위한 구체적인 복지서비스가 논의된다. 1987년에 민간 수준에서 자원봉사를 활용한 가정봉사원

4) 이하의 내용은 朴光駿 등(2010)을 참고하였다.

제도가 공식적으로 시작되어 1989년에는 노인복지법의 개정에 의해 가정봉사원파견사업이 공식적인 노인복지사업으로서 규정되어, 이 사업에 대한 국가의 재정지원의 근거가 마련되었다. 1991년에는 주간보호서비스와 단기보호서비스의 모델사업이 시작되었고 1992년에 주간보호서비스가 시작되었다. 1993년의 노인복지법 개정에 의하여 재가복지사업은 가정봉사원파견사업, 주간보호사업, 단기보호사업의 세 가지로 규정되었다.

1989년에는 모자복지법(법률 제2141호)이 제정되었다. 이 법은 2002년 부자가정까지를 포함하게 되고 2007년에는 한부모가족지원법으로 명칭이 변경되었다.

1991년 성립된 영유아보육법은 아동보육서비스 분야의 중요한 발전이었다. 이를 계기로 보육시설의 설치운영에 국가의 재정지원의 근거가 마련되었고, 저소득 가정 중심의 보육에 있어서도 무상보육의 실시근거를 마련하는 등의 노력이 이루어졌다.

1989년에는 심신장애자복지법을 장애인복지법으로 변경하였다. 장애'자'라는 용어가 통상 바람직하지 못한 사람의 뉘앙스가 있다고 하는 장애인 당사자들의 의견이 반영된 개정이었다. 이것은 복지수급자들의 목소리가 커졌다는 것을 반영하는 변화라고 할 수 있을 것이다.

장애인과 고령자의 고용을 촉진하기 위한 법률도 이 시기에 제정되었다. 1991년 고령자고용촉진법과 장애인고용촉진법이 성립되었다.

사회복지인력의 확충 등 노태우정부의 중요한 업적의 하나는 공공부조 행정에 전문인력을 도입한 일이다. 이것은 6.29선언 이전인 1986년 9월에 결정된 것으로 1987년 7월부터 대도시 저소득층 집단거주지역 동사무소에 사회복지전문인력을 배치하기 시작했다.

한국의 사회복지행정시스템은 일제시대의 유산이 강하게 남아 있는 영역이다. 중앙에 사회복지를 담당하는 보건사회부(보건복지부)가 있지만 독자적인 전국적 조직을 가지지는 못했다. 그러한 상황에서 사회복지전문인력(현재 사회복지 전담공무원)을 배치한 것은 공공부조라는 한정된 영역에서나마 사회복지전달체계의 확립을 시도한 것이라고 평가할 수 있다. 이후 생활보호법이 국민기초생활보장법으로 변화되고 그 이후에도 제도상의 변화가 급격하게 이루어져 왔음에도 불구하고 공공부조제도가 비교적 잘 운용되고 있는 것은, 우수한 복지인력의 확보에 기인하는 바가 크다. 또한 사회복지사가 국가행정기관에서 활동하게 됨으로써 공사기관에 근무하는 사회복지사들의 공사협력체제의 발전에도 기여하였다고 평가된다.

사회복지의 기반정비라는 측면에서의 발전으로는 1986년 성립된 최저임금법(법률 제3927호)을 들 수 있다. 최저임금법은 노동자들의 생활보장의 측면뿐만 아니라 사회보험제도의 시행조건이 되는 제도이다. 그리고 다른 하나는 영구임대주택의 확충이다. 노태우정부는 1989년부터 1992년까지 영구임대주택 25만 채의 건설을 발표하였다. 이것은 저소득층이나 국가유공자, 장애인이나 모자가정 등의 주거보장이라는 측면에서는 많은 공헌을 하였지만 후일 영세민의 집단거주지 조성으로 인한 지역 스티그마의 발생 등 다양한 문제의 근원을 제공하기도 하였다.

3) 특징과 의의

시민사회의 성장과 정책대안의 제시 시민사회의 성장과 사회복지운동의 성숙화가 이루어지는 이 시기의 특징은 다음의 두 가지로 요약될 수 있다. 하나는 사회복지운동이 정부정책에 대한 비판에 그치는 것이 아니라 '정책대안을 제시하는 능력'을 가지게 되었다는 것이다. 정책대안의 제시는 국민으로 하여금 정부정책과 시민사회의 대안을 비교하여 판단하게 할 수 있는 환경을 제공하였고 그것을 통하여 다시 시민사회운동에 대한 국민의 지지기반이 확대되었다. 다른 하나는 노동운동이 노동자들의 노동환경개선이라는 좁은 의미에서의 운동에서 벗어나서 국민대중의 복지에 관심을 가지게 되어 사회복지의 실현이 노동운동의 목표 중의 하나로 정착되어 갔다는 것이다. 예를 들어 1989년 전국의료보험 노동조합총연합은 의료보험통합을 안건으로 하여 파업에 돌입하였는데, 이것은 노동조합의 관심이 국민대중의 복지문제로 확대되었음을 단적으로 보여준다. 또한 1999년에 발족한 '국민기초생활보장법 제정 추진 연대회의'는 민주노총이나 한국노총 등 노동계가 적극적으로 참가하고 있는데 그러한 풍토는 1990년대 초부터 형성되어 있었던 것이다.

다른 하나의 특징은 시민사회가 복지문제에 적극적으로 관여하면서 국가가 시민사회를 국정의 반대세력으로만 생각하는 것이 아니라 복지발전의 파트너로 간주하기 시작했다는 점이다. 그리고 이러한 생각의 전환에는 국제적인 복지환경변화가 그 배경에 있었다. 그 배경이란 첫째, 인권보장에 대한 국제적인 압력, 둘째, 사회개발을 중시하는 국제적인 협력의 동향이다. 이러한 국제환경은 국내의 사회복지운동에도 영향을 주었다. 전자의 예는 국제인권규약인데. 그것을 국제적으로 의무 지우기 위하여 만들어진 것이 두 개의 국제규약이다. 그 하나는 「경제적 · 사회적 · 문화적 권리에 관한 국제규약」이며 다른 하나는 「시민적 및 정치적 권리에 관한 국제규약」이다. 통칭 전자는 인권A규약, 후자는 인권B규약으로 불린다. 한국은 1990년 4월 A규약과 B규약을 비준하였다.

후자의 예는 1995년 3월 코펜하겐에서 개최된 '사회개발정상회담'이다.[5] 1995년은 제2차 세계대전이 종료된 지 50주년에 해당하는 해이고 그동안 국제연합은 세계적 규모의 전쟁의 억제에 중요한 노력을 할애해 왔다. 그러나 공산권의 해체로 인하여 세계대전의 위협이 사라지면서 사회개발, 즉 넓은 의미의 사회복지활동을 촉진하는 것이 UN의 중요한 임무가 되어야 한다는 것을 표명한 국제회의였다(朴光駿, 2006).

사회복지소송 : 생활보호대상자의 헌법소원청구[6] 제6공화국 헌법 제32조는 '국민의 인간다운 생활'의 보장을 위한 국가의 의무를 규정하고 있으며, 헌법 제34조에서는 제1항에서 '모든 국민은 인간다운 생활을 할 권리를 가진다', 그리고 제2항에서 '국가는 사회보장, 사회복지의 증진에 노력할 의무를 진다'고 규정하고 있다. 그런데 이러한 헌법에 명시된 권리규정은 하나의 추상적인 이념에 불과한 것인가 아니면 구체적인 권리로서 인정되는가, 즉 생활수준이 인간다운 생활에 미치지 못했을 때 생존권보장을 국가에 요구할 수 있는 권리가 보장되어 있는가에 따라서 그 의미가 많이 달라진다. 따라서 국제적인 경향은 빈곤자의 복지수급을 인정함과 동시에 구체적으로 그 보

5) 이 회의에는 세계 118개국의 정상이 참가하였는데, 김영삼 전 대통령도 참가하였다. 김영삼정부가 '삶의 질의 세계화를 위한 대통령 복지 구상'을 발표하고 '국민복지기획단'을 구성한 것은 이 직후의 일이다.
6) 이 내용은 최선화 등(1999)의 제4장(박광준 집필)의 내용을 주로 참고하였다.

장을 법원에 청구할 수 있는 수속적 권리, 즉 쟁송권을 인정하고 있다. 1994년의 생활보호대상자의 헌법소원청구소송은 쟁송권의 사례이자 사회복지운동의 사례이다.

1994년 서울에 사는 노인부부인 심창섭 옹과 부인 이금순 씨는 생활보호법에서 규정한 거택보호대상자였는데, 1994년 보건사회부장관이 고시한 「94년 생계보호기준」에서 정한 생계보호의 수준이 월 65,000원 수준으로서 이는 육체적인 최저생계비 월 105,000원에도 크게 못 미치는 것이므로 이 생계보호 기준이 헌법이 보장한 행복을 추구할 권리와 인간다운 생활을 할 권리를 침해하는 것으로 헌법에 위반된다는 이유로 헌법소원심판을 청구한 것이다. 이 소송은 사회정책학회(당시 회장 손준규)에서 공식적으로 후원한 소송이었다.

1997년 5월 29일 헌법재판소는 청구인들의 심판청구를 모두 기각한다는 결정을 내렸다. 비록 기각결정이 이루어졌다고는 하지만 이 사건은 한국의 사회복지, 특히 사회복지운동에 있어서는 매우 중요한 의의를 갖고 있다. 즉, 그것은 생활보호법상의 생활보호가 국가의 의무불이행이 있을 경우 적극적으로 권리주장을 할 수 있는 법적 권리임을 입증한 것이다. 그리고 그 이후 생계보호의 수준은 상당히 급격히 향상되는데, 그것은 이 사회복지운동과 무관하지 않다. 즉, 사회복지운동이 사회복지급여 수준을 향상시키는 데에 직접적인 영향력을 가진 사례인 것이다.

가족주의적 발전의 사례 : 의료보험의 피보험자 한국의 의료보험제도의 발전과정은 가족주의라는 개념을 구체적으로 나타나게 해 주는 좋은 연구소재이다. 이하 한국의료보험제도의 발전이 왜 가족주의적 발전인지를 살펴본다.

한국의료보험의 발전과정에서 보여지는 특징은 무엇보다 안정된 계층부터 적용하였다는 것이다. 한국의료보험은 1977년 시행될 때, 기업노동자를 위한 직장의료보험, 공무원과 사립학교교직원을 위한 공교보험이라는 이원체제로 출범했다. 1988년에 농어촌주민, 1989년에는 도시주민과 자영업자를 대상으로 하는 지역보험이 성립하여 전국민의료보험이 성립되었다. 그 후 2000년 7월에 이러한 삼원체제의 의료보험은 건강보험의 이름으로 완전히 통합되었다.

한국에서 의료보험제도의 초기단계에서는 고령자가 독립된 의료제도를 필요로 하는 집단이 아니라 일하는 세대의 '피부양자'로서 취급되었다(朴光駿, 2010). 의료보험제도가 시작된 1977년에서 지역보험이 성립된 1988년까지는 노동자와 공무원, 사립학교 교직원 이외에 지역의 고령자를 위한 의료보험제도는 없었다. 형식적으로 본다면 농어촌지역의 고령자는 의료보험의 적용에서 제외되어 있었다.

그러나 실제에 있어서는 별거하는 자신의 자녀나 손자 중에서 급여소득자가 있다면 그 당사자의 피부양자로 등록하여 가족의 의료보험급여를 수급할 수 있었다. 그러한 조치에 의하여 고령자를 비롯한 농어촌지역 주민의 보험적용제외문제는 다소 심각함을 덜 수 있었다. 만약 국가가 농어촌지역의 고령자를 위하여 공적 의료보험제도를 설계하고 있었다면 많은 재정을 투입하지 않으면 안 되었을 것이다. 그러나 한국정부는 많은 고령자를 이미 성립되어 있는 의료보험제도의 피부양자로 편입시킴으로써 재정부담을 덜고 고령자 의료보장을 상당부분 해결하는 편법을 구사하였던 것이다.

의료보험제도에서는 피부양자의 범위를 가능한 한 넓게 규정하는 정책을 채용하였다. 1982년에 피부양자의 범위에 관한 규정을 만들었는데, 고령자에 대해서는 동거하지 않는 경우에도 보험가입자(직장가입자)의 피보험자로 인정하여 그 대상자로 삼았다(朴光駿, 2010 : 31). 1985년부터는 여성노동자의 경우 시부모도 피부양자의 범위에 포함시켰으며, 1995년부터는 생계능력이 없는 인척도 피부양자로서 인정하였다. 그리고 양부모, 가입자의 친부모가 재혼한 경우에 그 친부모, 시조부모, 3촌 이내의 친척(부나 모의 형제자매)도 피부양자로 규정되었다(보건복지부, 「피부양자인정 규정」 각 연도).

가족의 범위를 가능한 한 넓게 규정하여 국가의 재정책임을 회피할 수는 있었지만, 고령자를 노동자계층의 피부양자로 편입시키는 것은, 국가의 책임을 노동자와 기업에 전가하는 것이 된다. 왜냐하면 사회보험료는 노사의 절반 부담으로 충당되는 것이기 때문이다. 그러므로 기업이나 노동자의 입장에서 본다면 적정 수준 이상의 보험료 부담을 부당하게 지는 것을 의미할 수 있기 때문이다. 그러나 실제로 노동자나 기업으로부터의 반발은 없었고 국가는 이러한 정책을 의료보험이 완전히 통합되는 2000년까지 관철할 수가 있었다. 이것은 한국사회복지에 있어서 가족주의라는 이념이 권위주의체제와 깊이 연계되어 있었다는 것으로 설명할 수 있다. 노동자는 자신의 부모 등 친척이 의료보험대상자가 된다는 이점이 있었기 때문에 이것을 노동운동의 쟁점으로 삼지 않았으며, 사용자의 경우는 권위주의적 정치체제에 도전할 수 없었다고 볼 수도 있지만, 정부정책에 협조하는 반대급부로서 다양한 재정지원을 받을 수 있다고 기대할 수 있었다. 실제로 이러한 정책은 전경련 등에 의해 지지를 받았다.

3. 경제위기 이후의 사회복지발전

이 시기는 경제위기 이후 성립한 김대중정부가 사회적 안전망 구축에 노력하는 시기와 그 이후이다. 경제위기를 계기로 하여 안전망의 미비가 명확히 드러났고, 대량실업의 발생으로 경제성장에 의존하는 복지발전에 명백한 한계가 드러난 시기이다. 사회복지의 국제환경, 즉 세계화는 한국 경제위기의 원인을 제공하는 것이었지만, 다른 한편 그에 대처한 사회보장제도 확충의 내용에 있어서도 중대한 영향을 주었다. IMF의 구제금융의 조건이 구조조정과 더불어 사회적 안전망의 확충이었기 때문이다. 이러한 특별한 사정으로 말미암아 한국은 한편으로 복지확대가 진행되면서 동시에 복지의 시장화가 진행되는 독특한 복지발전양상을 보이게 된다.

한편, 이 시기에 조합주의실험 혹은 의사조합주의라고 표현되는 합의의 정치로서 노사정위원회가 시행된 것은 특기할 만한 일이다. 이것은 '노동과 복지의 만남'[7]으로 표현되기도 한다.

이 시기의 사회복지에 관해서는 무엇보다 김대중정부의 생산적 복지의 성격에 관한 논의가 많았는데, 김연명 편(2002)은 중요한 문헌이다. 그 밖에 참여연대를 위시한 다양한 시민사회단체의 출간물도 중요한 참고문헌이다.

7) 유범상(2003 : 74)은 민주주의 발전은 사회복지와 노동운동의 만남으로 가능했음을 지적하면서 노사정위원회를 이러한 관점에서 보고 있다. 그는 1987년 민주화 이후 한국의 노동운동은 비약적인 질적 성장을 하여 정부는 노동을 정치적 파트너로 삼게 되었고 점차 사회복지를 아젠다로 놓고 교환의 정치를 시도하게 되어 노동기구에서 사회복지가 논의되었다고 하면서, 노동과 사회복지의 만남은 사회복지 아젠다를 매개로 이루어진다고 지적하고 있다.

1) 시대적 배경

경제위기[8] 와 평화적 정권교체 1997년의 경제위기는 한국 사회에 당시까지는 경험하지 못했던 새로운 사회문제를 그것도 대량으로 발생시키는 큰 충격을 주었다. 그 문제란 대규모실업이다. 한국 사회가 일찍이 경험하지 못한 것이었기 때문에 당연히 그에 대한 대비책이 없었다. 한국의 복지정책기조는 경제성장의 복지적 효과를 과신하고 있었고, 사회적 안전망은 구비되어 있지 못했다. 4대 사회보험 중에서 전 국민을 커버하는 사회보험은 의료보험뿐이었다.

경제위기로 사회적 불평등은 급속히 악화되었다. 1996년과 1998년의 상황을 주요 지표로 비교해 본다면 ILO기준에 실업률은 2%에서 6.8%로 상승하였고 1인당 GDP는 1997년의 9,511달러에서 6,427달러로 저하하였다. 1998년의 경제성장률은 -5.9%였다. 빈곤율은 3.1%에서 10.9%로 급증하였다. 또한 학생들의 중퇴율이나 이혼율 등도 증가하여 사회불안은 일시에 증폭되었다.

경제위기 속에서 제6공화국의 세 번째 정권인 김대중정부(1998~2003)가 탄생했다. 김대중정부는 국민의 정부라고 이름하였는데, IMF선거, IMF대통령이라는 말이 회자될 정도로 정권성립에 있어서 경제위기의 영향이 컸다. 국민의 정부의 성립은 두 가지 점에서 한국헌정상 획기적인 일이었다. 그 첫째는, 그것이 한국 최초의 정당 간의 평화적인 정권 교체였다는 것이다. 이것은 한국의 정치발전을 반영하는 것이었고, 그 영향은 세계적이었다. 제2차 세계대전 이후 한때 제3세계에 속하던 국가에게는 한국의 정치민주화가 정치발전의 한 모델을 제공하는 것이었기 때문에, 세계적인 정치발전에 공헌했다고 해도 좋을 일이었다. 두 번째의 의미는 소위 호남정권의 성립이다. 역사적으로 마이너리티였던 호남 지역에 기반을 둔 정권의 성립은 한국사회발전의 큰 획을 그은 것이며, 복지사회의 성립기반인 사회통합의 기초를 다진 것으로 평가된다. 사회통합을 이루기 위해서는 호남대통령의 탄생이 필요하다는 국민의 역

8) 경제위기에 관련된 이하의 자료는 Park Kwang Joon, Cho HS, Hwang SD, Lee HS(*The Social Impact of Economic Crisis in Korea*, Submitted to the World Bank, 2001)에 근거하고 있음. 경제위기의 영향에 관해서는 이 보고서를 참고할 것.

사적 성찰이 가져온 결과였던 것이다.

이념정당의 발전을 제약하는 국가보안법체제로 인하여 오랫동안 한국의 정치정당 구도는 지역에 기반을 두고 있었다. 이러한 구도 속에서 민주주의를 중시하는 김대중정권이 탄생함으로써 민주세력이 보수세력을 대신할 수 있음이 입증되었다. 이것은 서구복지발전에서 보여지는 좌파와 우파 간의 정권교체와 같은 성격의 것은 아닐지 모르나 '친복지세력과 개발주의세력'이라는 대결구조를 만들어 내었고 그것은 사회복지에 관련된 정책적 대결이 국정의 쟁점이 되었다는 것을 의미한다.

물론 김대중정부가 친복지정책으로 일관하였던 것은 아니었다. 정확하게 말하면 김대중정부는 시장경제의 효율을 극대화하기 위해서는 사회안전망의 확충이 필요하다는 판단하에 복지확충을 하였다. 따라서 예를 들면 국민의 정부 성립 직후 국민기초생활보장법의 제정과정에 있어서는, 전경련 등과 마찬가지로 정부 역시 그에 반대하였다. 따라서 그 제정추진세력은 복지이념을 둘러싸고 정부와 대결하는 양상을 보이기도 하였던 것이다. 당시의 사회복지를 둘러싼 이념적 갈등상황에 대하여 문진영(1999)은 '내재된 이념의 현재화?'라고 표현하고 있는데, 이것은 1990년대 말의 시점에서 복지이념에 기초한 복지논쟁이 가능할 수 있는 기반이 성립하였다는 것을 의미한다.

다른 한편 복지의 정치화는 김대중정부의 중요한 사회실험이었던 노사정위원회의 운용에 의해서도 촉진되었다고 생각된다. 그 중요한 참여자인 노조는 광의의 복지문제를 쟁점으로 삼는 경향이 있기 때문이며, 특히 한국의 경우 그러한 경향이 강했다. 김연명(1999)은 사회복지정책의 결정과정에서 행정부가 정당이나 시민사회, 이해관계자집단을 배제시키고 제도의 수립, 집행, 운영의 전 과정을 거의 완벽하게 통제해 가는 '배제의 정치'의 오랜 관행이 1990년대 말에는 종언을 고하고 조합주의적 정치, 이익집단의 정치, 시민운동의 정치라는 새로운 복지정치가 출현하고 있다고 지적했다.

신자유주의적 세계화(globalization)[9] 세계화란 정치 분야에서뿐만 아니라 기술이나 지식의 발달을 가져오는 시간과 공간의 압축을 통하여 국가 간의 상호의존성이

9) 세계화의 내용과 복지국가체제에의 영향 등에 대해서는, 朴光駿(國際福祉論, 2007)을 참고할 것. 이하의 내용은 이 책 제1장의 내용에 근거함.

증가하는 현상이다. 세계화는 사회주의체제에 대한 자본주의체제의 승리를 의미하기도 하고 경제가 정치를 결정하는 시장경제의 이데올로기의 보급을 의미하기도 한다. 제3세계에 대해서도 경제발전을 위한 '개인주의적 기업이데올로기(individualistic enterprise ideology)'를 강요하는 경향이 있다.

한국은 이러한 의미에서의 세계화의 영향을 직접적으로 받았다. 통화위기에 직면했던 한국은 국제금융기관에 차관을 요청하게 되었는데, IMF는 차관의 조건으로서 다양한 구조조정을 요구하였으므로 한국은 사실상 구조조정을 강요당하게 되었다. 그러나 그러한 구조조정의 요구는 당사자국의 복지발전수준에 따라 다르게 나타나는데, 한국의 경우 사회복지의 측면에서 볼 때, 그러한 구조조정요구가 복지의 삭감을 가져왔다고 보기는 어려우며, 오히려 복지확충에 기여하는 측면도 있었다. 그 이유는 한국이 신자유주의적 구조조정을 본격적으로 단행하기에는 사회적 안전망이 갖추어져 있지 못했기 때문에 우선 필요한 것이 사회적 안전망을 갖추게 하는 것이었다는 판단에 의한 것으로 보인다. 이러한 사정이 신자유주의의 첨병이 복지의 확충을 한국에 요구하였던 배경이었다고 생각된다.

저출산고령화 저출산고령화는 선진 복지국가들의 복지선택과 개혁에 가장 큰 영향을 주는 요인인데, 그것은 한국 사회에서도 마찬가지이다. 실제의 사회복지정책에 있어서 고령화의 영향이 나타나기 시작한 것은 김대중정부 이후의 시기이다.

급속한 고령화는 동아시아 국가의 공통적인 현상이다. 한국 역시 장차 급속한 고령화가 예측되는데, 그 배경에는 평균수명의 연장이라는 절대적인 요소도 있지만, 근본적으로는 급속한 저출산이 가져온 인구구조변화의 결과이다.

총인구에서 노동인구(15~64세)의 비율이 증가하는 현상을 의미하는 인구보너스(Demographic Bonus)는 당해 국가의 경제발전을 가져오는 강력한 요인이다. 그러나 선진국의 경우에는 이미 생산연령인구가 감소하고 그것이 경제성장에 마이너스의 영향을 주는 인구오너스(Demographic Onus) 시기에 들어섰다. 미국과 일본의 예에서 본다면 인구오너스기에 들어선 것이 각각 1985년과 1990년인데 이 시기는 양국에서 고도경제성장에서 저성장으로의 전환기가 시작되는 시점이었다(朴光駿 2011). 한국은 인구오너스기로 진입되는 시기가 2015년으로 예상되고 있지만 그 이후의 인구구조변화가 급속하게 이루어질 것으로 예상되는 만큼, 노동력의 부족, 사회보험적용인구의 감소와 그에 따른 보험재정의 악화 등 사회보장제도의 운영 전반에 큰 영향을 미칠 것으로 보인다.

〈표 17-1〉 인구오너스기 진입 시기와 생산연령인구 비율

	시기	생산연령인구 비율
선진국평균	2010년	–
세계평균	2015년	–
중 국*	2010년(2015년)	71.9
일 본	1990년	65.1
한 국	2015년	74.3

자료 : 朴光駿, 2011.

2) 생산적 복지와 그 내용

생산적 복지와 사회안전망 구축 국민의 정부의 사회복지정책은 생산적 복지이다. 생산적 복지는 모든 국민이 인간적 존엄성과 자긍심을 유지할 수 있도록 취약계층의 기초적인 생활을 보장하는 것, 그리고 그와 동시에 그들이 적극적으로 경제적·사회적 활동에 참여할 수 있는 기회를 확대하여 스스로 자립할 수 있도록 하고, 노동을 통하여 구조적 빈곤을 치유하기 위한 적극적 사회정책이다.

이것은 철학적으로는 민주주의의 실현과 시장경제의 발전을 지향하면서 복지를 중시하는 것으로서 이혜경(2006 : 47)은 이것을 '민주－복지－자본주의체제'로 표현한다. 즉, 과거 성장제일주의로 인하여 경시되던 국민의 기본권보장을 중시하고, 일을 통한 복지와 인간개발중심의 복지를 목표로 하여 노사정이 함께 하는 복지구상이라는 것이다. 그런데 이 두 가지의 정책방향은 서로 모순되는 것으로 보일 수 있다. '일을 통한 복지'라는 개념은 소위 신자유주의 복지정책의 상징과 같은 것으로 복지를 축소하는 의미가 강하기 때문이다. 선진국에서 이러한 정책이 시행된 것은, 국민의 기본권이 완전히 확립되고 사회적 안전망이 완전히 구축된 이후에 이루어진 일이었지

만, 한국의 경우는 사회적 안전망의 구축을 통한 국민의 생존권보장체제를 만들어가면서, 다른 한편에서는 복지축소를 지향하는 것과 같은 노선의 복지정책을 구사하였던 것이다. 이것은 같은 내용의 신자유주의정책이 시행된다고 하더라도 어느 수준의 복지발전단계에서 시행되었는가에 따라 그 의미가 달라짐을 시사하고 있다.

생산적 복지정책은 우선 국민의 사회안전망의 구축을 목표로 하였다. 국민기초생활보장제도의 확립과 더불어, 사회보험의 대상자를 전 국민으로 확대하는 조치가 시행되었다. 그리고 사회보험확대과정에서는 국민연대가 강조되었다. 의료보험에서는 일반노동자, 농어촌 및 도시지역주민, 공무원 및 사립학교교직원을 각각 대상으로 하여 삼원체제가 되어 있던 의료보험을 완전히 통합하였다.

국민기초생활보장제도의 시행 생산적 복지의 핵심내용의 하나가 자활보호의 실시를 포함한 국민기초생활보장제도의 시행이며, 이것은 김대중정부가 실천에 옮긴 복지개혁 중에서도 중요한 것으로 일컬어지고 있다.

국민기초생활보장제도는 두 개의 측면에서 개혁적 성격을 가지고 있었다. 하나는 보충급여(Supplementary Benefit)의 실시이며 다른 하나는 노동연계복지를 표방한 자활사업의 실시이다. 그러나 그것이 개혁적 성격이라고 볼 수 없다는 견해도 만만치 않다. 첫 번째 문제에 대해서는, 국민기초생활보장제도가 개혁적이라기보다는 그 이전의 생활보호제도가 너무나 전근대적이었기 때문에 너무 뒤떨어진 복지체제를 정상적으로 만들어 놓은 것에 불과하다는 지적이다. 그리고 두 번째의 평가에 대해서는 그것이 복지를 시민권적 권리로서 인정하는 것이 아니라 노동시장의 활성화를 위한 수단이 되어 있다는 지적이다.

필자가 판단하기에 국민기초생활보장제도의 의의는 무엇보다 실업자를 공공부조의 대상자로 포함한 것이었다. 종래의 생활보호제도에서는 대상자선정기준에 연령규정이 있었고 일할 수 있는 연령대의 사람은 소득이 있는 것으로 추정되어 그 대상에서 제외되어, 노동능력이 없는 사람만이 그 대상이 될 수 있었다. 그러나 국민기초생활보장제도는 노동능력의 유무에 관계없이 국가가 정한 공식적인 빈곤선을 기준으로 하여 대상자를 선정하였다.

앞서 언급하였듯이 1961년 생활보호법의 모체가 된 1944년의 조선구호령의 대상자규정에서는 아동이나 노인의 연령이 아니면 수급할 수 없었고, 일본의 경우에도 마찬가지였는데, 전후 미군정기에 군정당국은 급증하는 귀환자나 실업자에 대응하여 기존의 법으로 대처할 수 없었기 때문에 실업자를 공공부조대상자로 인정하는 새로운 규정을 만들어서 그에 근거하여 노동능력 있는 빈민을 보호하였다. 그런데 일본의 경우 그러한 관행을 미군정기가 끝난 후에도 그대로 인정하여 생활보호법에서 실업자를 대상으로 인정하였지만, 한국의 생활보호법은 미군정기가 끝나자 다시 전전의 조선구호령의 기준으로 되돌아갔고, 그것이 1999년까지 시행되고 있었던 것이다.

노동연계복지와 고령사회대책 복지선진국과 한국 사회에서 동시에 같은 유형의 복지정책이 시행된다 하더라도 그 의미가 다를 수 있다는 점은 이미 지적하였는데, 아마도 노동연계복지(workfare)만큼 그러한 성격을 명백하게 나타내 주는 사례도 없을 것이다. 선진국의 경우는 복지축소의 수단으로서 이 정책이 추진되었던 반면에 한국의 경우는 사회안전망의 확충과 동시에 노동연계복지가 진행되어 복지를 확충하는 하나의 방법으로서 인식되는 경향이 있었기 때문이다.

노동연계복지의 배경에 경제의 저성장과 높은 실업률에 의하여 야기된 복지국가 위기가 있는데, 경제위기의 원인을 복지확대나 노동시장의 경직성에서 찾았던 신자유주의 정책입안자들은 '노동하지 않으면 복지수급을 받지 못하게 한다'는 논리로 이러한 정책을 도입하였다. 그러나 한국의 경우, 국민기초생활보장법과 더불어 본격적으로 출발한 노동연계복지는 '노동시장 참여기회를 제공하는 것' 혹은 '빈민의 자립을 유도하는 것'이라는 의미가 강했다. 왜냐하면 복지국가의 경우는 현행의 복지수급자를 노동연계의 복지체제로 재편성하는 것을 의미하지만, 한국의 경우는 복지수급대상에서 오랫동안 제외되어 왔던 실업자 및 노동능력 있는 빈민을 공적인 노동연계복지에 '새롭게 편입시키는 것'을 의미하기 때문이다.

저출산고령사회대책은 주로 김대중정부에 이은 노무현 정부시절에 본격적으로 시행되었다.

2005년에 한국의 합계출산율이 1.08을 기록한 것은 한국 정부에 큰 충격을 주었다. 정부는 그 원인을 지나친 가족계획정책의 추진과 양육비부담의 증가에서 찾았다. 하지만 출산율저하의 진정한 원인은 총체적인 남녀불평등에 있다는 사실을 상기할 필요가 있다.

2005년 9월 1일 대통령직속으로 '저출산고령사회 대책위원회'가 발족되었고, 「저출산고령사회 기본법」이 제정되었다. 이 법의 기본이념은 인구구조의 균형과 질적 향상, 건강하고 안정된 노후생활의 보장'이다. 그 내용은 크게 세 가지이다. 첫째, 저출산에 대응하는 정책이다. 아동발달계좌(Child Development Account, CDA)의 도입 등 출산과 아동양육지원을 그 내용으로 한다. 두 번째는 고령사회대책이다. 고령자의 고용, 소득보장, 개호보장, 고령친화산업육성 등을 그 내용으로 한다. 세 번째의 내용은 5년 단위로 저출산고령사회기본계획을 책정하고 시행하는 것이다.

한편, 기초노령연금이 도입되었다. 2003년 이후의 국민연금제도개혁 논의과정에서, 정부안에 포함되어 있지 않던 기초노령연금제도의 도입이 논의되어 2007년 개혁에서 2008년 1월 1일부터의 도입이 결정되었다.

노인장기요양보장제도도 도입되었다. 이 제도의 논의는 1999년부터 시작되었는데, 2001년의 8.15경축사에서 김대중 전 대통령이 그 도입을 약속하여 제도도입이 추진되었다. 그 과정에서 제도의 명칭이 바뀌는 등 상당한 변화를 겪었으나 2007년 4월 법안이 성립하여 2008년 7월 1일부터 한국의 다섯 번째의 사회보험으로서 시행되었다.

3) 특징과 의의

복지의 확충과 신자유주의적 정책의 혼재 IMF나 세계은행 등의 국제금융기관은 신자유주의의 첨병이라고 일컬어지는데, 사회복지부문에서의 신자유주의란 공적인 복지급여의 삭감, 본인부담의 증가, 시장화원리의 도입 등의 경향을 가진다는 것은 적어도 선진국의 경우를 생각하면 명백하다. 그러나 국제금융기관이 한국에 차관을 제공하는 조건으로 요구한 것에는 '안전망의 확충', 연금기금관리의 투명성 등 복지당사자의 참여를 강조하는 방향의 개선안이 상당부분 포함되어 있었다. 이러한 사실은 신자유주의의 일반적인 경향과는 반대되는 현상이기 때문에 부자연스러운 일로 받아들여질지 모른다. 그러나 신자유주의정책의 내용과 그 방향성은 그러한 정책이 시행되는 국가의 복지발전 수준에 따라 크게 달라진다는 사실에 유의할 필요가 있다. 즉, 케인즈주의적 복지국가를 지향하는 정책을 실행하여 그 목표에 도달했던 국가의 경우와, 1998년 한국과 같이 복지국가의 전 단계에 있던 국가의 경우는 신자유주의의 의미가 매우 다를 수 있다는 것이다.

복지선진국에서 1980년대부터 행해졌던 신자유주의정책의 근거에는 '복지지출이 어떤 적절한 지출 수준을 넘었다'고 하는 인식이 있었다. 그러므로 정도를 넘어섰다고 판단되는 부분에 대하여 삭감 내지 축소를 단행하였던 것이다. 그러나 당시 한국의 경우는 어떤가? 1997년 한국의 복지지출수준은 신자유주의정책이 암묵적으로 상정하는 적절한 수준에 전혀 도달하지 못하고 있었다. 당시 국제금융기관의 판단은, 한국에서 본격적인 신자유주의정책을 시행해 나가기 위해서는 그 조건으로서 안정망의 정비가 필요하고 그를 위해서는 복지지출이 불가피하다는 것이었다(朴光駿, 2004). 국민연금기금에서 보여지는 국가의 배타적이고 비효율적인 운용관행에 대하여 시민사회가 투명성과 민주성을 강화하기 위하여 가입자대표의 참여 등을 강하게 요구하고 있었던 것과, 자유시장의 효율성과 공정성을 강조하는 국제금융기관이 그 개혁을 요구하였던 것에는 이해의 일치가 있었던 것이다.

이러한 배경에서 이 시기의 사회복지에서는 한편에서는 사회복지가 확충되면서 다른 한편에서는 사회복지의 시장화가 진행되는 서로 모순되어 보이는 경향이 발견된다. 보다 구체적으로 말하자면 공공복지 영역에서는 사회안전망 확충과 노동연계복지가 동시에 진행되었고, 사회복지서비스 영역에서는 탈상품화와 시장화가 동시에 진행되었던 것이다.

생산적 복지의 평가와 복지국가성격논쟁 복지의 확충을 지향하면서 동시에 복지 삭감을 기조로 하는 신자유주의적 정책이 혼재된 것으로 말미암아 생산적 복지를 평가하기는 쉬운 일이 아니다. 그런데 그 평가를 둘러싸고 한국에서는 소위 '복지국가 성격논쟁'이라고 불리는 학자들 간의 논쟁이 있었다. 생산적 복지가 가지는 사회안전망 확충의 측면을 중시해 본다면 그것은 복지국가 지향의 정책으로 보일 수 있고, 노동연계복지 등을 중심으로 본다면 신자유주의적 정책으로 보이기 때문에, 평가가 엇갈리는 것이 당연한 일일 수 있을 것이다.

많은 논자들이 관여한 논쟁이므로 그 구체적인 논의에 대해서는 김연명 편(2002)에 맡기기로 하고 그 논쟁의 특징을 통하여 생산적 복지가 가지는 사회복지역사적 의미를 검토해 보기로 한다.

우선 이 논쟁의 특징인데, 그 첫 번째 특징은 이 논쟁에 관련된 연구자들은 모두 복지국가옹호자라는 점이다. 따라서 논자의 이념적 대립에 의한 논쟁이 아니었다. 그럼에도 불구하고 견해 차이를 보인 것은 생산적 복지가 '신자유적 정책인가 아닌가'라고 하는 규범적인 성격을 가지고 있었기 때문이다. 두 번째의 특징은 논쟁의 논점에 있어서 '생산적 복지가 가져온 변화'가 논점이 된 것이 아니라 정책의 인푸트가 그 초점이었다는 것이다. 인푸트에 해당하는 대표적인 지표는 국가예산이다. 사회정책의 평가연구의 성격을 띤 논쟁이었지만 그것으로 인한 변화가 논의되지 않은 것에는 이 논쟁이 생산적 복지의 시행 직후에 이루어졌다는 사정도 있을 것이다. 세번째 특징은 생산적 복지에 대한 평가가 어떤 평가기준에 근거해서 이루어진 것이 아니라 연구자의 주관적 판단에 크게 의존하고 있다는 점이다.[10)]

그런데 사회복지역사발전의 관점에서 이 논쟁을 볼 때, 보다 중요한 논점은, 생산적 복지가 한국사회복지발전의 근본적인 변화인가, 즉 종래의 개발주의복지레짐으로부터 탈피한 것인가, 아니면 그 이전부터 이루어져 온 연속적 발전의 한 측면인가라는 부분이다.

필자는 사회복지정책의 평가연구의 적절한 접근이란, 사회복지발전을 저해하는 요인을 먼저 명확히 하고, 특정 복지프로그램이 그러한 장애요인에 어떤 바람직한 변화를 가져왔는가 아닌가를 살펴보는 것이라고 생각한다. 필자는 먼저 1960년대 이후 한국사회복지발전을 저해해 온 중요한 요인으로서는 다음의 세 가지를 들고 싶다 : ① 발전국가적 정책이념이 뿌리 깊게 존재하고 있는 점, ② 정책결정과정에 있어서 국

10) 이에 관해서는 필자의 미출간원고(社会政策の評価研究 : 韓国の生産的福祉政策を中心に, 日本社会政策学会報告論文, 2004)를 참고할 것. 이하의 내용은 이 원고를 참고하였음.

가가 지배적 지위를 점하고 있어 온 점, ③ 제도의 형식적 발전이 우선시되어 온 점.

그렇다면 평가기준은 다음의 세 가지로 제시될 수 있을 것이다 : ① 발전국가적 복지이념에서 탈각하였는가, ② 정책결정에 있어서 관민의 파트너십이 형성되었는가, ③ 복지조직의 실제적 개선이 있었는가.

이러한 관점에서 본다면 생산적 복지는 한국사회복지발전에서 다음과 같은 의의를 가진다고 할 수 있을 것이다.

첫째, 생산적 복지는 신청주의의 실행에 의해 수급의 권리성이 강화되었고 노동연계에 의한 빈곤탈출을 위한 조직적 지원이 이루어졌으며 정책목표가 명시적이었다는 점은 발전적 측면이다. 반면 실제적으로는 기초생활보장 대상자 수를 통제하려는 경향이 있고 자활사업의 대상자를 실제로 일하는 빈곤층으로 확대하려 하기보다는 기초생활대상자에 거의 한정하려는 경향으로 인하여 취로사업과 같은 성격을 가지고 있다는 점 등을 보면 과거 정책과 단절된 획기적 정책이라고는 보기 어렵다.

둘째, 생산적 복지에 의하여 민간영역의 제도화가 진척되었고 사회복지에 있어서의 공사 파트너십이 촉진되었다는 점은 중요한 발전이다. 그런데 그것은 김대중정부의 특별한 배려에 의해 이루어졌다기보다는 1970년대 이후부터 이루어져 온 시민사회가 지속적인 성장으로 정부가 무시할 수 없을 정도의 세력으로 성장하였다는 점, 그리고 시민사회가 사회복지실천의 경험을 통하여 일자리 만들기 등에 있어서 노하우를 축적하였고 세계화라는 환경변화에 대응하는 넓은 시야를 가지고 사회복지의 대안을 마련하고 제시할 수 있는 능력이 신장되었기 때문에 가능한 일이었다.

셋째, 생산적 복지는 한국사회복지체제의 고질적인 결함인 두 개의 요소, 즉 전달체계의 불비와 사회복지서비스의 저발전이라는 영역에서는 개선 노력이 비교적 약했다. 전달체계에 있어서 인력적 측면에서는 사회복지전문요원의 확충 등 큰 개선이 있었지만 조직적인 측면의 개선은 미미하였고, 복지서비스의 측면에서도 마찬가지였다.

이상을 종합해 본다면, 생산적 복지는 한국사회복지에 큰 전환을 가져왔으나 그 발전은 민주화와 더불어 진척되어 온 한국 사회의 점진적 발전의 연속선상에서 보아야 한다는 것이다.

마지막으로 한 가지 지적해 두고 싶은 것은 소위 '규범적 모델 비교(the normative model

comparison)'의 문제점이다(朴光駿, 2004b). 생산적 복지를 한국 사회의 '현실적 선택'이었다는 점을 무시하고, 그것을 가장 이상적인 므델에 비교하여 비판하는 것은 바람직하지 못하다는 의미이다. 예를 들어 '빈곤자의 최저생활을 보장하고, 최저보장수준을 점차로 높여서 생활격차를 줄이며, 노동가능한 사람에 대해서는 노동의욕을 자극하면서 적절한 직업훈련이나 직업알선을 통하여 직업자활을 하도록 지원함으로써 빈곤을 줄이고 나아가 빈부격차를 줄이는 결과를 가져오는 정책'이라고 하는 이상적이지만 비현실적인 기준을 제시하고 그 기준으로 생산적 복지를 본다면, 생산적 복지는 턱없이 결점이 많은 정책이라는 결론이 날 수밖에 없는 것이다.

참고문헌

감정기 · 최원규 · 진재문, 2010, 사회복지의 역사, 나남.

강만길 편, 2004, 일본과 서구의 식민통치 비교, 선인.

고영복, 1972, 현대사회학, 법문사.

구자헌, 1970, 한국사회복지사론, 홍익재.

국사편찬위원회, 1997, 한국사 36 : 조선후기의 민중사회의 성장.

국사편찬위원회, 조선왕조실록.

권문일, 2005, 국민연금법 개정안에 대한 평가와 보완과제, 계간 사회복지 166호, 한국사회복지협의회.

김광수, 1984, 중상주의, 민음사.

김상균, 1987, 현대사회와 사회정책, 서울대학교 출판부.

김연명, 1999, 사회복지 정치의 변화 : '배제의 정치'의 종언?, 한국사회복지학회 1999년 춘계학술대회 발표집.

김연명 편, 2002, 한국복지국가 성격논쟁 1, 인간과 복지.

김영모 박사 회갑기념논문집, 1997, 한국사회복지와 불평등, 일조각.

김영순, 1995, 복지국가 재편의 두 가지 길, 서울대학교 대학원 정치학 박사학위논문.

김용학, 2003, 한국사회의 학연, 김성국 외 편, 우리에게 연고란 무엇인가?, 전통과 현대.

김일철, 2003, 한국사회, 알기 힘든 사회, 김성국 외 편, 우리에게 연고란 무엇인가?, 전통과 현대.

김재호, 2001, 한국전통사회의 기근과 그 대응 : 1392-1910, 경제사학 제30호.

김태길, 1995, 한국인의 가치관연구, 문음사.

김태성 · 성경륭, 1993, 복지국가론, 나남출판.

대외경제연구원, 2009, 저출산의 국제비교, 오늘의 세계경제 9-29.

문인숙, 1990, 6.25동란과 구제활동에 대한 고찰, 인석 장인협 박사 정년퇴임기념논문집, 사회복지학의 이론과 실제, 기념논문간행위원회.

문진영, 1999, 사회복지의 이념적 갈등 : 내재된 이념의 현재화?, 한국사회복지학회 1999년 춘계학술대회 발표집.

박광준, 1990, 페비안사회주의와 복지국가의 형성, 대학출판사.

박광준, 1991, 대처집권기 영국사회복지서비스의 변용, 부산여대논총.

박광준, 1992, 신보수주의와 한국사회의 정책지향, 경제와 사회 18호, 한국산업사회연구회.

박광준, 1993, 마녀재판과 인간차별문제, 부산여자대학교 여성문제연구소 연구발표(미발간자료).

박광준, 1993, 영국 자유당 사회개혁입법의 내용과 의의에 관한 연구, **사회정책논총** 제5집, 한국사회정책연구원.

박광준, 1994, 가족정책과 가족이데올로기, **여성연구** 제6집, 부산여대여성문제연구소

박광준, 1994, 부루스의 빈곤조사에 관한 세 개의 새로운 논의에 관한 연구, 신섭중 박사 회갑기념논문집.

박광준, 1995, 사회정책의 이념과 한국사회정책의 과제, **사회정책논총** 제7집, 사회정책연구원.

박광준, 1997, 나치의 장애인학살계획(T4계획)의 실행, 부산시 장애인고용대책위원회 발표문.

박광준, 1999, 21세기의 복지환경과 지방정부의 역할, 한국사회복지학회 기획주제발표문.

박광준, 2007, 동아시아의 가족주의와 한국 저출산고령사회 대책, **일본학** 제26집.

박광준 · 김혜도 · 오세영 · 오영란, 2010, **노인복지의 정책과 과제**, 양서원.

박기순, 1995, 유교적 인간관계의 현대적 의미, 임태섭 편저, **정, 체면, 연줄, 그리고 한국인의 인간관계**, 한나래.

박보영, 2005, 미군정 구호정책의 성격과 그 한계 : 1945-1948, **사회연구** 제9호, 한국사회조사연구소.

박순일, 1994, **한국의 빈곤현실과 사회보장**, 일신사.

백종만, 1996, 해방50년과 남한의 민간복지, **상황과 복지** 창간호.

삼성경제연구소, 2005, **외환위기 이후 저출산 원인분석**.

서상목 외, 1981, **빈곤의 실태와 영세민대책**, 한국개발원.

손준규, 1983, **사회보장 사회개발론**, 집문당.

신상준, 1992, 주한미군정청의 복지정책기조, **복지행정논총** 제2권, 한국사회복지행정학회.

신섭중 편, 1992/2000, **세계의 사회보장**, 유풍출판사.

아산사회복지사업재단, 1979, **한국의 사회복지**, 경연사.

양재진 외, 2008, **한국의 복지정책결정과정**, 나남.

염복규, 2005, **서울은 어떻게 계획되었는가**, 살림출판사.

유광호, 2007, **한국경제의 근대화과정**, 유풍출판사.

유범상, 2003, 한국의 노동정치와 사회복지의 '만남', **상황과 복지** 제14호.

윤국일 옮김, 1998, **新編經國大典**, 신서원.

윤찬영, 1990, 사회복지제도 발달론에 대한 비판적 고찰, **사회복지연구** 제2호, 한국사회복지학연구회.

이삼성, 2009, **동아시아의 전쟁과 평화**(상 · 하), 한길사.

이성기, 1991, 사회복지정책과 법률의 변천에 관한 일고찰－해방 이후 제5공화국까지－, 한국사회복지연구회 편, 한국의 사회복지 1, 이론과 실천.
이영환, 1989, 미군정기의 구호정책, 하상락 편, 한국사회복지사론, 박영사.
이영환, 2004, 한국사회와 복지정책 : 역사와 이슈, 나눔의 집.
이영환 · 이정운, 1996, 사회복지를 시민운동으로－참여연대의 국민생활최저선 확보운동을 중심으로－, 상황과 복지 창간호.
이영훈, 2007, 대한민국이야기, 기파랑.
이이화, 2008, 진리는 다르지 않다, 김영사.
이철우, 2006, 일제하 법치와 권력, 박지향 외 편, 해방전후사의 재인식 1, 책세상.
이현우, 1995, 현대를 살아가기 위한 갈등 대응 전략, 임태섭 편저, 정, 체면, 연줄, 그리고 한국인의 인간관계, 한나래.
이혜경, 2006, 현대 한국 사회복지제도의 전개, 이혜경 · 타케가와 편, 한국과 일본의 복지국가레짐 비교연구, 연세대학교 출판부.
이혜원 · 이영환 · 정원오, 1998, 한국과 일본의 미군정기사회복지정책 비교연구－빈곤정책을 중심으로, 한국사회복지학 제36권.
전남진, 1987, 사회정책학강론, 서울대학교출판부.
전호성, 2004, 미군정시대의 구호정책에 대한 역사적 고찰, 신학과 신앙 제15호, 루터대학교.
정무권, 2000, 국민의 정부와 사회정책, 안병영 · 임혁백 편, 세계화와 신자유주의, 나남.
조성린, 2011, 조선행정이 서양행정보다 앞섰다, 동서문화사.
조 순 외, 1989, 아담 스미스 연구, 민음사.
조흥식, 1996, 해방50년과 남한의 공공민간복지, 상황과 복지 창간호.
지 윤, 1964, 사회사업사, 홍익재.
최선화 외, 1999, 사회문제와 사회복지, 양서원.
최영희, 1996, 격동의 해방3년, 한림대학교 아시아문화연구소.
최원규, 1989, 조선 후기의 아동복지, 하상락 편, 한국사회복지사론, 박영사.
최익한, 1947, 조선사회정책사, 박문출판사.
최재석, 2009, 한국의 가족과 사회, 경인문화사.
최천송, 1977, 한국사회보장론, 한국사회보장문제연구소.
하상락, 1989, 한국사회복지사론, 박영사.
한국사회과학연구소 편, 1983, 복지국가의 형성, 민음사.
현대경제연구원, 2007, 사교육, 노후불안의 주된 요인－사교육 실태조사 및 시장규모 추정,

한국경제주평 07-15(통권 246호).
현외성 · 박광준 외, 1992, 복지국가 위기와 신보수주의적 재편, 대학출판사.
홍경준, 1999, 한국의 사회복지체계 연구, 나남.
황병주, 2000, 미군정기 전재민구호운동과 '민족담론', 역사와 현실 제35호.
Bishop, I. B., 신복룡 역, 2000, 조선과 그 이웃나라들, 집문당.
Cole, M., 박광준 역, 1993, 비아트리스 웹의 생애와 사상, 대학출판사.
Cummings, B., 鄭敬謨他 訳, 2012, 『朝鮮戰爭の起源』 上 · 下 1 · 2, 明石書店.
Friedman, M., 최덕구 역, 1985, 선택의 자유, 명지사.
Furniss, N., Tilton, T., 김한주 · 황진수 역, 1983, 현대복지국가론, 고려원.
Hayek, F. A., 정도영 역, 1973, 예종에의 길(상 · 하), 삼성문화문고 31, 32.
Hobhouse, L. T., 최재희 역, 자유주의, 삼성문화문고 46.
Lagana, L., 임영상 역, 1986, 대학지성과 사회개혁운동 : 토인비 홀의 이념적 기원과 발달, 전예원.
Mackenzie, N., 양호민 역, 1982, 사회주의, 탐구당.
Mantoux, P., 정윤형 · 김종철 역, 1987, 산업혁명사(상 · 하), 창작과 비평사.
Michell, Tony, 김혜정 역, 1989, 조선시대의 인구변동과 경제사－인구통계학적 측면을 중심으로－, 부산사학 제17집.
Mishra, R., 김한주 · 최경구 역, 1987, 복지국가위기론, 법문사.
Mishra, R., 표갑수 · 장소영 역, 1982, 사회이론과 사회정책, 한울.
More, T., 황문수 역, 1972, 유토피아, 범우사.
Rimlinger, G., 한국사회복지학연구회 역, 1991, 사회복지의 사상과 역사, 한울.
Schweinitz, K., 남찬섭 역, 2001, 영국사회복지발달사, 인간과 복지.
Webb, S. & B., 김금수 역, 1990, 노동조합운동사(상 · 하), 형성사.

Axinn, J. & Levin, H., 1982, *Social Welfare : A History of the American Response to Need*, Harper & Row.
Bailey, V., 1984, In Darkest England and the Way Out, *International Review of Social History*, No. 29.
Bark, S., 2004, *Financial Stabilization of Social Security System in the Republic of Korea*, 日本社会政策学会報告文.
Beveridge, W. H., 1909, *Unemployment : A Problem of Industry*, AMS Press, INC.

Bonoli, G. 2000, *The Politics of Pension Reform : Institutions and Policy Change in Western Europe*, Cambridge University Press, p. 24.

Booth, C., 1889, *Life and Labour of the People in London*, Vols. 17.

Booth, M., 1918, *Charles Booth : A Memorior*, Macmillan.

Bosanquet, B., 1909, The Majority Report, *The Sociological Review*, Vol. 1. No. 2.

Bosanquet, H., 1914, *Social Work in London 1869-1912*, The Harvester Press.

Brebner, J. B., 1948, Laissez Faire and State Intervention in Nineteenth-Century Britain, *Journal of Economic History*, Vol. Ⅷ.

Briggs, A., 1965, *The Welfare State in Historical Perspective*, Mayer Zald ed., Social Welfare Institutions, John Wiley & Sons, Inc.

Brown, J., 1968, Charles Booth and Labour Colonies, 1889-1905, *Economic History Review*, XXIV.

Brown, J., 1969, The Appointment of the 1905 Poor Law Commission, *Bulletin of the Institute of Historical Research*, XIII.

Brown, J., 1971a, Social Judgements and Social Policy, *Economic History Review*, Vol. XXIV.

Brown, J., 1971b, The Poor Law Commission and the 1905 Unemployed Workment Act., *Bulletin of the Institute of Historical Research*, XIIV.

Brown, K. D., 1971, Conflict in Early British Welfare Policy : He Case of the Unemployed Workmen's Bill of 1905, *Journal of Modem History*, Vol. 43.

Brown, K. D., 1971, The Appointment of the Poor Law Commission-A Rejoinder, *Bulletin of the Institute of Historical Research*, XIIV.

Bruce, M., 1968, *The Coming of the Welfare State*, B. T. Batsford Ltd.

Checkland, S. & E. O. A, 1834, *The Poor Law Report of 1834*, Pelican Books, 1974.

Cole, G. D. H., 1925, *William Cobbett*, Fabian Tract, No. 215.

Cole, G. D. H., 1971, *Fabian Socialism*, Frank Cass & Co.

Cole, M. ed., 1949, *The Webbs and their Work*, Frederick Muller Ltd.

Cole, M., 1945, *Beatrice Webb*, Longmans.

Collier, D. & Messick, R., 1975, Prerequisites Versus Diffusion : Testing Alternative Explanations of Social Security Adoption, *American Political Science Review*, Vol. 69.

Compton, B., 1980, *Introduction to Social Welfare and Social Work : Structure, Function, and Process*, The Dorsey Press.

Cootes, R., 1983, *The Making of the Welfare State*, Longman Group Limited, 1966.

Crossman, R. H. S., 1952, *New Fabian Essays*, Turnstile Press.

Cutright, P., 1965, Political Structure, Economic Development, and National Social Security Programs, *American Sociological Review*, Vol. 70.

Day, P., 2000, *A New History of Social Welfare*, Allyn & Bacon.

Derek, F., 1973, *The Evolution of the British Welfare State*, Macmillan Press.

Donnison, D., 1987, Social Policy 50年(講演), 伊部英男, 福武 直 編著,『世界の社會保障50年』, 全國社會福祉協議會.

Esping-Andersen, G., 1990, *The Three World of Welfare Capitalism*, Polity Press.

Esping-Andersen, G., 1996, *The Welfare State in Transition*, SAGE Publication.

Fabian Society, 1984, *100 Years of Fabian Socialism 1884-1984*.

Flynn, R., 1988, Political Acquiescence, Privatisation and Residualisation in British Housing Policy, *Journal of Social Policy*, Vol. 17.

Fraser, D., 1973, *The Evolution of the British Welfare,* Macmillan.

Gamble, A., 1981, *Britain in Decline : Economic Policy, Political Strategy and the British State,* Macmillan Publisher Ltd.

George, V., 1968, *Social Security and Society,* Routledge & Kegan Paul, 1973.

Gilbert, B. B., 1966, *The Evolution of National Insurance in Great Britain*, Michael Joseph.

Gilbert, B. B., 1966, Winston Churchill Versus the Webbs : The Origins of British Unemployment Insurance, *American Historical Review*, Vol. 71.

Gilbert, B. B., 1976, David Lloyd George : Land, the Budget, and the Social Reform, *American Historical Review*, Vol. 81, No. 5.

Gilbert, N. & Specht, H., 1974, *Dimensions of Social Welfare Policy*, Prentice Hall.

Grand, J. L. & Robinson, R. ed, 1985, *Privatisation and the Welfare State*, George Allen & Unwin.

Hancock, M. D. & Sjoberg, G., 1972, 萩野浩基 譯, 1987,『ポスト福祉國家の政治』, 早稻田大學出版部.

Harris, J., 1977, *Beveridge William : A Biography*, Clavendon Press.

Harris, J., *Unemployment and Politics : A Study in English Social Policy 1886-1914,* Clarendon Press.

Hennock, E. P., 1976, Poverty and Social Theory in England : the Experience of the Eighteen-

Eighties, *Social History*, No. 1.

Hennock, E. P., 1987, *British Social Reform and German Precedents : The Case of Social Insurance 1880-1914*, Oxford University Press.

Henriques, V., 1979, *Before the Welfare State*, Longman.

Hutchins, B. L., & Harrison, A., 1911, *A History of Factory Legislation*, P. S. King & Son.

Joad, C. E. M., 1928, *Robert Owen, Idealist*, Fabian Tract, No. 182.

Jones, K., 1991, *The Making of Social Policy in Britain 1830-1990*, The Artlone Press.

Johnson, N., 1981, *Voluntary Social Services*, Blackwell & Robertson.

Jorgens, Helge, 2004, Governance by diffusion, Lafferty, W. ed., *Governance for Sustainable Development : the Challenge of Adapting form to Function*, Edward Elgar Publishing.

Jose, H., 1972, *Unemployment and Politics*, Oxford University Press.

Loch, C. S., 1892, *Charity Organization*, Swan Sonnenschein & Co.

Lummis, T., 1971, Charles Booth : Moralist or Social Scientist, *Economic History Review*, XXIV.

Mackenzie, N. ed., 1978, *The Letters of Sidney and Beatrice Webb*, Vol. Ⅰ, Ⅱ, Ⅲ, Cambridge University Press.

Mackenzie, N. & J., 1977, *The Fabians*, Weiddenfeld & Nicolson.

Mackenzie, N. & J. ed., 1983, *The Diary of Beatrice Webb*. Vol. Ⅰ, Ⅱ, Ⅲ, Ⅳ, Virago Press.

Malthus, T., 1798, *An Essay on the Principle of Population*, Pelican Books 1970.

Marshall, T. H., 1963, Citizenship and Social Class, *Sociology at the Crossroads and Other Essays*, Heinemann.

Marshall, T. H., 1972, *Social Policy,* Hutchinson University Library.

Martin, B., 1969, Leonard Horner : A Portrait of an Inspector of Factories, *International Review of Social History*, Vol. 14.

Mcbriar, A. M., 1962, *Fabian Socialism and English Politics 1884-1918,* Cambridge University Press.

Mcbriar, A. M., 1987, *An Edwardian Mixed Double : The Bosanquets versus the Webbs*, Oxford University Press.

McGregor, O. R., 1957, Social Research and Social Policy in the Nineteenth Century, *The British Journal of Sociology,* Vol. 8.

Mintrom, M., 1997, Policy Entrepreneurs and the Diffusion of Innovations, *American Journal of Political Science*, Vol. 41(3).

Mommsen, W. J. ed., 1981, *The Emergence of the Welfare State in Britain and Germany 1850-1950*, Croom Helm.

Morley, E. J., 1916, *John Ruskin and Social Ethics*, Fabian Tract, No. 179.

Nicholls, G., 1967, *A History of the Engligh Poor Law*, Vol. Ⅰ, Ⅱ, Ⅲ, Reprints of Economics Classics.

Park, Kwang Joon, Cho, H. S., Hwang, S. D., & Lee, H. S., 2001, *The Social Impact of Economic Crisis in Korea*, Submitted to the World Bank.

Peden, G. C., 1985, *British Economic and Social Policy*, Philip Allen Publishers.

Pelling, H., 1967, State Intervention and Social Legislation in Great Britain Before 1914, *Historical Journal,* No. Ⅹ.

Pierson, C., 1991, *Beyond the Welfare State?*, Polity Press.

Pimlott, B. ed., 1984, *Fabian Essay in Socialist Thought,* Heinemann.

Pinker, R. 講演集, 1986, 岡田藤太郎 譯,『'90年代の英國社會福祉』, 全國社會福祉協議會.

Raynes, H. E., 1960, *Social Security in Britain－A History*, Greenwood Press.

Rimlinger, G., 1965, Social Security in the US and USSR, Zald, M. ed., *Social Welfare Institutions*, John Wiley & Sons, Inc.

Rimlinger, G., 1971, *Welfare Policy and Industrialization in Europe, America and Russia*, John Wiley & Sons, Inc.

Ritter, G. A., 1983, *Social Welfare in Germany and Britain*, Origins and Development BERG Publishers.

Rodgers, B., 1969, *The Battle against Poverty*, Vol. Ⅰ, Ⅱ, Routledge and Kegan Paul.

Rose, R. & Shiratori, R. ed., 1986, *The Welfare State East and West*, Oxford University Press.

Rowntree, S., 1901, *Poverty : A Study of Town Life*, Macmillan and Co.

Spicker, P., 1984, *Stigma and Social Welfare*.

Tawney, R. H., 1909, The Theory of Pauperism, *The Sociological Review*, Vol. Ⅱ.

Thane, P., 1982, *Foundations of the Welfare State*. Longman.

Titmuss, R., 1968, *Commitment to Welfare*.

Titmuss, R., 1970, *The Gift Relationship*, George Allen and Unwin.

Toynbee, A., 1884, *Lectures on the Industrial Revolution of the Eighteenth Century in England*.

UN Population Division, 2000, *Replacement Migration : Is It a Solution to Declining and Ageing Populations?*

Webb, B., 1926, *My Apprenticeship*, Longman.

Webb, B., 1948, *Our Partnership*, Longman.

Webb, S. & B., 1909, *The Minority Report of the Poor Law Commission*.

Webb, S. & B., 1910, *English Poor Law Policy*, Archon Books Reprint, 1963.

Webb, S. & B., 1927, *English Poor Law History*, Vol. Ⅲ. Archon Books Reprint, 1963.

Webb, S., 1890, *Socialism in England,* Swan Sonnenschein & co.

Williams, F., 1989, *Social Policy: A Critical Introduction*, Polity Press.

Wohl, A. S., 1968, The Bitter Cry of Outcast London, *International Review of Social History,* Vol. XIII.

Woodard, C., 1962, Reality and Social Reform : The Transition from *Laissez-faire* to the Welfare State, *Yale Law Journal,* Vol. 72, No. 2.

Woodroofe, K., 1977, The Royal Commission on the Poor Laws, 1905-09, *International Review of Social History,* Vol. XXII .

Zald ed., 1965, *Social Welfare Institutions*, John Wiley & Sons, Inc.

Zapt, W., 1986, Development, Structure and Prospects of the German Social State. Rose & Shiratori ed., *The Welfare State East and West*.

神谷不二 編, 1976,『朝鮮問題戦後資料』第一巻, 日本国際問題研究所.

姜徳相 編, 1966,『現代史資料25－朝鮮(1)三一運動(1)』, みすず書房.

京城帝大医学部特殊細民調査会, 1940, 土幕民の生活・衛生.

小山路男, 1978,『西洋社會事業史論』, 光生館.

金龍燮, 1999, 朝鮮総督府済生院に関する一考察 ：盲唖部を中心に,『大学院教育学研究紀要』, 九州大学.

長郷衛二, 1939, 土幕民と其処置に就いて(1・2),『同胞愛』第17巻1月・2月.

日本政治學會 編, 1989,『轉換期の福祉國家と政治學』, 岩波書店.

田口富久治 編著, 1989,『ケインズ主義的福祉國家』, 青木書店.

田代不二男, 1969,『イギリス救貧制度の發達』, 光生館.

大陽寺順一, 1977, オット・フォン・ビスマルク, 社會保障研究所 編,『社會保障の潮流』, 全國社會福祉協議會.

高野史郎, 1984,『イギリス近代社會事業の形成過程』.

丸尾直美, 1984,『日本型福祉社會』, 日本放送出版協會.

森嶋通夫, 1988,『サッチヤ-時代のイギリス』, 岩波書店.

森田芳夫, 1968,『朝鮮終戦の記録』, 厳南堂書店.

宮本太郎, 2001, 比較政治学における新制度論の可能性,『政策科学』8－3.

宮島 洋, 1992,『高齢化時代の社會經濟學』, 岩波書店.

朴光駿, 2004a, 儒教文化と高齢者の人権,『ひとのみち』.

朴光駿, 2004b, 社会政策の評価研究：韓国生産的福祉政策を素材に, 第110回 社会政策学会.

朴光駿, 2005, 東亜地区社会保障比較研究的意義和課題,『社会保障研究』 第2号, 中国人民大学中国社会保障研究中心.(中文)

朴光駿, 2006,『東アジアの社会保障比較：公的年金制度の生成・発展・改革』, 第113回 社会政策学会共通論題報告.

朴光駿, 2007a,『国際福祉論』, 佛教大学.

朴光駿, 2007b, 東アジアにおける公的年金制度改革の比較, 社会政策学 会編,『社会政策学会誌』18号,『経済発展と社会政策』.

朴光駿, 2010a, 社会文化的観点からみた東アジアの少子高齢化：南ヨーロッパとの比較, 第15回 経済社会国際シンポジウム,『東亜地区社会経済発展与人口高齢化的比較研究論文集』, 中国社会科学院.

朴光駿, 2010b, 韓国における少子高齢化社会への新しい取り組みと課題, 駄田井正他 編,『東アジアにおける少子高齢化と持続可能な発展：日中韓３国の比較研究』, 新評論.

朴光駿, 2010c, 立ち遅れた所得保障と急速な高齢化の影響, 小川全夫 編,『老いる東アジアへの取り組み』, 九州大学出版会.

朴光駿, 2011, 文化的観点からみた東アジアの高齢者自殺, 中国社会科学院,『日中韓三国における人口問題と社会発展』.

朴光駿, 2012, 韓国介護保険の財源構造と家族主義：日本との比較, 第17回 社会経済国際シンポジウム基調報告.

朴貞蘭, 2007,『韓国社会事業史－成立と展開』, ミネルヴァ書房.

朴澈, 1939, 朝鮮における農繁期託児所経営に対する私見,『同胞愛』第17巻1月号.

社會保障研究所 編, 1989,『アメリカの社會保障』, 東京大學出版會.

柴田嘉彦, 1996,『世界の社會保障』, 新日本出版社.

阿部洋々, 1931, 救護法の実施について,『朝鮮社会事業』 第9巻2号.

山辺健太郎, 1966, 斉藤実朝鮮総督と文化政治,『現代史資料月報』1966. 1, みすず書房.

上村政彦, 1977, ピエール・ラロック, Pierre Laroque, 社會保障研究所 編,『社會保障の潮流』, 全國社會福祉協議會.

江見康一・加藤 寛・木下和夫 共編, 1974,『福祉社會日本の條件』, 中央經濟社.

大竹文雄, 1999, 所得不平等化の背景とその政策的含意,『季刊 社會保障研究』Vol. 35, No. 1.

大友昌子, 2007,『帝国日本の植民地社会事業政策研究—台湾・朝鮮』, ミネルヴァ書房.

横山和彦・田多英範 編, 1991,『日本社會保障の歴史』, 學文社.

上田千秋, 1975,『社會保障概論』, 佛教大學.

兪萬兼, 1933・1934, 朝鮮の社会事業,『朝鮮社会事業』(1-8) 第11巻8号~12巻6号(朝鮮総督部社会課長).

尹晸郁, 1996,『植民地朝鮮における社会事業政策』, 大阪経済法科大学出版部.

尹朝徳, 2006, 韓国における社会政策学の可能性, 社会政策学会 編,『東アジアにおける社会政策学の展開』, 法律文化社.

李覚鍾, 1921, 朝鮮における救済制度の沿革,『朝鮮』第81号, 82号.

飯坂良明 外, 1973,『イギリス政治思想史』, 木鐸社.

林健久・加藤榮一 編, 1992,『福祉國家財政の國際比較』, 東京大學出版會.

善生永助, 1933, 特集部落と土幕部落, 朝鮮総督部,『朝鮮総覧』.

朝鮮総督部社会課, 1939・1942・1944,『土幕及不良住宅調査』.

朝鮮総督部濟生院, 1921, 1923,『朝鮮総督部濟生院事業要覽』.

朝鮮総督府学務局社会課, 1933, 1936,『朝鮮の社会事業』.

濱田康憲, 2010, 米軍政期の南朝鮮救護政策に関する一考察,『四天王寺大学大学院研究論集』5集.

關 嘉彦, 1969,『ギリス勞動黨史』, 社會思想社.

堀 勝洋, 1981, 日本型福祉社會論,『季刊 社會保障研究』第17-1號.

藤井忠次郎, 1922, 朝鮮人下層社会の研究(1~3),『社会事業』第6巻4・5・8号.

찾아보기

인 명

내 용

저자약력

■ 박광준(朴光駿)

1958년 통영에서 출생하여 부산대학교 사회복지학과 및 동대학원을 수료하였다. 1987년부터 3년간 일본정부초청유학생으로 선발되어 일본 佛教大學(Bukkyo University)에서 수학하고 1990년 3월 박사학위를 취득하였다. 1990년부터 2001년도까지 신라대학교 교수를 역임하였고 2002년부터 佛教大學 사회복지학부 교수로 재직하고 있다. 2008학년도에는 중국사회과학원 객좌교수를 역임하였다.

전공은 사회복지사상인데, 최근 10여년간 [동아시아사회정책 비교연구]를 주제로 한중일의 관련연구자들과 교류하면서 사회정책 특히 고령자사회정책을 비교연구하고 있다. 또한 동아시아문화, 종교와 복지사상에 관심을 가지면서 불교사상과 유교사상을 사회복지학의 관점에서 해석하는 연구에도 몰두하고 있다.

저서로는 『페비안사회주의와 복지국가의 형성』(대학출판사, 1990), 『사회복지의 사상과 역사』(양서원, 2002), 『붓다의 삶과 사회복지』(한길사, 2010), 日書로는 『社会福祉の思想と歴史』(ミネルヴァ書房, 2004), 『ブッダの福祉思想』(法蔵館, 2012), 中書로는 『東亜：人口少子高齢化与経済社会可持続発展』(社会科学文献出版社, 2013, 공저), 기타 한국・중국・일본의 학술논문지에 발표한 논문들이 다수 있다.

사회복지의 사상과 역사

1판 1쇄 발행 2013년 8월 30일
1판 9쇄 발행 2025년 8월 30일

지 은 이 | 박광준
발 행 인 | 박철용
발 행 처 | 양서원
주　　소 | 경기도 파주시 직지길 522 파주출판도시
전　　화 | 031-955-8000(代)
팩　　스 | 031-955-8005
홈페이지 | www.yswpub.co.kr
이 메 일 | yswgroup@naver.com
출판등록 | 1987년 11월 24일 제 406-2003-037 호

ISBN 978-89-994-0107-7

정가 23,000원